本书受中国历史研究院学术出版经费资助

中国历史研究院
Chinese Academy of History
学 术 出 版 资 助

西周册命制度新探

| 黄明磊　著 |

社会科学文献出版社
SOCIAL SCIENCES ACADEMIC PRESS (CHINA)

中国历史研究院学术出版
编 委 会

主　　任　高　翔
副 主 任　李国强
委　　员　（按姓氏笔画排列）
　　　　　卜宪群　王建朗　王震中　邢广程　余新华
　　　　　汪朝光　张　生　陈春声　陈星灿　武　力
　　　　　夏春涛　晁福林　钱乘旦　黄一兵　黄兴涛

中国历史研究院学术出版资助项目
出版说明

为了贯彻落实习近平总书记致中国社会科学院中国历史研究院成立贺信精神，切实履行好统筹指导全国史学研究的职责，中国历史研究院设立"学术出版资助项目"，面向全国史学界，每年遴选资助出版坚持历史唯物主义立场、观点、方法，系统研究中国历史和文化，深刻把握人类发展历史规律的高质量史学类学术成果。入选成果经过了同行专家严格评审，能够展现当前我国史学相关领域最新研究进展，体现我国史学研究的学术水平。

中国历史研究院愿与全国史学工作者共同努力，把"中国历史研究院学术出版资助项目"打造成为中国史学学术成果出版的高端平台；在传承、弘扬中国优秀史学传统的基础上，加快构建具有中国特色的历史学学科体系、学术体系、话语体系，推动新时代中国史学繁荣发展，为实现"两个一百年"奋斗目标、实现中华民族伟大复兴的中国梦贡献史学智慧。

中国历史研究院
2020 年 3 月

前　言

　　西周中期出现了一种新型的铜器铭文，虽在全部金文中占比不是很大，但因为行文风格高度统一，且篇幅较长，记载的又都是周王对臣下的职事任命和赏赐，故极受学界瞩目，被视为研究西周官制的重要资料。前辈学者如齐思和、陈梦家、黄盛璋、陈汉平、何树环等将之称为锡命文，或称策命文、册命文。

　　笔者在翻阅此类册命金文时，发现了一个前人较少留意到的现象，那便是西周册命性质的铜器铭文大致可以分为两种类型：一类是明确记载了周王委派受命贵族某种职事的；另一类则是仅有赏赐而无具体职事授派的。

　　对于第一类册命，只需我们仔细观察就会发现，它具备以下两个特征。第一，此类册命中周王授予受命者的职事，绝大多数与王室财产的管理有关。这里说的王室财产主要集中在两个方面，一是直属于王室的山林、川泽、土地等自然资源；二是直接隶属于王室的走马、虎臣、佃人、臣妾、仆庸、祝等按职能而非家族划分的群体。除了王室财产，还有极少数涉及贵族间诉讼纠纷、方国服贡征收等事务，也会以册命的形式交由某些贵族负责处理。

　　第二，此类册命的受命者，绝大多数是出身于某个大族的小宗。我们可以从受命者对祖考的称谓大致推断出他们的出身。周人实行嫡长子继承制，兄弟间以伯、仲、叔、季相区别。这就决定了称伯者，应该为长子，且会继承家族的宗主身份。嫡长子以外的诸子称某仲、某叔、某季，他们下一代的嫡长子亦可称伯。因此，金文中凡父祖或本人称某伯者，不一定代表他们肯定是大宗出身，若要做出准确判断，还要其他资料予以佐证；而凡父祖或本人称某仲、某叔、某季者，一定意味着其本人出身小宗。例如康鼎的作器者称其父为"文考釐伯"，铭文末却刻有"郑丼"的氏名。丼氏是西周中后期的显赫世族，其家族成员经常出任册命礼的"右者"，家族宗主又世袭王朝司马一职。郑丼氏是丼氏家族在郑地的分族。所以康的父亲虽有伯的称谓，却是属于丼氏小宗的宗主。

判断大小宗身份还需结合相关铜器群的信息来做综合性分析。如柞钟铭文虽然并未透露出作器者的出身，但据同窖藏的幾父壶等器铭文显示，柞属于同仲家族的小宗，而同氏又属姬姓的分支。

至于第二类册命金文，我们又可将之细分为两种：一是周王对受命者只有赏赐而无任何职事任命；二是有职事任命，但只要求受命者继承其祖考之旧职。这一类册命的受命者大多出身于某家族的大宗。

大宗贵族接受册命而没有职事授派最典型的例子便是微氏家族的贵族瘨，据四年瘨盨和十三年瘨壶铭文显示，周王曾两次册命瘨，但都只有赏赐而无具体职事的授派。因此，我们应该将贵族瘨所接受的两次册命视为周王赐予的一种政治荣誉，其重点不在于职事授派。反之，小宗受命而有具体职事授派的案例则不胜枚举。首先看2003年眉县杨家村出土的西周晚期单氏家族铜器，其中逨盘铭文记载了该家族从文王、武王至厉宣时代的世系：高祖单公、公叔、新室仲、惠仲盨父、零伯，亚祖懿仲，考龏叔至逨。从公叔、新室仲等先祖称谓可知，逨的家族自"高祖公叔"起，便已成为单氏的小宗，到了逨这一代，已属旁系中的小支。而周王室对逨的两次册命，① 均有具体职事授派，如逨盘铭文记载周王册命逨"瓢司四

---

① 记载周王册命贵族逨的册命金文为逨盘和四十三年逨鼎。四十二年逨鼎不属于册命性质的金文，二者之间的差异，本书第三章有详论。

方虞、蔷，用宫御"。四十三年逨鼎铭则是在周王"申矞乃命"之后，改命逨负责"官司历人"。再如强家村出土的虢氏家族铜器群，其中贵族恒称其父为"文考公叔"，贵族即称其父为"文考幽叔"，由此可判断恒簋与即簋是虢氏小宗所作之器。而贵族恒与即在接受册命时均获得具体职事。

为何会出现上述差异？笔者以为，若要解决这个问题，还需结合西周时代的家族形态和国家模式等对当时的册命制度重新做一番考察。

西周时期的中国尚处于早期国家的发展阶段，这是我们在研究西周史时应当时刻谨记的时代背景。所谓早期国家指的是一种不成熟的国家状态，也是原始社会解体后人类进入的第一种国家形态。具体到中国而言就是指夏、商、周时期。此时虽然已经出现了以王室政府为代表的公共权力，但地域关系还处在萌芽状态，无法全面取代社会组织中的血缘关系。既然属于早期国家，那么西周王朝的国家形态、社会结构、统治方式及政府运作模式等都会与后世中央集权制下的封建王朝有很大不同。

一方面，大体来说，周人在灭商后，将商王朝的外服制改造为各等级诸侯国，内服制改造为王畿。周王室对外服诸侯实行间接控制，而王畿内的主要土地、人口等资源多由王室直接掌控。居住于王畿内的除周族外，还有迁入的殷遗族群。经过平定三监之乱及再次东征，大批东方族群也被强行迁入王畿之内安置。在血缘关系尚未被地域关系完全取代的大背景下，王畿内外最基层的政治、军事及生产组织是大大小小的血缘家族。又因为当时的商品经济还处于非常落后的状态，周王室对畿内各族群的统治与剥削只能通过超经济强制的方式来进行，这种超经济强制的具体表现便是指定服役制度，即各家族的族众都要在该家族宗主的率领下向王室承担相应的义务。此类义务一旦确定，就会由该家族世代承袭且固定不变。在此统治模式下，各家族的宗主会逐渐演变为王朝中负责某项具体事务的官吏，而职务的长期世袭，又会促成世官现象的出现。

另一方面，周武王早逝，成王幼年继位，以周公旦、召公奭为代表的王族亲贵集团长期把持着宗周与成周地区，对西周早期政治格局的形成产生了重大影响。在成、康、昭时期，王权一直笼罩在周、召、毕、毛、虢等世家大族的阴影下。故摆脱大族控制、强化王权成了王室的迫切需求。

与此同时，经过近百年的人口繁衍，王畿内的家族每经历一代都会衍生出大量的旁支小宗，但是各家族拥有的领地、属民及财产是相对固定的，这就使得他们越来越难以安置不断激增的族内人口。到了西周中期，有很多的小宗家族被迫从本族中分离出来，他们在旧的统治秩序中找不到属于自己的生存空间和位置，游离于现存体制之外。这对原有的政治体制造成了持续冲击，成为西周王朝的不稳定因素。周王室为了将这些小宗家族重新纳入王朝的掌控之中而创立了册命制度，通过授予王室某部分财产的管理权及处理王畿内各家族之间纠纷的调解权等方式，与小宗家族结成新的依附关系，将之另行纳入周王朝新的统治序列之中。

待到册命礼在王朝政治生活中的地位变得日益重要后，一些大宗宗主为了提升本家族的政治地位，也开始谋求获得来自王室的册命。只是这些大宗宗主早已有世袭的职事，所以他们接受的册命一般仅有赏赐或继承祖考旧职的套语，不会有新职事的授派。正因如此，我们对册命金文进行分类时才会看到，接受明确职事授派的受命者大多出身小宗，而没有授予职事或仅要求继承其祖考旧职的受命者大多是大宗宗主。

周王室推行的册命制度，既能妥善安置大量的下层小宗贵族，缓解了西周中期以来日益加重的贵族阶层的人口压力，维护了政治稳定，又能在周王身边集结起一股强大的政治势力以对抗世家大族对王权的制约，在西周中期确实起到了积极的作用。但是在贵族制社会，王室财产的管理权在受命者家族内部不可避免地被迅速转变为世袭化继承，这就导致了受命贵族对王室财产的世袭占有；而对王室财产管理权的世袭化又变相瓦解了周王室的经济、军事基础，使得王室面临越来越严峻的财政危机，同时也削弱了它作为中央管理者履行其基本义务的能力。西周末年厉王实行"专利"政策，宣王又力图"料民"，都是在试图挽救册命制度引发的政治危局。

周王室利用册命制度团结中下层贵族，对抗周、召、毕、虢、毛等老牌世族的做法，激化了统治阶层内部的矛盾。经过"国人暴动"的打击，新继位的宣王一方面不得不与大族和解，任命毛公厝为王朝执政；另一方面又无法停止册命制度的推行，只得通过继续牺牲王室利益的双向妥协政策重新安定内部。以至于到了幽王时期，周王室已经虚弱到了非常不堪的地步，根本承受不住任何形式的打击。西周灭亡后，东迁的王室再也没有资源和必要继续将册命制度延续下去，册命作为一项政治制度最终退出了历史舞台。而屡见于东周文献的锡命礼与西周时期的册命并无传承关系，二者实为性质不同的两类事物。

本书希望以新的思路对西周册命制度的内涵做重新定义，在此新定义的指导下对册命性质的金文资料进行科学的整理与分类，为推进册命制度的继续研究开辟新的视角。本书拟在此基础上，厘清西周中后期社会主要矛盾的变化及政治形势的发展脉络，讨论早期国家阶段的贵族制政体运行的一般规律，并尝试对西周灭亡的主要原因提出一些新的见解。

目　　录

绪　论 ……………………………………………………………（1）

第一章　西周册命制度的定义 ………………………………（17）
　　第一节　关于册命定义的讨论及其得失 ………………………（18）
　　第二节　含有"册命"一词的西周金文统计 …………………（31）

第二章　西周册命金文的特征 ………………………………（36）
　　第一节　西周册命金文的格式 …………………………………（36）
　　第二节　周王册命的内容 ………………………………………（62）
　　第三节　册命金文的特有用语 …………………………………（148）

第三章　西周册命金文的范畴与总数统计 …………………（151）
　　第一节　有明确职事的册命金文 ………………………………（151）
　　第二节　无明确职事授予的册命金文 …………………………（176）
　　第三节　西周时期册命金文的总数 ……………………………（179）

第四章　册命礼与"右者" …………………………………（184）
　　第一节　"右者"的政治地位与身份 …………………………（184）
　　第二节　"右者"与受命者的关系 ……………………………（210）

第五章　册命礼与受命者 ……………………………………（216）
第一节　受命贵族的出身及政治地位 …………………（216）
第二节　册命制度产生的历史背景 ……………………（237）
第三节　有效管理王室直属领地和人口 ………………（254）

第六章　册命制度的影响 …………………………………（272）
第一节　册命制度的负面因素与西周的灭亡 …………（272）
第二节　东周时代的锡命礼 ……………………………（302）

结　语 …………………………………………………………（310）

附录　西周册命金文汇编 …………………………………（314）

参考文献 ………………………………………………………（332）

后　记 …………………………………………………………（347）

绪　论

一　写作的意义和目的

西周王朝是中国由早期国家向成熟领土国家转型的一个重要时期。从政治与文化等角度来看，周人对商王朝留下的遗产做了选择性的继承，又经过自身两百余年的内化、调整，最终打造出中华文明的坯型。可以说，西周是华夏文明走向成熟与定型的关键性阶段，这就决定了周代的政治和文化影响并没有随着王朝的覆灭而轻易逝去，而是给后世中国的发展留下了深刻而持久的烙印。因此，研究西周的历史与文化不仅有益于我们认识中国文明的本质属性，还对我们探研中国文明成型的过程及动因有着重要的作用和意义。

任何一种社会的上层建筑之规模都取决于它的经济基础，只有发达的经济基础才能支撑起精巧复杂的上层建筑，而政治制度则是文明社会上层建筑中最能体现其复杂性、成熟性的部分之一。考察一个地区某一时间段政治制度的发展规模和状态，能够帮助我们大致了解该地区文明的发展程度与水平。正是基于这样的考量，本书选择将西周政治体系中最具特色和代表性的册命制度作为研究西周时代历史与社会状况的一个重要突破口。

学界对西周册命制度的研究，最初主要是通过对比金文与文献资料讨论册命的时间、地点、程序等仪节问题，后逐渐深入到册命金文的断代和名物考证等方面。随着研究持续推进，关注的重点开始转向受命者与右者之间存在的组织关系和周王赐物所蕴含的政治等级差异等层面。尤其是册命礼所涉及的周王对受命者的职务委派问题，已经使部分学者相信这就是周王朝进行权力分配和处理政务的主要手段。所以，越来越多的学者选择从册命入手来研究西周官僚体系的面貌，并取得了相当丰硕的成果。这种研究途径无疑是正确的，笔者也是沿着此一脉络，以期对西周王朝的册命制度做更深入、更全面的探讨与总结。

本书希望凭借研究册命制度实现三个方面的学术目标。第一，反思前辈学者对西周"册命"的概念所做的定义，厘清"册命"在西周时期的真实内涵和册命金文的实际范畴。在此基础上，对册命制度本身做进一步研究，解释册命制度产生、兴起的历史背景和原因，并对它在王朝政治体系中的政治功能以及册命政策的推行对西周中后期政治局势的影响等问题做出解答。第二，分析册命礼中周王委派于受命者的各类职事的性质，研究参与到册命礼中的右者与受命者的政治地位、彼此间的组织关系及其家族、大小宗出身等问题。第三，由于西周时期血缘性的家族仍是最基本的社会组织细胞，任何政治制度的推行与实施都不可避免地受到这一客观时代背景的影响，因此本书也着力于探讨参与册命礼的各等级贵族家族与册命制度之间的关系。

册命礼只是西周政治制度和礼制的一部分。从现有的金文资料来看，册命制度大概起源于西周早期后段或中期前段。它并不属于"周公制礼作乐"的一部分。也就是说，"册命制度"是在西周建立相当长的一段时间后，为满足不断变化的政治环境的需要逐渐形成的一套政治制度，而非周人建国时即已推行的旧制。它的出现就其本质而言只是对西周政治体系的一个补充而已。所以我们应该清楚地意识到，对册命制度的研究不能取代对西周政治体制的研究。但是从认识论的角度而言，只有当我们做到充分掌握了事物的各个部分，才能真正实现对其整体的认识，故对册命制度的探讨，无疑有助于学术界更加全面地认清西周政治体制的实际状况。笔者希望凭借对册命礼和册命制度的专门研究，一窥西周政治体制某一层面的概况，与此同时，以册命制度的兴起和发展为背景，对西周王朝中后期的一些重大历史事件及西周覆亡的原因提出新的解释。

二　研究的历史与现状

在西周灭亡后漫长的历史时期里，华夏地区的局势日趋动荡，战乱与社会变革相互交织，这使得春秋战国时代的知识分子在追寻各自心中的理想王国时，常常会以西周为榜样。于是在诸子的著作中，尤其是在儒家学者的笔下，总会有意无意地美化西周王朝的政治、文化发展，以与自己所处的乱世做对比，将很多美好的典章、制度和风俗假托于周。这给后世学者正确地认识西周历史制造了重重迷雾。幸而近代以来考古资料不断出土，尤其是众多含铭文的西周青铜器相继问世，为我们重新认识那个时期的本来面貌提供了宝贵、直接的信息。

在对西周青铜器铭文史料进行科学系统的整理与分析之前，学者对于西周政治制度的认知主要依赖对古典文献的诠释和考证，此为研究方法落后及文献不足之故。近代以来，伴随着西学东渐，学者开始在新的学术方法和思想的指导下重新回顾、审视中国上古时期的历史与文明。此时学术风格的转变是分为两个层面齐步进行的：首先，是对古典文献史料的解构与古史系统的重建，以疑古派为代表的一批学者，对先秦典籍，尤其是儒家经典的质疑与重新解读，为科学地研究西周史创造了条件；其次，古典文献以外的考古学、古文字学以及文化人类学等新学科、新资料开始被越来越多地用于古史研究，为我们全方位地认知先秦时期的文明与历史开辟了新的视域和途径。

最早系统探讨西周册命制度的近现代学者是齐思和，他于1947年在《燕京学报》发表了《周代锡命礼考》一文，在古典文献的基础上大量使用西周金文资料，并以西欧中世纪封建制度下封君与封臣的关系为旁证，论述了两周时期锡命制度的仪式、内容、分类及演变。[①] 虽然只有一篇论文的篇幅，但此文为后辈学者研究册命制度奠定了学术框架。

20世纪50年代，陈梦家在《考古学报》发表一系列文章，后由中华书局将之集结成《西周铜器断代》一书。该书下编"西周铜器总论"中的部分章节专门探讨了周代册命制度。与此前学者不同的是，陈梦家是结合史官制度来探讨册命的。其研究的侧重点在于册命制度，并为阐述册命制度的演变和特征而讨论了西周的史官制度。[②] 陈梦家指出，西周的册命金文中有两类：一是王亲命臣下，一是由史官代宣王命。成、康时代的册命很可能是周王"亲命"，而成、康以后则大多由史官代宣，到了共王时期，右者与史官代宣王命的制度才具体见载于铭文。陈梦家搜集了50余篇此类西周青铜器铭文材料，并参考相关文献记载，讨论了西周册命礼举行的地点与时间、册命仪式与内容，册命时的傧导之人及其身份、受命者在接受册命时的礼节、册命史官、铭文句例及赏赐物品等问题。

继陈梦家之后，黄然伟于1978年出版了《殷周史料论集》，其中的《殷周青铜器赏赐铭文研究》共参考了商周时期的280篇赏赐铭文。黄然伟对这些铭文中的纪年、职官及赏赐物品等做了比较详细的考察，只是该书研究的主题是殷周时的赏赐制度，册命只作为其研究范围内的一部分而已。黄然伟认为，赏赐篾变成一种仪式，与王朝之册命有关者，始于西周中叶。由此可知，黄然伟是将

[①] 齐思和：《周代锡命礼考》，载氏著《齐思和自选集》，首都师范大学出版社2010年版，第46—76页。

[②] 陈梦家：《西周铜器断代》，中华书局2004年版，第398页。

西周的册命当作商周时期赏赐制度的一种衍生品，且他所关注的也仅限于册命礼中与"赏赐"相关的部分。①

几乎与黄然伟同步，张光裕发表了长文《金文中册命之典》。在不断出土的新资料的基础上，作者探讨了西周册命仪式举行的时间、地点、礼仪程序及有关人物在册命礼仪中的方位、面向等，尝试"在礼制的范围内，对金文所述册命的典礼作一番探讨的工作"，尤其"着重于册命之典仪节的探讨"。② 其思路与方法未出前人框架，很难视为对西周册命的制度层面的研究。

陈汉平于1986年出版了专著《西周册命制度研究》，这是迄今为止探讨西周册命礼仪及相关制度的著作中最具全面性的一部。作者搜集了他所认定的当时已面世的80篇册命金文，再结合古典文献，论述了西周册命金文的文例与用语、册命时间、地点及仪式等，进而深入探讨了西周王朝的官僚制度、《周礼》一书的史料价值、西周贵族的舆服制度等问题。③

1993年黄盛璋发表学术论文《西周铜器中册命制度及其关键问题新考》，④ 分析了册命制度的来源、兴起与发展过程，总结了册命制度的发展分期、特点与原因规律，及其与西周王朝发展的关系。1997年黄盛璋又于《传统文化与现代化》发表《西周铜器中服饰赏赐与职官及册命制度关系》一文，从周王赏赐物中服饰的等级与受命者获得职官之间关系的角度研究西周时期的册命制度，对前文做了补充。⑤

---

① 黄然伟：《殷周青铜器赏赐铭文研究》，载氏著《殷周史料论集》，三联书店（香港）股份有限公司1995年版。
② 张光裕：《金文中册命之典》，载氏著《雪斋学术论文集》，（台北）艺文印书馆1989年版，第1—50页。
③ 陈汉平：《西周册命制度研究》，学林出版社1986年版。
④ 黄盛璋：《西周铜器中册命制度及其关键问题新考》，载石兴邦主编《考古学研究》，三秦出版社1993年版，第402—427页。
⑤ 黄盛璋：《西周铜器中服饰赏赐与职官及册命制度关系》，《传统文化与现代化》1997年第1期。

台湾学者何树环于2007年出版了专著《西周锡命铭文新研》。何树环有感于之前学术界在"册命"的称名与册命制度的实际内容方面存在着含混不清的认识,因而在书中着重探讨了对"册命"定义的界定问题,将"锡命"这一概念从"册命"中独立析出。何树环认为以往学者所讨论的那些以记载命官授职、赏赐服物著称的"册命"金文,其实应该称之为"锡命"金文,而真正的"册命"之内涵范围要远远大于"锡命"。在此观念的指导下,他通过对周王赏赐物的研究,重新选定了"锡命"金文102篇,作为研究西周"锡命"制度的基础性资料。在该书的后半部分,何氏还对"锡命"金文中的某些特有名词做了考证。①

另外有一些关于西周册命制度的研究则散见于学者的著作之中,如日本学者白川静在《西周史略》中的"廷礼册命与官制"一节,探讨了册命礼中"右者"的身份问题及其与受命者的关系。②白川氏的研究角度对中国学术界的启发很大,杨宽在《西周史》中的相关章节也着力探讨了"右者"与受命者之间的组织关系。前辈学者的研究,为我们认识西周册命制度开辟了道路,筚路蓝缕,功不可没。然而,由于受所处时代的局限,上述学者在各自的研究中存在着一些共同的缺憾。

首先,没有能揭示出西周"册命"的真实内涵。以往学者多将西周时期的册命笼统地解释为一种任官的仪式或制度,随后将注意力集中于探究册命时的仪节、右者与受命者的关系所反映出的王朝官制等问题上。正因为在对册命的认识上存在极为模糊的空间,才导致前辈学者多无法正确界定西周册命金文的范畴。什么样的西周金文才能算册命铭文?或者说,西周册命金文应该具备什么样的基本特征?在上述学者的著作中没有明确的论证。何树环虽然花了很大精力厘清"锡命"与"册命"之间的关系,但他在确定"锡

---

① 何树环:《西周锡命铭文新研》,(台北)文津出版社2007年版。
② [日]白川静:《西周史略》,袁林译,三秦出版社1992年版,第75—83页。

命"概念及划定西周"锡命"金文范畴时，仍然像之前的学者那样过度依赖于文献而非西周金文本身，从而将一些非册命性质的西周金文也划入到册命金文范畴。这无疑会大大扩展册命金文的范围，模糊册命金文的基本特征和册命制度的真实性质，使学者无法准确把握西周册命的本质。

其次，以后起的观念解读前代史料。这是先秦史研究中因史料缺乏而常见的问题，部分学者对这一弊端早有警觉。如汉代学者郑玄在注《诗经·载芟》时曰："辈作者千耦，言趋时也。或往之隩，或往之畛，父子余夫俱行，强有余力者相助，又取佣赁，务疾毕已当种也。"赵世超就曾指出，郑氏"佣赁"之说，系用汉人眼光臆测往古，固不足取。[①] 吕文郁在研究周代采邑制度时也曾指出："古代学者们习惯于用他们所生活的时代通行的政治制度去推测和比附周代的采邑制度，因而往往把两种不同性质的东西混为一谈。"[②] 杨希枚在分析先秦"赐姓"制度时，同样认识到某些传统解释是以"汉以来的制度和语词的含义"来"以今拟古"。[③] 可见，以后起观念解读前代史料是先秦史学界普遍存在的现象。学者在研究册命制度所涉及的西周官制时，因苦于资料之不足，常以春秋战国乃至秦汉时期同名职官的职掌权限为参考，反推西周时期此一职官的执掌权限及其在政府中的政治地位。这种做法无疑会给我们的研究带来风险，因为它没有考虑时代背景的剧烈变迁对政府结构和具体官职职权等产生的影响，相当于以静止的观念来看待历史，显然不符合实际。另外，在秦始皇完成统一之前，中国在政治上处于长期分裂的状态，不同的政治区域各有其自成体系的政治制度，它们彼此之间既存在鲜明的个性特征，又有着某种程度上的共

[①] 赵世超：《周代国野制度研究》，陕西人民出版社1991年版，第88页。
[②] 吕文郁：《周代的采邑制度（增订版）》，社会科学文献出版社2006年版，第3页。
[③] 杨希枚：《〈左传〉"因生以赐姓"解与"无骇卒"故事的分析》，《中央研究院院刊》1954年第1辑，第91—115页。

同渊源。因此在使用春秋战国时代的相关史料来研究西周史时，当慎之又慎。

但是，我们还应该看到，西周与春秋都处在早期国家阶段，又同处于贵族制时代，因此春秋时期出现的一些现象可以作为我们研究西周历史时的参考。西周王朝的灭亡，打断了它向成熟地域国家的转型。春秋时期的一些诸侯国公室，如齐、晋、鲁、卫、郑、宋等，在失去周天子的约束后一度走向对外扩张的道路，其中一些甚至大大拓展了本国疆域。但是各国并没有吸取历史教训，在人口与领地的管理上依然采取旧的模式。到了春秋末期，上述诸国公室基本上都丧失了对国人与领地的控制，成为同姓或异姓大族操弄的傀儡。可以说，春秋时期的齐、晋、鲁、卫、郑、宋等国公室，实际上是将西周王室覆亡的老路又走了一遍。这些老牌诸侯国在春秋中期多次爆发剧烈内斗甚至内战，其中既有公室与贵族间的斗争，也有老牌贵族与新崛起贵族间的斗争。这些发生于春秋时期各诸侯国的普遍性现象完全可以用来作为我们研究西周史的参照。

最后，没有正确处理好特殊现象与普遍现象之间的关系。很多学者在探讨西周史时，经常用研究特殊案例所得之结论为准绳来解释全部的金文材料，将特殊案例当作普遍性现象加以论述。其实这类错误也是古代学者常犯的。如《汉书·翟方进传》中关于汉成帝赐死翟方进一事，如淳引《汉仪注》云："有天地大变，天下大过，皇帝使侍中持节乘四白马，赐上尊酒十斛，牛一头，策告殃咎。使者去半道，丞相即上病。使者还，未白事，尚书以丞相不起病闻。"后世学者竟将此视作汉代赐死丞相的"制度"。只要我们细细翻检两汉时期的史料就可发现，不论是西汉还是东汉，除翟方进外，没有任何丞相是按这一套仪式被处死的。既然是特例，又如何能视为一种制度呢？对史料中的特例做过度的引申和演绎是学者建构前代历史时常犯的错误之一，它会严重干扰我们对事物真实状况的整体把握，进而使得学者在研究中偏差性地解读史料，对有关史实做出误判。

基于上述认识,笔者希望通过本书的相关研究达到以下几重目的:第一,提出在逻辑上经得起推敲的新思路,并弥补前辈学者研究方法上的某些不足;第二,摆正古典文献在古史研究中的位置,尽可能地依据综合性资料阐述西周册命制度的真实性质。

三 本书的结构、研究方法

自从王国维提出"二重证据法"以来,学者们在探索先秦史的过程中都在自觉或不自觉地使用这一学术方法。但是"二重证据法"中存在的一些方法论问题需引起我们的注意。我们在具体研究中到底是该从文献角度出发来建构古史体系,而以古文字材料为佐证或补充,还是相反,即从地下资料中整理出历史事件的真实脉络,再以之检验文献的可靠性?换言之,在使用"二重证据法"研究古史时,到底是以纸上之材料为主导,还是以地下之材料为主导?这两种研究途径,哪一种能更有效地帮助我们探索到历史的真相?王国维在其《古史新证》一书中曾言道:

> 吾辈生于今日,幸于纸上之材料外,更得地下之新材料。由此种材料,我辈固得据以补正纸上之材料,亦得证明古书之某部分全为实录,即百家不雅训之言,亦不无表示一面之事实。此二重证据法,惟在今日,始得为之。虽古书之未得证明者,不能加以否定;而其已得证明者,不能不加以肯定,可断言也。①

---

① 王国维:《古史新证——王国维最后的讲义》,清华大学出版社1996年版,第2—3页。

从这段话中可看出，王国维对待两种史料的态度是，以地下之材料"补正"纸上之材料，其目的是"证明古书之某部分全为实录"。对文献的过度信赖，往往不可避免笔者在上文所说的"以后起的观念解读前代史料"之弊端。前辈学者在讨论"册命"概念的定义时往往就是完全从文献史料出发立论，造成了对西周册命内涵的理解偏差和对册命金文范畴的界定失误。因此，笔者以为，我们应当从最原始、最可靠的西周金文资料出发，归纳出册命的基本特征，再验之于典籍的记载，而不能以阅读文献所得之感受指导我们解读金文材料。如果金文与文献之记载相符，说明文献所记可视为信史，自无疑虑；若二者不符，就要分析导致二者出现差异的原因：是文献记载失实，抑或由于时代的变迁而造成事物演变，使得它最终见之于文献的状态已与最初有所区别？若为后者，我们就当努力勾勒出该事物在时代变迁中的演变轨迹。如果史料不足，则不必强为之解。

出于以上考虑，本书在研究方法上有所偏重：不以传统文献为要，而主要以西周青铜器铭文中的册命金文为立论的基础来探讨"册命"的内涵。

这就牵涉另一个严肃的问题，即什么样的西周青铜器铭文才能作为我们的研究对象？本书的前两章首先将回顾学术界在"册命"定义上出现的争论，并以新的思路为指导重新划定册命金文的范畴。笔者注意到，有相当数量的西周金文中含有"册命"一词，可以断定它们确属册命性质无疑。我们可以通过分析此类铭文，总结出册命金文的基本特征。第三章则以此特征为标准来检验现已问世的西周青铜器铭文，将那些虽然未含"册命"一词，但本质上确属册命性质的金文悉数搜集，作为我们全面研究西周册命制度的基础性史料。

当研究的对象确定后，接下来就该集中精力对册命制度本身做重点探讨。有关册命的过程、仪节等问题，前辈学者已有充分论述，故不在本书的讨论范畴内。那么，究竟该如何利用册命金文有效考察西周王朝的册命制度呢？笔者以为，最佳的途径当然是从参与册命过程的各方着手。卷入到册命礼中而又最值得我们研究的无非三方而已：一是在册命礼中担任右者的贵族群体，二是接受周王册命的贵族群体，三是推行册命制度的周王室。因此，本书第四章所关注的是在册命礼中担任"右者"的那部分贵族之身份、政治地位及其与受命者之间存在的政治关系等。由于丼、荣两家族担任册命礼右者的次数远远多于其他贵族，因而，本书将着重对这两个家族在西周时期的发展脉络做一番梳理工作。第五章会对受命者做全方位的考察，其目的是通过对受命者的出身、政治地位等进行细致分类，从中寻找出促使册命制度产生的时代和历史背景，分析催生该制度出现的原因。而在最后一章中，本书将论述册命制度的推行对西周王朝政局走向产生的影响及东周锡命礼与西周册命礼之间的关系等问题。

四　本书的指导思想与理论基础

西周时代的中国正处于早期国家向成熟地域国家转变的阶段，所以早期国家的一些基本特征，必然会对王朝在政治、文化等方面的塑型产生巨大影响。比如，地域性的国家结构还不明显，社会组织仍以血缘性的族为基础。统治者还无法将广土众民划分为若干行政区域加以管理，而更多地依赖超经济强制的模式，如指定服役制度。

指定服役是20世纪四五十年代徐中舒在借鉴西南少数民族材料的基础上形成的关于商周时期内外服制的新认识。徐先生研究周代社会性质时，有感于古典文献记载的零散及后世注家"往往以自己所在的社会来体察古代社会"的弊端，主张利用"中国边裔，或人类社会发展阶段相同的资料，加以补充"，以"逐渐补充、复原"先秦历史的本来面貌。[①] 徐先生所说的"中国边裔，或人类社

[①] 徐中舒：《试论周代田制及其社会性质》，《四川大学学报》1955年第2期。

会发展阶段相同的资料"即民族史、民族学、民俗学、人类学等方面的资料。这是对王国维所提出的"二重证据法"的一次重要补充,即著名的"古史三重证"研究方法。①

指定服役理论是"古史三重证"在先秦史研究领域的一次成功实践。徐先生在解释殷的内外服官制时,根据对三国时期夫余族和辽代契丹族的研究而提出"服就是服役之意",契丹人的部族制类似殷"侯"服,主要是防守边境的部族;契丹人的"捺钵"相当于殷人的"甸"服,献纳皮革及农产品;"南面官"相当于殷之"男"服,任一切人力物力之徭役;"斡鲁朵"相当于殷之"卫"服,是担任保卫工作的近卫军。殷代的内外服制是指定服役制。内服在王朝内服役,外服在王朝外服役,都是为殷王服役。② 在《巴蜀文化续论》一文中,徐先生又提到"殷代奴隶主对于部族的统治,采取的是指定服役制"。③ 1982 年在与唐嘉弘合写的一篇论文里,徐中舒再次提及该项制度。④

此后,唐嘉弘对指定服役理论又做了一些补充。唐先生认为"服"为职事,殷代的"外服"即"外职","内服"即"内职",它的源起可上溯到部落联盟制下各部落间根据历史地理条件产生的自然分工。具体而言,邦内"甸服"的职事就是以狩猎为主要任务;邦外"侯服"以"分镇边圉"为职事;"男服"乃南国主要从事农耕的方国或部族,多为江淮地区被征服者,包括淮夷在内;"卫服"类似女真的"巴牙喇",是"精锐内兵"或"手下兵",可以"为王捍卫",他们基本上是忠于统治者的同族青壮年男子。

---

① 彭裕商:《徐中舒:"古史三重证"的提出者》,《中国社会科学报》2009 年 8 月 27 日第 9 版。
② 徐中舒:《论西周是封建社会——兼论殷代社会性质》,《历史研究》1957 年第 5 期。
③ 徐中舒:《巴蜀文化续论》,《四川大学学报》1960 年第 1 期。
④ 徐中舒、唐嘉弘:《论殷周的外服制——关于中国奴隶制和封建制分期的问题》,《人文杂志》1982 年增刊《先秦史论文集》。

而这一制度早在原始社会末期就已经萌芽于各氏族部落的分工之中，只是国家出现后赋予了其剥削和役属的意义。①

可以说，直到此时，指定服役理论仅仅停留在提出、设想的阶段，并未得到专题性阐述和充分、翔实的论证。直至1999年赵世超发表了论文《指定服役制度略述》。② 这是以先秦时期指定服役制度为专门研究对象的第一篇学术论文。赵先生将指定服役定义为分工具体、指定某部分人专服某役且世代相传、长期不变的服役形式。它是早期国家阶段的特殊产物，广泛存在于古代中原地区。由于这一时期血缘关系的影响强固，社会上最基本的政治、经济及军事组织的单位是血缘性的族，剥削关系主要出现在两类族团之间。统治者无法突破血缘界线直接针对个人实施奴役，只能针对集体，指定某族专服某役，并以被统治各族的族长作为实施剥削的代理人。

早期国家国土相对狭小，这是指定服役制度存在的首要前提。无论是夏、商，还是西周，王室及各地诸侯、部族直接控制的地域并不广大，所以统治者才能根据自身的需求将繁杂而具体的劳役固定到各个被奴役的家族、邑落中去，并要求域内的民众亲履其事。

另外，指定服役制度也是早期国家阶段社会分工不发达的产物。在家族或其他形式的族团仍普遍存在的情况下，生产只能在狭小范围内、以自给自足的方式进行。由于整个社会分工不发达，尽管已经出现了以礼器、兵器为主要产品，以战俘和战败国进献的工匠为主要劳动力的所谓官营手工业，但王室、公室和各级贵族名目繁多的需求在很大程度上仍要依靠指定服役来满足。到了春秋战国时期，随着"辟土服远"浪潮的到来，大量小国被兼并，出现了一批真正的初具领土规模的国家，此时若还要求方圆数千里内的民众承担繁重的固定劳役，显然已不现实。同时，血缘家族纷纷解体，个体家庭开始涌现，也使得以家族为基本单位的指定服役制度

---

① 唐嘉弘：《略论夏商周帝王的称号及国家政体》，《历史研究》1985年第4期。
② 赵世超：《指定服役制度略述》，《陕西师范大学学报》1999年第3期。

失去了存在的基础。这一切最终迫使各国的统治者开始将按家族摊派劳役的剥削方式转变为按地区征役和允许以实物代役。指定服役制度最终退出了历史舞台。

此后，周书灿及卢中阳等学者先后对商周时期的指定服役制度做了进一步的补充和引申。①

基于指定服役理论，笔者以为西周时无论是生活于王畿内的家族，还是受封戍守东方新征服地区的诸侯，都需向王室承担某项"役"。这种"役"一旦确定，便具有强制性、固定性等特征，②由该家族或诸侯国世代奉行。西周时期的世官制和册命制度，在很大程度上就是各级贵族对王室所承担之"役"，不能等同于秦汉时代中央集权体制下的官僚制度。因此，早期国家阶段普遍存在的指定服役现象是本书非常重要的一个理论基石。

另外，地域性国家结构的不成熟还导致周王室对地方的统治模式与集权体制下中央领导地方的政治体制迥然有别。首先，周王室为了稳固对内外服地区各部族、诸侯国的控制，常常采用"巡守"的方式。周天子巡守至某地时，会召集当地氏族首领及诸侯，通过举行对上帝和该地区山川神灵之祭祀以及"觐群后""协时月正日"等活动来神化王权。故巡守制度是早期国家阶段邦国联盟之王用以控制盟邦的主要政治形式。③ 统治中心的时常变迁则可视为对"巡守"制度的一种补充。古公亶父居于岐下，文王都丰，武王都镐，成王时期建洛邑，昭王长期滞留于南国的江汉地区，穆王都郑，懿王都犬丘……散见于文献记载的多处西周王都表明，周人的统治地区虽然可大致划分为东部的成周与西部的宗周两部分，但王都远不止洛邑与镐京两处。据西周金文显示，周王常常奔波于各王都之间，通过举行祭祀典礼或赏赐贵族的方式来强化各地氏族

---

① 参见周书灿《商代外服制探讨》，《河北大学学报》2003 年第 2 期；卢中阳《商周指定服役制度研究》，（新北）花木兰文化出版社 2013 年版。
② 卢中阳：《商周指定服役制度研究》，第 9—15 页。
③ 赵世超：《巡守制度试探》，《历史研究》1995 年第 3 期。

（家族）对王室的政治认同。每个王都均可视为王室统治该地区的一个据点，周天子正是通过这些据点来实现对广大地区的统治。王都地区不仅聚集了大量的族群和贵族家族，还分布着王室的直属领地与臣仆等。周王室对所属领地与人口的管理模式，正是西周册命制度的主要内容。

其次，政治关系中还保留着浓厚的血缘因素。周王室必须借助各族的宗主或家长来实现对基层民众的统治，各族的宗主和家长则率领族人履行对王室的义务。由于灭商和东征，周人将大量的东方族群强行迁至王畿内安置。这些被征服的族群，一部分被纳入王朝的内服体制中，还有少部分则以臣服和服役的方式被周人的各级贵族家族接纳。于是，西周时期的族逐渐突破了血缘的藩篱，开始向政治性团体转变，少数周人家族也由此发展成实力雄厚的豪族。这就决定了对西周册命制度和官僚制度的研究必定涉及当时的世族制度等方面的内容。笔者甚至认为，西周的册命制度和世官制度都是世族政治的产物。因此，本书关注的一个重点就在于通过分析西周世族的各级成员参与册命礼的程度及其在仪式中扮演的角色，探讨世族政治影响下的册命制度与西周官制之间的关系。

要正确区分各世族家庭成员的地位与身份，分别出大宗与小宗，就需要对西周时期贵族的称谓有一个正确的认识和判断。1949年后相继出土的周原庄白、董家村、强家村、眉县杨家村等铜器群，为我们研究当时家族成员间的亲属关系提供了宝贵的第一手资料。1983年盛冬铃发表了长文《西周铜器铭文中的人名及其对断代的意义》，[1] 总结了西周时期贵族的各种称谓形式，资料翔实，结论可信。几乎与此同时，张亚初发表了《两周铭文所见某生考》，[2] 对分辨某些西周贵族的族姓具有极大启发性。除此之外，

---

[1] 盛冬铃：《西周铜器铭文中的人名及其对断代的意义》，《文史》第17辑，中华书局1983年版。

[2] 张亚初：《两周铭文所见某生考》，《考古与文物》1983年第5期。

还有吴镇烽《金文人名研究》①和1987年编著的工具书《金文人名汇编》②、李学勤《先秦人名的几个问题》③等文，都在西周贵族称谓问题上提出了真知灼见。陈絜的《商周姓氏制度研究》④和韩巍的博士学位论文《西周金文世族研究》⑤，是近年来相关领域中最系统、最全面的集大成之作，均为本书的相关论述提供了重要参考。

本书中所涉及的西周早期、中期、晚期的时代划分，主要依据陈梦家的观点，将成、康、昭三王统治时期定为西周早期，穆、共、懿、孝、夷五王四代为西周中期，厉、宣、幽三王及共和时期则为西周后期。⑥

对某一历史现象或问题的研究，绝不会仅局限于该现象或问题本身，必定涉及此一现象或问题所处之时代的方方面面，所谓牵一发而动全身是也！这就要求历史学者的知识储备与视域要广泛且具有深度。笔者尚处在初学阶段，本书所述观点若有不当之处，敬请方家指正、批评！

---

① 吴镇烽：《金文人名研究》，载氏著《考古文选》，科学出版社2002年版，第171—194页。
② 吴镇烽编：《金文人名汇编》，中华书局1987年版。
③ 李学勤：《先秦人名的几个问题》，《历史研究》1991年第5期。
④ 陈絜：《商周姓氏制度研究》，商务印书馆2007年版。
⑤ 韩巍：《西周金文世族研究》，博士学位论文，北京大学，2007年。
⑥ 参见陈梦家《西周铜器断代》，第522页。

第 一 章
西周册命制度的定义

对西周时期的"册命"做一个精准的定义，是研究册命制度的关键性前提。若要做到这一点，首先需选择能够帮助我们做出正确判断的史料。前辈学者多从古典文献中的相关记载出发，先确定西周"册命"的性质和内涵，然后再以此为标准审视周代金文，在金文中寻找册命性质的材料以作为立论的补充。这种研究思路存在着严重缺陷。现存的早期古典文献中有关西周时期的史料相当匮乏，而且有分布不均的特点。西周初年与末年的史事记载较翔实，但中期诸王的事迹则几乎呈空白状态，我们无法仅根据文献史料有效地复原西周时期的册命制度，故学者只能利用春秋时期周王赐命诸侯的案例。① 真正被学者公认的属于西周时期"册命"实录的文献史料仅《诗经·大雅·韩奕》一则。如果册命礼延续到东周时期仍在施行，那么作为一项制度，它在漫长的历史过程中是否发生过大的演变甚至质变？春秋时期的"册命"在性质和内容上是否能与西周时代保持一致？换言之，

---

① 西周灭亡后，周平王曾赐晋文侯命，见于《尚书·文侯之命》。春秋时期周天子赐命于诸侯见于《左传》的有：庄公元年"王使荣叔来锡桓公命"、庄公二十七年"王使召伯廖赐齐侯命"、僖公十一年"天王使召武公、内史过赐晋侯命"、僖公二十八年周天子"命尹氏及王子虎、内史叔兴父策命晋侯为侯伯"、文公元年"王使毛伯卫来锡公命"、襄公十四年"王使刘定公赐齐侯命"、昭公七年"追命襄公"等。

我们能不能利用文献记载的春秋时期的"册命"案例来实现对西周时代册命制度的高度复原？答案当然是否定的。一项制度往往是为了弥补现存体制的缺陷而产生的，这就要求它必须不断地进行自我调整以实现此目标；而任何新制度自其出现的那一刻起，立即就会成为现存体制的一部分，这也决定了必然会有另一个相应的制度或措施为弥补其缺陷而产生。上述两者都会促使一项制度时刻处于发展、演变的状态，如果忽视了这种变化的客观存在，径直将记述春秋时期所谓"册命"事件的史料作为研究西周册命制度的依据，必将难以保证研究成果的真实性与科学性。

另外，前辈学者所依据的文献资料在成分上极为复杂，对这些文献的解读，各家均有己见；对文献之依赖程度，学者亦各有不同。因此关于册命制度的定义与内涵，观点各异。而对册命金文范围的划定，既受时代和出土资料的限制，又被学者自身认知左右，各家都存在较大差异，难以达成统一意见。

综上，为了避免无谓的纠纷，最可取的途径是立足于金文资料，从西周时期的册命金文中提炼出册命制度的真实内涵和册命金文的表述特征，再以文献史料为佐证，在此基础上全面考察册命礼在西周王朝政治体制中的真实作用及其演变、发展的轨迹。这要求我们首先解决好如何在西周青铜器铭文中划定册命性质金文范畴的问题。

第一节　关于册命定义的讨论及其得失

在早期的先秦文献中，"册命"一词是非常罕见的。《尚书·顾命》曰："太史秉书，由宾阶隮，御王册命。"郑玄注云："御，犹向也。王此时正立宾阶上，少东。太史东面，于殡西南而读策书，以命王嗣位之事。"① 可知此"册命"之对象为周王，是"读策书以命王嗣位"的简略表述，与西周时期作为制度的"册命"是性质完全不同的两回事。

先秦典籍中更多的是关于周王"锡命"的记载，如《易·师卦》云："王三锡命。"《象》曰："王三锡命，怀万邦也。"《春秋》庄公元年亦云："王使荣叔来锡桓公命。"而对"锡命"的具体内容，杜预《春秋释例》说："天子锡命，其详未闻。"② 但孔颖达为《易经》作疏则曰："三锡命者，以其有功，故王三加锡命。"③ 这是将"锡命"当作周王对有功者的一种奖励政策。《春秋公羊传》解释道："锡者何？赐也。命者何？加我服也。"《公羊传》以"服"释命，似乎是在指周王对诸侯的命服之赐。何休注解云："礼有九锡：一曰舆马，二曰衣服，三曰乐则，四曰朱户，五曰纳陛，六曰虎贲，七曰弓矢，八曰铁钺，九曰秬鬯。"④ 又曰："礼，百里不过九命，七十里不过七命，五十里不过五命。"⑤ 根据《礼记·王制》的相关内容分析，百里指公、侯之封地，有七十里者为伯，子、男封地则为五十里，所以，"百里不过九命"是指公、侯级别的贵族方能受九命，以此类推，子、男只能受五命之赐。从何氏的注解中可以看出，他将"锡命"理解为"九锡"之礼，又以"九锡"等同于"九命"。那么，何为"九命"？据《周礼·春官·大宗伯》记载："以九仪之命正邦国之位，一命受职，再命受服，三命受位，四命受器，五命受则，六命赐官，七命赐

---

① （清）阮元校刻：《十三经注疏》，中华书局1980年影印版，第240页。
② （清）阮元校刻：《十三经注疏》，第1762页。
③ （清）阮元校刻：《十三经注疏》，第25页。
④ 《韩诗外传》中"九锡"是指"诸侯之有德，天子锡之：一锡车马，再锡衣服，三锡虎贲，四锡乐器，五锡纳陛，六锡朱户，七锡弓矢，八锡铁钺，九锡秬鬯"，与此稍有不同。《后汉书·荀彧传》注曰："九锡一曰车马，二曰衣服，三曰乐器，四曰朱户，五曰纳陛，六曰虎贲百人，七曰斧钺，八曰弓矢，九曰秬鬯，谓之九锡。锡，与也。九锡皆如其德。"
⑤ （清）阮元校刻：《十三经注疏》，第2225页。

国，八命作牧，九命作伯。"《典命》则曰："掌诸侯之五仪，诸臣之五等之命。上公九命为伯，其国家、宫室、车旗、衣服、礼仪皆以九为节；侯伯七命，其国家、宫室、车旗、衣服、礼仪皆以七为节；子男五命，其国家、宫室、车旗、衣服、礼仪皆以五为节。王之三公八命，其卿六命，其大夫四命，及其出封，皆加一等，其国家、宫室、车旗、衣服、礼仪亦如之。"

关于"九锡"与"九命"的关系，古代学者争讼颇多。郑众与许慎认为二者是一回事。①《汉书·王莽传》记载，群臣建议授予王莽"九锡"时说道："圣帝明王招贤劝能，德盛者位高，功大者赏厚。故宗臣有九命上公之尊，则有九锡登等之宠……谨以《六艺》通义，经文所见，《周官》、《礼记》宜于今者，为九命之锡，臣请命锡。"颜师古注云："《礼·含文嘉》云：'九锡者，车马、衣服、乐悬、朱户、纳陛、武贲、铁钺、弓矢、秬鬯也。'"而张晏则注："宗臣有勋劳为上公，国所宗者也。《周礼》'上公九命'，九命，九锡也。"②可见当时有相当多的人已直接将"九锡"等同于"九命"，认为二者名虽异而实同。另有不少人认为"九命"与"九锡"不同，如郑玄就指出九锡是指"八命作牧""九命作伯"之后才有的殊荣。③杨士勋也认为将"九锡"等同于"九命"，是混淆了二者之间的区别，指出"九锡者，出《礼》纬文也。此九锡与《周礼》九命异"。④古代学者之所以会出现这样的争议，是因为"九锡"之说出自汉代的谶纬之书，⑤而"九命"之说则出自先秦两汉时期的儒家礼书。"九命"和"九锡"实质上是不同时期的儒家学者对《春秋》经文中"锡命礼"的演绎，并

---

① 参见（清）孙诒让撰，王文锦、陈玉霞点校《周礼正义》，中华书局2013年版，第1366页。
② 《汉书》卷九九上《王莽传》，中华书局1962年版，第4072—4073页。
③ 参见（清）阮元校刻《十三经注疏》，第1233页。
④ （清）阮元校刻：《十三经注疏》，第2380页。
⑤ 张晏云："九锡，经本无文。"参见《汉书》卷六《武帝纪》，第168页。

不是西周旧制的真实反映。① 从《周礼·大宗伯》分析，九命的政治功能主要是用来划分贵族等级，不同爵位的贵族能获得不同等级的"命"。而"九锡"似乎更具有奖励有功者或有德者的性质，如何休注《公羊传》时认为"礼有九锡……皆所以劝善扶不能"。范宁在注《穀梁传》庄公元年时引用何休的观点云："礼有九锡……皆所以褒德赏功也。德有厚薄，功有轻重，故命有多少。"② 范氏将锡命分为九等，每一等的锡命都会有相应的赐物。周王锡命的目的是"褒德赏功"，根据臣下功德之大小而决定锡命的等级，最高者为九锡。

通过上述分析可知，直到汉唐时期在学者的意识里，尚不存在今日学界所讨论的任官命职性质的"册命"概念，而只有对周代"锡命礼"的模糊认识，这种认识主要是通过注解经典文献中记载的"锡命礼"来阐述的。而这些学者在注疏周代"锡命礼"时所依据的多为后起文献，甚至是谶纬之类的材料，其中既包含一些历史事实，又掺杂了儒家学者依据现实需要而进行的创作。因此，此类注释是否符合西周册命或锡命制度的实际情况就可想而知了。

随着学界对出土铜器的系统整理，人们发现在很多西周青铜器铭文中常见关于周王"册命"臣下的内容。这种"册命礼"在仪式上又似乎与文献中的"锡命礼"相仿，于是有学者开始采集金文中的相关资料以补古籍之阙，试图复原西周时代的"锡命"古礼。最早进行这项工作的是清代学者朱为弼，其所撰之《补周王

---

① 关于西周是否存在"九锡"之礼的问题，齐思和认为："以金文考之，则衣服、车马、弓矢、乐则、虎贲、斧钺、秬鬯之赐皆有之，特不若礼家所言之整齐划一，而礼家所未言者如贝、旗、圭、宗彝、玉环之类，又有数十种，则一切日用品无不可赐者，但朱户、纳陛则未见，是盖依汉制立说，而不知其于古未合也。"（《周代锡命礼考》，载《齐思和自选集》，第56页）陈梦家则云："《周礼》的九命（职、服、位、器、则、官、国、牧、伯）和《韩诗外传》的九锡都是根据先秦典籍而系统化之，列为有阶层的九等册命和赏赐，虽不是凭空臆造的，但这种排列与西周实际情况不完全符合。"（《西周铜器断代》，第419页）

② （清）阮元校刻：《十三经注疏》，第2380页。

锡命礼》、《侯氏入觐锡命礼》、《王亲锡命礼》、《巡守锡命礼》、《诸侯嗣位锡命礼》、《公侯锡作牧伯礼》及《附古锡命礼》共七篇，均收录于《蕉声馆文集》。这是以文献资料为主结合出土金文以研究西周制度的开山之作。只是在朱氏所处的时代，西周铜器中有价值的铭文面世者尚稀，再加上自身学术的局限，因而其观点未能摆脱传统经学的窠臼。

近代学人受欧美学风的启发，学术眼界始阔，萌发了借鉴西方历史以作中国史研究之参考的风尚。如齐思和曾道："窃以锡命典礼，于封建制度所关极要，此礼不明，则吾人于古代封建制度绝难了解。遂不揣锢陋，继朱氏之后（朱氏即朱为弼——笔者按），征引古籍，稽诸金文，于此问题，重加考订，并旁考西洋封建制度，以资比较。"① 在接下来的研究中，齐思和以古文献中的"锡命"一词来诠释西周的册命制度，因为"锡命时必有策，故又称策命"，而"策亦作册，故策命亦作册命"。② 那么，西周时期之"锡命"具体指的是什么？齐思和认为："封建之世，一切土地，皆属于天子，天子以之封诸侯，诸侯以之封卿大夫，而卿大夫更以其一部赐其臣宰，为其采邑。其封地也，皆经过一种极隆重之典礼。此种典礼，古谓之'锡命'。"随后他又补充道："此外任命百官，赏赉有功，亦皆以锡命之礼举行之。"③ 这实际上是将西周的册命礼视作分封、授官及赏赉有功者的仪式和制度。但是用东周文献中出现的"锡命"一词代指西周的这一制度是非常不准确的，因为《春秋》庄公元年曰："王使荣叔来锡桓公命。"《公羊传》在解释这段经文时说："锡者何？赐也。"而《穀梁传》却评价道："礼有受命，无来锡命。锡命，非正也。"齐思和对《穀梁传》的这种说法大为赞同，认为"其论甚

---

① 齐思和：《周代锡命礼考》，载《齐思和自选集》，第47页。
② 齐思和：《周代锡命礼考》，载《齐思和自选集》，第49页。
③ 齐思和：《周代锡命礼考》，载《齐思和自选集》，第46页。

正，为《左传》、《公羊》之所不及"。① 齐思和既然认同了"锡命，非正也"，那么用"非正"之名称呼西周时期的此种制度是否恰当？齐思和又说："锡命固非礼，而受命于王廷，亦曰锡命，此亦或穀梁氏所不知也。"可见，齐先生在此问题的认识上，尚存在诸多含混之处。这是由于他完全从文献记载出发以探求西周册命金文属性而造成的。正因为概念上存在含混之处，所以在册命金文的界定上势必有不足，将很多本不属于册命性质的西周金文划入到研究范畴中，进而致使作者无法准确把握册命制度在西周时期的真实性质。齐思和所选定的锡命性质的西周金文共有75篇。②

陈梦家没有采纳"锡命"一词，而是使用西周金文中原本就存在的"册命"一词作为这一制度的正式名称。

陈梦家首先按照内容的区别将西周金文大致划分为四类：一是作器以祭祀或纪念其祖先的；二是记录战役和重大事件的；三是记录王的任命、训诫和赏赐的；四是记录田地的纠纷与疆界的。这四类金文中以记录王的任命、训诫和赏赐方面的内容最为重要，③ 而"金文所谓'册命'（动词、文献中作策命）是宣读王的命册（命书）"。④ "西周金文的'命'又可以分为三大类：第一类是王的策命与赏赐，第二类是王令其大吏舍命于成周，第三类是君后、伯侯的命、赐。"⑤ 这三类"命"中，以第一类最为重要，且数量最多。册命的内容则主要包括三个方面，一是赏锡，二是任命，三是告诫。一般的册命以赏锡为多，其次是任命。⑥ 陈梦家对当时已面世的西周青铜器铭文资料做了一番统计，记载王的策命与赏赐的青铜

---

① 齐思和：《周代锡命礼考》，载《齐思和自选集》，第52页。
② 齐思和：《周代锡命礼考》，载《齐思和自选集》，第60页。
③ 陈梦家：《西周铜器断代》，第400页。
④ 陈梦家：《西周铜器断代》，第407—408页。
⑤ 陈梦家：《西周铜器断代》，第400页。
⑥ 陈梦家：《西周铜器断代》，第408页。

器铭文一共有72器。这72器里,又可分为两大类:一是在西周初期由周王"亲命"的,共20器;一是盛行于西周中后期,由史官代宣王命的,共52器。① 对其他两类铭文数量,则未详细考查。

相比于齐思和,陈梦家对册命的内涵做了大幅度的调整,如将"王令其大吏舍命于成周"及"君后、伯侯的命、赐"等也划入到册命制度的内涵中。从他所举例的诸多青铜器铭文来看,"册命"还包括周王任命臣属执行某项任务等方面的内容,不单纯局限于分封诸侯和任命官职的领域。②

黄然伟在《殷周青铜器赏赐铭文研究》一书中,统计了西周有文字之青铜器3000余件,按内容将之分为四大类:第一,记作器祭祀或纪念其祖先;第二,记王之册命、训诫、赏赐;第三,记录战争大事;第四,记田地纠纷及疆界事。③ 从黄然伟对西周金文的分类上即可看出他受陈梦家观点影响之深。关于第二类金文,黄然伟认为:"此类铭文记时王或高位之臣主,册命某人司某职;颁命以后,即赐受命者以车马服饰、土田、鑾旆等物……西周赏赐铭文以此类册命为多,盖册命(或作'策命')乃古代任命官员之方式。《周礼·春官·内史》云:'凡命诸侯及孤卿大夫,则策命之'——是册命为国家正式授命之行政制度矣。"④ 黄然伟本以285篇殷周赏赐铭文为研究对象,册命金文不过是其中之一部分,经何树环统计,黄然伟所认定之册命金文共计

---

① 陈梦家:《西周铜器断代》,第400—403页。
② 陈梦家在"王亲命"一组中列举20器,其中克钟铭文曰:"王亲命克,遹泾东至于京𠂤,锡克甸车、马乘。克不敢坠,𢾅奠王命。"郭沫若认为这指的是"王亲自命克巡省自泾而东以至于京师之地"[《郭沫若全集·考古篇》第8卷《两周金文辞大系图录考释》(二),科学出版社2002年版,第242页]。可知,克钟铭文反映的不是周王命克任某官职,而是派遣差事。陈梦家将克钟列入册命金文,说明他并没有将西周的册命局限于命官授职的方面。
③ 黄然伟:《殷周青铜器赏赐铭文研究》,载《殷周史料论集》,第65页。
④ 黄然伟:《殷周青铜器赏赐铭文研究》,载《殷周史料论集》,第137页。

76篇。①

陈汉平则将商周铜器铭文细分为九类：①册命；②告诫；③赏赐；④祭祀典礼；⑤征伐记功；⑥契书约剂；⑦诉讼纠纷；⑧称扬先祖；⑨记为亲属或自己作器。至于"册命"，陈汉平将其定义为："指封官授职，是为封建社会中之隆重典礼。无论天子任命百官，封建诸侯，诸侯之封卿大夫，卿大夫之封臣宰，均须举行此种礼仪。"② 而西周的册命金文为当时王室、公室或诸侯册命之实录③。陈汉平还将册命礼与西周政治体制挂钩，而不再仅仅将之视为一项典礼仪式。在他看来，西周封建国家通过册命制度之形式而建立。④ 另外，陈梦家将册命之"命"分为三大类，而陈汉平则将西周的"册命"内涵仅仅局限于"封官授职"的范围内。通过对比，陈汉平对西周"册命"的概念所做之界定已经比陈梦家的判断在范围上大为缩小，同时在对"册命"金文范围的划定方面也较此前学者显得更为明确。陈汉平据此搜集了当时已面世的青铜器铭文共80篇。⑤

由于《西周册命制度研究》是第一部以"西周册命"为专门研究对象的学术著作，故陈汉平所提出的某些观点的影响也更为广泛。此后的学术界在界定"册命"的概念时，多遵从其定义，即将西周之册命视作王朝官职任命的方式，而摒弃了齐思和认定的"赏赉有功"和陈梦家提出的所谓"王令其大吏舍命于成周""君后、伯侯的命、赐"等内容。然而据2001年公布的士山盘铭文显示，⑥ 周王"册命"士山，但不是"封官授职"，而是授予士山征收方国之"服"的差事，可见将册命仅局限在"封官授职"的层

---

① 何树环：《西周锡命铭文新研》，第43页。
② 陈汉平：《西周册命制度研究》，第2页。
③ 陈汉平：《西周册命制度研究》，第3页。
④ 陈汉平：《西周册命制度研究》，第4页。
⑤ 陈汉平：《西周册命制度研究》，第21—25页。
⑥ 朱凤瀚：《士山盘铭文初释》，《中国历史文物》2002年第1期。

面上似乎不符合实际情况。从陈汉平所举文献中册命诸例来看，册命也并非仅限于"封官授职"。如陈氏列举的《尚书·召诰》一篇："周公乃朝，用书命庶殷。"这则史料中不过是有"书命"一词，陈氏即将之视为册命事件。① 实则，关于《召诰》所作之由，孔颖达疏曰："成王于时在丰，欲居洛邑以为王都，使召公先往相其所居之地，因卜而营之。王与周公从后而往，召公于庶殷大作之时，乃以王命取币以赐周公，因告王宜以夏殷兴亡为戒。史叙其事，作《召诰》。"② 而《召诰》中"用书命庶殷"之"命"，孔传也说得很清楚："是时诸侯皆会，故周公乃昧爽以赋功属役书，命众殷侯、甸、男服之邦伯，使就功。"可见，"用书命庶殷"之"命"指的是周公令庶殷及诸侯完成"营洛"之工作，与陈汉平对册命金文"封官授职"的定义毫不相干。

陈汉平又举《尚书·金縢》中的"史乃祝册，乃纳册于金縢之匮中……以启金縢之书"为例。③ 为何会将此则材料视作西周时期的"册命实录"？估计是因为此处有"纳册"一语，陈氏即以其为册命事件。然而《金縢》中周公所纳之册实乃向先王祈求移武王之病于己身的祷告书，而不是"封官授职"的册命书。

又如《尚书·顾命》云："王……卿士邦君……入即位。太保、太史、太宗皆麻冕彤裳。太保承介圭，上宗奉同瑁，由阼阶隮，大史秉书，由宾阶隮，御王册命。"因此材料有"册命"一词，陈汉平亦将之列为西周时期的册命事件，但《正义》解释说："王此时正立宾阶上，少东。太史东面，于殡西南而读策书，以命王嗣位之事。"④ 由此可知，《顾命》中"册命"的对象是康王，与"封官授职"风马牛不相及。类似的情况还存在多处。陈汉平先是将西周的册命局限在"封官授职"的层面，又误将大量含有

---

① 陈汉平：《西周册命制度研究》，第 13 页。
② （清）阮元校刻：《十三经注疏》，第 211 页。
③ 陈汉平：《西周册命制度研究》，第 13 页。
④ （清）阮元校刻：《十三经注疏》，第 240 页。

"命"、"册"、"策命"及"册命"之词的文献当作反映西周册命制度的证据，无疑会大大扩展西周时期"册命"的实际内容。

有鉴于学术界在"册命"内涵的界定方面存在的混乱与不合理，何树环在《西周锡命铭文新研》中首先便提出要重新探讨这一问题。何先生分析了诸家关于"册命"定义的不足后指出，"欲探究'册命'之名是否妥当，当先就文献所言之'册命'进行探讨"。于是他搜集先秦典籍中与册命相关之材料共 11 则。① 由此可见，何树环与此前的学者在研究思路上完全相同，即从文献资料出发总结出册命的含义，然后以西周金文作为立论之佐证或补充。通过分析 11 则与册命有关的文献，何树环得出结论："册命"或"策命"，其意不外乎"以策命之"，其事皆指"读此策辞以告受命者"。② 那么，这里的"命"指的又是什么呢？何先生依据文献记载判断道：

> 命的内容除学界所熟知的王赐爵禄、命官之语外，其尚可注意者有三：一、举凡王有所命，不论是对百官臣民的诰教之语、王命臣工执行某项任务，甚或祝告神祇之事、有所赏赐之命，并皆载诸简策，实不以赐爵禄为限……二、《尚书·顾命》记史官宣读康王嗣位之命，即明言"册命"，《逸周书·克殷》、《史记·周本纪》言武王受册之事，亦谓史官宣读册书，则实不得谓"册命"乃专用于赐爵禄、命官之事。三、文句中有"策"、"策命"或"册命"之语者，虽可明确其所记为史官宣读册书的"册命"之事，然不得谓无此等文字者即非"册命"，《尚书·周书》各篇诰词是其明证也。③

---

① 何树环：《西周锡命铭文新研》，第 13—15 页。
② 何树环：《西周锡命铭文新研》，第 18 页。
③ 何树环：《西周锡命铭文新研》，第 27 页。

通过上述文字，可看出何树环对西周"册命"内涵的定义已经远远超过了此前诸学者。何先生认为以往学者中只有"陈梦家之说与文献'册命'之旨密合度极高"，① 而"继陈梦家之后对铜器铭文册命之事的讨论，逐渐专注于文献所称'册命'中的一部分，即封官授职之事，甚而仅将封官授职及赏赐命服之事视为册命，非此二者，乃皆排除于册命铭文之外"。由此，何树环指出"若仍用文献'册命'二字作为此类铭文之名称，实无由就'册命'二字明确探得封官授职、赏赐命服之实。今所称'册命'之名，与此类铭文之实际内容，二者间名实之不相称，实昭然明甚之事也"。② 基于以上考量，何先生觉得对于西周金文中封官授职、赏赐命服之事，应当以清代学者朱为弼和民国学者齐思和所选定的"锡命"一词来命名，这样处理"不仅较'册命'更为明确地呈现出此类铭文之实质，且覆诸铜器铭文，亦不至造成混淆"，③因为"相较于'册命'，'锡命'乃专指'册命'中命官受职（含爵）、赏赐命服、车服之事，不若'册命'尚包含因功受赏、命臣工执行任务等其他因素"，如此则"以'锡命'来指称铜器中记载命官授职、赏赐命服、车服之铭文，无疑地较'册命'更为妥切"。④

何树环的这一论断，与前人诸说迥然有异。此前的学者，不论是齐思和还是陈梦家、陈汉平等人，都认为册命与锡命只是名称有别，但在实质上并无二致。⑤ 而何树环却将"册命"与"锡命"视为层次不同的两种制度，册命的范畴要大于且包含

---

① 何树环：《西周锡命铭文新研》，第58页。
② 何树环：《西周锡命铭文新研》，第58—59页。
③ 何树环：《西周锡命铭文新研》，第59页。
④ 何树环：《西周锡命铭文新研》，第79页。
⑤ 黄盛璋对此问题的观点也较为新颖，他认为"授职称命，赏物称锡，故命与锡就是册命的两大内容，一般有命就有锡"（参见《西周铜器中服饰赏赐与职官及册命制度关系》，《传统文化与现代化》1997年第1期）。

锡命，锡命礼不过是册命制度中的一个部分罢了。因此，在何氏所著的《西周锡命铭文新研》一书中，以"锡命"一词取代了"册命"，专研那些记载命官授职、赏赐命服的西周青铜器铭文。

但正如上文所提到的，《穀梁传》早有明言："礼有受命，无来锡命。锡命，非正也。"所以，何树环以"锡命"代替"册命"，实无必要。更重要的是，何树环及此前的学者在界定西周册命金文范畴时采取的研究方法都存在不妥之处，从根本上说就是没有处理好文献史料与金文资料在西周史研究中的主从关系，过分依赖文献材料，而不是从金文等更可靠的资料出发以厘正册命的概念。这些文献中的记载，成分是极为复杂的，其中有直接涉及西周史实部分的，如《诗经》《尚书》中的某些篇章；也有的是记载东周时期锡命事例的，如《左传》《国语》等。从可靠性分析，有些关于西周"册命"制度的记载属于先秦时代的典籍，还有些则是汉唐时期的儒家学者在注疏先秦文献时留下的间接性材料。直接涉及西周史实的材料无疑是最珍贵的，但是这些史料实在太少，很难凭此一窥西周册命制度之原貌，而且即使是这样的史料，也并不能保证其未经后世儒家学者修饰。尤其是今天的学者在搜集先秦文献中关于"命"、"锡命"及"册命"的资料时，往往还纠缠于其中一字一词之分别。须知孔子有删诗的事迹，孟子亦曰："吾于《武成》，取二三策而已矣！"① 因此我们无法保证《诗经》《尚书》等典籍在集结成书时，没有经过丝毫词句上的修饰。郭沫若曾言：

> 传世两周彝器，其有铭者已在三四千具以上。铭辞之长有几及五百字者，说者每谓足抵《尚书》一篇。然其史料价值殆有过之而无不及。《尚书》自当以《今文》为限，《今文》

---

① 《孟子·尽心下》。

中亦有周、秦人所伪。其属于周初者，如《金縢》、《洪范》诸篇皆不足信。周文而可信者仅十五六篇耳。而此十五六篇复已屡经传写、屡经隶定，简篇每有夺乱，文辞复多篡改。作为史料，不无疑难。而彝铭除少数伪器触目可辨者外，则虽一字一句均古人之真迹也。是其可贵，似未可同列而论。①

在郭沫若看来，一些地下出土的金文资料在史学价值方面，要远远高于传世的先秦文献。无独有偶，黄然伟也指出："历来论古代册赐之事者，多据《仪礼·祭统篇》、《左》僖廿八年《传》及《诗·韩奕》篇等传统文献，然此类文字之著成时代，除《大雅·韩奕》外，悉在西周以后，其所记述古代册赐之礼，虽或部分合于西周之情形，而不尽为周代赐命仪式之实录，其中颇有简省与遗漏者。"② 因此，我们在探讨西周册命的内涵及册命金文的范畴时，不能专从文献出发以立论，仅视金文材料为补充或佐证。而应该将研究西周史可靠性最高的第一手资料——西周青铜器铭文，作为我们做出基本判断的主要依据，而将文献作为研究时的参考和补充性证据来使用。

那么，西周金文中的哪些铭文可以选来作为我们研究册命概念的基础性史料呢？思考至此，我们的研究似乎陷入了一个尴尬的循环：一方面，只有对西周时期的"册命"在概念上有一个清晰的定义，才能指导我们正确地从西周铜器铭文中甄别出属于册命性质的那部分金文；另一方面，只有依赖册命性质的西周金文，我们才能对"册命"的概念做一个明确的定义。如何才能破解这一难题？其实，在西周金文中有一些铭文本身就包含有"册命"一词，而且此类铭文在数量上相当可观，我们不妨通过分析这些

---

① 郭沫若：《两周金文辞大系考释》序，载《郭沫若全集·考古篇》第8卷，第9页。

② 黄然伟：《殷周青铜器赏赐铭文研究》，载《殷周史料论集》，第65页。

铜器铭文的具体内容来确定西周时代"册命"金文的主要特征，再以所得出的结论为标准检验其他西周青铜器铭文，将那些虽然不含"册命"一词但确属册命性质的金文选出，作为我们研究西周册命制度的基础性史料。只有遵从上述思路和途径，才可有效地避免在学术研究过程中出现"以后起的观念解读前代史料"的错误，减少后出文献对相关研究的干扰，使我们不至于将西周之后才出现的一些礼仪、制度或观念掺入到对西周册命制度的探讨之中。

第二节 含有"册命"一词的西周金文统计

自汉代始，不断有西周铜器出土的记载，如《汉书·吾丘寿王传》："及汾阴得宝鼎，武帝嘉之，荐见宗庙，臧于甘泉宫。郡臣皆上寿贺曰：'陛下得周鼎。'"当时的人们普遍将发现周代铜器当作祥瑞之事，故《汉书·五行志》记载："赵人新垣平以望气得幸，为上立渭阳五帝庙，欲出周鼎。"随着周代铜器出土日益增多，[1] 铜器上镌刻的铭文逐渐成为人们关注的对象。北宋时期很多学者着手搜集传世铜器并整理其铭文和器型图录，据翟耆年所著之《籀史》统计，自北宋至南宋初年的金石学著作就有34种之多，其中著名者有吕大临的《考古图》、王黼的《宣和博古图》、薛尚功的《历代钟鼎彝器款识法帖》、赵明诚的《金石录》等。这些著作虽然在学术上尚处于起步阶段，但为后世保存了大量的西周青铜器铭文和器型图本。古代出土的铜器很多已在历史长河中损耗，幸赖这些图本才为今天的研究留下了宝贵的资料。到了近代，罗振玉编辑出版了《三代吉金文存》，收录了当时已经传世的铜器铭文拓本共4800余件，为学者系统了解商周金文提供了极大的便利。自

---

[1] 《说文》序文云："郡国往往于山川得鼎彝。"

从该书问世，尤其是1949年后，伴随着考古学的飞速发展，不断地有新出土的西周铜器面世，这就使得前人汇编的金文图录迅速落伍于时代。于是，为了方便学者的研究，20世纪80年代中国社会科学院考古研究所主编了《殷周金文集成》，全书共18册，1994年全部出版。它将当时所能见到的传世金文及1949年后新出土的万余件铜器铭文尽数收录。但该书出版后的十余年间又有上千件铜器铭文面世，20世纪初刘雨、卢岩两位学者将这些新出金文资料汇编为《近出殷周金文集录》，其收录器铭的截止时间大体在1999年5月。2010年刘雨、严志斌又出版了《近出殷周金文集录二编》，其体例大体依照《殷周金文集成》和《近出殷周金文集录》，在收录铜器的截止时间上则与《近出殷周金文集录》相衔接。

2012年上海古籍出版社出版了由吴镇烽编著的《商周青铜器铭文暨图像集成》（简称《铭图》），全书共收录了传世和新出土的商周有铭铜器共16703件，其中680余器铭属首次著录，[①] 收器截止时期为2012年2月。该书既收录有器型图像、铭文拓本，同时将释文、断代和相关背景等资料编排在一起。至2016年，吴镇烽又出版了《商周青铜器铭文暨图像集成续编》（简称《铭图续》），收集了2012—2015年作者所见的有铭铜器1511件，两套书中包括了大量未公布于世的私人藏品。吴镇烽的《铭图》及《铭图续》是目前学术界收录金文资料最全面最翔实的丛书，极大地方便了学者的研究工作。笔者在搜集含"册命"一词的西周金文时，主要便是以《铭图》及《铭图续》为范围。

含有"册命"一词的金文主要集中于西周中期至后期阶段。据统计，此类金文共计52篇。现将此52器名称及相关内容列出，如表1-1所示。

[①] 吴镇烽编著：《商周青铜器铭文暨图像集成》凡例，上海古籍出版社2012年版，第1页。

表 1–1

序号	器名	册命	册命内容
1	利鼎	王呼作命内史册命利	用事
2	南宫柳鼎	王呼作册尹册命柳	司六自牧、埸、大□，司羲夷埸佃事
3	师奎父鼎	王呼内史驹册命师奎父	用司乃父官、友
4	無叀鼎	王呼史翏册命無叀	官司穆王正侧虎臣
5	师晨鼎	王呼作册尹册命师晨	胥师俗司邑人，唯小臣、膳夫、守□、官、犬，眾奠人，膳夫官、守、友
6	此鼎	王呼史翏册命此	旅邑人、膳夫
7	善夫山鼎	王呼史荣册命山	官司飲獻人于冕，用作宪司贮
8	大克鼎	王呼尹氏册命膳夫克	昔余既命汝出入朕命，今余唯申熹乃命
9	师毛父簋	内史册命	无
10	免簋	王授作册尹书，俾册命免	胥周师司眘
11	楚簋	内史尹氏册命楚	司莽鄙官、内师舟
12	师察簋	王呼尹氏册命师察	用胥弭伯
13	师藉簋	王呼内史尹氏册命师藉	用事
14	害簋	王册命害	用更乃祖事，官司尸仆、小射、底鱼
15	申簋盖	王命尹册命申	更乃祖考胥大祝，官司丰人眔九戏祝
16	王臣簋	呼内史微册命王臣	用事
17	望簋	王呼史年册命望	死司毕王家
18	元年师兑簋	王呼内史尹册命师兑	胥师龢父司左右走马、五邑走马
19	豆闭簋	王呼内史册命豆闭	用绩乃祖事，司窦艅邦君、司马、弓矢
20	师俞簋	王呼作册内史册命师俞	歔司伛人
21	元年师旋簋	王呼作册尹克册命师旋	备于大左，官司丰还左右师氏
22	师瘨簋盖	王呼内史吴册命师瘨	官司邑人、师氏
23	谏簋	王呼内史微册命谏	先王既命汝歔司王宥
24	辅师嫠簋	王呼作册尹册命嫠	更乃祖考司辅
25	伊簋	王呼命尹封册命伊	歔官司康宫王臣妾、百工
26	师西簋	王呼史牆册命师西	嗣乃祖啻官邑人、虎臣，西门夷、臱夷、秦夷、京夷、弁狐夷、新
27	扬簋	王呼内史史微册命扬	作司工，官司量田佃，眔司立、眔司笏、眔司寇、眔司工司
28	鄮簋	王呼内史册命鄮	昔先王既命汝作邑，歔五邑祝。今余唯申熹乃命
29	师颖簋	王呼内史遇册命师颖	先王既令汝作司土，官司访闢，今余唯肇申乃命
30	师虎簋	王呼内史吴曰：册命虎	载先王既命乃祖考事，啻官司左右戏繁荆

续表

序号	器名	册命	册命内容
31	三年师兑簋	王呼内史尹册命师兑	余既令汝胥师龢父司左右走马,今余唯申憙乃命,令汝骰司走马
32	师㝨簋	王呼尹氏册命师㝨	既命汝更乃祖考司小辅。今余唯申憙乃命,命汝司乃祖旧官小辅眔鼓钟
33	颂簋	尹氏受王命书,王呼史虢生册命颂	官司成周貯,监司新造貯,用宫御
34	蔡簋	王呼史微册命蔡	昔先王既命汝作宰,司王家。今余唯申憙乃命,令汝眔胥歔胥对各,从司王家外内,毋敢有不闻。司百工,出入姜氏命。厥又见又即令,厥非先告蔡,毋敢疾又入告。汝毋弗善效姜氏人,勿事敢又疾止从狱
35	牧簋	王呼内史吴册命牧	昔先王既命汝作司土,今余唯或䌛改,命汝辟百寮
36	趩觯	王呼内史册命趩	更厥祖考服
37	智壶盖	王呼尹氏册命智	更乃祖考作冢司土于成周八𠂤
38	吴方彝盖	王呼史戊册命吴	司旃眔叔金
39	盠方彝	王册命尹:赐盠	用司六𠂤王行三有司,司土、司马、司工。王命盠曰:歔司六𠂤眔八𠂤埶
40	宰兽簋	王呼内史尹仲册命宰兽	昔先王既命汝,今余唯或申憙乃命,赓乃祖考事,歔司康宫王家臣妾,莫庸外内,毋敢无闻知
41	虎簋盖	王呼内史曰:册令虎	更乃祖考胥戏司走马、驭人眔五邑走马、驭人,汝敢不善于乃政
42	师道簋	王呼尹册命师道	无
43	士山盘	王呼作册尹册命山	于入莽侯,出征蠚荆方服眔大虘服、履服、六孽服
44	古鼎	王呼内史尹册命古	命汝作服
45	四十三年逑鼎	史淢授王命书。王呼尹氏册命逑	令汝官司历人
46	召簋	王呼内史册命召	用事
47	驭簋	王呼内史册命驭	无
48	吕簋	册命吕	更乃考歔司奠师氏
49	矜簋	作册尹册命矜	令邑于奠,讯讼
50	畯簋	王呼作册尹册命畯	今朕丕显考共王既命汝更乃祖考事,作司徒,今余唯申先王命汝歔司西朕司徒,讯讼
51	戚簋	微史册命戚	用司霍𩢟,用胥乃长
52	槐簋	命作册尹册命槐	用死司王家

本书探讨西周册命铭文的基本特征，便首先由此52器着手进行总结、归纳，再以所得之结论为标准来检验其他西周金文，悉数搜罗属册命性质的青铜器铭文，希望能做到在现有条件下最大限度地掌握资料，为接下来的研究奠定可靠的基础。

第 二 章
西周册命金文的特征

不论是从数量还是内容方面而言，表 1-1 中的 52 篇铭文足可供我们分析出册命金文的基本特征。归纳出 52 篇铭文在特征方面的共同之处，便能帮助我们认清西周册命金文的实质。那么，该从哪些方面来探求上述铭文所共有的特征呢？笔者以为，最恰当的方法是：取其共性，去其特殊。通过比对铭文文本，本章准备从三个方面着手：一是册命铭文的格式，二是周王册命的内容，三是册命铭文的特有用语。

第一节 西周册命金文的格式

通过铭文文本比对，一篇完整的册命金文在行文中会具备六项要素：①册命的时间；②册命的地点；③宣命的史官；④右者；⑤赐物；⑥周王委派受命者的职事。在 52 篇册命铭文中，六要素齐备者共 42 篇，占总数百分之八十以上。有 10 篇铭文缺少部分要素，如士山盘铭文未记载右者和周王赐物，吕簋铭文未记载右者和宣命史官，师毛父簋、师道簋、驭簋三器铭文未见周王授予的职事，利鼎、师藉簋、王臣簋、召簋四器铭文仅有周王册命时叮嘱受命者"用事"而未交代受命者的具体职事，大克鼎铭无册命的具体时间。鲜明的叙述风格，是我们判断一篇铭文性质的重要依据。但西周时期的册命金文毕竟不同于后世中央集权制政府使用的公文，六项要素若偶有一二脱漏亦属正常。接下来，笔者将分别对此做详细分析，同时参照以非册命性质的金文，判断六要素在金文定性方面的价值。

一 册命的时间

西周册命金文的记时方式往往具有相似的特点，典型的册命金文最完整的记时一般包括四个部分：王年＋月份＋月相＋干支（按顺序）。像这样完整的记时形式，在上述52器中共有24件，占总数近百分之五十。

商代青铜器铭文大多仅有一二字或类似于家族徽章和氏名的符号，也有少数铭文能够简单地记载一次完整的事件并交代该事件发生的具体时间。大体说来，商末金文中的记时方式大致有以下三种类型。

其一，只记干支。

小子𦍤鼎：乙亥，子锡小子𦍤……（《铭图》02202）
丰鼎：乙未，王赏宗庚丰贝二朋。（《铭图》02200）
戍革鼎：丁卯，王令宜子会西方于省，唯反，王赏戍革贝二朋……（《铭图》02296）
父己尊：己亥，王锡贝，在管……（《铭图》04729）
宾尊：辛未，王赏宾贝二朋，用作父甲宗尊彝。（《铭图》11761）

其二，记干支附加月份。

戍嗣子鼎：丙午，王赏戍嗣子贝廿朋，在管宗。用作父癸宝𣪘，唯王饎管大室，在九月。犬鱼。（《铭图》02320）

其三，干支、月份和王年皆具备，但王年置于铭末。

商鼎：甲子，王锡寝孳商，用作父辛尊彝，在十月又二，遘祖甲翌日。唯王廿祀。（《铭图》02295）

坂鼎：乙未，王宾文武帝乙肜日，自管偁，王返入管。王赏坂贝，用作父丁宝尊彝，在五月，唯王廿祀又二。（《铭图》02377）

亚鱼鼎：壬申，王锡亚鱼贝，用作兄癸尊，在六月。唯王七祀翌日。（《铭图》02201）

而在一部分西周时期的青铜器铭文中，商代的这种记时习惯仍然得以保留，如：

臣高鼎：乙未，王赏臣高贝十朋，用作文父丁宝尊彝。（《铭图》02020）

𪓐鼎：己亥，王锡𪓐贝，用作祖乙尊，田告亚。（《铭图》02021）

斉鼎：癸卯，尹赏斉贝三朋，用作父丁尊彝。（《铭图》02022）

但西周时期金文的记时方式逐渐呈现出多样化的趋势，并形成了自己独特的风格，如有月份+辰在+干支的形式：

剌鼎：唯五月，王在衣，辰在丁卯，王禘，用牡于大室，禘昭王……（《铭图》02428）

歸𠭯进方鼎：唯八月，辰在乙亥，王在菳京，王锡歸𠭯进金，肆奉对扬王休，用作父辛宝齍，亚束。（《铭图》02338）

伯中父簋：唯五月，辰在壬寅，伯中父夙夜事走考……（《铭图》04942）

录伯戎簋：唯王正月，辰在庚寅，王若曰……（《铭图》05365）

也有月份后直接加干支的，如：

寓鼎：唯十又二月丁丑，寓献佩于王妣……（《铭图》02327）
师旂鼎：唯三月丁卯，师旂众仆不从王征于方雷……（《铭图》02462）
羿簋：唯八月甲申，公仲在宗周……（《铭图》04950）

还有只记月份者，如：

是娄簋：唯十月，是娄作文考宝簋……（《铭图》04773）
鸿叔簋：唯九月，鸿叔从王员征楚荆……（《铭图》04866）
同卣：唯十又二月，矢王锡同金车、弓矢，同对扬王休……（《铭图》13307）

除此之外，还有诸多特例，如有以大事件纪年者：

中鼎：唯王令南宫伐反方之年……（《铭图》02383）
鼓嚳簋：王令东宫追以六𠂤之年……（《铭图》04988）

但是，纵观西周时期的青铜器铭文，占主流且极具周人特色的则属"（王年）月份+月相+干支"的记时方式。各诸侯国青铜器铭文的记时方式也受王室影响，如：

晋侯对鼎：唯九月初吉庚寅，晋侯对作铸尊鼎……（《铭

图》02232）

及至西周灭亡，春秋时期华夏诸国的青铜器铭文中仍保留了这一记时方式，只是不再以王年纪年，如：

上鄀公敄人簋盖：唯鄀正二月初吉乙丑，上鄀公敄人作尊簋用享孝于厥皇祖与厥皇考……（《铭图》05201）
陈侯鼎：唯正月初吉丁亥，陈侯作铸妫四母滕鼎，其永寿用之。（《铭图》02212）
王子午鼎：唯正月初吉丁亥，王子午择其吉金，自作𩰤彝……（《铭图》02472）

综上，册命金文中的记时方式是西周中后期普遍的记时模式，并非册命金文所独有，可以看作周人特有的一种记时习惯。

二　册命的地点

周王册命贵族的地点，主要集中在宗庙建筑之中。如表2-1所示：

表 2-1

序号	器名	册命地点
1	利鼎	王格于般宫
2	南宫柳鼎	王在康庙
3	师奎父鼎	王格于大室
4	無叀鼎	王格于周庙，赐于图室
5	师晨鼎	王在周师录宫，旦，王格大室
6	此鼎	王在周康宫㞷宫。旦，王格大室
7	善夫山鼎	王在周，格图室
8	大克鼎	王格穆庙
9	师毛父簋	王格于大室
10	免簋	王在周。昧爽，王格于大庙
11	楚簋	王格于康宫

续表

序号	器名	册命地点
12	师察簋	王在葊,格于大室
13	师藉簋	王格于大室
14	害簋	王在犀宫
15	申簋盖	王在周康宫,格大室
16	王臣簋	王格于大室
17	望簋	王在周康宫新宫。旦,王格大室
18	元年师兑簋	王在周,格康庙
19	豆闭簋	王格于师戏大室
20	师俞簋	王在周彔宫。旦,王格大室
21	元年师旋簋	王在淢亝。甲寅,王格庙
22	师瘨簋盖	王在周师司马宫,格大室
23	谏簋	王在周彔宫。旦,王格大室
24	辅师嫠簋	王在周康宫,格大室
25	伊簋	王在周康宫。旦,王格穆大室
26	师西簋	王在吴,格吴大庙
27	鄂簋	王在周昭宫。丁亥,王格于宣榭
28	扬簋	王在周康宫。旦,格大室
29	师颖簋	王在周康宫。旦,王格大室
30	师虎簋	王在杜苙,格于大室
31	三年师兑簋	王在周,格大庙
32	师嫠簋	王在周,格于大室
33	颂簋	王在周康昭宫。旦,王格大室
34	蔡簋	王在淢亝。旦,王格庙
35	牧簋	王在周,在师汙父宫,格大室
36	趩觯	王在周,格大室
37	曶壶盖	王格于成宫
38	吴方彝盖	王在周成大室。旦,王格庙
39	盠方彝	王格于周庙
40	宰兽簋	王在周师彔宫。旦,王格大室
41	虎簋盖	王在周新宫,格于大室
42	师道簋	王在康宫,格于大室
43	士山盘	王在周新宫,王格大室
44	古鼎	王在康宫,格于大室
45	四十三年逑鼎	王在周康宫穆宫。旦,王格周庙
46	召簋	王在周,格大室

续表

序号	器名	册命地点
47	驭簋	王格于大室
48	吕簋	王格大室
49	羚簋	王在宗周,格大室
50	畯簋	王在周[般]大室,旦,王格庙
51	戚簋	王在成周大室
52	槐簋	王在宗周,格于大室

由表 2-1 可看出，52 次册命事件的举行地点大致可分为三类：一是周王的宫庙，二是诸侯或卿大夫宗庙，三是行宫（𡉈）。

第一类地点的建筑名称颇为复杂，常见者有周康宫，52 器中有 11 次册命典礼与其有关；2 次在康庙；1 次在康昭宫。"大室"是当时宗庙中的一种建筑，几乎所有宫庙都有名大室之处，如周大室、周师录宫大室、宗周大室、𡉈大室、周成大室、成周大室等。其中有些建筑，虽然名称稍有不同，实际上应该指的是同一事物，如周康庙、康庙与康宫，穆大室与穆宫等。据唐兰考证，康宫乃是周康王的宗庙。康王之前的历代先王供奉于京宫，而康王之下的周王则奉祀于康宫。①

第二类建筑为诸侯或卿大夫宗庙，共出现五种：吴大庙，1 次；师戏大室，1 次；周师录宫、大室，4 次；周师司马宫、大室，1 次；师汓父宫、大室，1 次。陈梦家认为，周师司马即周师录，周师与司马分别代表官衔和专职。②

第三类地点为𡉈。共出现两种：一是减𡉈（庙），2 次；二是杜𡉈（大室），1 次。陈梦家认为，𡉈是行屋，③ 从元年师旋簋、蔡簋及师虎簋的铭文看，周王的"𡉈"中似乎也设有宗庙，应当是王室在都城外的行宫。

---

① 唐兰：《西周铜器断代中的"康宫"问题》，《考古学报》1962 年第 1 期。
② 陈梦家：《西周铜器断代》，第 164 页。
③ 陈梦家：《西周铜器断代》，第 142 页。

上述三类册命地点实质上都是类似宗庙性质的建筑。《礼记·祭义》记载："天子有善，让德于天；诸侯有善，归诸天子；卿大夫有善，荐于诸侯；士庶人有善，本诸父母，存诸长老。禄爵庆赏，成诸宗庙，所以示顺也。"所谓"成诸宗庙"，郑玄认为就是"于宗庙命之"。之所以要命之于宗庙，主要是为了强调"顺"，疏曰："此一节明有善让于尊上，示以敬顺之道，不敢专也。"① 天子当顺于上天，诸侯顺于天子，卿大夫顺于诸侯，那么于宗庙中颁布"禄爵庆赏"，归根结底就是要求人们顺于祖先，其实质则是统治阶层利用祖先神控制民众的一种手段。在商周时期各族宗主与其族众之间尚保留血缘关系，故能利用共同的祖先神来控制民众，这也是先秦时期的诸多礼仪活动会在宗庙中举行的原因。《礼记·祭统》也认为："古者明君爵有德而禄有功，必赐爵禄于大庙，示不敢专也。故祭之日一献，君降，立于阼阶之南，南乡。所命北面，史由君右执策命之。再拜稽首，受书以归，而舍奠于其庙。此爵赏之施也。"

但是随着战国秦汉时期中央集权式的新统治秩序的建立与巩固，统治者与被统治阶层之间已经没有了血缘上的必然联系，于是传统礼仪的内涵基础开始由血缘关系向非血缘关系转变。其中很多古礼虽然依旧坚持不废，但要对其重新予以诠释，所以《白虎通》曰："爵人于庙者，示不私人以官，与聚共之义也。"汉代学者在解释"爵人于庙"的礼节时，开始更多地从去私心、存公义等方面进行思考。

以52篇含"册命"一词的西周金文来看，仅鄀簋铭文记载的册命典礼是在"宣榭"中举行。所谓"宣榭"，还见于西周末期的虢季子白盘铭。彭裕商认为鄀簋器型、纹饰都是西周晚期常见的，字体也较晚，其书法最具西周晚期特色，应是西周晚期器无疑。故

---

① （清）阮元校刻：《十三经注疏》，第1601页。

将之定为宣王时器。① 唐兰则认为"宣"与桓的意思差不多，是只有楹柱而没有墙壁的讲武、射箭场所。②

三 宣命的史官

52器中仅害簋与吕簋铭文未见有史官宣命的记载。从现有的金文材料看，史是西周时期规模相当庞大的贵族群体，这一群体在册命金文中出现得尤其频繁。如表2-2所示：

表2-2

序号	器名	册命史官
1	利鼎	作命内史
2	南宫柳鼎	作册尹
3	师兖父鼎	内史驹
4	无叀鼎	史翏
5	师晨鼎	作册尹
6	此鼎	史翏
7	善夫山鼎	史桒
8	大克鼎	尹氏
9	师毛父簋	内史
10	免簋	作册尹
11	楚簋	内史尹氏
12	师察簋	尹氏
13	师𧊒簋	内史尹氏
14	害簋	无
15	申簋盖	尹
16	王臣簋	内史徽
17	望簋	史年

---

① 彭裕商：《西周青铜器年代综合研究》，巴蜀书社2003年版，第444页。
② 唐兰：《西周铜器断代中的"康宫"问题》，《考古学报》1962年第1期。

续表

序号	器名	册命史官
18	元年师兑簋	内史尹
19	豆闭簋	内史
20	师俞簋	作册内史
21	元年师旋簋	作册尹克
22	师瘨簋盖	内史吴
23	谏簋	内史微
24	辅师嫠簋	作册尹
25	伊簋	尹封
26	师西簋	史留
27	鄂簋	内史
28	扬簋	内史史微
29	师颡簋	内史遣
30	师虎簋	内史吴
31	三年师兑簋	内史尹
32	师嫠簋	尹氏
33	颂簋	尹氏受王命书，王呼史虢生册命颂
34	蔡簋	史微
35	牧簋	内史吴
36	趞觯	内史
37	舀壶盖	尹氏
38	吴方彝盖	史戍
39	盠方彝	尹
40	宰兽簋	内史尹仲
41	虎簋盖	内史
42	师道簋	尹
43	士山盘	作册尹
44	古鼎	内史尹
45	四十三年逨鼎	史淢授王命书。王呼尹氏册命逨
46	召簋	内史
47	驭簋	内史
48	吕簋	无
49	羚簋	作册尹
50	畯簋	作册尹
51	戚簋	微史
52	槐簋	作册尹

由表2-2所列史官的称谓即可看出，52器册命铭文中的史官大致可分为两类：一是职称后带有私名者，如内史驹、内史微、内史吴、内史遣、史戍、史翏、作册尹克、内史尹仲、尹封等；另一类则是只有职称而未见私名者，如常见的作册尹、内史、尹氏等。长期以来，学者普遍认为内史、作册、尹氏都是史官的种类，① 但有很多史官名号看起来与之并不符合，如利鼎中的"作命内史"、师俞簋中的"作册内史"、师藉簋中的"内史尹氏"等，其职官名均为复合称谓。我们注意到，利鼎铭中的史官被称为"作命内史"，而师俞簋中的史官则为"作册内史"，那么"作命"与"作册"是否就是一个意思？不仅如此，据师晨鼎和师俞簋铭文记载，师晨与师俞在同一天、同一地点共同接受周王册命：

师晨鼎：唯三年三月初吉甲戌，王在周师录宫。旦，王格大室，即位。司马共右师晨，入门立中廷。王呼作册尹册命师晨……（《铭图》02481）

师俞簋：唯三年三月初吉甲戌，王在周师录宫。旦，王格大室，即位。司马共右师俞，入门，立中廷。王呼作册内史册命师俞……（《铭图》05330）

师晨鼎和师俞簋铭文所记载的册命时间、地点完全一致，甚至连担任册命礼"右者"的都是同一个人，只是师晨的宣命史官称为"作册尹"，而为师俞宣命的史官被称为"作册内史"。陈梦家指出，在共、懿时期，作册内史与作册尹是异名同实，作命内史即作册内史。② 王国维也认为"作命"与"作册"实则含义相同，

---

① 郭沫若认为："作册乃左右史之通名，事与史同例。册者典册，非必册命，无论记言记事均须制作典册。大史掌建邦之六典，建典犹言作册矣。作册为兼名，其中自可包含内史，而内史非必即是作册。"（参见《周官质疑》，《郭沫若全集·考古编》第5卷《金文丛考》，第144页）

② 陈梦家：《西周铜器断代》，第149、158页。

只是称法有异。① 另外，师虎簋及牧簋铭文记载的宣命史官为"内史吴"，和与之同时代的吴方彝盖铭文中的"作册吴"当为同一人。② 又，内史一职，册命铭文中有单独称史官为内史者，如虎簋盖、鄀簋、趞觯、师毛父簋、豆闭簋。也有只称"史某"的，如"史年"（望簋）、"史戊"（吴方彝盖）、"史桒"（善夫山鼎）、"史翏"（无叀鼎、此鼎）。但王臣簋和谏簋铭文中的"内史微"，在蔡簋中则被称为"史微"，而在扬簋铭文中又称作"内史史微"。再看各家对此四器的断代，如表2-3所示：

表2-3

器名	郭沫若	陈梦家	唐兰	刘启益	彭裕商	王世民	出处
蔡簋	孝	懿	懿	懿	厉		《铭图》05398
王臣簋			懿		厉	孝王前后	《铭图》05313
谏簋	厉	懿	懿	懿	夷	孝王前后	《铭图》05336
扬簋	厉	懿	懿	懿	夷		《铭图》05351

由于上述四器的铭文中都出现了史官"微"，学者多将其排列在年代大致相近之世，甚至还有学者把它们视为同一王世的器物。只是王臣簋1977年才出土于陕西澄城县南串业村，③ 郭沫若、陈梦家、唐兰等学

---

① 王国维曾说："作册为内史之异名……亦称作册内史……亦称作命内史……亦单称尹氏。"[《释史》，《观堂集林（附别集）》，中华书局1959年版，第272—273页]

② 陈梦家认为"作册吴"与"内史吴"实为同一人。为何同人而有异称？陈氏的解释是："共王元二年之间，作册与内史互用，至此后作册废而但称内史。"（《西周铜器断代》，第151页）如果陈梦家所言确实，那么师俞簋铭文中为何会有"作册内史"的称谓？陈汉平对此另有解释，他认为："'作册'与'作册内史'、'作命内史'或为同官异名，而'作册尹'当为其长。"又说："吴方彝铭中之作册吴，在牧簋铭与师虎簋铭中称为内史吴。若此三名'吴'者确系一人，则'作册'之全称似当为'作册内史'。"（《西周册命制度研究》，第120、123页）陈汉平的解释也有不通之处，若职名带"尹"者即为长官，那么，史官中的"尹"及"尹氏"当作何解？又为何不见金文中有"作命内史尹"或"作册内史尹"的称号？

③ 吴镇烽、王东海：《王臣簋的出土与相关铜器的时代》，《文物》1980年第5期。

者尚未及做细致研究。但综合各家观点可知，将"史微"、"内史微"及"内史史微"视为同一人，当不至有误。① 那么，为何同一人竟被冠以三种职官名号？若以升职作解释，也有可能。因为蔡簋纪年为"元年"，王臣簋为"二年三月"，谏簋为"五年三月"，如此，蔡簋铭文中的"史微"，很有可能经过提拔才成为王臣簋和谏簋铭文中的"内史微"。若此说确实，则在西周史官系统里，"内史"的级别当高于"史"。但是，扬簋铭文中出现了"内史史微"的称法，将"内史"与"史某"拼在了一起，组成了一个非常奇特的复合史官名号。

再看史官中的"尹"（师道簋、盠方彝、申簋盖）、"尹氏"（师虎簋、曶壶盖、师察簋）、"作册尹"（䍒簋、辅师嫠簋、南宫柳鼎、免簋、士山盘、师晨鼎）、"内史尹"（元年师兑簋、三年师兑簋）等，这些混杂的职衔称号，使得任何企图重构西周史官层级的尝试都颇为无力。我们不得不对此现象有所反思，西周时期的王室政府，是否存在严整有序的史官体系？史官称谓的随意性或许可以从一个侧面说明，其实在当时尚未形成级别分明的职官阶层。

还有一个值得注意的现象，如颂鼎记载："尹氏受王命书，王呼史虢生册命颂。"这句铭文显示，在周王的册命典礼上，尹氏负责将制作好的册命简策交予周王，再由周王授予宣命的史官负责当庭宣读。受命结束后，贵族颂"受命册，佩以出"。陈汉平认为"册命命书为预先书就，册命时多由书命史官授书于王，而王复授书于宣命史官，俾其代为宣命"。② 若如此，册命礼中的史官可分为两类：一类负责书写王命于简策，即书命史官；另一类负责向受命者宣读王命，即宣命史官。③ 那么，就史官的具体分工而言，哪

---

① 陈梦家：《西周铜器断代》，第190、193—194页。
② 陈汉平：《西周册命制度研究》，第130页。
③ 陈梦家与陈汉平观点相似，他认为："册命宣读的执行者是两种史官：一种是秉册的史官……一种是宣读册命的史官……王之左右有二史：一执令书，一读令书……册命既是预先书就的，在策命时由史官授于王而王授于宣命的史官诵读之。"（《西周铜器断代》，第408页）

些史官专门负责书命,哪些史官专门负责在册命典礼上宣读王命呢?从颂鼎铭文来看,似乎"尹氏"负责书写命书,而由"史某"当庭宣读。但四十三年逨鼎铭文的记载则恰恰与颂鼎内容相反,乃是"史淢授王命书,王呼尹氏册命逨"。另,趞鼎(《铭图》02479)铭文记载:"史留授王命书,王呼内史⻊册锡趞。"由于趞鼎铭中无"册命"一词,不在上述52器中。从其行文格式及内容分析,趞鼎铭中所记之事无疑也应该属于册命性质,但它宣命的史官名号与颂鼎、四十三年逨鼎又有不同。

综上可知,西周史官名号繁多,从现有资料出发,我们很难看出这些史官之间的层级关系。以往学者多以春秋战国时期才逐渐形成之中央集权式的官僚体系模式来解读西周的史官分层,试图重构西周政府中史官之间的上下级统属关系,但这些结论大多有穿凿之嫌。

四 右者

册命礼中的"右者",是随着学界对西周册命制度和官僚制度的进一步深入研究才逐渐成为学者关注的对象的,而早期的学者对之仅做一般性探讨,并无特别留意。如齐思和只是在详述锡命礼仪式各环节时略有提及,将《周礼》中充当"傧"的大宗伯与西周金文中担任"右者"的贵族官职做一简单比较,得出了"《周礼》所言,似不足信据"的结论。[①] 陈梦家对"右者"的论述也很有限,不过是讨论了"右者"在册命仪式中所处的位置等问题。[②] 直到白川静、杨宽等,才开始注意到"右者"这类贵族群体在西周政治体制中的地位及其与受命者之间的组织关系等,希望能从中破解西周政府职官体系运作的某种模式。

据52器铭文,我们可以得出以下结论。首先,册命金文中未

---

① 齐思和:《周代锡命礼考》,载《齐思和自选集》,第54页。
② 陈梦家:《西周铜器断代》,第407、411页。

提及"右者"的仅士山盘及吕簋，很可能是记载疏漏所致。另外，士山盘本身与其他册命铭文确有诸多不同之处，关于这一点笔者将于下文详论。

其次，担任"右者"的贵族，或是在王室政府有职衔者，如任司工者一人（司工液伯），任司马者三人（司马寿、司马丼伯、司马共），任司徒者两人（司徒单伯、司徒南仲），又有司土两人（司土毛叔、司土荣伯）。担任"右者"最频繁者为宰官，共有六人（宰倗父、宰䚄、宰朏、宰犀父、宰引、宰琱生）。尤其是到了西周后期，随着宰官在王室的政治地位日益突出，① 其担任册命典礼"右者"的频次亦随之增多。或是仅称"公"者，如穆公（盠方彝）、益公（王臣簋、申簋盖、师道簋）、遟公（元年师旋簋）、武公（南宫柳鼎）、丼公（䚄壶盖）、康公（畯簋②）。

但是还有很多册命金文中出任"右者"的贵族并无官职，仅以伯、仲、叔、季的家族排行为称。有称"伯"者，如丼伯（利鼎、豆闭簋、师毛父簋、师虎簋、召簋）、荣伯（师藉簋、辅师嫠簋、古鼎）、毛伯（鄸簋）、醒伯（三年师兑簋）、伯东宫（驭簋）；有称"仲"者，如仲倗父（楚簋）；有称"叔"者，如密叔（虎簋盖）、丼叔（师察簋）、祭叔（夌簋）；有称"季"者，如申季（伊簋）。

其中的"丼伯"，据学者研究表明乃是司马丼伯（师奎父鼎、走簋），又称司马丼伯䚄（师瘨簋）。③ 可见，册命金文中"右者"的称谓与负责宣命的史官的称谓有共同之处，即无严格的行文定例，具有相当的随意性。更值得注意的是，"右者"的设立也并非

---

① 张亚初、刘雨：《西周金文官制研究》，中华书局2004年版，第40页。
② 据畯簋（《铭图》05386）记载："旦，王格庙，即位。鬲王、康公入门右畯立中廷，北向。""鬲王、康公"该如何断句？是"鬲王康公"还是"鬲王"和"康公"？若为后者，则此次册命礼中的"右者"可能由两人共同担任。畯簋铭文为某收藏家所藏，未见其他著录，不能判断其真伪，故暂视为特例。
③ 陈梦家：《西周铜器断代》，第164页。

册命仪式的专属，如敔簋（《铭图》05380）铭文显示：

> 唯王十月，王在成周。南淮夷迁殳入伐涽、昴、参泉、裕敏、阴阳洛。王令敔追𢔶于上洛烅谷，至于伊班、长榜，折首百，执讯四十，夺俘人四百，献于荣伯之所，于烅衣肄，复付厥君。唯王十又一月，王格于成周大庙，武公入右敔，告擒聝百、讯四十。王蔑敔曆，使尹氏授釐敔圭瓒、䌛贝五十朋，赐田于敆五十田，于早五十田。敔敢对扬天子休，用作尊簋，其万年子子孙孙永宝用。

分析铭文可知，敔受命追击入犯的南淮夷，获得大胜之后，周王于成周大庙对其进行赏赐，武公为典礼"右者"。需要说明的是，敔簋铭显然不属于册命金文范畴，而是告擒礼。

再如吴虎鼎（《铭图》02446）铭文所示：

> 唯十又八年十又三月既生霸丙戌，王在周康宫夷宫，导入右吴虎，王命膳夫丰生、司工雍毅，申厉王命：付吴𦉢旧疆，付吴虎：厥北疆涵人眔疆，厥东疆官人眔疆，厥南疆毕人眔疆，厥西疆荩姜眔疆。厥具履封：丰生、雍毅、伯导、内司土寺芇。吴虎拜稽首，天子休，宾膳夫丰生璋、马匹，宾司工雍毅璋、马匹，宾内司土寺芇璧。爰书尹友守史，廼宾史𠦪帠两。虎拜手稽首，敢对扬天子丕显鲁休，用作朕皇祖考庚孟尊鼎，其子子孙孙永宝。

吴虎簋铭文中王命的主要内容是"付吴𦉢旧疆"，即周王命膳夫丰生、司工雍毅等赐吴疆土，并详列其具体四至。伯导为吴虎受地时的"右者"，但吴虎簋记载的显然是赐地之礼，不属于命性质。

又如绅鼎（《铭图》02441）铭文所示：

唯八月初吉庚寅，王在宗周，游于比，密叔右绅，绅锡禾于王五十秭。绅拜手稽首，敢对扬皇丕显天子丕丕休，用作朕文考氏孟宝尊斋鼎，子子孙孙其万年永宝用。

密叔充当"右者"也曾见于趩簋、虎簋盖等册命铭文中。然而细审绅鼎铭文，周王只是赏赐绅五十秭禾，乃属一般性赏赐事件，也非册命性质。再如应侯见工钟（《铭图》15316）云：

唯正二月初吉，王归自成周，应侯见工遗王于周。辛未，王格于康宫，荣伯入右应侯见工，锡彤弓一、彤矢百、马四匹。见工敢对扬天子休，用作朕皇祖应侯大林钟，用锡眉寿永令，子子孙孙永宝用。

应国是武王之子建立的外服诸侯。由钟铭得知，在应侯觐见天子的礼仪中也设有"右者"以引导。与之类似的还有晋侯苏钟（《铭图》15298—313）铭：

唯王卅又三年，王亲遹省东国南国。正月既生霸戊午，王步自宗周。二月既望癸卯，王入格成周。二月既死霸壬寅，王儥往东。三月方死霸，王至于蒆，分行，王亲命晋侯苏：率乃自左覆欔，北覆□，伐夙夷，晋侯苏折首百又廿，执讯廿又三夫。王至于匐城，王亲远省自，王至晋侯苏自，王降自车，位南向，亲命晋侯苏：自西北隅敦伐匐城，晋侯苏率亚旅、小子、戜人，先陷入，折首百，执讯十又一夫。王至。淖淖列列夷出奔，王命晋侯苏率大室小臣，车仆从，遹逐之，晋侯苏折首百又一十，执讯廿夫，大室小臣车仆折首百又五十，执讯六十夫。王唯返，归在成周。公族整自，宫。六月初吉戊寅，旦，王格大室，即位，王呼膳夫曰：召晋侯苏，入门立中廷，王亲锡驹四匹，苏拜稽首，受驹以出，返入，拜稽首。丁亥，旦，王御于邑伐宫。庚寅，旦，王格大室，司工扬父入右晋侯，王亲侪晋侯苏鬯一卣，弓、矢百，马四匹。苏敢扬天子丕显休，用作元龢锡钟，用昭格前文人，文人其严在上，翼在下，數數彙彙，降余多福。苏其万年无疆子子孙孙永宝兹钟。

综合以上信息可知，"右者"之设在西周的礼仪活动中实属普遍现象，并非册命礼所独有。一般而言，祭祀性质的仪式上，不会设立"右者"一职。因为祭祀是主祭者与被祭对象之间的交流，在二者间负责转达信息的是具有通灵能力的祝、史等神职人员，协助主祭者的是负责杀牲的宰。只有在册命、赏赐、告擒等围绕着君臣之间发生关系的礼仪场合中才会设立"右者"。

52篇含"册命"一词的金文中，士山盘和吕簋铭文未出现"右者"，这很可能只是记录上的疏漏，而不是说士山与吕在接受册命的典礼上没有设立"右者"。换言之，册命礼设"右者"乃是常制。但设立"右者"的礼仪场合众多，因此我们不能仅凭金文中出现有"右者"就断定其属于册命金文。

五　册命礼中的周王赐物

52器铭文中，仅士山盘铭文未记载册命时的赏赐品。周王之赏赐物，素来为研究册命礼的学者们所重视，如齐思和认为："锡命普通分为两部，首先言王之命令，次则述王之赏赐。"[①] 很多学者希望通过考证周王赏赐物品的等级来分析受命者的政治地位，进而由此推断西周官僚体制中存在的层级关系。但册命的重点在于"命"，赏赐只是附属。除了土地外，其他赏赐都属荣誉性质，不能认为大小贵族们会仅凭周王的赏赐过活，故册命赐物与后世官吏

---

① 齐思和：《周代锡命礼考》，载《齐思和自选集》，第54页。陈梦家也认为"西周册命金文中包含两个主要内容：一是命以官职，一是赐以实物"（《西周铜器断代》，第415页）；陈汉平则指出"命与锡分别为册命之两项内容"（《西周册命制度研究》，第265页）。

之俸禄绝非一事。

册命金文记载的周王赐物大致有以下几类：服饰、旗帜、车及车饰、兵器、取徵之权、臣仆、鬯、马等。其中以服饰为大宗。

西周青铜器铭文所涉及之赏赐事件甚多，而册命礼中周王对受命者的赏赐只是其中的一部分而已。那么，册命赏赐与非册命性质的赏赐之间有无本质区别？如果有，我们只需找到这种区别，就完全可以凭此再反过来甄别册命金文与非册命金文。当然，这样的研究思路也有明显的弊端和悖论，因为我们只能在册命金文的范畴内才能分析出属于册命礼特有的赏赐物品。因此，一旦册命金文的范畴界定失误，册命赐物的判断肯定会随之出现偏差。而册命赐物与非册命赐物的区别若判断失误，反过来又会影响对册命金文范畴的界定。另外，即使我们依据的金文完全属于册命性质，但册命金文中记载的周王赐物会不会也出现在非册命场合的赏赐中？这些都需要我们做细致的分析。

上述方法，陈汉平在其研究中曾有实践。在确定册命金文的范畴之后，陈先生就完全依据所选定的80篇册命铭文的记载来归类册命赐物。他在统计后指出，册命金文中"绝无一般非册命赏赐所见之杂物，如：贝、牛、鹿、鱼、雀、生凤、虎裘、遂毛、丝束等类杂物。而非册命之一般赏赐，受赐者虽有官阶，但赐物中绝无成套之冕衣市舄、车马饰物、旂旗兵器等舆服赐物。此两种赐物之分别，为政府任命官员爵位、身份以及权力之象征"。[①] 在《西周册命制度研究》中，陈汉平将册命礼中的周王赐物分类为十种：①祭酒及圭瓒；②冕服及服饰；③车及车饰；④马及马饰；⑤旂旗；⑥兵器；⑦土田；⑧臣民；⑨取徵；⑩其他。[②] 在十种册命赐物中，陈汉平最重视冕服及服饰的政治功能，他认为：

---

① 陈汉平：《西周册命制度研究》，第277页。
② 陈汉平：《西周册命制度研究》，第273—274页。

中国古代可以册命赐服代表官位，如《书·大诰》："嗣无疆大历服。"《书·康诰》："明乃服命。"《诗·文王》："侯于周服。"《诗·抑》："曾是在位，曾是在服。"……又如古代诸侯分别有"内服"、"外服"之称……《尔雅·释诂》："服，事也。"《说文》："事，职也。"说明舆服为官位之标志。①

陈汉平对西周"服"的理解是存在偏差的。西周金文中的"服"与代指衣裳之"服"并没有直接的关系。② 黄盛璋也非常重视服饰赏赐在区分册命与非册命金文中的作用，他指出："册命的赏锡与非册命的赏赐有原则区别，衣服配饰的赏锡只限于册命；非册命的赏锡仅出现金、玉、贝、帛、车、马、戎器、土地、田邑、民人等，甚至祭器，而不能有服饰……锡物如有衣服配饰，那一定是册命。"③

何树环注意到了这种观点存在的缺陷，提出册命金文中周王赏赐臣下的服饰并非都有册命性质，有很多其实就是一般性的赏赐而已，④ 各家所列举之册命赏赐均有出现于公认的非册命金文的赏赐事件之中者。例如陈汉平认为祭祀用的鬯"于册命赐物中列于首项"，⑤ 而事实上，非册命性质的金文中也有赐鬯者，如吕方鼎（《铭图》02400）、叔簋（《铭图》05113）、士上卣（《铭图》13333）、小子生尊（《铭图》11799）等。这些青铜器铭文均属公认的非册命性质的西周金文。因此，何树环认为应该"先着眼于

---

① 陈汉平：《西周册命制度研究》，第277页。
② 西周时期"服"的概念是政治层面上的，对此论述者颇多，参见董珊《谈士山盘铭文的"服"字义》，《故宫博物院院刊》2004年第1期。赵世超则认为最初的"服"与衣裳并无联系，"服"本是一种政治体系，参见《中国古代等级制度述论》，载《中西早期历史比较研究》，科学出版社2016年版，第180页。
③ 黄盛璋：《西周铜器中服饰赏赐与职官及册命制度关系》，《传统文化与现代化》1997年第1期。
④ 何树环：《西周锡命铭文新研》，第139—141页。
⑤ 陈汉平：《西周册命制度研究》，第221页。

铜器铭文中所见之赏赐物是否具有区别身份等级之作用",再选定各家"所共同认定之锡命铭文为参照,对所有铭文中可见之赐物进行分类,并以前人名物考证之成果为基础,研究该物与锡命的关系"。①

在判定赐物"锡命"属性方面,何先生也极为重视服饰的意义,他的处理方法一如其界定"锡命"金文时所做的那样:主要以文献为依据,特别留意"锡命"所赐之服饰是否与郑玄所注《周礼·春官·大宗伯》的内容相吻合。在选出各家都承认的"锡命铭文"共38篇后,他将其中的周王赐物划分为七大类,②然后参酌文献中的相关内容,同时与非锡命铭文做对比,从中分辨出具有"锡命"性质的赐物。经过考证,何树环认为服饰中只有玄衣黹屯(纯)、玄衮衣及㦰衣确属锡命性质;车马饰中只有金膺、攸勒;旗帜中有銮、旂、銮旂、朱祈、朱祈二铃、旂四日、旂五日、銮旂五日、队;土田臣民与仆之类的赏赐中只有周王封建诸侯及赐予臣下采邑时才算"锡命"性质,单独的臣仆赏赐与锡命无关,但封建授土时的臣仆赏赐就属"锡命"性质。③至于兵器、金玉之属,仅属赏赐性质,一概不能算作锡命赐物。郑玄是东汉末年的儒家学者,《周礼》又是极富争议的典籍,郑玄对《周礼》相关内容的注释是否符合西周时期的实际情况尚且存疑,依据这样的史料做出的判断,其可靠性显然很难保障。且为何在册命典礼上,周王会同时赏赐给受命者册命赐物与非册命赐物,这也需要我们给出合理解释。

在确定册命赐物的范围后,接下来便要思考受命者获得的赐物是否反映了他们在西周政局中所处的某种政治等级。通过对比册命金文中周王赏赐的物品与受命者获得的职事,学者们希望能够从中

---

① 何树环:《西周锡命铭文新研》,第85页。
② 何树环:《西周锡命铭文新研》,第89页。
③ 何树环:《西周锡命铭文新研》,第99—191页。

找出隐藏于其间的某种对应关系，进而考察西周王朝官僚体制的层级结构。但由于各家认定的册命金文之范畴不一，结论往往也就各有不同之处。陈梦家详列西周金文中所见之赏赐物、赏赐动词，并对常见的赏赐物品之名称进行释读。黄然伟在对比商周青铜器铭文赏赐之差异后，认为"虽于商代已有赏赐之记载，在西周初又有册命锡物之事，然尚未成一种仪式。故今所见之西周册命赏赐铭文，其中记有一套仪式者，皆属中晚两期之物"，而"据铭文所示，西周之册命赏赐，赏赐物数量之多寡，与官阶之高低及官员之职司，并无严格之规定"，"其赏赐或多或少，盖视时王及赏赐者之好恶及其所有而定"。① 陈汉平则由此断言"黄氏之研究告于失败"。②

陈汉平是率先尝试将周王赐物与受命者官职级别挂钩以构建西周官僚阶层等级秩序的学者。因为册命赐物中以服饰为大宗，所以他认为"西周册命舆服制度与受命百官、诸侯之爵位有关，册命赏赐舆服，因爵位不同而有不同"，"周代册命礼仪、赏赐舆服与受命者官职爵秩之间有严格而鲜明之尊卑等级关系"。③ 陈汉平先将册命赐物与文献的相关记载进行对照，大致划分出舆服爵位等级；然后又将册命金文所见官职与《周官》做详细对照，以划分出职官爵位的等级；最后比较两者是否对应相合，④ 并从数量、质地、形制、颜色、纹绘、组合六个方面着手，区分出了四级册命舆服，即公之命服、卿（侯、伯）之命服、大夫之命服、士之命服。⑤

陈汉平的观点有可商榷之处。首先是过度依赖《周礼》，将《周礼》中的职官体系完全视为西周政体之实录。而实际上，对

---

① 黄然伟：《殷周青铜器赏赐铭文研究》，载《殷周史料论集》，第159—164页。
② 陈汉平：《西周册命制度研究》，第7页。
③ 陈汉平：《西周册命制度研究》，第267、275页。
④ 陈汉平：《西周册命制度研究》，第276页。
⑤ 陈汉平：《西周册命制度研究》，第285—304页。

《周礼》的成书年代及性质等问题，前辈学者早有充分讨论。清代学者毛奇龄《经问》卷二提出春秋时代的孔子及战国诸子引用经典时，从未提及《周礼》一书，断定该书为周末秦初的儒生所作；梁启超认为《周礼》是秦汉之间的学者根据春秋战国的制度，加上一些个人理想而制成；① 顾颉刚则认为《周礼》是齐国稷下学者的托古改制之作，不成于一人之手，也不作于一时；② 甚至有学者认为《周礼》成书于西汉初年。③ 陈汉平对前人的相关研究成果弃之不顾的做法着实不妥。其次，先秦时期的典籍确实有公、侯、伯、子、男之五等爵的记载，我们姑且不论这些史料是否符合西周之实际，只是五等爵指的是不同等级的"国君"，而卿、大夫、士的名号则是针对"臣"的分级。④ 陈汉平在卿之命服中，将公、侯、伯与卿、大夫、士混淆。另外，陈先生依据文献记载而列出的西周舆服等级，无法与其所选定之册命金文中的职官级别一一对应，自相矛盾之处颇多。如他考证"玄衣黹屯"为士的命服，无叀鼎、师艅簋、害簋、辅师嫠簋、师询簋铭文中均有"玄衣黹屯"之赐，但陈汉平认为无叀、弭伯师艅、害、师嫠、师询的职守当是"师氏"。根据《周礼》，"师氏"乃是中大夫级别。

再如，陈汉平认为"册命金文单赐⊖市、赤⊖市者，其爵位当在下士"。⑤ 记载周王赐"⊖市""赤⊖市"之铜器包括南季鼎、利鼎、訇鼎、郘䜌簋、免簋、楚簋、戠簋、望簋、豆闭簋、扬簋等，详见表2－4。

---

① 梁启超演讲，周传儒、姚名达、吴其昌笔记：《古书真伪及其年代》，中华书局1955年版，第125页。

② 顾颉刚：《"周公制礼"的传说和〈周官〉一书的出现》，《文史》第6辑，中华书局1979年版。

③ 赵光贤、彭林：《〈周礼〉的主题思想与成书年代》，《文献》1990年第2期。

④ 阎步克认为"五等爵的拥有者是诸侯、君主，不算官阶"，而"公、卿、大夫、士，则是中国最早的官员等级"（参见《从爵本位到官本位——秦汉官僚品位结构研究》，生活·读书·新知三联书店2009年版，第34页）。

⑤ 陈汉平：《西周册命制度研究》，第297页。

表 2-4

序号	器名	职守	赐物
1	南季鼎	用左右俗父司寇	王锡赤⊖市、玄衣、黹纯、銮旂
2	利鼎	无	锡汝赤⊖市、銮旂,用事
3	曶鼎	令汝更乃祖考司卜事	锡汝赤⊖[市]、□,用事
4	郘盨簋	用嗣乃祖考事,作司土	锡戠衣、赤⊖市
5	免簋	令汝胥周师司豂	锡汝赤⊖市,用事
6	楚簋	司菁鄙官、内师舟	赤⊖市、銮旂,取徵五锊
7	戠簋	令汝作司土,官司藉田	锡汝戠衣、赤⊖市、銮旂、楚走马,取徵五锊,用事
8	望簋	死司毕王家	锡汝赤⊖市、銮,用事
9	豆闭簋	用缵乃祖考事,司空舲邦君、司马、弓矢	锡汝戠衣、⊖市、銮旂
10	扬簋	作司工,官司量田佃、眔司空、眔司刍、眔司寇、眔司工司	锡汝赤⊖市、銮旂、讯讼,取徵五锊

由于上述十器中,只有免簋铭文单赐"赤⊖市",其余诸器中,周王在赏赐受命者"⊖市"或"赤⊖市"时还赐予其他物品,故陈汉平逐一考证道:

> 戠簋以戠玄衣与赤⊖市同赐,前文已说明戠玄衣或即《仪礼·士冠礼》之"杂裳"。郑注:"下士杂裳,杂裳者前玄后黄。"故疑戠位在下士。
>
> 郘盨簋、豆闭簋以戠衣与⊖市或赤⊖市同赐,而戠衣疑即《仪礼·士冠礼》之"黄裳"。郑注:"中士黄裳。"故疑郘盨、豆闭位在中士之列。
>
> 南季鼎以赤⊖市与玄衣黹屯同赐。郑注:"上士玄裳。"故疑南季位在上士之列。[①]

---

① 陈汉平:《西周册命制度研究》,第297—298页。

首先，从南季鼎铭文分析，南季受此"玄衣㸁屯"疑与《仪礼·士冠礼》之玄裳相同，郑注："上士玄裳，中士黄裳，下士杂裳。"王命南季"用左右俗父司寇"，徐宗元据此断定南季为小司寇，他所辅助的俗父为王朝之大司寇。① 而《周礼》中之"司寇"仅有二职，即"大司寇，卿一人；小司寇，中大夫二人"。若《周礼》确为西周官制实录，南季不当如陈汉平所言仅为上士，而应该是中大夫一级的朝臣。"南季位在上士之列"的说法显然有误。其次，贵族戜与郜盨，二人均任职"司土"，只不过戜为"官司藉田"之司土。据张亚初、刘雨两位学者研究，司土是西周早中期的称呼，到了晚期改作"司徒"。② 那么，据《周礼》记载："大司徒，卿一人；小司徒，中大夫二人。"很明显与陈氏所说的"位在下士""位在中士"不符。

综上可知，陈汉平所排列的册命赐物之政治等级与其所信据的《周礼》颇多不符。西周春秋时代贵族的政治地位首先取决于他与天子的血缘亲疏，与个人才能的关系不大。周初的周、召、毕、虢、毛等族之所以长期把持国政，主要是因为他们为文王、武王的至亲。随着新一代周王即位，总会有与自己血缘更加亲近的兄弟子侄陆续登上政治舞台，这就必然造成新兴王族与老牌王族之间的政治竞争。因此，到了西周中后期，除了血缘外，贵族政治地位的高低还要取决于其家族势力之强弱。家族实力雄厚、能贯彻执行王室意图者，其政治地位也就越突出。以虢氏为例，《左传》僖公五年："虢仲、虢叔，王季之穆也，为文王卿士。"《国语·晋语四》："文王在母不忧，在傅弗勤，处师弗烦，事王不怒，孝友二虢。"韦注："二虢，文王弟虢仲、虢叔。"③ 从文献史料来看，二虢政治地位极高，在文王时期就已担任卿士，但从西周金文资料方面分

---

① 徐宗元：《金文中所见官名考》，《福建师范学院学报》1957年第2期。
② 张亚初、刘雨：《西周金文官制研究》，第8页。
③ 徐元诰撰，王树民、沈长云点校：《国语集解》，中华书局2002年版，第361页。

析，文献中的记载则有颇多可疑之处。我们在周武王、成王、康王时期的青铜器铭文中根本不见二虢家族的踪迹，直到昭穆时期才有薹伯𣪘簋。① 据铭文显示，周王讨伐逨鱼、淖黑，班师后于宗周举行燎祭，而周王对薹伯𣪘的赏赐不过区区十朋贝而已。② 此后西周铜器铭文中才不断出现虢仲③、虢叔④、虢季⑤的活动记录，甚至还出现了奠虢⑥、城虢⑦等虢氏的小宗分支，反映出其家族势力日益膨胀，直至春秋前期还与郑伯同为王朝卿士。鲁僖公五年（前655），晋献公灭虢，虢公丑奔京师，虢氏自此消失于政治舞台，再也得不到王室的重用。亡国后的虢氏已经失去了贯彻周天子政治意志的实力。在西周春秋那样的历史背景下，个人的才能要从属于家族的势力，个人的政治地位取决于家族的政治地位，同时要看个人在其家族内部的地位。⑧ 因此在西周时期，政治上的等级序列更多地表现在各家族间地位与声望等方面的差异上，与战国秦汉时代中央集权体制下的官僚群体是完全不同的。

如果说册命礼中周王的赐物可以间接反映出受命者官职的大

---

① 关于薹伯𣪘簋的断代，诸家观点各异。陈梦家与刘启益认为这是昭王时的器物（参见陈梦家《西周铜器断代》，第137页；刘启益《西周纪年》，广东教育出版社2002年版，第154页）。唐兰和彭裕商则将其断为穆王时器（参见唐兰《西周青铜器铭文分代史征》，中华书局1986年版，第343页；彭裕商《西周青铜器年代综合研究》，第314页）。

② 李学勤认为薹伯𣪘簋铭中的"薹"即"虢"，薹伯即虢伯（参见《西周中期青铜器的重要标尺》，载《新出青铜器研究》，人民美术出版社2016年版，第73页）。

③ 见𩰲簋（《铭图》05227）、虢仲盨盖（《铭图》05623）、虢仲鬲（《铭图》02956）、公臣簋（《铭图》05183—86）。

④ 见鬲攸比鼎（《铭图》02483）、虢叔尊（《铭图》11686）、疯鼎（《铭图》02369）、三年疯壶（《铭图》12441—42）、虢叔旅钟（《铭图》15584—88）。

⑤ 见虢季子白盘（《铭图》14538）、师㝨钟（《铭图》15350）。

⑥ 见奠虢仲簋（《铭图》04995—97）、奠虢仲悆鼎（《铭图》02171）。

⑦ 见城虢仲簋（《铭图》04375）、城虢遣生簋（《铭图》04761）。

⑧ 张光直认为，在中国的青铜时代，"一个宗族成员在政治权力上和仪式上的地位，是由他在大小宗枝的成员所属身份决定的"（参见《中国青铜时代》，生活·读书·新知三联书店2013年版，第20页）。

小、政治地位的高低，那么王室委派受命者的职事应当可视为更直接的证据。在西周册命金文中，其他诸要素都是围绕着受命者获得的这种任命而展开的。故周王册命受命者的内容实为册命六要素中最为关键的一项，归纳并分析此项内容就是研究西周册命制度的重要环节。基于以上的认识，笔者将册命金文六要素中的周王委派受命者的职事一项与其他五项要素区分开来，单独予以论述，以便对52器册命铭文中周王册命受命者的内容进行合理分类。

第二节　周王册命的内容

本书之所以在行文中用"职事"而非"职官"或"官职"来形容周王对受命者的任命，是因为52篇册命金文中周王委派于受命者之"事"与严格意义上的职官有很大区别。典型者如士山盘铭文，周王命士山"于入荓侯，出征蠚荆方服眔大虘服、履服、六孳服"。再如走簋铭文记载，周王命走"𩰳胥益"。胥为辅佐之意，[1]则贵族走的职事是辅佐益。师察簋铭文中周王命其"用胥𢦏伯"，𢦏伯为师察之兄，则师察受命辅佐𢦏伯。扬簋铭文记周王命曰："作司工，官司量田佃，眔司㝬、眔司芻、眔司寇、眔司工司。"陈絜等认为"目前能够确定的用来划定具体官职名号的主要依据不外乎二：其一为册命文书'作某某'中的'某某'，其二则是缀于人名之前的官称。舍此而外的所谓的职官名号，其绝大多数恐怕均有进一步论证的必要"，"官职与具体的职事要作清晰区分，否则会无端地多出许多其实并不存在的职官来"。[2] 正是出于这样的考虑，笔者以为册命金文中的周王所授之命有很多不能理解

---

[1]　陈梦家：《西周铜器断代》，第154页。
[2]　陈絜、李晶：《奔季鼎、扬簋与西周法制、官制研究中的相关问题》，《南开学报》2007年第2期。

为职官，而属职事的性质。现将 52 器受命者获得的职事列举如表 2-5。

表 2-5

序号	器名	册命内容
1	利鼎	用事
2	南宫柳鼎	司六自牧、场、大□，司羲夷场佃事
3	师奎父鼎	用司乃父官、友
4	无叀鼎	官司穆王正侧虎臣
5	师晨鼎	胥师俗司邑人，唯小臣、膳夫、守□、官、犬、眔奠人、膳夫官、守、友
6	此鼎	旅邑人、膳夫
7	善夫山鼎	官司饮献人于㫳，用作宪司贮
8	大克鼎	昔余既令汝出入朕命，今余唯申就乃命
9	师毛父簋	无
10	免簋	胥周师司林
11	楚簋	司莽鄘官、内师舟
12	师察簋	用胥弭伯
13	师藉簋	用事
14	害簋	用更乃祖考事，官司尸仆、小射、底鱼
15	申簋盖	更乃祖考胥大祝，官司丰人眔九戏祝
16	王臣簋	用事
17	望簋	死司毕王家
18	元年师兑簋	胥师穌父司左右走马、五邑走马
19	豆闭簋	用缵乃祖考事，司窒舲邦君、司马、弓矢
20	师俞簋	默司佳人
21	元年师旋簋	备于大左，官司丰还左右师氏
22	师瘨簋盖	官司邑人、师氏
23	谏簋	先王既命汝默司王宥
24	辅师嫠簋	更乃祖考司辅
25	伊簋	默官司康宫王臣妾、百工
26	师酉簋	嗣乃祖啻官邑人、虎臣、西门夷、䵼夷、秦夷、京夷、𢎥狐夷、新
27	鄘簋	昔先王既命汝作邑，默五邑祝。今余唯申就乃命

续表

序号	器名	册命内容
28	扬簋	作司工,官司量田佃,眔司寇、眔司辥、眔司寇、眔司工司
29	师颖簋	先王既令汝作司土,官司汸闌,今余唯肇申乃命
30	师虎簋	载先王既命乃祖考事,啻官司左右戏繁荆
31	三年师兑簋	余既令汝胥师龢父司左右走马,今余唯申豪乃命,令汝觳司走马
32	师㲃簋	既命汝更乃祖考司小辅。今余唯申豪乃命,命汝司乃祖旧官小辅眔鼓钟
33	颂簋	官司成周贮,监司新造贮,用宫御
34	蔡簋	昔先王既命汝作宰,司王家。今余唯申豪乃命,令汝眔𩶁胥胥对各,从司王家外内,毋敢有不闻。司百工,出入姜氏命,厥又见又即令,厥非先告蔡,毋敢疾又入告。汝毋弗善效姜氏人,勿事敢又疾止从狱
35	牧簋	昔先王既命汝作司土,今余唯或䆫改,命汝辟百寮
36	趩觯	更厥祖考服
37	𠭯壶盖	更乃祖考作冢司土于成周八𠂤
38	吴方彝盖	司旃眔叔金
39	盠方彝	用司六𠂤王行三有司,司土、司马、司工。王命盠曰:䚢司六𠂤八𠂤埶
40	宰兽簋	昔先王既命汝,今余唯又申豪乃命,赓乃祖考事,䚢司康宫王家臣妾,奠庸外内,毋敢无闻知
41	虎簋盖	更乃祖考胥师戏司走马、驭人眔五邑走马、驭人,汝毋敢不善于乃政
42	师道簋	无
43	士山盘	于入莽侯,出征蠚荆方服眔大虘服、履服、六孳服
44	古鼎	命汝作服
45	四十三年逨鼎	令汝官司历人
46	召簋	用事
47	驭簋	无
48	吕簋	更乃考䚢司奠师氏
49	矜簋	令邑于奠,讯讼
50	睽簋	今朕丕显考共王既命汝更乃祖考事,作司徒,今余唯申先王命汝䚢司西朕司徒,讯讼
51	戚簋	用司霍駛,用胥乃长
52	槐簋	用死司王家

通过对 52 器铭文的整理归纳,笔者认为周王委派于受命者的职事大致限于王室财产的管理权,仅有极少数铭文涉及其他方面的

内容。

西周时期的社会组织中保留着浓厚的血缘因素。《尚书·吕刑》记载周王告诫众臣时说："呜呼！念之哉！伯父、伯兄、仲叔、季弟、幼子、童孙，皆听朕言，庶有格命。"从周王对群臣的称谓上就可看出，天子身边的群臣主要由王室的血亲贵族构成。社会组织最基础的细胞则是血缘家族，宗主即家族的领袖。《尚书·梓材》中，周公旦告诫康叔封时云："封！以厥庶民暨厥臣达大家。"这反映出当时的行政命令需依靠"大家"才能贯彻至"厥臣"与"厥民"。当时的王室还没有力量突破血缘藩篱直接对家族中的个人实施管理，只能通过控制各家族的宗主来间接地控制广土众民。同时，在某一区域设置职官负责调解该地区各族间的矛盾与纠纷、监控各族的活动并征收其贡赋等。周王能够直接管理的仅限于那些直属于王室的群体和领地。

基于上述因素，册命金文中周王委派于臣属的职事，主要局限在以下两个领域：一是对王室直属的群体或领地范围的管理；二是对臣属周天子的内外服家族、诸侯的管理，而这种管理主要是对各家族、诸侯国之间纠纷的调节和贡赋、劳役的征收，尚不涉及民事行政等。从52篇铭文来看，绝大多数的受命者从周王那里得到的职事都集中于第一个领域，即对某部分王室财产的管理。

一 管理直属周王室的财产

通过对52篇铭文中周王册命内容的分类归纳，隶属于周王室的财产可粗分为两大类：其一是由王室直接支配之人口；其二是直接隶属于王室的山林、川泽、土地和物资等。某一族群或家族由于生活的领地相对固定，从而获得了对某地区的管理权，往往也意味着得到了对生活于该地区的民众的治理权。为行文方便，下文在罗列受命者获得的王室财产管理权时，会交叉处理相关史料，不再一一严格归类。以下先就52篇册命金文所记载的受命者对直属王室的族群或群体之管理权进行分析。

（一）关于隶属王室群体的管理权

生活于王畿内的众多族群可分为两大类。一是独立性较强的家族，其族众更多是受家族领袖的控制，而不是由王室直接管理，其中典型的如周、召、毕、虢等。这些家族拥有属于自己的封地，本质上与畿外的诸侯差别不大。二是毫无独立性、完全依附于王室的族群，其政治地位较低，可以被当作赏赐物赠予其他贵族，也可能在分封诸侯时划归受封者，由其带往封地为属民。对于这类族群，王室会根据他们所服之役的区别而将之划分为不同职能的群体，如虎臣、走马、驭人等，在这一点上也与第一类族群有着显著差异。而对此类群体的管理权，常以册命的形式赋予某贵族。

通过对 52 器册命铭文内容的分析，受命者主要从王室获得了对以下诸群体的管理权：师氏、虎臣、走马、驭人、奠人等某邑群体、寮、貯、臣妾百工等。现分别列举如下。

1. 师氏

据元年师旋簋（《铭图》05331—34）铭文显示，周王将某地"师氏"的管理权授予了贵族师旋，其铭文如下：

> 唯王元年四月既生霸，王在淢盩。甲寅，王格庙，即位。遟公入右师旋，即位中廷。王呼作册尹克册命师旋曰：备于大左，官司丰还左右师氏。赐汝赤市、同衡、丽鞶，敬夙夕用事。旋拜稽首，敢对扬天子丕显鲁休命，用作朕文祖益仲尊簋，其万年子子孙孙永宝用。

该器 1961 年发现于陕西长安县张家坡村东一处西周时期的铜器窖藏（共出土铜器 53 件）。[①] 周王命师旋"备于大左，官司丰还左右

---

① 参郭沫若《长安县张家坡铜器群铭文汇释》，《考古学报》1962 年第 1 期。

师氏"。"大左"应是王行的左行列;① 而"丰还"指的是地点。②师旋受王命负责管理王师左行列,同时监管丰还之地的师氏。类似的册命还见于吕簋（《铭图》05257）铭文：

> 唯九月初吉丁亥,王格于大室,册命吕。王若曰:吕,更乃考龏司奠师氏。锡汝玄衣黹纯、载市、同衡、戈琱䤨、厚柲、彤沙、旂鋚,用事。吕对扬天子休,用作文考尊簋,万年宝用。

吕簋铭中贵族吕受王命"司奠师氏",当是指受命管理奠地的师氏。除此之外还有师痶簋盖（《铭图》05338）铭文：

> 唯二月初吉戊寅,王在周师司马宫,格大室,即位。司马井伯親入右师痶,入门,立中廷。王呼内史吴册命师痶曰:先王既命汝,今余唯申先王命,命汝官司邑人、师氏。锡汝金勒。痶拜稽首,敢对扬天子丕显休。用作朕文考外季尊簋。痶其万年孙孙子子其永宝,用享于宗室。

周王册命师痶"官司邑人、师氏"。师痶负责管理的师氏具体位于何处,铭文不详。

关于师氏的性质,大多数学者认为是西周时期的军职人员,如陈梦家判断师痶簋盖铭文中的师氏与邑人或为军民之分。③ 杨宽认为,师氏是西周"六师"与"八师"等"师"的统帅,由于该职常世袭,故称"师氏",连同人名时称为"师某",简称则为"师"。④

---

① 陈梦家：《西周铜器断代》,第204页。
② 何景成：《西周王朝政府的行政组织与运行机制》,光明日报出版社2013年版,第111页。
③ 陈梦家：《西周铜器断代》,第166页。
④ 杨宽：《论西周金文中"六䧹"、"八䧹"和乡遂制度的关系》,《考古》1964年第8期。

于省吾对此说表示异议，认为师旋与师瘨分别为"师氏"的统帅，可见"师某"的地位当高于师氏；另外，西周金文也从未出现师氏帅"六师"或"八师"作战的记录。① 杨宽随后又发文回驳，认为师旋与师瘨之所以能管理师氏，是因为二人乃大师之故。② 目前学术界似乎倾向于接受杨宽的研究结论。③ 笔者以为上述观点均存在可商榷之处。且不说西周时期是否已出现文武分职的现象，若师旋与师瘨确为周王朝的"大师"，属于执政层的高官，那二人所得的赏赐为何仅为"赤巿、囘衡、丽鞶"和"金勒"？我们不妨将师旋簋、师瘨簋盖和毛公鼎、番生簋铭文做一下对比。毛公与番生是学术界公认的西周中后期的执政级重臣，周王赐予毛公的物品有"秬鬯一卣，祼圭瓒宝，朱巿、葱衡、玉环、玉瑹、金车、桼绸较、朱䩸囘靳、虎冟、熏里、右厄、画轉、画𨍰、金甬、错衡、金𨪷、金豪、豹䵻、金簟弼、鱼箙、马四匹，攸勒、金𠪝、金膺、朱旂二铃，锡汝兹䞔"，番生所获赐物则为"朱巿、葱衡、鞶鞣、玉环、玉瑹、车电轸、桼绸较、朱𩣡、囘靳、虎冟、熏里、错衡、右𨍰、画轉、画𨍰、金䤜、金𨍰、金簟弼、鱼箙、朱旂旜、金芇二铃"。显而易见，"赤巿、囘衡、丽鞶"和"金勒"与师旋、师瘨的"大师"身份无论如何是不相匹配的。因此，对师旋和师瘨的政治地位不可做过高的解读。

我们今天回过头来重新审视师旋簋、师瘨簋铭文，只需从册命赏赐物品数量的角度来分析，即知二人的政治地位不可能太高。而隶属师旋、师瘨的"师氏"恐怕只是臣服于周王室的某一群体而非职官。首先，在西周册命金文中，师某虽然经常接受册命，但我们没有发现某人被周王册命"作师氏"或"作师"的记录，这从

---

① 于省吾：《关于〈论西周金文中"六𠂤"、"八𠂤"和乡遂制度的关系〉一文的意见》，《考古》1965 年第 3 期。

② 杨宽：《再论西周金文中"六𠂤"和"八𠂤"的性质》，《考古》1965 年第 10 期。

③ 何景成：《西周王朝政府的行政组织与运行机制》，第 157 页。

侧面反映了"师氏"与"师某"可能仅是某类人群的身份而不是一种官职。其次，以册命的形式从周王室接受执事的"师某"众多，很多学者即以此来推断"师"的具体职掌。如张亚初、刘雨就总结过职官之师的职掌，主要归纳为以下几个方面：①作为军事长官率领军队，参加作战；②作为周王禁卫部队长官；③为周王出入王命，巡视地方，在锡命礼中作傧右；④作为王之司寇及司土；⑤为王管理王室事务；⑥为王管理旗帜；⑦为王任教育之事。如此看来，西周时期的"师"既是军事长官，又是行政长官、司法官及宿卫官，还是教育方面的长官。① 试问，还有"师"不管的国家事务吗？这不也恰恰说明，正是因为"师"只是某类贵族的身份，才不影响其接受职权范围如此广泛的各类职务吗？最后，"师"是频繁见于西周金文记载的重要贵族群体，其主要服务于王室而集结在周王左右。但是在东周时期，从文献及金文资料看，这一群体突然消失于中央政府之中。即使是关于各诸侯国的相关文献记录，"师某"也仅局限于乐师一职。为何随着西周的灭亡，师这一群体也消失于东周的王室？若"师"真的是一种官职，在王室东迁、另立朝廷时也会重新设立这一职官。即便是东迁之后，王室控制的领土大大削减，政府规模被迫缩小，也不会将某些重要职官完全裁撤，只会削弱其规模而已。西周灭亡后，"师"这类群体便不见于东周王廷，恰恰说明"师"并非官职，而是某类人群的一种身份。当具有此类身份的贵族群体不存在时，"师"自然也就随之消失于历史舞台。

与"师"身份密切相关的是西周时期"自"的性质问题。长期以来，学界一直将二者视为同一性质的事物。西周册命金文中的盠方彝（《铭图》13546—47）有"六自"与"八自"的记载，学者普遍认为"六自"与"八自"是西周时期的军事组织，甚至将之当作王朝的常备军。

---

① 张亚初、刘雨：《西周金文官制研究》，第4—6页。

盠方彝铭文曰：

唯八月初吉，王格于周庙。穆公右盠立于中廷，北向。王册命尹：赐盠赤市、幽衡、鉴勒，曰：用司六𠂤王行三有司，司土、司马、司工。王命盠曰：𩁹司六𠂤眔八𠂤埶。盠拜稽首，敢对扬王休，用作朕文祖益公宝尊彝。盠曰：天子不遐不基万年保我万邦。盠敢拜稽首曰：烈烈朕身，更朕先宝事。

《诗经·大雅·棫朴》有"周王于迈，六师及之"，《常武》有"大师皇父，整我六师"，《诗经·小雅·瞻彼洛矣》有"韎韐有奭，以作六师"，《尚书·康王之诰》有"张皇六师，无坏我高祖寡命"等，这些很容易让学者得出"六师"即"六𠂤"、"𠂤"即"师"的推论。然而，历史的复杂性就在于，看着合情合理的观点往往经不起仔细推敲。如果我们将"𠂤"完全等同于"师"，那么西周金文中的有些现象就很难解释。比如"𠂤"与"师"常出现于同一青铜器铭文中，如下所示：

遹簋铭：唯六月既死霸丙寅，师雍父戍在古𠂤。（《铭图》03359）

𢦚簋：唯六月初吉乙酉，在堂𠂤……𢦚率有司、师氏奔追御戎于棫林……（《铭图》05379）

稽卣：稽从师雍父戍于古𠂤，蔑曆，锡贝卅锊，稽拜稽首，对扬师雍父休。（《铭图》13322）

录𢦚尊：王令𢦚曰：𢔌！淮夷敢伐内国，汝其以成周师氏戍于古𠂤。（《铭图》11803）

录𢦚卣：王令𢦚曰：𢔌！淮夷敢伐内国，汝其以成周师氏戍于古𠂤，伯雍父蔑录曆，锡贝十朋。（《铭图》13331）

臤尊：唯十又三月既生霸丁卯，臤从师雍父戍于古𠂤之年。（《铭图》11807）

静方鼎：唯七月甲子王在宗周，令师中眔静省南国，相塈宣，八月初吉庚申至，告于成周。月既望，丁丑，王在成周大室，命静曰：俾汝司在曾噩自。(《铭图》02461)

史密簋：唯十又一月，王命师俗、史密曰：东征。敆南夷膚虎会杞夷、舟夷雚不折，广伐东国，齐𠂤、族土、遂人，乃执鄙寡亚。(《铭图》05327)

师卫簋：丰公捷反夷，在𣪕𠂤赍师卫，锡贝六朋。(《铭图》04937)

上述九器铭文中出现的与"师"和"𠂤"相关的名词有三种：师某（如师雍父、师中）、师氏、某𠂤（如古𠂤、噩𠂤）。分析文义可知，"师某"指的是个人。此于金文中最为常见，据吴镇烽的研究统计，西周金文中有 50 多个被称为师的官员。① 随着新出土的周代铜器日益增多，这个数字恐怕已远低于实际。还有在地名之后加"师"字，亦指个人，如周师②、矢师等。此类地名应该理解为氏名。也有在"师"前加"大""伯""仲"者，如伯大师、仲大师等，指的也是某个人。而"师氏"则是某类群体的代称。

西周金文中的"某𠂤"有两种含义：一种指地名，如上述铭文提到的古𠂤、噩𠂤等；另一种也是指某类群体，如競卣（《铭图》13336）铭文"唯伯屖父以成𠂤即东，命伐南夷"，此处的"成𠂤"应理解为群体而非地名。再如班簋铭文中周王命吴伯、吕伯以"乃𠂤"左、右比毛父，如果将这里的"𠂤"也理解为地名，铭文就解释不通了。为了更好地说明问题，笔者收集相关金文资料，将西周金文中"师"与"𠂤"的用法列表如下。

（1）西周金文中的"师某"，见表 2-6。

---

① 吴镇烽编：《金文人名汇编》，第 195—201 页。
② "周师"为人名，参见省吾《略论西周金文中的"六𠂤"和"八𠂤"及其屯田制》，《考古》1964 年第 3 期。

表 2 - 6

序号	器名	原文	出处
1	师丞钟	师丞肇作朕烈祖虢季、宽公、幽叔,朕皇考德叔大林钟	《铭图》15350
2	师趛鬲	唯九月初吉庚寅,师趛作文考圣公、文母圣姬尊	《铭图》03025
3	师趣方甗	师趣作肇虞尊	《铭图》03273
4	师闵鼎	师闵作兔伯宝鼎	《铭图》01739
5	师奂父鼎	师奂父作季姞尊鼎	《铭图》01833
6	师昌鼎	师昌其作宝齋鼎,其万年子子孙孙永宝用	《铭图》02141
7	师賸父鼎	师賸父作幽姬宝鼎	《铭图》02140
8	旗鼎	唯八月初吉,王姜锡旗田三田于待劇,师楷酩贶	《铭图》02321
9	师趛鼎	师趛作文考圣公、文母圣姬尊鬻	《铭图》02317
10	师雍父鼎	师雍父省道至于獸,窥从	《铭图》02340
11	师艅鼎	王如上侯,师艅从	《铭图》02344
12	师器父鼎	师器父作尊鼎,用享孝于宗室	《铭图》02355
13	师同鼎	羿界其井,师同从,折首执讯	《铭图》02430
14	师汤父鼎	师汤父拜稽首,作朕文考毛叔鬻彝	《铭图》02431
15	师旂鼎	唯三月丁卯,师旂众仆不从王征于方	《铭图》02462
16	师奎父鼎	王呼内史驹册命师奎父	《铭图》02476
17	师晨鼎	王格大室,即位。司马共右师晨	《铭图》02481
18	师馘鼎	王曰:师馘!汝克尽乃身	《铭图》02495
19	大克鼎	克曰:穆穆朕文祖师华父	《铭图》02513
20	师蠡簋	师蠡其作宝簋	《铭图》04333
21	师吴父簋	师吴父作宝簋,子子孙其万年永宝用享	《铭图》04804
22	小臣传簋	王在莽京,令师田父殷成周年	《铭图》05226
23	师眉簋	觊厥师眉,荐王为周客,锡贝五朋	《铭图》05089
24	师害簋	麋生咠父师害及中咠,以绍其辟,休厥成事,师害作文考尊簋	《铭图》05108
25	师毛父簋	王格于大室。师毛父即位	《铭图》05212
26	师察簋	丼叔入右师察	《铭图》05291—92
27	师藉簋	荣伯入右师藉	《铭图》05294
28	师瘨簋盖	司马丼伯觌入右师瘨,入门,立中廷	《铭图》05338
29	辅师楚簋	荣伯入右辅师楚	《铭图》05337
30	师西簋	师西:嗣乃祖啻官邑人、虎臣	《铭图》05346—49
31	师虎簋	丼伯入右师虎	《铭图》05371
32	叔多父簋	师趞父孙孙叔多父作孟姜尊簋	《铭图》05001
33	仲枏父簋	师汤父有司	《铭图》05156
34	师遽簋盖	王呼师朕锡师遽贝十朋	《铭图》05236

续表

序号	器名	原文	出处
35	五年师旋簋	王曰:师旋命汝羞追于齐	《铭图》05248
36	元年师兑簋	同中右师兑,入门,立中廷。王呼内史尹册命师兑:胥师龢父司左右走马、五邑走马	《铭图》05324
37	师俞簋	王呼作册内史册命师俞	《铭图》05330
38	元年师旋簋	王呼作册尹克册命师旋	《铭图》05331
39	师毁簋	伯龢父若曰:师毁,乃祖考有勋于我家	《铭图》05363
40	师顈簋	司工液伯入右师顈	《铭图》05364
41	师寰簋	王若曰:师寰,⿱淮夷繇我帛畮臣	《铭图》05366
42	三年师兑簋	瞿伯右师兑,入门立中廷	《铭图》05374
43	师嫠簋	宰琱生入右师嫠	《铭图》05381
44	师询簋	师询,丕显文武膺受天命	《铭图》05402
45	师克盨	王若曰:师克,丕显文武,膺受大命	《铭图》05680
46	师麻孝叔簠	师麻孝叔作旅筐	《铭图》05870
47	师隻卣盖	师隻作尊彝	《铭图》12134
48	盠驹尊	王呼师豦召盠	《铭图》11812
49	师转鋈	师转作宝鋈	《铭图》14712
50	三年瘐壶	王在句陵飨逆酒,呼师寿召瘐	《铭图》12441
51	儹匜	牧牛!𠭰,乃苛勘。汝敢以乃师讼……乃师或以汝告	《铭图》15004
52	永盂	益公入即命于天子,公乃出厥命,锡畀师永厥田	《铭图》06230
53	师高簋	师高作宝尊簋	《铭图》04332
54	师𣆪父鼎	师𣆪父作鬻彝	《铭图》01651
55	静方鼎	王在宗周,令师中眔静省南国	《铭图》02461
56	柞伯簋	王大射在周。王命南宫率王多士,师魯父率小臣	《铭图》05301
57	史密簋	唯十又一月,王命师俗、史密曰:东征	《铭图》05327
58	虎簋盖	更乃祖考胥师戏司走马、驭人眔五邑走马、驭人	《铭图》05399
59	师隻簋	师隻作尊彝	《铭图》04195
60	师㝨钟	师㝨自作朕皇祖大公、𩁹公、𠦪公、鲁仲、宪伯、孝公	《铭图》15266
61	师道簋	益公内右师道,即位中廷	《铭图》05328
62	𤔲鼎	朕皇高祖师娄、亚祖师夆、亚祖师𡨦、亚祖师仆、王父师彪	《铭图》02439
63	师卫簋	师卫用作厥祖宝彝	《铭图》05142—43
64	虎簋	用胥师毂司佃人	《铭图》05295

续表

序号	器名	原文	出处
65	七年师兑簋	毕叔右师兑入门	《铭图》05302
66	闻尊	师多父命闻于周	《铭图》11810

（2）师前加"伯""仲""叔""大"者，见表2-7。

表 2-7

序号	器名	原文	出处
1	柞钟	仲大师右柞	《铭图》15343
2	侯父甗	奠大师小子侯父作宝甗	《铭图》03334
3	大师鼎	大师作叔姜鼎	《铭图》01907
4	师望鼎	大师小子师望曰：丕显皇考宪公	《铭图》02477
5	大师簋	大师作孟姜饙簋	《铭图》04452
6	伯大师盨	伯大师作旅盨，其万年永宝用	《铭图》05561
7	小子休盨	仲大师子休为其旅盨	《铭图》05574
8	伯公父簠	伯大师小子伯公父	《铭图》05976
9	大师虘豆	大师虘作烝尊豆	《铭图》06158
10	师望壶	大师小子师望作宝壶	《铭图》12360
11	伯克壶	伯大师锡伯克仆卅夫	《铭图》12440
12	大师小子蠡簋	大师小子蠡作朕皇考宝尊簋	《铭图》05123
13	伯大师釐盨	伯大师釐作旅盨	《铭图》05573

西周金文中还有叔师父鼎（《铭图》01914）："叔师父作尊鼎，其永宝用。"叔㚷父簋（《铭图》05054）："牧师父弟叔㚷父御于君，作微姚宝簋，其万年子子孙孙永宝用享。"从周代贵族取名规律来看，上述"师"都是字，与表示身份的师某、师氏之师不同，故不论。①

---

① 与之类似的还有仲自父簋（《铭图》04362）、仲自父盉（《铭图》14722）、仲自父壶盖（《铭图》12342）、仲师父鼎（《铭图》02374）、同自簋（《铭图》04553）、自鼎（《铭图》01707—10）等。

(3)"师"前加地名者,见表2-8。

表 2-8

序号	器名	原文	出处
1	免簋	令汝胥周师司廩	《铭图》05268
2	楚簋	司菁鄙官、内师舟	《铭图》05284—87
3	辅师嫠簋	荣伯入右辅师嫠	《铭图》05337
4	十二年大簋	王呼吴师召大	《铭图》05344—45
5	耳尊	微师耳对扬侯休	《铭图》11806
6	矢令方尊	明公锡亢师鬯、金、小牛	《铭图》11821
7	守宫盘	王在周,周师光守宫事	《铭图》14529
8	狱簋	朕光尹周师右告狱于王	《铭图》05676

(4)还有"师"之宫室,见表2-9。

表 2-9

序号	器名	原文	出处
1	师秦宫鼎	唯五月既望,王□□于师秦宫	《铭图》02368
2	善鼎	王格大师宫……令汝佐胥䍙侯,监豳师戍	《铭图》02487
3	救簋盖	王在师司马宫大室	《铭图》05278
4	大师虘簋	正月既望甲午,王在周量宫	《铭图》05280
5	豆闭簋	王格于师戏大室	《铭图》05326
6	师俞簋	王在周师录宫	《铭图》05330
7	谏簋	王在周师录宫	《铭图》05336
8	牧簋	王在周,在师汓父宫	《铭图》05403
9	四年瘐盨	王在周师录宫	《铭图》05671—72
10	鬲比盨	[王在]永师田宫	《铭图》05679

(5)师氏,见表2-10。

表 2-10

序号	器名	原文	出处
1	雪鼎	以师氏眾有司、后国、叟伐胍	《铭图》02365
2	令鼎	王大耤农于諆田,餴,王射,有司眾师氏、小子卿射	《铭图》02451
3	毛公鼎	命汝䢅司公族,与三有司、小子、师氏、虎臣,与朕亵事	《铭图》02518

续表

序号	器名	原文	出处
4	师遽簋盖	王征正师氏,王呼师朕易师遽贝十朋	《铭图》05236
5	元年师旋簋	官司丰还左右师氏	《铭图》05331
6	师𤸫簋盖	命汝官司邑人、师氏	《铭图》05338
7	㽙簋	㽙率有司、师氏奔追御戎于棫林	《铭图》05379
8	善夫克盨	克拜稽首,敢对天子丕显鲁休扬,用作旅盨,唯用献于师尹、朋友、婚媾	《铭图》05678
9	㝬盨	又进退,雫邦人、正人、师氏人,有罪有辜,廼协佣即汝,廼繇宕,俾复虐逐厥君、厥师	《铭图》05683
10	彔㽙尊	王令㽙曰:叔!淮夷敢伐内国,汝其以成周师氏戍于古𠂤	《铭图》11803
11	散氏盘	矢人有司履田:鲜、且、微、武父、西宫襄、豆人虞丂、彔贞、师氏右省、小门人繇、原人虞艿、淮司工虎孳、丰父、𢈑人有司刑、丂,凡十又五夫	《铭图》14542
12	永盂	公廼命奠司徒𤔲父、周人司工眉、𢓊史、师氏、邑人奎父、毕人师同,付永厥田	《铭图》06230
13	吕簋	更乃考𧊒司奠师氏	《铭图》05257

(6) 作为地名之𠂤,见表2–11。

表2–11

序号	器名	原文	出处
1	克钟	王亲命克,遹泾东至于京𠂤	《铭图》15292
2	作册䰲鼎	康侯在柉𠂤	《铭图》02023
3	旅鼎	公在盩𠂤	《铭图》02353
4	晋姜鼎	鲁覃京𠂤,辥我万民	《铭图》02491
5	多友鼎	唯十月,用玁狁方兴,广伐京𠂤	《铭图》02500
6	妊小簋	伯芳父使鼒觏尹人于齐𠂤,妊小从	《铭图》05118
7	利簋	王在𪓣𠂤,锡右史利金	《铭图》05111
8	穆公簋盖	唯王初女𩰀,廼自商𠂤复还至于周	《铭图》05206
9	小臣謎簋	唯十又二月,遣自𫍯𠂤,述东关,伐海眉,雫朿复归在牧𠂤	《铭图》05269
10	趞簋	命汝作幽𠂤冢司马	《铭图》05304
11	静簋	王令静司射学宫,小子眔服、眔小臣、眔夷仆学射。雫八月初吉庚寅,王以吴㐭、吕㽙恰幽䍌𠂤邦君射于大池	《铭图》05320

续表

序号	器名	原文	出处
12	弢簋	唯六月初吉乙酉,在堂𠂤	《铭图》05379
13	召尊	唯九月,在炎𠂤	《铭图》11802
14	小臣单觯	王后反克商,在成𠂤	《铭图》10656
15	京𠂤畯簋	王涉汉伐楚,王有功京𠂤畯克斤	《铭图》11784

（7）作为群体之𠂤,见表2-12。

表2-12

序号	器名	原文	出处
1	小克鼎	王命膳夫克舍命于成周,遹正八𠂤之年	《铭图》02454
2	南宫柳鼎	司六𠂤牧、场、大□,司羲夷场佃事	《铭图》02463
3	禹鼎	王迺命西六𠂤、殷八𠂤	《铭图》02498
4	大盂鼎	唯殷边侯、甸与殷正百辟,率肄于酒,故丧𠂤矣	《铭图》02514
5	鼓霉簋	王令东宫追以六𠂤之年	《铭图》04988
6	蒉簋	王命蒉眔叔㽽父馈吴姬饔器、𠂤	《铭图》05205
7	小臣谜簋	伯懋父以殷八𠂤征东夷……伯懋父承王令锡𠂤	《铭图》05269
8	班簋	王令吴伯曰:以乃𠂤左比毛父。王令吕伯曰:以乃𠂤右比毛父	《铭图》05401
9	竞卣	唯伯屖父以成𠂤即东,命伐南夷	《铭图》13336
10	盠方尊	用司六𠂤王行三有司,司土、司马、司工。王命盠曰:𤔲司六𠂤眔八𠂤埶	《铭图》11814
11	曶壶盖	更乃祖考作冢司土于成周八𠂤	《铭图》12446
12	吕服余盘	令汝更乃祖考事,胥备仲司六𠂤服	《铭图》14530
13	晋侯苏钟	王亲命晋侯苏:率乃𠂤左洀䧟,北覆□,伐夙夷	《铭图》15298—313
14	史密簋	师俗率齐𠂤、遂人	《铭图》05327
15	静方鼎	王在成周大室,命静曰:俾汝司在曾、噩𠂤	《铭图》02461
16	㝬戒鼎	䩱伯庆锡㝬戒赏𦎫、鼠膺、虎裘、豹裘。用政于六𠂤	《铭图》02279
17	四十二年逨鼎	汝克奠于厥𠂤	《铭图》02501
18	引簋	余既命汝更乃祖𦀚司齐𠂤	《铭图》05299—300

西周中期的铜器莴簋（《铭图》05205）铭曰：

> 唯六月既生霸辛巳，王命莴眔叔繇父馈吴姬饔器、𠂤，黄宾莴璋一、马两，吴姬宾帛束。对扬天子休，用作尊簋。季姜。

这件铜器铭文记载了莴和叔繇父代表周王向吴姬馈赠"饔器"及"𠂤"，黄可能是吴姬的丈夫，在接受周王赐物后，黄与吴姬分别回赠"莴璋一、马两"和"帛束"以示谢意。

从上述诸表中我们可以得出以下结论：在西周金文中，作为地名或群体代称的"某𠂤"从未被写作"某师"，而代指个人的"师某"也从未被写作"𠂤某"；"六𠂤"与"八𠂤"从未被写作"六师"与"八师"；"师氏"从未被写作"𠂤氏"。这足以说明西周金文中的"𠂤"与"师"在用法上是有区别的，二者不能混同视之。既然在用法上有区别，那么"𠂤"与"师"在内涵上有无差异呢？

首先让我们根据现有材料来分析商代"𠂤"的实际内涵。武乙文丁时期的卜辞中有："丁酉贞，王作三𠂤，右、中、左。"（《合集》① 33006）由于此前的武丁时期，卜辞中还出现过关于"中𠂤"的记录，所以有学者推测当时肯定还存在"左𠂤"和"右𠂤"，"王作三𠂤"的卜辞则说明在武乙文丁时期又增加了三个𠂤，且每𠂤万人，故商在其统治后期就已拥有六万人的常备军。② 林沄考虑到当时社会发展程度和生产力水平尚低，不足以供养规模庞大的常备军。③ 沈长云也认为商代的"𠂤"只是军旅的泛称。④

首先，若商代后期真的存在六个"𠂤"的军事组织，那么在商

---

① 郭沫若主编，胡厚宣总编辑，中国社会科学院历史研究所编：《甲骨文合集》，中华书局1978—1982年版。简称《合集》。

② 杨升南：《略论商代军队》，载胡厚宣等《甲骨探史录》，生活·读书·新知三联书店1982年版，第350页。

③ 林沄：《商代兵制管窥》，《吉林大学社会科学学报》1990年第1期。

④ 沈长云：《殷契"王作三师"解》，《史学集刊》1990年第4期。

末频繁的对外战争中，尤其是在与周人对抗的关键时刻，为何不见这些"自"的作战记录？其次，周灭商之后，坚决抗周的殷人被消灭或驱逐到边裔；① 部分殷人或迁入宗周地区，② 或留在原商都附近、由卫侯领有；还有部分殷人被受封诸侯带往封地，如鲁国的殷民六族等；③ 只有少数殷人被迁到成周与宗周地区，组成"八自"和"六自"。为何在商亡之前以全商之众只能组建六个"自"，而在商亡之后仅凭迁往洛邑地区的小部分殷民却能建成规模更为庞大的十四个"自"？最后，卜辞中并无呼、令"自"以攻伐的记录。因此我们认为，"自"为商代军事组织的观点是值得怀疑的。

这里不妨暂且将"自"即是"师"的想法搁置一边，先全面分析甲骨文中含"自"的卜辞，理清其在商代的真实含义。试看下列卜辞：

　　丁未卜，行贞，王宾岁，无尤，在𠂤寮卜。（《合集》24272）

　　丙午卜，行贞，今夕无祸，在二月，在𠂤寮卜。（《合集》24276）

"𠂤寮"前有个"在"字，应指某地。又如：

　　乙亥卜，争贞，汾邑竝令㘚我于㞢𠂤，一月。（《合集》17171）

"㘚"可释作"葬"，④ 卜辞占问的是"葬我（商王）于㞢𠂤"。"㞢

---

① ［日］白川静：《西周史略》，袁林译，第29页。
② 吕文郁：《周代的采邑制度（增订版）》，第35页。
③ 《左传》定公四年。
④ 王宇信、杨升南、聂玉海主编：《甲骨文精粹释译》，云南人民出版社2004年版，第1537页。

自"多被学者释作"右𠂤",① 即商代军制中的"右𠂤"。但"丁酉贞，王作三𠂤，右、中、左"之"右"在卜辞中写作"㞢"，而"㞢"在甲骨文中只有用作数位间的连词时才与"㞢"通。② 且卜辞中有以"㞢"为名的诸侯（《合集》20061、20079），所以"㞢𠂤"也是指某地而非军队。

再看下列卜辞：

> 贞侑豕于父甲。
> 丙辰卜，争贞，𠂤㞢剢。（《合集》00779正）

"㞢"通"侑"，是殷代的一种祭礼。则此"𠂤"或是地名，即在𠂤地以剢行侑祭；或是人名，即由名𠂤者以剢行侑祭。

由上述诸例可知，"𠂤"在商代常用作地名，却长期被学者误视作军队。更重要的是，笔者发现卜辞中的"𠂤"与祭祀活动有着密切的关系，如：

> 辛酉卜，其用𠂤以羌于父丁。（《合集》32020）

"用"指以祭品祭祀的行为，在卜辞中常有"用某"或"用某于某"的句式，例如：

> 勿叀用羌……（《合集》00456）
> 戊子卜，旁贞，叀今夕用三百羌于丁。（《合集》00293）

"羌"是商代人祭时最常用的一类人牲。而在"其用𠂤以羌于父

---

① 罗琨：《商代史》卷9《商代战争与军制》，中国社会科学出版社2010年版，第375页。

② 徐中舒主编：《甲骨文字典》，四川辞书出版社1989年版，第281页。

丁"中,"𠂤"与"羌"并列被当作祭祀父丁的人牲,可知其绝非军队,也不会是与商族有血缘关系的族群。① 类似的例子还有:

癸巳卜,宾贞,令伐□𠂤𠂤。(《合集》06051)

"𠂤"是商王室的重要亲属和支持力量,② 所以很多学者看到"𠂤𠂤"就下意识地认为它是"𠂤"的军队。但分析其内容可知,"伐"字之后虽缺一字,仍可以确定"𠂤𠂤"是"伐"的对象。"伐"在甲骨文中既有征伐之意,又代指人牲,③ 还是一种祭祀时的杀牲行为,④ 即将人牲斩首作为祭物。故此则卜辞所缺的内容应是数字,这是商王为是否杀若干"𠂤𠂤"以祭而进行的占卜。由此可知,"𠂤𠂤"不是"𠂤"的军队,而是一类人牲。⑤

再看下一条卜辞:

戊寅子卜,丁归在𠂤人。(《合集》21661)

有学者认为这条卜辞"可能涉及在师中服役的贵族子弟归省其宗族或家族的一种人事安排"。⑥ 但是,"丁"在卜辞中也有祭祀之

---

① 卜辞中还未见商王将本族民众作为祭祀的牺牲,参罗琨《商代人祭及相关问题》,载胡厚宣等《甲骨探史录》,第133页。
② 参朱凤瀚《商周家族形态研究(增订本)》,天津古籍出版社2004年版,第63页。
③ 杨升南:《商代人牲身份的再考察》,《历史研究》1988年第1期。
④ 徐中舒主编:《甲骨文字典》,第893页。
⑤ 刘源在研究商周时期的祭祖现象时认为"目前已知商王同姓贵族吴、𠂤、雀等可以参加王室祭祖仪式",但同时"商王室祭祖需要大量的牺牲,他们则是此类牺牲的最重要的贡纳者"(《商周祭祖礼研究》,商务印书馆2004年版,第9页)。由此也可佐证,此处的"𠂤𠂤"便是𠂤贡献给商王的祭祀牺牲。
⑥ 《商代史》课题组著,宋镇豪主笔:《商代史》卷1《商代史论纲》,中国社会科学出版社2011年版,第433页。

义,① 如:

> 丙子卜,有梦,丁人于河,其用。(《合集》32212)

"丁人于河"即是祭祀行为,而且卜辞中尚未发现将武装人员称为"丁"的例子。因此,"丁归在𠂤人"应该也是祭祀之意。

综上,商代的"𠂤"绝不等同于文献中具有军事意义的"师"。"𠂤"本孳乳于"𨸏"。《说文》曰:"𨸏,大陆,山无石者。"是对山地的象形。而"𠂤",《说文》认为是"小𨸏也",是比"𨸏"规模要小的高地。上古时期民众为防御外敌、躲避水患,常选择高处建邑聚居,所以当时地名中多含有寓意高地之字,如丘、阜、陵、坂等。而卜辞中也常见以山、泉、麓、鹿、京、阜、丘、土、单等为名的地点,作为"小阜"的"𠂤"不过是其中的一类高地。② 由于人群聚居,其逐渐衍生出了一些新的内涵,如"𠂤寮"(《合集》24272)、"韦𠂤"(《合集》36909)等地名,又如"𠂤般"(《合集》06029)、"𠂤𠬪"(《合集》03438)和"贞人𠂤"(《合集》21071)等人名。更重要的是,"𠂤"成了某类人群的代指,这个群体因被商王安置于高地(𠂤)而得名,经常充当祭祀时的牺牲。

杨树达在《释追逐》一文中谈到,甲骨文中凡言追者,都是追羌、追寇,"皆追人也",凡言"逐"者,皆逐鹿、逐马,都是逐野兽之类,"二字用法划然不紊"。卜辞中的"逐"写作"𧰨","像豕在前而后有逐之者"。③ 以豕代指野兽,这可能与其在商人日常经济生活中的地位或作用有关。而"追"在卜辞中作"𠂤",其

---

① 徐中舒主编:《甲骨文字典》,第1549页。
② 胡厚宣:《卜辞地名与古人居丘说》,载《甲骨学商史论丛初集(外一种)》,河北教育出版社2002年版,第495页。
③ 杨树达:《积微居甲文说》,载《杨树达文集》,上海古籍出版社2013年版,第27—29页。

造字原理与"逐"完全相同。故"自"与"豖"性质类似,象征着被追捕者。这也从侧面反映出"自"在商代社会地位之低下,代表着羌、寇等敌对势力或因受奴役而时常逃亡的群体。

在商代,除非"坠命亡氏",否则任何个人都从属于自身的族群。① 每个族都有自己的族名、族徽,还有生产生活的领地和武装力量,族名往往和其领地的地名,甚至与其领袖的名号相一致。② 但"自"这一群体显然不具备上述特征。这亦从侧面说明了"自"并非自然形成的血缘群体,而是由不同族属聚集而成的早期地域性群体组织。他们很可能是由于战争中被俘等原因臣服于商王,故只能以地域性的"自"名之。

"自"确实也为商王承担一定的军事劳役,如:

方其至于戍自。(《屯南》③ 728)

以可以充当牺牲的"自"来承担"戍"之类的军事任务,在卜辞中并非特例。如"仆",在商代常被用作人牲:

旬壬戌又用仆百。(《合集》00559)

还有对"仆"施以酷刑的占问,如:

贞刖仆八十人不死。(《合集》00580 正)

可见"仆"在当时的商代也属于受奴役的群体。但"仆"也会被用于作战,如:

---

① 林沄:《商代军制管窥》,《吉林大学社会科学学报》1990年第1期。
② 朱凤瀚:《商周家族形态研究(增订本)》,第34页。
③ 中国社会科学院考古研究所编:《小屯南地甲骨》,中华书局1980年版。简称《屯南》。

癸酉卜，争，贞呼多仆伐工［方］。(《合集》00540)

　　军役在商代具有普遍性，被用于战争的群体以族为主，但成分多样，不是由某一阶层固定承担的。卜辞中从不见商王呼、令"𠂤"征伐的记载，也可证明它在商代的军事功能微乎其微。

　　作为臣服的一方，"𠂤"对统治者还肩负纳贡的义务，如：

　　乙未卜，𡧊贞，𠂤貯入赤瑪，其犁，不卩。(《合集》28195)

　　因此，对商王而言，"𠂤"是一种财富。卜辞中有商王为"𠂤"之安危而占卜，如：

　　甲戌贞，今夕𠂤亡𢓊。(《合集》34715)
　　丁巳卜，贞今夕𠂤亡祸，宁。(《合集》36461)

　　此群体似乎有专人负责管理，如"𠂤般""𠂤𢀛"等，商王对他们常委以重任，如："贞，勿令𠂤般取［𢀛］于彭龙。"(《合集》08283)从相关卜辞看，"𠂤般"以及其他被称为"𠂤某"的人物与商王的关系十分密切，商王时常为他们有无祸患而进行占卜，如"贞遣𢀛其业囚"(《合集》03438)，再如"戊午卜，㐭，贞般往来亡囚"(《合集》04259)。

　　商亡后，周人很可能遵照此前惯例，也以"𠂤"称呼某些臣服的殷人，所以西周时期的"𠂤"主要指的是殷族群体。但不是所有的殷人都会被称为"𠂤"，很可能只有那些直接隶属于周王室的普通殷族才会被冠以此名号。因为西周金文中以"𠂤"为名的地点，主要分布于王畿所在的成周和宗周一带，① 宗周的殷人应该聚居于

---

① 于凯：《西周金文中的"𠂤"和西周的军事功能区》，《史学集刊》2004年第3期。

六个被称为"某𠂤"的地点,成周的殷人则分布在八个"𠂤"中。而同样是殷人大量聚集的宋、鲁、燕等诸侯国,却从未出现"某𠂤"的地名。① 因此,从"𠂤"的地理分布可以看出,它并不是全体殷人共同的身份标志,而是对直接隶属于周王室的一部分普通殷人的特称。

"𠂤"在西周时期的社会地位要远胜于商代。周人以小邦灭大邑商,同时也继承了商王朝对四周蛮族的征伐姿态,这使得周人深感仅凭本族力量,无法长久维持其天下共主的地位。因此,如何拉拢、驯化人数众多的商族,并将其转化为可以利用的力量,就成了周初统治者的当务之急。周公一再对殷遗诉说周人"惟我事不贰适,惟尔王家我适"的政策,只要殷人能够"臣我宗多逊"(《尚书·多士》),就能"宅尔宅,畋尔田"(《多方》)。此外,在商朝末年,商王室与诸支族间的关系日益疏远,② 所以商的灭亡对大多数的庶殷而言,只是换了一个共主,无所谓亡国。③ 大多数殷族对周人的统治并无激烈反抗。周初,很多商族的上层成员因"骏奔走在庙"(《诗经·周颂·清庙》)而"有服在大僚"(《多方》),屡受周王赏赐;周公也告诫周王要"先服殷御事,比介于我有周御事"(《召诰》)。这就决定了,商虽亡,但殷遗的处境不会太糟。因此,虽同样被称为"𠂤",西周时"𠂤"中的殷人仍保有其宗族组织,又有属于本族的领地和财产,还有本族的武装力量。④ 不仅如此,殷人还拥有保持本民族风俗文化的权利。⑤ 可见,这里的殷人是作为维持西周王朝统治的支柱性力量而受到善待的,并未沦落

---

① 关于引簋铭中的"齐𠂤",本书第三章有专门讨论。
② 朱凤瀚:《商周家族形态研究(增订本)》,第261页。
③ 杜正胜:《略论殷遗民的遭遇与地位》,载《中研院历史语言研究所集刊论文类编·历史编·先秦卷》(三),中华书局2009年版,第2161—2195页。
④ 何兹全:《中国古代社会》,河南人民出版社1991年版,第24—25页;宫长为、徐义华:《殷遗与殷鉴》,中国社会科学出版社2011年版,第133—197页。
⑤ 郭宝钧、林寿晋:《一九五二年秋季洛阳东郊发掘报告》,《考古学报》1955年第1期。

到充当祭祀人牲的境地。这一切都与商代常常充当人牲的"自"有着本质不同。由此，在西周时期，"自"的性质随着其主体的不同而发生了嬗变，其内涵中的贬义色彩不复存在了，转而成为直属于周天子的普通殷族的代称而已。

"自"既然是周王维持其统治的重要支持力量，周人自然对其给予了极大的重视，特设专职负责管理。如盠方尊（《铭图》11814）记载了盠被任命管理"六自眔八自埶"，曶壶盖（《铭图》12446）中，周天子册命曶"作家司土于成周八自"，南宫柳鼎（《铭图》02463）中，南宫柳被周天子任命负责"司六自牧、场"，等等。只要我们清楚"自"在西周的真正内涵，就不难理解为何周人会在其之上设司艺、冢司土和司牧、场之类的职官了，这主要是因为当时的"自"没有脱离农业生产。

据目前所掌握的金文资料看，整个西周时期"六自"仅有两次被用于战争，即鼓𩵦簋（《铭图》04988）中的"王令东宫追以六自之年"和禹鼎（《铭图》02498）记载的"唯西六自、殷八自伐噩侯驭方"。而"八自"集体投入到战争中也只有两次：一次与"六自"同时，即禹鼎铭文所记；另一次是西周早期小臣谜簋（《铭图》05269）所记的"伯懋父以殷八自征东夷"。如此低的作战频率，无论如何与常备军的功能不相匹配。这也表明"自"其实并不具有明显的军事职能。

事实上，"族"仍是西周时期真正的政治、经济、军事实体，[①]只不过随着战争规模的不断扩大，仅凭"族"的力量很难再胜任艰巨的军役。超血缘的联合武装组织越来越多地被用于作战，如西周初年䚄鼎（《铭图》02365）铭文："唯王伐东夷，祭公令䚄眔史旟曰：以师氏眔有司、后或䈞伐脒，䚄俘贝，䚄用作祭公宝尊鼎。"䚄所率领的已不单单是血缘性质的"族"，而是包含师

[①] 赵世超：《西六师、成周八师不是常备军》，载《瓦缶集》，人民出版社2003年版，第109页。

氏、有司和后国等超血缘组成部分的混合武装。班簋（《铭图》05401）铭文云："王令毛公以邦冢君、徒驭、或人伐东国痛戎。"再如西周后期的晋侯苏钟（《铭图》15298—313）记载，晋侯苏先受王命率亚旅、小子、戠人攻打匓城，后又率大室、小臣、车仆追击溃逃之敌。仅从师氏、有司、后国、冢君、徒驭、或人、亚旅、小子、戠人、大室、小臣、车仆等五花八门的名称就可以看出，西周时期并无专门承担作战任务的常备军组织，"六𠂤"与"八𠂤"不过是被用于作战的超血缘性组织之一，对其军事功能不必做过高估计。"族"依然是那个时期基本的作战单位，但"族"以外的团体越来越频繁地担负起军事任务。再加上"族"自身的非血缘性因素逐渐增强，一切都表明西周时期是军事组织由血缘关系向地域关系迈进的一个过渡阶段。

  导致"𠂤"最终退出历史舞台的原因很多，比如管理权的世袭化就是其中之一。我们在册命金文中常见"更乃祖考作某某"的套辞，如舀壶盖（《铭图》12446）中周天子册命舀"更乃祖考作冢司土于成周八𠂤"，吕服余盘（《铭图》14530）中周王命服余"更乃祖考事，胥备仲司六𠂤服"。舀与服余对"𠂤"某方面的管理权都是继承自祖考并得到周王正式册命予以认可的，说明西周中后期对"𠂤"的管理存在着严重的世袭化倾向。这是贵族制时代不可避免的趋势。世袭管理很容易导致世袭占有，使得本来隶属于王室的土地和民众逐渐成为贵族的私产。如西周晚期的煔戒鼎（《铭图》02279）铭文记载："鞄伯庆锡煔戒賮殻、鼠膺、虎裘、豹裘，用政六𠂤。"煔戒应当是鞄伯的家臣，鞄伯命其"用政六𠂤"，似乎已将"六𠂤"视为私产而交予家臣管理。李峰在探讨西周衰亡根源时注意到王室财产流失的现象，只是他认为是对贵族的过度赏赐抽干了王室的财富，同时导致贵族力量日益膨胀。[①] 事实上，西周铜

---

 ① 李峰：《西周的灭亡——中国早期国家的地理和政治危机》，徐峰译，上海古籍出版社2007年版，第142—147页。

器铭文中涉及周王赏赐臣下土地的内容极为罕见，真正抽干王室财富的是各级贵族对王室财产管理权的世袭占有。一旦那些本来隶属于王室的殷人转为各级贵族的私属，那么"𠂤"的名号也就失去了继续存在的必要了。

另一个原因是，经过西周两百多年的民族融合，殷人与周人的文化差异日益缩小。用来特指殷人的"𠂤"，其内涵也渐渐发生了变化。大盂鼎（《铭图》02514）中周王告诫盂时说："唯殷边侯、甸与殷正百辟，率肆于酒，故丧𠂤矣。"意思是商的大小统治者无不沉湎于饮酒，所以丧失了他们的"𠂤"。在此语境下的"𠂤"，既不能理解为商代那些臣服于商王的异族群体，也不专指周初直属于周王室的殷人，而是对一般民众的泛指。换句话说，所谓的"丧𠂤"是指失去对民众的统治权，这与《诗经·文王》"殷之未丧师，克配上帝"中的"丧师"是一个意思，只是《诗经》在传世时，"𠂤"字废弃，被隶定为"师"。正是因为"𠂤"逐渐转化为对普通民众的代称，故《说文》在释"官"时说："𠂤犹众也。"当商周两族的融合基本完成，"𠂤"用来特指殷人的作用就不复存在了，这从另一个方面促使其最终消失于历史舞台。

西周之后，"𠂤"逐渐弃用，汉代学者已不知其在商周时的全部内涵，故许慎在《说文》中以小阜释"𠂤"，徐铉则将之释为"堆"。段玉裁在《说文解字注》中发挥说："其字俗作堆，堆行而𠂤废。"以人们熟悉的"堆"来释"𠂤"，因为二者都指高地。这种释读不能算错，但只抓住了"𠂤"最原始之意，而未能道明它在历史进程中逐渐衍生出来的新内涵。受此影响，郭沫若也认为"𠂤"乃古"堆"字，多用为屯聚之所，指师戍所在之地。[1] 徐中舒则认为"𠂤"当释为次，为宿卫所在，即天子禁军所居。[2] 张政烺也认

---

[1] 郭沫若：《郭沫若全集·考古篇》第8卷《两周金文辞大系图录考释》（二），第22—23页。

[2] 徐中舒：《禹鼎的年代及其相关问题》，《考古学报》1959年第3期。

为"𠂤"为屯,和邑一样,"皆是众人聚居的地点"。① 另外,金文中常见的含"𠂤"的语句与传统文献中含"师"的语句多有呼应之处,如"六师"与"六𠂤"、"洛师"与"洛𠂤"、"京师"与"京𠂤"等。再加上许慎在释"官"时提出"𠂤犹众也,此与师同意",因此,现代学者更倾向于将"𠂤"直接释作"师"。但"𠂤"为何会有"众"的含义?许慎并无详说,后世学者也不知其所以然。而且在西周金文中,"师"与"𠂤"常同存于一铭,这表明二者肯定存在区别,不能等同视之。所以,将"𠂤"简单化地比附为"师"只会抹杀二者间的本质差别。当"𠂤"字不再使用时,它的部分内涵为文献中的"师"字所吸纳,而金文中"师"的内涵也随着时代变迁而不断演变。最终出现在先秦文献中的"师",既不等同于"𠂤",也不再是西周金文中的"师",甚至不是二者简单的集合,而是一个既包含着历史遗迹,又具有鲜明时代特征的新的有机体。用此内涵丰富的"师"比附金文甚至甲骨文中的"𠂤",就是用后起(春秋战国时期甚至更晚)的观念解读前代(殷商与西周时期)的材料,必然会造成认知上的偏差。

西周灭亡后,六𠂤与虎臣一样,成为后世对周王室武装力量的印象。因此,春秋中期晋国的子犯编钟(《铭图》15201)有铭:"子犯及晋公率西之六𠂤,搏伐楚荆。"此时的宗周都已覆灭,六𠂤当然也不复存在,只作为周王室武装力量的象征而留存于人们的记忆中。

至于师与𠂤的关系,可以参考𠍳匜(《铭图》15004)铭文:

唯三月既死霸甲申,王在莽上宫,伯扬父乃成𪅂曰:牧牛!彧,乃苟勘。汝敢以乃师讼。汝上代先誓。今汝亦既又卟誓,尃格𦣞觑𠍳,宷亦兹五夫,亦既卟乃誓,汝亦既从辞从誓。式可,我宜鞭汝千,黥䵨汝。今我赦汝,宜鞭汝千,黥䵨

---

① 张政烺:《卜辞裒田及其相关诸问题》,《考古学报》1973年第1期。

> 汝。今大赦汝，鞭汝五百，罚汝三百锊。伯扬父乃又使牧牛誓曰：自今余敢爱乃小大事。乃师或以汝告，则致，乃鞭千，黜罴。牧牛则誓。乃以告吏䧊、吏曶于会。牧牛辞誓成，罚金。儥用作旅盉。

牧牛与他的"师"发生冲突，官司打到伯扬父那里。伯扬父虽然特赦了牧牛，但仍然将其鞭五百，并罚款三百锊。这篇铭文透露出很多有用的信息，如"师"的身份问题。"师某"是西周时期主要的贵族群体，他们族源多样，其中有殷遗，也有周人。[①] 他们与周王关系极为密切，经常以册命的形式接受王室任命而为王室服务。我们不妨做一个大胆推测，西周的师氏最初可能是"𠂤"的管理者。"𠂤"中原本设有"牧""场"等农业职官，如南宫柳鼎"王呼作册尹册命柳：司六𠂤牧、场、大□，司羲夷场佃事。"儥匜铭中的"牧牛"担任的就是某"𠂤"中的"牧"一职，与其长官"师"发生纠纷后，周王派伯扬父在荓上宫审理诉讼。可见"𠂤"并非单纯的血缘团体，否则家族内部的纠纷不会由王室大臣伯扬父来裁决。[②]

《诗经·葛覃》曰："言告师氏，言告言归。薄污我私，薄浣我衣。害浣害否，归宁父母。"注释者多将此处的"师氏"释为"女师"，是负责教授妇德、妇言、妇容、妇功者。[③] 实则，不论是文献还是金文资料，均无"女师"这一群体存在的记录。作此诗者应该是服役于王室的某𠂤庶人，师氏即管理者，所以服役期间归

[①] 判断"师某"族源最好的方法就是看其在铭文末对祖考的称呼，凡用日名者基本可断定是殷人或与东夷民族有关者（参见张懋镕《周人不用日名说》，《历史研究》1993年第5期；《再论"周人不用日名说"》，《文博》2009年第3期）。而有些"师某"则可断定为周人族属，如师汤父鼎（《铭图》02431）铭有"作朕文考毛叔㸙彝"，毛氏乃周王室亲族，可知师汤父为周人无疑。

[②] 陈絜、李晶：《牼季鼎、扬簋与西周法制、官制研究中的相关问题》，《南开学报》2007年第2期。

[③] （清）阮元校刻：《十三经注疏》，第277页。

宁父母时需向师氏禀告。

综上，"𠂤"与"师"在西周时期是性质不同的两个群体，𠂤是隶属王室的群体，而最初的师氏是𠂤的管理者。师氏的家族成员可能以"师"为氏名，即以职事为氏，① 所以金文中才出现众多的"师某"。这些"师某"又常常受王室的册命而被委以他职，此类"师某"之"师"不是职官，而是某类人群的一种身份。"六𠂤""八𠂤"及各地区的师氏均为隶属王室的群体，故师氏的职事及𠂤中的某些管理权，如司土、牧、场等，被周王以册命的形式委派予贵族。

2. 虎臣

無㠱鼎（《铭图》02478）铭文显示：

> 唯九月既望甲戌，王格于周庙，贿于图室。司徒南仲右無㠱，入门，立中廷。王呼史翏册命無㠱曰：官司穆王正侧虎臣。赐汝玄衣、黹纯、戈琱㦤、厚柲、彤沙、鋚勒、鋚旂。無㠱敢对扬天子丕显鲁休，用作尊鼎。用享于朕烈考，用匄眉寿万年，子孙永宝用。

無㠱被周王任命负责"官司穆王正侧虎臣"。正侧，犹言左右。② 虎臣亦常见于古典文献，如《尚书·顾命》："惟四月哉生魄，王不怿。甲子，王乃洮沬水，相被冕服，凭玉几。乃同召太保奭、芮伯、彤伯、毕公、卫侯、毛公、师氏、虎臣、百尹、御事。"由以上记载来看，虎臣在西周早期的政治地位似乎不低，可以在周王弥留之际与闻顾命。而《诗经·大雅·常武》曰："王奋厥武，如震

---

① 林沄认为上古氏名大概有三个来源：一是以男性祖先之名为氏名，二是以地名为氏名，三是以职事为氏名。参见《对早期铜器铭文的几点看法》，载《林沄学术文集》，中国大百科全书出版社1998年版，第65—66页。

② 斯维至：《两周金文所见职官考》，载《斯维至史学文集》，陕西师范大学出版社2009年版，第14页。

如怒。进厥虎臣，阚如虓虎。"据毛传的解释，《常武》乃是召穆公为赞美周宣王而作。① 诗云"整我六师，以修我戎"，又曰"徐方绎骚，震惊徐方""铺敦淮濆，仍执丑虏""不测不克，濯征徐国"，可知此诗是在征伐徐方得胜后而作，而诗中的虎臣分明是一支作战的部队了。《鲁颂·泮水》则曰："明明鲁侯，克明其德。既作泮宫，淮夷攸服。矫矫虎臣，在泮献馘。"郑玄认为此诗中的鲁侯是指鲁僖公，僖公伐淮夷而返，在泮宫使武臣献馘，② 武臣即虎臣。《周礼·夏官》有虎贲氏一职，其职责是"掌先后王而趋以卒伍，军旅、会同亦如之。舍则守王闲。王在国，则守王宫。国有大故则守王门，大丧亦如之。及葬，从遣车而哭。适四方使，则从士大夫。若道路不通，有征事，则奉书以使于四方"。《史记·周本纪》亦云武王"率戎车三百乘，虎贲三千"讨伐商纣。从不同文献对虎臣具体职能的描述分析，在《尚书》中虎臣乃是参与顾命的贵族群体，与师氏、百尹、御事等性质类似；在《诗经》中则成为征伐四方的军事武装；在《周礼》中又成了隶属大司马的一种职官。那么在西周金文中，虎臣的性质又是什么呢？

我们试看师酉簋铭文（《铭图》05346—49）中关于虎臣的描述，如下：

> 唯王元年正月，王在吴，格吴大庙。公族鸿鳌入右师酉，立中廷。王呼史𤔲册命师酉：嗣乃祖啻官邑人、虎臣，西门夷、𣂆夷、秦夷、京夷、畀狐夷、新。赐汝赤市、朱衡、中同、鋚勒，敬夙夜勿废朕命。师酉拜稽首，对扬天子丕显休命，用作朕文考乙伯、宪姬尊簋。酉其万年子子孙孙永宝用。

铭文中西门夷、𣂆夷、秦夷、京夷等实为附属于王室的异族臣仆。

---

① （清）阮元校刻：《十三经注疏》，第 576 页。
② （清）阮元校刻：《十三经注疏》，第 611 页。

而"新",郭沫若以为与十七祀询簋之"侧新"相似,乃是"鬼薪"之类的贱役。① 陈梦家判断虎臣乃是华夏族的罪隶和四夷之隶组成的周王禁卫军。②

西周灭亡之后,虎臣作为一个王朝武装力量的象征存在于后人的记忆中,故后代文献多将之作为具有强大战斗力的军事队伍,但是对这一群体真正的构成成分缺乏认识。《尚书》中的虎臣能够与闻成王顾命,春秋时期鲁人所作之《泮水》则将勇健武臣比作虎臣。到了司马迁笔下,虎臣俨然成为西周王朝的军事主力部队了。③

3. 走马和驭人

虎簋盖(《铭图》05399)铭曰:

> 唯卅年四月初吉甲戌,王在周新宫,格于大室。密叔入右虎,即位。王呼内史曰:册命虎。曰:钛乃祖考事先王司虎臣,今命汝曰:更乃祖考胥师戏司走马、驭人眔五邑走马、驭人,汝毋敢不善于乃政。锡汝载巿、幽衡、玄衣、䙴纯、銮旂五日,用事。虎拜稽首,对扬天子丕杯鲁休。虎曰:丕显朕烈祖考粦明克事先王,肆天子弗望厥孙子,付厥尚官,天子其万年申兹命。虎用作文考日庚尊簋,子孙其永宝用,夙夕享于宗。

走马,即《周礼》之"趣马"。④ 王翰章等认为,驭即古御字,驭

---

① 郭沫若:《弭叔簋与询簋考释》,《文物》1960年第2期。
② 陈梦家:《西周铜器断代》,第448—451页。
③ 《史记·周本纪》载:"武王遍告诸侯曰:'殷有重罪,不可以不毕伐。'乃遵文王,遂率戎车三百乘,虎贲三千人,甲士四万五千人,以东伐纣。"在司马迁的意识里,虎贲似乎是精锐部队的代名词。
④ 张亚初、刘雨:《西周金文官制研究》,第20—22页。

人乃是驭夫。① 贵族虎受命辅佐师戏管理"走马、驭人"及"五邑走马、驭人"。前一类走马和驭人未注明地点，可能是周王左右之走马和驭人，与地方上的五邑走马、驭人有异。这种书写方式与元年师兑簋（《铭图》05324—25）的记载类似，其铭如下：

> 唯元年五月初吉甲寅，王在周，格康庙，即位。同仲右师兑，入门，立中廷。王呼内史尹册命师兑：胥师龢父司左右走马、五邑走马。锡汝乃祖巾、五衡、赤舄。兑拜稽首，敢对扬天子丕显鲁休，用作皇祖城公䵼簋。师兑其万年子子孙孙永宝用。

师兑受命"胥师龢父司左右走马、五邑走马"。学者大多认为虎簋是周穆共时器，② 而元年师兑簋则属西周后期的器物，所以贵族虎与师兑不是同时代人，师兑管理的走马仅为贵族虎管理内容的一部分。而且，据三年师兑簋（《铭图》05374—75）铭文显示，师兑不久后得到擢升，其铭文如下：

> 唯三年二月初吉丁亥，王在周，格大庙，即位。䚄伯右师兑，入门，立中廷。王呼内史尹册命师兑：余既令汝胥师龢父司左右走马，今余唯申熹乃命，命汝䫉司走马。锡汝秬鬯一卣、金车、贲较、朱虢、䩛靳、虎冟、纁里、右軛、画鞞、画轙、金甬、马四匹、鋚勒。师兑拜稽首，敢对扬天子丕显鲁休，用作朕皇考釐公䵼簋。师兑其万年子子孙孙永宝用。

周王册命师兑"䫉司走马"，而不再有辅佐师龢父的任命。不论是周王左右的走马、驭人，还是五邑走马、驭人，都是隶属王室的

---

① 王翰章、陈良和、李保林：《虎簋盖铭简释》，《考古与文物》1997年第3期。
② 《考古与文物》编辑部：《虎簋盖铭座谈纪要》，《考古与文物》1997年第3期。

群体。

4. 某邑群体

师晨鼎（《铭图》02481）铭文记载：

> 唯三年三月初吉甲戌，王在周师录宫。旦，王格大室，即位。司马共右师晨，入门立中廷。王呼作册尹册命师晨：胥师俗司邑人，唯小臣、膳夫、守□、官、犬，眔奠人，膳夫官、守、友。锡赤舄。晨拜稽首，敢对扬天子丕显休命，用作朕文祖辛公尊鼎，晨其［百］世子子孙孙其永宝用。

师俗应当就是师俗父或伯俗父，还见于五祀卫鼎（《铭图》02497）、永盂（《铭图》06230）、南季鼎（《铭图》02432）等器。陈梦家认为师晨的职司为辅佐师俗管理邑人和奠人，邑奠犹城郊。管理邑人的有"小臣、膳夫、守□、官、犬"，管理奠人的有"膳夫官守友"，即膳夫之官、守、友。①

陈梦家将"奠"释为郊，认为奠人与邑人相对，乃是《周礼》之甸师。② 杨宽也认为邑人和奠人之下均设膳夫，可见二者类似。邑人为乡邑长官，相当于《周礼》的乡大夫，奠人当读为甸人，相当于《周礼》中的遂大夫。③

对于以上两种观点，笔者以为均有可商榷之处。首先，奠在商代有特殊含义，不能简单地释作甸。④ 卜辞中有"多奠"（《合集》06943）、"子奠"（《合集》03195）等。西周金文中的奠分两类：一为安定之义；⑤ 还有一类专指地名，后世文献多写作"郑"。奠

---

① 陈梦家：《西周铜器断代》，第 188 页。
② 陈梦家：《西周铜器断代》，第 324 页。
③ 杨宽：《论西周金文中"六𠂤"、"八𠂤"和乡遂制度的关系》，《考古》1964 年第 8 期。
④ 徐中舒主编：《甲骨文字典》，第 281 页。
⑤ 如询簋（《铭图》05378）铭曰："则乃祖奠周邦"。

与甸，写法各异，含义不可互通。师晨鼎中的"奠"指的是西周的王都之一，《竹书纪年》："穆王元年，筑祇宫于南郑。"又曰："穆王所居郑宫、春宫。"《穆天子传》卷四："天子入于南郑。"此郑即金文中的奠，是西周时期的重要都邑。① 据文献记载，直至宣王时才封予母弟郑桓公友。周幽王时期，王室不安，郑桓公迁邑于虢、郐，仍号曰"郑"。西周灭亡之后，秦人逐渐东扩，至秦武公在位时攻占宗周地区之奠。② 故师晨鼎之"奠人"并非官职，也非遂大夫，乃是奠地直属于王室的民众。师晨受命辅佐师俗管理奠地民众中的一部分，即"膳夫官、守、友"等。

其次，杨宽依据《周礼》记载解读金文材料将奠人当作遂大夫的观点，自相矛盾之处甚多。依《周礼》所记，膳夫一职设"上士二人，中士四人，下士八人，府二人，史四人，胥十有二人，徒百有二十人"，仅服务于王室。而地方上的乡和遂不设膳夫，此与师晨鼎铭文所载不符。根据《周礼》，六乡中每乡由六卿中的一位负责，六卿各领一乡，每乡出一军；而遂大夫是中大夫一级，六遂各置一人。如果邑人指乡大夫，奠人指遂大夫，那么乡、遂为何会由师俗一人管理？且新发现的吕簋铭显示："王格于大室，册命吕。王若曰：吕，更乃考嬔司奠师氏。"③ 铭文说得很清楚，奠地有师氏。若释奠为遂，而师氏又如杨氏所说乃是"六𠂤""八𠂤"的长官，出自六乡之中，那么为何"奠（遂）"地会有师氏？正如裘锡圭所指出的，商王经常将战败方或其他臣服的国族中的一部或全部，奠置在其所控制的地区内，这种人被称为奠，而奠置他们的地方也可以称为奠。周人灭商后，很可能继承了商人的这一做法，只不过商代的"奠"较多，而西周的"奠"仅有

---

① 陈梦家、唐兰认为奠可能就是大簋等铭所见"王在奠"之"奠"，即春秋时期秦德公所居大郑宫所在地（参见陈梦家《西周铜器断代》，第182页；唐兰《西周青铜器铭文分代史征》，第409—410页）。

② 《史记》卷五《秦本纪》，中华书局1959年版，第182页。

③ 张光裕、黄德宽主编：《古文字学论稿》，安徽大学出版社2008年版，第167页。

一个。可见西周金文中的奠与乡遂制度没有关联，不必对之做过度解读。

邑人这一群体，多见于金文记载，如询簋铭曰："今余命汝啻官司邑人，先虎臣后庸，西门夷、秦夷、京夷、𩎟夷、师笭、侧新、□华夷、卑身夷、匰人、成周走亚、戍、秦人、降人服夷。"师酉簋铭曰："嗣乃祖啻官邑人、虎臣。"师瘨簋盖铭曰："先王既命汝，今余唯申先王命，命汝官司邑人、师氏。锡汝金勒。"此鼎铭曰："王呼史翏册命此曰：旅邑人、膳夫。"① 陈梦家认为，"邑人"之邑应该就是西周金文中出现的"五邑"之邑。② 据鄾簋（《铭图》05343）铭文记载，周王册命贵族鄾负责管理"五邑"之祝人。另外，柞钟（《铭图》15343—49）铭文中，贵族柞负责"司五邑佃人事"。由此可见，邑人并非官职。师晨所管理的邑人是否就属于五邑，我们不得而知，但邑人的组成无疑十分庞杂。师晨可能是邑人、奠人的管理者之一，而且只是帮助分管邑人和奠人中的部分人员，即"小臣、膳夫、守□、官、犬"和"膳夫官、守、友"。

《周礼·天官》有"膳夫"，是掌管膳食之官。但是从金文材料看，西周后期周王经常委派膳夫以重要差事，如大克鼎（《铭图》02513）记载了膳夫克有"出纳朕命"的职责。也有直接服务于周王的膳夫，如膳夫克、善夫山等地位较高。而师晨鼎铭记载的"膳夫"则与小臣、犬等地位相同，乃是等级较低之膳夫。

犬，商代甲骨卜辞中即有记载，常参与征伐或田猎。但是从《周礼·秋官·犬人》看，商以后犬的职责似乎主要局限于为祭祀

---

① 马承源认为此鼎铭中的"旅邑人、膳夫"之"旅"与《周礼·宰夫》中"四曰旅，掌官常以治数"之"旅"同义，是掌管之意（参见《商周青铜器铭文选》（三），文物出版社1988年版，第289页）；陈絜认为《左传》昭公三年有"敢烦里旅"之语，杨伯峻注以为"里旅即《周语中》、《鲁语上》之司里"，故此鼎中的"旅"有管理之意（《商周姓氏制度研究》，第387页）。

② 陈梦家：《西周铜器断代》，第284页。

提供犬牲。①

关于西周金文中的"友",有学者将之视为与"僚"性质相似的一类群体。如唐兰在释师旂鼎时说:"友是助理,西周初期如卿事寮和太史寮都有友","寮就是僚……僚和友都是助理官事的,但友的职位应略低于僚"。② 陈梦家则以"属官"释"友"。③ 但朱凤瀚认为西周青铜器铭中所见"朋友""友"是对亲族成员的称谓。《左传》桓公二年晋师服曾云:"天子建国,诸侯立家,卿置侧室,大夫有贰宗,士有隶子弟。"而《左传》襄公十四年晋国师旷则曰:"天子有公,诸侯有卿,卿置侧室,大夫有贰宗,士有朋友。"将以上两则史料简单对比,似乎立刻可以得出"朋友"即指"子弟"的结论。朱先生据此认为西周时期的"友"是指一种亲属身份,即同族兄弟。西周金文中未见朋友、兄弟并称者,说明兄弟亦包含在"朋友"之称中。④ 何景成虽然也认为友为僚属或僚友,但又指出西周时期担任僚友的主要是长官的同族兄弟。⑤ 朱、何两位学者的观点应该是出于对文献的误解。现将两则史料列举如下。《左传》桓公二年:

> 惠之二十四年,晋始乱,故封桓叔于曲沃。靖侯之孙栾宾傅之。师服曰:"吾闻国家之立也,本大而末小,是以能固。故天子建国,诸侯立家,卿置侧室,大夫有贰宗,士有隶子弟,庶人、工、商各有分亲,皆有等衰。是以民服事其上,而下无觊觎。今晋,甸侯也。而建国,本既弱矣,其能久乎?"

《左传》襄公十四年:

---

① 张亚初、刘雨:《西周金文官制研究》,第 54 页。
② 唐兰:《西周青铜器铭文分代史征》,第 316 页。
③ 陈梦家:《西周铜器断代》,第 309 页。
④ 朱凤瀚:《商周家族形态研究(增订本)》,第 292—297 页。
⑤ 何景成:《论西周王朝政府的僚友组织》,《南开学报》2008 年第 6 期。

师旷侍于晋侯。晋侯曰："卫人出其君，不亦甚乎？"对曰："或者其君实甚。良君将赏善而刑淫，养民如子，盖之如天，容之如地；民奉其君，爱之如父母，仰之如日月，敬之如神明，畏之如雷霆，其可出乎？夫君，神之主而民之望也。若困民之主，匮神乏祀，百姓绝望，社稷无主，将安用之？弗去何为？天生民而立之君，使司牧之，勿使失性。有君而为之贰，使师保之，勿使过度。是故天子有公，诸侯有卿，卿置侧室，大夫有贰宗，士有朋友，庶人、工、商、皂、隶、牧、圉皆有亲暱，以相辅佐也。善则赏之，过则匡之，患则救之，失则革之。自王以下各有父兄子弟以补察其政。"

上述师服与师旷叙述的内容虽有极大相似之处，但绝不能将之视为完全等同，其中的差异还是很明显的。师服是针对晋侯分封桓叔于曲沃的行为而发表议论，讨论的是国君对待亲族的态度与方式。天子可以令亲族分封建国，诸侯只能以"立家"的方式处理与血缘亲族的关系，士则只能以子弟为"隶"，而"庶人、工、商"则"各有分亲"，强调的是要以大制小、固本而弱末。襄公十四年师旷对晋君所说的则是如何处理君臣关系，"有君而为之贰，使师保之，勿使过度"是立论的重点。天子以公为贰，诸侯以卿为贰，卿以侧室为贰，士则以朋友为贰。同时指出，除了这些"贰"之外，"自王以下各有父兄子弟以补察其政"。这就足以证明，文中的"贰"即指国君、诸侯、卿、士的辅佐、助手，与他们的"父子兄弟"不是同一个群体。① 虽然"建国"与"立家"也可能包括异姓，但主要是针对同姓而言的；君臣之间可能存在着亲属关

---

① 《国语·周语上》有"近臣尽规，亲戚补察"之语，可见君主身边既有亲族，也有异姓之臣。前者为"父子兄弟"，后者即辅佐之"贰"。这里的"父"，指的是长一辈的同族男子。

系，但师旷讨论的君臣关系是明确排除了血缘联系的。① 所以，仅根据对《左传》中上述两则材料的简单对比就将西周时期的"朋友"释为兄弟，确乎不妥。② 只是因为在西周春秋时代，血缘关系对社会的方方面面都存在着深刻的影响，要想将二者完全区分开也是十分困难的。

另外，季姬方尊③（《铭图》11811）铭曰：

> 唯八月初吉庚辰，君命宰茀锡姊季姬畎臣于空桑，厥师夫曰丁，以厥友廿又五家誓，锡厥田，以牲马十又五匹，牛六十又九𦎫，羊三百又八十又五𦎫，禾二廪。其对扬王母休，用作宝尊彝，其万[年子孙]永宝用。

李学勤认为铭文中的"君"指周王后，命其宰对姊季姬进行赏赐，其中包括空桑的佃（畎）臣之长丁及其所率领的"厥友廿又五家"。李学勤亦将"友"释为僚属。④ 再如叔多父盘（《铭图》14533）铭曰："多父眉寿巧事，利于辟王、卿事、多尹、朋友、兄弟、诸子婚媾。"其中"朋友"即与"兄弟"并列。春秋时期的嘉宾钟（《铭图》15179）有"余武于戎功，灵闻，用乐嘉宾、父兄、大夫、朋友……"可见西周春秋时期的"朋友"与家族内兄弟是有区别的。且师晨鼎明确记载周王册命师晨"胥师俗司邑人，

---

① 我们还需将师旷的论述放在大的历史背景下加以考察。春秋时期的晋国早在晋献公时代就大规模驱逐公族成员，此后晋国形成不成文的规定，即新一任国君继位后，国君的兄弟必须离开晋国。所以，晋国在鲁襄公时期已开始摆脱血缘关系的羁绊，君臣之间可能存在姻亲关系，但大多无血缘联系。这一特点不仅与西周王朝的政治情形大不相同，即使与同时代的大多数诸侯国相比，也有明显差异。故师旷对晋君阐述的君臣之道，与师服所述看似相仿，实则二者存在巨大差异。

② 另外，《诗经·小雅·沔水》有"嗟我兄弟，邦人诸友"之语，也可见西周时期的"兄弟"与"邦人""诸友"为不同群体。

③ 蔡运章、张应桥：《季姬方尊铭文及其重要价值》，《文物》2003年第9期。

④ 李学勤：《季姬方尊研究》，《中国史研究》2003年第4期。

唯小臣、膳夫、守□、官、犬、眔奠人，膳夫官、守、友"，其中的"友"若真指兄弟亲族，就不可能与"小臣""膳夫"等并列。

综上可知，西周金文中的"友"应当还如唐兰等学者所言，乃是长官的助手。只不过在当时的环境下，某些长官与他的"友"之间不排除存在血缘关系的可能。

师晨鼎中的"官""守""友"亦曾出现于师奎父鼎（《铭图》02476）铭文中，如下：

唯六月既生霸庚寅，王格于大室。司马井伯右师奎父。王呼内史驹册命师奎父，锡缁市、同衡、玄衣、黹纯、戈琱㦿、旂。用司乃父官、友。奎父拜稽首，对扬天子丕杯鲁休，用追孝于刺仲，用作尊鼎。用匄眉寿、黄耇、吉康。师奎父其万年，子子孙永宝用。

周王册命师奎父"用司乃父官、友"，可见"官""守""友"与膳夫、小臣类似，也当是某类群体而非官职。周王册命师晨的职责是辅佐师俗管理邑人和奠人中的某几类群体。

四十三年逨鼎（《铭图》02503—12）铭文记载了周王对贵族逨的册命：

唯卌又三年六月既生霸丁亥，王在周康宫穆宫。旦，王格周庙，即位。司马寿右吴逨，入门，立中廷，北向，史淢授王命书。王呼尹氏册命逨，王若曰：逨，丕显文武膺受大命，敷有四方，则旧唯乃先圣考，夹绍先王，爵勤大命，奠周邦。肆余弗忘圣人孙子，昔余既命汝胥荣兑䩄司四方虞、䈞，用宫御。今余唯经乃先祖考，又爵于周邦，申橐乃命，命汝官司历人，毋敢妄宁，虔夙夕惠雍我邦小大猷。雩乃专政事，毋敢不麦不型，雩乃讯庶人有舜，毋敢不中不型，毋龏龏棠棠，唯有宥纵，廼敄鳏寡，用作余我一人怨，不肖唯死。王曰：逨，锡汝秬鬯一卣、玄衮衣、赤舄、驹车、桒较、朱虢、䕌斩、虎冟、熏里、画轴、画𧊒、金甬、马四匹、鋚勒，敬夙夕弗废朕命。逑拜稽首，受册，佩以出，反纳瑾圭。逑敢对天子丕显鲁休扬，用作朕皇考龏叔䵼彝。皇考其严在上，翼在下，穆穆秉明德，㰸㰸㲃㲃，降余康虞纯祐，通禄永命，眉寿绰绾，畯臣天子。逑万年无疆，子子孙孙永宝用享。

该器于2003年出土于陕西眉县杨家村的一处窖藏。[①] 据同时出土的逑盘铭文显示，贵族逑是西周单氏家族的分支。分析逑盘和四十三年逑鼎铭可知，逑曾两次接受来自宣王的册命：第一次是受命"䲪司四方虞、䕌，用宫御"；第二次则是在周王"申亶乃命"之后，改命逑负责"官司历人"。关于"官司历人"，诸家释读的意见分歧较大：李学勤认为是指对朝中臣属的监察甄别；[②] 李零则觉得"历人"可能与使用囚犯、俘虏和奴隶于制造业和土木工程有关；[③] 董珊指出"历人"可能是平民因诉讼刑狱之事被官府囚禁而转化来的官奴或刑徒，那么"官司历人"就是管理奴隶，此职务跟"司四方虞、䕌"集于逑一身，其目的是利用官奴隶开发山林川泽。[④] 学者对"历人"的解释，基本上都是依据《尚书·梓材》中的"肆往奸宄、杀人、历人宥"。《梓材》中的"历人"与"奸宄""杀人"等行为性质相同。"奸宄"指的是作恶，于内为奸，于外为宄；"杀人"，其意毋庸多言。"历人"之"历"，周秉钧释为俘虏，[⑤] 顾颉刚、刘起釪所著《尚书校释译论》

[①] 陕西省考古研究所：《陕西眉县杨家村西周青铜器窖藏发掘简报》，《文物》2003年第6期。

[②] 李学勤：《眉县杨家村新出青铜器研究》，《文物》2003年第6期。

[③] 李零：《读杨家村出土的虞逑诸器》，《中国历史文物》2003年第3期。

[④] 董珊：《略论西周单氏家族窖藏青铜器铭文》，《中国历史文物》2003年第4期。

[⑤] 周秉钧：《尚书易解》，岳麓书社1984年版，第193页。

中认为是"搏执平民而历其手",又引《说文》"枥,撕枑指也",提出历乃枥之省,①可理解为绑架平民之意,与"奸宄""杀人"性质相同,是指一种犯法作恶的行为,故不能将"历人"当作战争俘虏或因罪罚没入官为奴之人。

西周青铜器铭文中常见"官司"一词,如"官司丰还左右师氏"(元年师旋簋)、"官司丰人眔九戏祝"(申簋盖)、"命汝官司饮献人于昷,用作宪司贮"(善夫山鼎)、"命汝官司邑人、师氏"(师瘨簋盖)、"令汝啻官司邑人,先虎臣后庸,西门夷、秦夷、京夷、㝬夷、师笭、侧新、囗华夷、弁身夷、匰人、成周走亚、戍、秦人、降人服夷"(询簋)。"官司"之后多为某类群体。据禹鼎(《铭图》02498)铭文,西周后期噩侯驭方率南淮夷、东夷反叛王室,"广伐南国、东国,至于历内",此"历内"之历应当就是四十三年逨鼎中贵族逨受命管理的"历人"之历,则"官司历人"中的"历"很可能是邑名。而"历人"应该与丰人、邑人等性质类似,指的也是某地的民众。

又据师俞簋铭显示,周王命师俞"猒司任人"。猒,郭沫若释为"摄",②则师俞受王命兼司任人。"任"字无解,仅见于师俞簋铭。但不论其为地名还是某一群体名号,"任人"均隶属于王室且受师俞管理无疑。

5. 寮

牧簋(《铭图》05403)铭曰:

> 唯王七年十又三月既生霸甲寅,王在周,在师汙父宫,格大室,即位。公族绌入右牧,立中廷。王呼内史吴册命牧,王若曰:牧,昔先王既命汝作司土,今余唯或窹改,命汝辟百寮,有同事包乃多乱,不用先王作型,亦多虐庶民,厥讯庶右

---

① 顾颉刚、刘起釪:《尚书校释译论》,中华书局2005年版,第1423页。
② 郭沫若:《盠器铭考释》,《考古学报》1957年第2期。

鄰，不型不中，廼侯之作怨，今鹬司服厥皋厥辜。王曰：牧，汝毋敢弗帅先王作明型用，雩乃讯庶右鄰，毋敢不明不中不型，乃敷政事，毋敢不尹人不中不型，今余唯申禀乃命，锡汝秬鬯一卣、金车、㚻较、画䡅、朱虢、䡇靳、虎冟、熏里、旂、䮨马四匹，取徵□铔，敬夙夕勿废朕命。牧拜稽首，敢对扬王丕显休，用作朕皇文考益伯宝尊簋，牧其万年寿考，子子孙孙永宝用。

"唯或叚改"之"叚"，李学勤释作"升"，"唯或叚改"即"唯或升改"。贵族牧本是先王所命之"司土"，被今王擢升。辟，李学勤依《尔雅·释诂》释为法，"辟百寮"即以法绳治百寮。① 《左传》文公七年有："同官为寮。"关于百寮，学者多认为是指百官。然而西周时期的官、寮是否可以等同于战国以后集权政府中的管理者？笔者以为这种观点是值得商榷的。《诗经·大东》曰：

有饛簋飧，有捄棘匕。周道如砥，其直如矢。君子所履，小人所视。眷言顾之，潸焉出涕。

小东大东，杼柚其空。纠纠葛屦，可以履霜。佻佻公子，行彼周行。既往既来，使我心疚。

有洌氿泉，无浸获薪。契契寤叹，哀我惮人。薪是获薪，尚可载也。哀我惮人，亦可息也。

东人之子，职劳不来。西人之子，粲粲衣服。舟人之子，熊罴是裘。私人之子，百僚是试。

毛序曰："东国困于役而伤于财，谭大夫作是诗以告病焉。"② 全诗以反复对比的方式，描述了西周时期周人与"东人"之间的统治

---

① 参见李学勤《四十三年佐鼎与牧簋》，《中国史研究》2003年第2期。
② （清）阮元校刻：《十三经注疏》，第460页。

与被统治关系。东国民众因周人的剥削而"杼柚其空",又在笔直如矢的大道上为周人奔波服役,即使严霜降临,仍穿着夏日的葛屦;与之相反,轻佻的周人公子却"行彼周行"。① 东国民众辛苦劳累而不见慰劳,周人子弟却穿着漂亮的服饰招摇;东国民众"百僚是试",周人子弟却"熊罴是裘"。从文义分析,诗中"百僚"之僚分明指的是东国民众所服的各类劳役,而非指百官。另据《国语·晋语九》记载,中行穆子灭鼓,"以鼓子苑支来",即将俘获的鼓国国君带回晋国,同时又命"鼓人各复其所,非僚勿从","鼓子之臣曰夙沙釐,以其孥行"而被晋国军吏拘捕。很明显,夙沙釐是鼓国国君之"臣",在当时的人们看来,他并不是"僚"的身份,所以夙沙釐追随鼓子就等于违背了中行伯命令,因此被军吏扣押。这从侧面证明了,西周春秋时期的"僚"应当是为政府或王室服役的群体,与作为王室或公室的"臣"之间存在着明显的区别。

僚在先秦文献中还作"贱役"解,如《左传》昭公七年:

> 天子经略,诸侯正封,古之制也。封略之内,何非君土?食土之毛,谁非君臣?故诗曰:"普天之下,莫非王土;率土之滨,莫非王臣。"天有十日,人有十等。下所以事上,上所以共神也。故王臣公,公臣大夫,大夫臣士,士臣皁,皁臣舆,舆臣隶,隶臣僚,僚臣仆,仆臣台。马有圉,牛有牧,以待百事。

---

① 解诗者多以"佻佻公子"指谭国公子,主要是受毛序影响,以为东国困于财而贵族子弟"衣履不能顺时,乃夏之葛屦,今以履霜送转餫"[参见(清)王先谦撰,吴格点校《诗三家义集疏》,中华书局1987年版,第728页]。但从全诗反复排比来看,作者一曰"君子""小人",又曰"东人""西人",三曰"舟人""私人",实际上是将周人与东人的处境做对比。所以"佻佻公子"并不是谭国公子,而是往来于宗周与东国道路上收取贡赋及监督劳役的周人。

俞正燮在《癸巳类稿》中云："士则卫士之长，舆则众也，谓卫士无爵又无员额者。隶则罪人，《周官》所谓'入于罪隶'，汉之城旦春输作。僚，劳也，入罪隶而任劳者。"① 俞氏以劳释僚，甚确。但是因犯法而被迫服苦役，应该是东周时期法制盛行之后才开始有的事情。而在西周时期，统治者族群对被统治族群的剥削一般是以"事"的形式实现的，事包括劳役和贡纳。② 因此，《大东》所描述的"百僚是试"指的是东国民众为周王室服役的场景。作为臣服一方的方国和诸侯，在商品经济不发达的条件下为统治者服各种具体的劳役，乃是处于早期阶段的文明区域共有的现象。

1967年出土于长安县沣西公社的遹盂（《集成》10321）铭曰："君在漅既宫，命遹事于述土鹇、諆。各弢司寮女、寮奚、遌、华。"奚本指女奴，"寮女""寮奚"，研究者认为分别指在官府的自由妇女和女奴。③ 若如此，那么"寮"可以用来指代自由人和非自由人，说明其实际上是服役于官府的，这与《诗经·大东》中的"百僚是试"相呼应。寮又可引申为服役的群体，如麦方鼎（《铭图》02323）中的"寮友"，矢令方尊（《铭图》11821）、毛公鼎及番生簋铭中出现的"卿事寮""太史寮"等。

西周时期政治组织中的地域性关系还处于萌芽状态，远不及战国秦汉时期成熟发达。在此情况下，居于统治地位的周王室和各国公室的氏族组织，经过初步的"维新"被改造为带有公共性质的国家机构。④ 而原本被迫臣服于王室的各类服务人员，则在这一转型过程中逐渐演化成最初的王室事务管理者。

其中最典型的就是小臣。《说文》："臣，牵也，事君者。像屈服之形。"郭沫若认为甲骨文中的臣字，"以一目代表一人，人首下俯时则横目，形为竖目形，故以竖目形象屈服之臣仆、奴隶"。

---

① 杨伯峻编著：《春秋左传注（修订本）》，中华书局2016年版，第1422页。
② 赵世超：《指定服役制度略述》，《陕西师范大学学报》1999年第3期。
③ 黑光、朱捷元：《陕西长安沣西出土的遹盂》，《考古》1977年第1期。
④ 赵世超：《周代国野制度研究》，第67—84页。

商周时期的臣原为奴隶中的叛徒，充当奴隶主管理其他奴隶的工具，久之就成了奴隶制王朝的官吏。① 早期的"臣"确有奴隶、臣仆之意，但从甲骨文及金文资料看，臣在殷商西周王朝的政治活动中又常常扮演重要角色。如商代金文中的小臣邑、小臣艅等，能拥有属于自己家族的铜器，② 本身就说明他们的政治地位绝非奴隶或普通臣仆所能比肩。商代的小臣还经常受王命征伐、为商王处理各项事务，因此陈梦家认为商代的"臣"为官职名。③ 另外，商代的臣还会被用作人牲。④ 西周金文中臣的身份也分为两极：有服务于周王身边的贵族，如小臣单（《铭图》10656）、小臣䑈（《铭图》02102）、小臣夌（《铭图》02411）、小臣伯（《铭图》02205）、小臣宅（《铭图》05225）、小臣䊷（《铭图》02103）等；而政治地位低下的"臣"则被周王用于赏赐贵族。⑤

同样是"臣"，为什么在境遇上会如此悬殊？究其原因，还是由早期国家的基本属性造成的。当商周王室取得共主地位后，原本仅为管理本族事务的氏族组织便会逐渐演化成最初的具有中央政府性质的统治机构。这样一来，那些服务于王室的奴隶、臣仆等，由于与最高统治者的密切关系，反而有机会参与到早期国家政权的管理行列，⑥ 其中的少数或因受宠于君主而得以一

---

① 郭沫若：《释臣宰》，《郭沫若全集·考古编》第 1 卷，第 65—76 页。
② 商代还有在铭文中自称"小臣缶"的方鼎，有学者认为，能以方鼎陪葬的多属身份较高的贵族，参见杨宝成、刘森淼《商周方鼎初论》，《考古》1991 年第 6 期。
③ 陈梦家：《殷虚卜辞综述》，第 505—507 页。
④ 杨升南：《商代人牲身份的再考察》，《历史研究》1988 年第 1 期。
⑤ 黄然伟：《殷周青铜器赏赐铭文研究》，载《殷周史料论集》，三联书店有限公司 1995 年版，第 185 页。
⑥ 恩格斯在谈到早期日耳曼人部落联盟的形成时说："部落联盟从凯撒时代起就组成了；其中有几个联盟已经有了王……被释奴隶一般处于低微地位，因为他们不能属于任何氏族，而在新王的手下，这样一些宠儿却往往获得高官、财富和荣誉。……在法兰克人中间，国王的奴隶和被释放奴隶，起初在宫廷里，后来在国家中，都起了重要的作用；新的贵族有很大一部分是从他们当中产生的。"（《家庭、私有制和国家的起源》，人民出版社 2009 年版，第 150 页）

跃成为王廷中的重要大臣，犹如清朝皇室的某些包衣。但与此同时，这些受奴役者中的大多数成员仍然受到深重的压迫。这就是商周时期的"臣"在政治地位上会有天壤之别的根本原因，也反映了在早期国家阶段，服务于政府在多数时间更像是一种服役行为。例如在古希腊时期，雅典城邦中的警察全由异族奴隶担任，"这种警察的服务，在自由的雅典人看来是卑贱的。所以，他们宁愿叫武装的奴隶逮捕自己，而自己不愿干此种贱事"。①

一旦国家组织走向成熟，王室政府对各种社会资源的控制越来越严格的时候，进入政府服役会变得有利可图，贵族尤其王室亲属就会逐渐排挤出身低贱的奴仆，由自己出任天子的臣宰。例如荣簋（《铭图》05099）铭记载："唯正月甲申，荣格，王休赐厥臣父荣瓒王裸、贝百朋。"学者多以"荣"为氏名，实则不然。"父荣"这种结构的名词还见于毛公鼎铭，周王称呼毛公为"父厝"。《尚书·文侯之命》记载周平王称晋文侯为"父義和"，晋文侯名仇，则"義和"当为字。由此推之，"父厝"之"厝"与"父荣"之"荣"也当是字而非名，更非氏名。父是对长一辈亲族的通称。②此名"荣"者，常出现于西周早期的青铜器铭文，如小盂鼎（《铭图》02516）铭曰："王令荣邋酉，荣即酉邋厥故。"大盂鼎（《铭图》02514）有："今余唯命汝盂绍荣。"䇤簋（《铭图》05180—81）铭曰："唯十又二月既生霸丁亥，王使荣蔑曆。"邢侯簋（《铭图》05274）称："唯三月，王令荣眔内史曰：葊邢侯服。"父荣很可能是后世荣伯之始祖。

荣氏家族以始祖之字为氏名，这在西周春秋时期是常见的现象，《左传》隐公八年曰：

---

① 恩格斯：《家庭、私有制和国家的起源》，第113—114页。
② 孔安国曰："同姓，故称曰父。"[（清）阮元校刻：《十三经注疏》，第253页]可见在周代，对同姓长一辈者，皆可称为"父"。

无骇卒，羽父请谥与族。公问族于众仲。众仲对曰："天子建德，因生以赐姓，胙之土而命之氏。诸侯以字为谥，因以为族。官有世功，则有官族。邑亦如之。"公命以字为展氏。

杨伯峻解释道："当时之制，诸侯之子称公子，公子之子称公孙，公孙之子不可再称公孙，乃以其祖父之字为氏。如郑公子去疾，郑穆公之子，字子良，其子为公孙辄，其孙良霄即以良为氏。"[①] 荣为周王父辈，很显然并非奴仆身份，但又有"臣"的头衔。当王朝政府日益摆脱血缘关系的影响，原先的"父""伯"等表示亲缘之词逐渐不再具有政治意义，而"臣""宰"等称号反而开始成为具体权力的象征。直到地域性关系完全排挤掉血缘因素的干扰，"异姓之能"便会取代统治者的亲族，成为政府的管理者，这已经是春秋之后的事情了。

那么，《左传》文公七年荀林父说的"同官为寮"该如何解释？学者多以为此"官"指官职之意。实际上，理解为馆舍应该更佳。西周金文中的"官"有馆舍之意，如戒鬲（《铭图》02767）铭："戒作莽官盟尊彝。"楚簋（《铭图》05284—87）铭记载，周王册命其"取徵五锊，司莽鄙官、内师舟"。上述金文中的"官"皆为馆舍之意。另外，《左传》文公十八年，"宋公杀母弟须及昭公子，使戴、庄、桓之族攻武氏于司马子伯之馆"，所谓"司马子伯之馆"即宋国司马的办公场所。僖公二十八年，荀林父曾为中行之将，与先蔑将左行共同为晋君服役，二人级别相当，办公官署应该相同，因此"同官为僚"实际上应该是同馆为僚之意。

综上所述，西周时期的百寮乃是为王室服役之群体的统称，与后世中央集权体制下的百官还是有区别的。春秋时期是中国由早期

---

① 杨伯峻编著：《春秋左传注（修订本）》，第66页。

国家向成熟领土国家过渡的阶段,① 新型政府体制正在形成,因此某些"寮"可能会向政府的管理者——官演变。早在西周中后期,随着王室权力的扩张,某些服务于周王的"寮",势力也随之日益膨胀,以至于发展到了牧簋铭文反映的"不用先王作型,亦多虐庶民"的地步。故周王命贵族牧整顿百僚,即"辟百寮",意为以法绳治百寮。

6. 贮

善夫山鼎（《铭图》02490）铭曰：

> 唯卅又七年正月初吉庚戌,王在周,格图室。南宫呼入右善夫山,入门,立中廷,北向。王呼史桒册命山,王曰：山,命汝官司饮献人于昷,用作宪司贮,毋敢不善。锡汝玄衣、黹纯、赤市、朱衡、銮旂。山拜稽首,受册,佩以出,反纳瑾璋。山敢对扬天子休令,用作朕皇考叔硕父尊鼎,用祈匃眉寿,绰绾永令灵终,子子孙孙永宝用。

陈梦家认为"饮献人"可能是供奉饮酒与膳献之人,相当于《周礼·天官》中的"兽人"和"酒人"。"昷"为地名。②"贮",李学勤释为"贾",作动词时有交换、交易之意,作名词时则指商贾。③ 因此,善夫山鼎铭中的"司贮"即"司贾",意为周王命贵族山管理贾正。④

善夫山的职责与颂鼎铭文记载的贵族颂的执掌有相合之处,颂簋（《铭图》05390—97）铭曰：

---

① 沈长云：《关于中国早期国家的几个问题》,《史学月刊》2001 年第 2 期。
② 陈梦家：《西周铜器断代》,第 289 页。
③ 李学勤：《重新估价中国古代文明》,《人文杂志》1982 年增刊《先秦史论文集》,第 6 页。
④ 彭裕商：《西周金文中的"贾"》,《考古》2003 年第 2 期。

唯三年五月既死霸甲戌，王在周康昭宫。旦，王格大室，即位。宰引右颂，入门，立中廷。尹氏受王命书，王呼史虢生册命颂，王曰：颂，命汝官司成周贮，监司新造贮，用宫御。锡汝玄衣、黹纯、赤市、朱衡、銮旂、鋚勒，用事。颂拜稽首。受命册，佩以出，反纳瑾璋。颂敢对扬天子丕显鲁休，用作朕皇考恭叔、皇母恭姒宝尊簋。用追孝，祈匄康䰻、纯佑，通禄永令。颂其万年眉寿无疆，畯臣天子霝终，子子孙孙永宝用。

贵族颂所管理的"贮"以家为单位，除成周的二十家外，还监管"新造贮"。"新造"一词仅见于颂簋，具体含义不可考。而"用宫御"，还见于西周晚期的逨盘、四十三年逨鼎等器。李学勤、韩巍等学者认为，其意是指将各地山林川泽的产物进奉宫廷使用。[①] 宫，在金文中多指祭祀祖先之庙，最典型者如京宫、康宫等。御，甲金文多见，据王贵民分析，其本意是指迎迓。在不同语境下可引申出不同含义，如迎神的祭祀、迎击入侵之敌、臣下迎接君主分派的事务等。[②] 西周金文中"御"的内涵大致不出王贵民所列之范畴，《国语·周语上》云："廪于籍东南，钟而藏之。"韦昭注："廪，御廪也，一名神仓。"[③] 从名义上看，"御廪"是为宗庙祭祀或尝新之用而准备的粮仓，故曰"神仓"。所以，"用宫御"应当是指征收物资以备宗庙祭祀之用，将"御"视为君主的专用名词乃是后起之事。善夫山与颂所管理的"贮"性质相近，都是隶属于周王室的一类群体，只是颂在管理二十家"贮"外，还要负责为周王的宗庙祭祀征集物资。

---

① 李学勤：《四十三年佐鼎与牧簋》，《中国史研究》2003年第2期；韩巍：《册命铭文的变化与西周厉、宣铜器分界》，《文物》2009年第1期。
② 王贵民：《说御事》，载胡厚宣等《甲骨探史录》，第303—339页。
③ 徐元诰撰，王树民、沈长云点校：《国语集解》，第20页。

7. 臣妾百工

蔡簋（《铭图》05398）铭曰：

> 唯元年既望丁亥，王在滅宫。旦，王格庙，即位。宰曶入右蔡，立中廷。王呼史微册命蔡，王若曰：蔡，昔先王既命汝作宰，司王家。今余唯申臺乃命，令汝眔曶觏胥对各，从司王家外内，毋敢有不闻。司百工，出入姜氏命。厥又见又即令，厥非先告蔡，毋敢疾又入告。汝毋弗善效姜氏人，勿事敢又疾止从狱。锡汝玄袞衣、赤舄，敬夙夕勿废朕命。蔡拜手稽首，敢对扬天子丕显鲁休，用作宝尊簋，蔡其万年眉寿，子子孙孙永宝用。

在册命金文中，被册命为"宰"而"司王家"的还有贵族望。望簋（《铭图》05319）铭曰：

> 唯王十又三年六月初吉戊戌，王在周康宫新宫。旦，王格大室，即位。宰倗父右望，入门，立中廷，北向。王呼史年册命望：死司毕王家。锡汝赤⃝市、銮，用事。望拜稽首，对扬天子丕显休，用作朕皇祖伯囙父宝簋，其万年子子孙孙永宝用。

虽然贵族蔡与望都受命管理王家，但管理权限各有不同。贵族蔡所负责的应当是周王所在之王家，其责任及地位要高于其他人。[①] 具体而言，其负责监督"王家外内"，还要管理隶属王室的"百工"，并负责传达王后姜氏的命令。而贵族望所管理的则是毕地之王家。关于毕的地望，《史记·魏世家》引《括地志》曰："毕原在雍州

[①] 何景成：《西周王朝政府的行政组织与运行机制》，第 152 页。

万年县西南二十八里。"是成王葬周公旦之地。① 从望簋铭看，毕原有王家财产。郭沫若认为"死司毕王家"意为主管在毕地的先王宗庙，与伊簋相似。② 伊簋（《铭图》05339）铭曰：

唯王廿又七年正月既望丁亥，王在周康宫。旦，王格穆大室，即位。申季入右伊，立中廷，北向。王呼命尹封册命伊：𫎢官司康宫王臣妾、百工。锡汝赤市、幽衡、銮旂、鋚勒，用事。伊拜手稽首，对扬天子休。伊用作朕丕显文祖皇考㞷叔宝䵼彝，伊其万年无疆，子子孙孙永宝用享。

康宫当为康王之庙，康庙中有服役的臣妾及百工。又如宰兽簋（《铭图》05376）铭曰：

唯六年二月初吉甲戌，王在周师录宫。旦，王格大室，即位。司土荣伯右宰兽，入门，立中廷，北向。王呼内史尹仲册命宰兽曰：昔先王既命汝，今余唯或申㮥乃命，赓乃祖考事，𫎢司康宫王家臣妾，奠庸外内，毋敢无闻知。锡汝赤市、幽亢、鋚勒，用事。兽拜稽首，敢对扬天子丕显鲁休命，用作朕剌祖幽仲、益姜宝簋，兽其万年子子孙孙永宝用。

王家的"家"是指周王的家族及财产。毛公鼎（《铭图》02518）铭中周王命毛公曰："命汝辥我邦我家内外。""我邦"，当是周王直属领地；"我家"与"我邦"并列出现，说明二者应该是性质不同的两种政治实体，否则不必分说。邦、家分立，对各级贵族而言

---

① 《史记》卷四四《魏世家》，第1835页。
② 郭沫若：《郭沫若全集·考古编》第8卷《两周金文辞大系图录考释》（二），第177页。

也是如此，如叔向父禹鼎（《铭图》05273）曰："余小子嗣朕皇考，肇帅型先文祖，恭明德，秉威仪，用申恪奠保我邦、我家。""家"可能包括本家族所属之财产领地及民众。西周时期族的血缘藩篱已开始被打破，所以邦之内，除本族之外，还会包括其他的臣属族群。

综合以上材料来看，"王家"所包含的绝不止宗庙一项，还有隶属于宗庙的臣妾、百工、仆庸等群体。贵族受册命管理王家时，就相应获得了管理某些依附于王室的各类群体的权利。

8. 夷仆、小射、底鱼

害簋（《铭图》05296—98）铭曰：

> 唯四月初吉，王在犀宫。宰犀父右害立。王册命害曰：锡汝赍朱衡、玄衣、黹纯、旂、銮勒。锡戈琱戚、彤沙，用更乃祖考事，官司尸仆、小射、底鱼。害稽首，对扬王休命，用作文考宝簋，其孙孙子子永宝用。

陈梦家认为尸仆即夷仆，又见于静簋。夷仆曾跟随静学射于学宫，可见害乃司射之职。底鱼，可理解为刺鱼、射鱼之职。[①] 小射，《周礼》有射人。郭沫若认为"射人"即趞簋铭里的"射"；[②] 张亚初、刘雨则认为害簋铭中之"小射"与"射人"相似，只是《周礼》中的射人，其执掌偏重于礼仪性质，而西周金文中的射多带有军事性质。[③] 笔者以为，夷仆与小射可理解为隶属于王室、专门负责某类职事的群体。底鱼与夷仆、小射并列，应当也是一种隶属于王室、服特殊职役的群体。因此贵族害所受之周王之命实际上是负责管理夷仆、小射、底鱼三类群体。

---

① 陈梦家：《西周铜器断代》，第 226 页。
② 郭沫若：《郭沫若全集·考古编》第 8 卷《两周金文辞大系图录考释》（二），第 132 页。
③ 张亚初、刘雨：《西周金文官制研究》，第 18 页。

9. 祝

申簋盖（《铭图》05312）铭文记载：

> 唯正月初吉丁卯，王在周康宫，格大室，即位。益公入右申，立中廷。王命尹册命申：更乃祖考胥大祝，官司丰人眾九戏祝。锡汝赤市、縈衡、鋚旂，用事。申敢对扬天子休命，用作朕皇考孝孟尊簋，申其万年用，子子孙孙其永宝。

申受王命辅佐大祝，管理丰人及九戏祝。丰乃是文王时期周人都邑，周文王攻灭崇侯虎，以崇国为丰邑，自岐下迁都于此。① 丰人当指丰邑民众。祝，为西周春秋时期常见的一类神职人员，② 其主要职责是沟通神与人：一方面，祝要将祭祀者的意愿转达给上帝或祖先神；另一方面，祝还要代表神灵向祭祀者传达神的意愿。③《诗经·小雅·楚茨》详细描述了西周贵族祭祀先祖的过程。作者先夸耀农作物的大丰收，"我艺黍稷。我黍与与，我稷翼翼。我仓既盈，我庾维亿"，正因为财力丰沛，故而可以"以为酒食，以享以祀""絜尔牛羊，以往烝尝"，希望凭借虔诚丰厚的享祀得到先祖继续庇佑。工祝则代表神灵告诉虔诚祭祀的孝子，献祭的食物非常可口美味，祖先将"卜尔百福，如几如式"。当祭祀结束时，工祝又会代表神灵向孝孙表示已经酒足饭饱（"神具醉止"），于是祭祀者奏乐送神归天。另据《仪礼·少牢馈食礼》记载，充当祖先神的"尸"受祭饱食之后，会取一些黍命祝赐于主祭者，并致以祝福："皇尸命工祝，承致多福无疆于女孝孙。来，女孝孙，使女

---

① 《史记·周本纪》曰："明年，伐崇侯虎，而作丰邑，自岐下而徙都丰。明年，西伯崩。"《诗经·大雅·下武》曰："文王受命，有此武功。既伐于崇，作邑于丰。"

② 《汉书·郊祀志上》曰："使先圣之后，能知山川，敬于礼仪，明神之事者，以为祝。"

③ 侯外庐曾提出西周的"祝"的文化任务是代表祭者向神致辞，他必须有关于神的历史知识（参见《中国思想通史》第1卷，人民出版社1995年版，第81页）。

受禄于天，宜稼于田，眉寿万年，勿替引之。"《周礼·春官》设"大祝"一职，其执掌为："掌六祝之辞，以事鬼神示，祈福祥，求永贞。"同时又要"作六辞以通上下"。所谓"通上下"，即沟通神人。大祝之下另设小祝、丧祝、甸祝、诅祝等职，各有分工。张亚初、刘雨认为申受命"胥大祝"，其地位与《周礼》中之小祝十分相似。① 但从西周金文的实际情形看，祝官远不止上述几类，除了申簋盖铭中的"九戏祝"之外，还有鄦簋（《铭图》05342—43）铭中的"五邑祝"，其铭文如下：

> 唯二年正月初吉，王在周昭宫。丁亥，王格于宣榭。毛伯入门，立中廷，右祝鄦。王呼内史册命鄦，王曰：鄦，昔先王既命汝作邑，䚄五邑祝。今余唯申橐乃命，赐汝赤市、同綪衡、銮旂，用事。鄦拜稽首，敢对扬天子休命。鄦用作朕皇考䵼伯尊簋，鄦其眉寿，万年无疆。子子孙孙永宝用享。

五邑是西周金文中时常出现的地点，还见于虎簋盖（《铭图》05399）、殷簋（《铭图》05305）、救簋盖（《铭图》05278）、柞钟（《铭图》15343—49）、元年师兑簋（《铭图》05324—25）等。五邑祝即五邑之祝官。这反映出，西周的祝官可能既按祭祀类型划分，同时还存在地区差别。

从 52 篇含"册命"一词的西周金文中可以看出，周王以册命的形式将直属于自己的群体委托给受命者负责管理，这类群体主要包括师氏、虎臣、走马、驭人、寮、貯、臣妾百工等。虽然在当时血缘性的族依然是最基层的社会组织，但是通过分析上述册命铭文可知，周王室不是以"族"为单位，而是按照不同的职能分类将民众的管理权以册命的形式分别授予贵族。一方面，这表明周王室对此类属民的控制权完全突破了血缘关系的限制；另一方面，则反

---

① 张亚初、刘雨：《西周金文官制研究》，第 36—37 页。

映出以册命的形式授予的管理权与传统的分封制大不相同。

（二）关于隶属王室的山林、川泽、土地及物资等的管理权

1. 山林、川泽、土地等资源的管理

直属王室的财产中，除了按职能划分的直属于王室的各类族群外，山林、川泽和土地等资源也会以册命的形式委托给贵族管理。管理这些资源的受命者大多被任命为司工、司土等。

在西周时期，受命负责管理王室山林、川泽及土地等资源的贵族，大多担任"司土"一职或受命管理司土。盠方彝铭文有："用司六𠂤王行三有司，司土、司马、司工。"西周金文中的"有司"是对国君或贵族之属下中负责某一具体事务的臣属的泛称，如师汤父有司（《铭图》03028）、南公有司（《铭图》02230）、矢人有司（《铭图》14542）等。而三有司主要是指司土、司马、司工，如裘卫盉（《铭图》14800）铭文有"令三有司：司土㪤邑、司马单旗、司工邑人服"。从盠方彝及裘卫盉铭文来看，西周时期的三有司应该是普遍设立的，不仅六𠂤与王行设有三有司，地方上也设有三有司，但三有司本身的政治地位不是很高。据毛公鼎铭文，周王命其"䎽司公族，与三有司、小子、师氏、虎臣，与朕亵事，以乃族捍敔王身"。毛公为王朝执政大臣，而三有司受毛公节制。由此言之，王朝三有司只是执政大臣毛公的属下之一，与小子、师氏、虎臣等并列，并不属于执政者。① 从裘卫盉铭文看，三有司乃是伯邑父、荣伯、定伯、琼伯、单伯等大臣之办事属吏，是具体政务的执行者而非决策者。盠方彝铭中贵族盠治下的"六𠂤王行三有司"的

---

① 作于西周末年的《诗经·小雅·十月之交》有"皇父孔圣，作都于向。择三有事，亶侯多藏"之语，其中的"皇父"可能是当时执政，而为其所"择"之"三有事"，很显然乃皇父之下属。由此也可见西周时期的"三有司""三有事"是执政的属下，而非执政者。另外，《小雅·雨无正》云"正大夫离居，莫知我勚。三事大夫，莫肯夙夜。邦君诸侯，莫肯朝夕"，分别介绍了正大夫、三事大夫和邦君诸侯三类贵族。结合《十月之交》及金文资料来分析，"正大夫"应当就是执政者，"三事大夫"则是正大夫的下属。这也足以证明"三事大夫"或"三有司"不是王朝执政。

政治地位则更为低下，因为贵族盠所受的乃是地方性职事。因此，我们在探讨西周王朝三有司执掌权限时，不能仅凭司空、司徒（土）在《周礼》职官系统中的地位就认定他们在西周时期属执政卿级别的官员；亦不能因为后世三公的地位，就反证西周三有司为执政。

　　三有司的设立，应该远在周人灭商之前。据《诗经·大雅·绵》记载，周族的先公古公亶父率周人来到岐下时，发现周原土地肥美，在经过占卜后决定迁居于此。《诗经》在描述当时场景时道："乃召司空，乃召司徒。俾立室家，其绳则直。缩版以载，作庙翼翼。"郑氏笺曰："司空掌营国邑，司徒掌徒役之事，故召之。"① 司空乃后世文献中的称法，在西周金文中则被称为"司工"，东周青铜器铭文偶尔也有称"司攻"者。② 在《周礼》所反映出来的官制体系中，司空属冬官，但是该篇早已经散佚。因此，司空的职责权限，我们只能通过《周礼》的其他部分及相关文献予以大致还原。如《周礼·地官·乡师》云："大役，则帅民徒而至，治其政令；既役，则受州里之役要，以考司空之辟，以逆其役事。"疏云："司空主役作。"③《管子·立政》："决水潦，通沟渎，修障防，安水藏，使时水虽过度，无害于五谷。岁虽凶旱，有所粉获，司空之事也。"《吕氏春秋·季春纪》："是月也，命司空曰：'时雨将降，下水上腾，循行国邑，周视原野，修利堤防，导达沟渎，开通道路，无有障塞。'"《礼记·王制》："司空执度度地，居民山川沮泽，时四时，量地远近，兴事任力。"《后汉书·百官志》亦曰："（司空）掌水土事。凡营城起邑、浚沟洫、修坟防之事，则议其利，建其功。凡四方水土功课，岁尽则奏其殿最而行赏罚。凡郊祀之事，掌扫除乐器，大丧则掌将校复土。"可见，古文献中关于

---

① （清）阮元校刻：《十三经注疏》，第 510 页。
② 张亚初、刘雨：《西周金文官制研究》，第 22 页。
③ （清）阮元校刻：《十三经注疏》，第 713 页。

司空的职责记载比较一致,主要是负责国家的土木、水利等工程之事。

西周金文中对司工具体职责记载得最为详细的是扬簋(《铭图》05351—52)铭文,其铭曰:

> 唯王九月既生霸庚寅,王在周康宫。旦,格大室,即位。司徒单伯入右扬。王呼内史史微册命扬,王若曰:扬,作司工,官司量田佃,眔司寽、眔司芻、眔司寇、眔司工司。赐汝赤𢂑市、銮旂,讯讼,取徵五锊。扬拜手稽首,敢对扬天子丕显休,余用作朕烈考宪伯宝簋。子子孙孙其万年永宝用。

贵族扬受周王命而"作司工",负责"官司量田佃,眔司寽、眔司芻、眔司寇、眔司工司"。陈絜认为,"作司工"是贵族扬所受之官职,而"官司量田佃,眔司寽、眔司芻、眔司寇、眔司工司"等,则是其作为司工主司之事。①"量田佃"之"佃"当是动词,《周易·系辞下》曰:"作结绳而为罔罟,以佃以渔。"《韩诗外传》卷三亦有"使各度其宅,而佃其田,无获旧新"。故"官司量田佃",可理解为主管量田的耕作。寽为行屋,扬为司工而"司寽",当是负责行屋的维修事宜。关于"司芻",仅见于扬簋铭文,所以其具体含义无法判断。张亚初、刘雨认为"芻"乃刍薪,是古代建筑覆盖屋顶的材料。②《周礼·司徒》有"委人",负责"掌敛野之赋、敛、薪、刍……以式法共祭祀之薪蒸木材,宾客共其刍薪,丧纪共其薪蒸木材,军旅共其委积薪刍"。扬簋之"芻"究竟指的是覆盖建筑的材料还是喂牲口的草料,待考。扬的"司寇"并非官职,而是司工扬负责的职事之一。陈絜认为乃是

---

① 陈絜、李晶:《牻季鼎、扬簋与西周法制、官制研究中的相关问题》,《南开学报》2007年第2期。

② 张亚初、刘雨:《西周金文官制研究》,第23页。

负责镇压下层暴民、缉捕寇盗之徒、维护社会治安，且不是常设之职，与《周礼》所记载之大司寇的职权有所不同。通过对比扬簋铭文与古文献记载，西周时期的司工不仅有管理工程（司空）的职责，还负责管理耕作等事宜。

《绵》中的司徒即金文中的司土，直到西周后期，金文中才有司徒出现。司土的职责基本上限定于土地资源的管理等方面，如㝬簋（《铭图》05289）铭文曰："王曰：令汝作司土，官司藉田。锡汝㝬衣、赤⊕市、銮旂、楚走马，取徵五锊，用事。"㝬受命"作司土"，即担任司土，其管理内容是王室的"藉田"。与㝬一样被册命为司土的还有免，如免簋铭记载周王"命免作司土"，负责管理"奠还𦰫眔吴眔牧"。免虽与㝬同为司土，但管理的内容并不一样。以贵族免的职责权限推而广之，很多铭文虽未明言，但其执掌也属司土的范畴。如免簋（《铭图》05268）铭文显示，周王在命免"作司土"之前，曾命其"胥周师司𦰫"，其铭曰：

> 唯十又二月初吉，王在周。昧爽，王格于大庙。井叔右免，即令。王受作册尹书，俾册命免，曰：命汝胥周师司𦰫，锡汝赤⊕市，用事。免对扬王休，用作尊簋，免其万年永宝用。

另外，四十三年逨鼎及逨盘也记载了贵族逨曾经受命"胥荣兑，㽙司四方虞、𦰫"。据《周礼》记载，地官司徒之下设林衡一职，主要职责是"掌巡林麓之禁令而平其守，以时计林麓而赏罚之。若斩木材，则受法于山虞，而掌其政令"。虞，郑注曰："度也，度知山之大小及所生者。"四十三年逨鼎及逨盘铭中提到的"𦰫"，即免簋铭中的"还𦰫"之"𦰫"。由此可知，贵族逨担任的也是司土类的职官，受册命管理直属王室的山林、川泽等资源。

又如南宫柳鼎（《铭图》02463）铭记载：

> 唯五月初吉甲寅，王在康庙。武公右南宫柳。即立中廷，

北向。王呼作册尹册命柳：司六𠂤牧、场、大□，司羲夷场佃事。锡汝赤市、幽衡、銮勒。柳拜稽首，对扬天子休，用作朕烈考尊鼎，其万年子子孙孙永宝用。

周王册命南宫柳"司六𠂤牧、场、大□，司羲夷场佃事"。牧，于省吾认为是掌管牲畜放牧之官，与《周礼》中的"牧人"不同。① 场，还见于同簋，《周礼》设有"场人"一职。但西周金文中关于"场"的记载太少，无法考查其在西周时期的真正职能。佃事，当指从事农耕等劳作之事。将南宫柳所执掌之事与免簋铭文对比，南宫柳应是六𠂤的司土。但南宫柳的管辖权限被周王明确列出，则他很可能不是六𠂤的最高司土，而是分管六𠂤之中部分事务的司土，否则册命时无须一一列出其职权范围。据㝬壶盖（《铭图》12446）铭文记载，周王命贵族㝬"更乃祖考作冢司土于成周八𠂤"。冢司土的名号，仅见于此。《尔雅·释诂》曰："冢、简、箌、昄、晊、将、业、席，大也。"冢司土即大司土。② 但㝬壶盖铭中的"冢"仅是尊称，不代表职衔上的级别，③ 因为贵族㝬仅为成周八𠂤的司土，并非全国的大司土。

谏簋（《铭图》05336）铭曰：

> 唯五年三月初吉庚寅，王在周师录宫。旦，王格大室，即位。司马共右谏，入门，立中廷。王呼内史微册命谏，曰：先王既命汝辥司王宥，汝某不又闻，毋敢不善。今余唯或司命汝，锡汝銮勒。谏拜稽首，敢对杨天子丕显休，用作朕文考惠伯尊簋。谏其万年子子孙孙永宝用。

---

① 于省吾：《关于〈论西周金文中"六𠂤""八𠂤"和乡遂制度的关系〉一文的意见》，《考古》1965年第3期。

② 《国语·郑语》亦有"谢郑之间，其冢君骄"，韦注："冢，大也。"（徐元诰撰，王树民、沈长云点校：《国语集解》，第469页）

③ 《尚书·牧誓》有"友邦冢君"，传曰："冢，大也……称大君，尊之。"

郭沫若、陈梦家均释"王宥"之"宥"为"囿"。①《孟子·梁惠王下》曰："齐宣王问曰：'文王之囿方七十里，有诸？'孟子对曰：'于传有之。'"《诗经·大雅·灵台》曰："经始灵台，经之营之。庶民攻之，不日成之。经始勿亟，庶民子来。王在灵囿，麀鹿攸伏。"据毛传解释，《灵台》是为歌颂文王而作，如此，则周人自文王时就已经拥有直属于王室的"囿"。《说文》："囿，苑有垣也。"是蓄养野兽供周王田猎娱乐之所，故《大戴礼记·夏小正》曰："囿也者，园之燕者也。"贵族谏就是王室之囿的管理者。

免簋是西周中前期的器物，而贵族逨是西周末年宣王时期的人物。《国语·周语上》曾记载芮良夫批评周厉王"专利"一事，学者多认为这是西周后期王室政府在财政危机下的改革措施，即所谓"厉王革典"。孟子也曾对齐宣王说道："文王之囿方七十里，刍荛者往焉，雉兔者往焉，与民同之。"②似乎在西周时代，自然资源是可以由贵族与民众共享的。就谏簋、免簋等铭文来看，最起码在西周中前期，周王室已经拥有了自己的山林川泽等自然资源，并委派贵族专门负责管理。除此之外，另有属于公众共同享有的山林川泽，对于这类自然资源，周王室不设职官管控。③

2. 王室物资的管理

除了管理直属王室的土地、山林等自然资源外，周王还以册命的形式将部分王室物资委派给贵族管理，如旗帜、舟船、弓矢等。

（1）旗帜

吴方彝盖（《铭图》13545）铭曰：

唯二月初吉丁亥，王在周成大室。旦，王格庙。宰朏右作

---

① 参见郭沫若《郭沫若全集·考古编》第 8 卷《两周金文辞大系图录考释》（二），第 252 页；陈梦家《西周铜器断代》，第 190 页。

② 《孟子·梁惠王下》。

③ 《孟子·梁惠王下》曰："昔者文王之治岐也，耕者九一；仕者世禄；关、市讥而不征；泽、梁无禁；罪人不孥。"

册吴,入门,立中廷,北向。王呼史戊册命吴:司旃眔叔金。锡秬鬯一卣、玄衮衣、赤舄、金车、桒较、朱虢靳、虎冟、熏里、桒较、画轉、金甬、马四匹、鋚勒。吴拜稽首,敢对扬王休,用作青尹宝尊彝,吴其世子孙永宝用。唯王二祀。

郭沫若引孙诒让的观点认为"旃"字为大白之旗,旗色白故字为"旃"。又认为叔金可能是素锦,与旃相因,故连类而及也。① 陈梦家则认为旃即《说文》中的"旃",《释名·释兵》言:"白旃,殷旐也。"而"叔金",陈梦家认同郭氏之说。是以陈氏以为王命吴的官职属于《周礼》司常之职。② 如此,则作册吴受命掌管属于王室物资的一类旗帜。

师虎簋(《铭图》05371)铭曰:

唯元年六月既望甲戌,王在杜宫,格于大室。井伯入右师虎,即立中廷,北向。王呼内史吴曰:册命虎。王若曰:虎,载先王既命乃祖考事,啻官司左右戏繁荆,今余唯帅型先王命,命汝更乃祖考,啻官司左右戏繁荆,敬夙夜勿废朕令。锡汝赤舄,用事。虎敢拜稽首,对扬天子丕杯鲁休,用作朕烈考日庚尊簋,子子孙孙其永宝用。

陈梦家将"戏"释为大军之旗麾;"繁"为樊缨,与旌旗皆车上之物;荆为竿。故"左右戏繁荆"应是大麾、樊缨与旗杆。师虎的职守乃是掌管王之旌旂。③

(2) 舟船

楚簋(《铭图》05284—87)铭曰:

---

① 郭沫若:《郭沫若全集·考古编》第8卷《两周金文辞大系图录考释》(二),第167页。
② 陈梦家:《西周铜器断代》,第158页。
③ 陈梦家:《西周铜器断代》,第150—151页。

唯正月初吉丁亥，王格于康宫。仲偁父入右楚，立中廷。内史尹氏册命楚：赤◯市、銮旂，取𤲃五锊，司蒡鄙官、内师舟。楚敢拜稽首，𢅩扬天子丕显休，用作尊簋，其子子孙孙万年永宝用。

楚簋于1978年出土于陕西省武功县苏坊公社任北村，共四件，器与盖同铭。另外同窖出土的芮叔䉛父簋（《铭图》04971）和𫠉叔𫠉姬簋（《铭图》05057）各三件。其中𫠉叔𫠉姬簋铭曰："𫠉叔𫠉姬作伯媿媵簋，用享孝于其姑公，子子孙其万年永宝用。"这应该是𫠉氏家族的陪嫁器物。

卢连成和罗英杰认为"蒡鄙"即蒡京四鄙，"内"可能是蒡宫内宰，"师"为众意，"舟"即船。贵族楚受王命掌管蒡京四鄙政务，兼职领蒡宫内宰，同时又负责蒡京辟雍内舟船之使用、管理等。① 马承源认为内师与舟都是指职官，内师为内官之长，舟是司船只的官，如同《礼记·月令》中的"舟牧"。② 刘雨则考证"蒡"为方，但蒡与丰并非一地，"蒡鄙官"者，蒡京城外之宫室也。③ 上文曾分析"师"字在西周金文中的使用规律：一为师氏，指的是群体；二是师某，指的是贵族个人；三为某师，是指某位贵族，师前的"某"指的是地名（也是氏名）。结合芮叔䉛父簋来看，"内师"应当就是芮师，④ 是指某位贵族，如同周师、亢师。

---

① 卢连成、罗英杰：《陕西武功县出土楚簋诸器》，《考古》1981年第2期。
② 马承源主编：《商周青铜器铭文选》（三），第162页。
③ 刘雨：《金文蒡京考》，《考古与文物》1982年第3期。
④ 与楚簋同时出土的内叔䉛父簋记载："内叔䉛父作宝簋，用享用孝，用锡眉寿，子子孙孙永宝用。"内叔即芮叔。西周有两芮，一是《诗经·绵》中提到的"虞芮质厥成"之芮，一是畿内之姬姓芮国。王夫之在《经书稗疏》中说："'虞芮质厥成'，盖商之旧国……至春秋时国尚存，芮伯万为母所逐，而秦并之。今平凉府芮城县其地也。"但也有学者认为畿内芮国位于朝邑县和山西潆河北岸地区，而古芮国则位于陕西西境的陇县北部（参见顾颉刚、刘起釪《尚书校释译论》，第1717—1718页）。楚簋与芮氏家族的铜器同埋于一个窖藏内，说明楚很可能就是芮氏家族成员。而楚簋铭中的内师应该就是"芮师"。

西周早期有戒甗（《铭图》02767）铭曰："戒作莽馆盟尊彝。"贵族楚受王命掌管莽京馆舍，① 同时又兼管芮师所属的舟船。

（3）弓、矢等

豆闭簋（《铭图》05326）曰：

> 唯王二月既生霸，辰在戊寅，王格于师戏大室。井伯入右豆闭，王呼内史册命豆闭。王曰：闭，锡汝𢧢衣、⊖市、銮旂。用缵乃祖考事，司𥄂舲邦君、司马、弓矢。闭拜稽首，敢对扬天子丕显休命，用作朕文考釐叔宝簋，用锡眉寿，万年永宝用于宗室。

由于铜器受损，铭文中"𥄂舲邦君"等字模糊不清，故各家释读也有分歧。郭沫若认为"𥄂舲"是人名，② 而"邦君司马"当即《周礼》之都司马。③ 陈梦家则认为"邦君"二字之前的"𥄂舲"当是邦名，"邦君司马、弓矢"则是豆闭嗣续的官名。④ 唐兰在注释五祀卫鼎时指出"邦君当是王畿里面的小国国君"，⑤ 李峰则指出狭义上的"邦"主要用来指位于渭河流域的政体组织。⑥

若将"𥄂舲"释作人名或邦名，那么"司𥄂舲邦君司马弓矢"一句就很难理解。因此，"𥄂舲"应该是指某一地区。西周时期的"邦"指的是某一家族或族群生活的区域，早期的"邦"与"封"

---

① 楚簋中的"莽𨛭官"应当就是戒甗之"莽馆"，即莽之馆舍。
② 日本学者伊藤道治亦认为"𥄂舲"是人名，而"邦君司马弓矢"作为官名，即《周礼》中的都司马（参见氏著《中国古代王朝的形成——以出土资料为主的殷周史研究》，江蓝生译，中华书局2002年版，第114页）。
③ 郭沫若：《郭沫若全集·考古编》第8卷《两周金文辞大系图录考释》（二），第173页。
④ 陈梦家：《西周铜器断代》，第152页。
⑤ 唐兰：《西周青铜器铭文分代史征》，第463页。
⑥ 李峰：《西周的政体——中国早期的官僚制度和国家》，吴敏娜等译，生活·读书·新知三联书店2010年版，第52页。

虽非一字，但可通假。① 不同家族或族群会在彼此的生活领域的交界处设置某种标志用以区分，此标志或为双方种植的树木，或为挖掘的长沟。② 标志之内即是本族生产生活之"邦"，又称"封内"。周王的直属领地可称邦，如周王命王臣"命汝𤔲我邦我家内外"（毛公鼎，《铭图》02518）、"保辥周邦"（大克鼎，《铭图》02513）、"乃祖奠周邦"（询簋，《铭图》05378）。祭公谋父对穆王说："邦内甸服。"这里的"邦内"即指周天子直属领地。③ 畿内贵族之领地亦可称邦，如井邦、邦君厉。还有畿外诸侯称邦者，如"晋邦""齐邦"；异族称邦者，如"南淮夷、东夷俱见廿又六邦"等。除此之外，尚有庶邦、百邦、万邦、小大邦之称。所以西周时期的"邦君"一词，其实是对"有土者"的泛称。④ 王畿内的某一地区可能聚集大量的贵族之家，这些家族领袖都可以被称为邦君，而这些邦的规模则不会太大。如静簋（《铭图》05320）记载：

> 唯王六月初吉，王在䣴京。丁卯，王令静司射学宫，小子眔服、眔小臣、眔夷仆学射。雩八月初吉庚寅，王以吴㚄、吕犅倗䜌䢔暨邦君射于大池，静学无尤，王锡静鞞剟。静敢拜稽首，对扬天子丕显休，用作文母外姞尊簋，子子孙孙其万年用。

周王在莽京大池举行大射，射者必有偶。从静簋铭文看，周王与吴

---

① 参见周法高主编《金文诂林》，香港中文大学 1975 年版，第 4099—4100、7450—7452 页；于省吾主编，姚孝遂按语编撰《甲骨文字诂林》，中华书局 1996 年版，第 2119 页。

② 《周礼·地官·司徒》曰："制其畿疆而沟封之。"郑玄注曰："疆犹界也……沟，穿地为阻固也。封，起土界也。"贾疏则补充道："沟封谓于界上设沟，沟上为封树，以为阻固也。"同时又于封界设官看守，此即"封人"，例如《左传》隐公元年之郑国"颍考叔"。

③ 《国语·周语上》。

④ 《尚书·吕刑》曰："有邦有土，告尔祥刑。"《皋陶谟》亦曰："敬哉！有土。"

弔、吕犟为一方，而"豳蓝𠂤邦君"为另一方。豳为周人旧都，《史记·周本纪》曰："公刘卒，子庆节立，国于豳。"直至古公亶父时期，周人迫于戎狄压力迁居岐下而放弃豳地，也许在武王灭商之后，又将豳地重新夺回。① 武王、周公时期很可能将大量臣服的东方民族迁往豳地，故豳地多有"𠂤"的记载，如静簋中的"豳蓝𠂤"、趞簋中的"豳𠂤"等。豳地之𠂤主要承担戍守任务，所以善鼎铭文才记载周王命善辅佐𫊣侯"监豳𠂤戍"。"豳蓝𠂤"之"蓝"当是豳地区内的一处地名，该𠂤由诸多家族构成，家族领袖即为邦君，与豆闭簋中的"窖舲邦君"用法相同。故豆闭簋中的"窖舲"只能理解为豳地内某一地区的名称，而"司窖舲邦君、司马、弓矢"指的是豆闭受周王之命管理"窖舲"地区的邦君、司马及弓矢。②

（4）乐器

辅师𤔲簋（《铭图》05337）铭文记载：

> 唯王九月既生霸甲寅，王在周康宫。格大室，即位。荣伯入右辅师𤔲，王呼作册尹册命𤔲曰：更乃祖考司辅。载赐汝载巿、素衡、銮旂。今余增乃命。赐汝玄衣、黹纯、赤市、朱衡、戈彤沙、琱戟、旂五日，用事。𤔲拜稽首，敢对扬王休命，用作宝尊簋。𤔲其万年子子孙孙永宝，用事。

传世青铜器中还有师𤔲簋（《铭图》05381—82），其铭文曰：

> 唯十又一年九月初吉丁亥，王在周，格于大室，即位。宰琱生入右师𤔲。王呼尹氏册命师𤔲，王若曰：师𤔲，在昔先王小学，汝敏可使，既命汝更乃祖考司小辅。今余唯

---

① 《史记·周本纪》曰："武王征九牧之君，登豳之阜，以望商邑。"
② 此处的"弓矢"究竟是王室物资还是职官名，已不可考。

申萦乃命，命汝司乃祖旧官小辅眔鼓钟。赐汝素市、金衡、赤舄、銮勒，用事。敬夙夜勿废朕命。师毁拜手稽首，敢对扬天子休，用作朕皇考辅伯尊簋。毁其万年子子孙孙永宝用。

师毁簋早有著录，而辅师毁簋直到20世纪50年代才出土于陕西长安县。郭沫若定师毁簋为宣王时期的器物。由于师毁簋铭记载了先王曾命其"司小辅"，而辅师毁簋铭文又有"更乃祖考司辅"，可知师毁历经两王，先王即指宣王之父周厉王。由此推，辅师毁簋当是厉王时期的器物。① 陈梦家指出辅师毁簋中的"右者"荣伯及册命地点"周康宫"与孝王时期的康鼎同，且荣伯还见于卯簋、敔簋，那么辅师毁簋的制作年代与康鼎、卯簋及敔簋应相近。另外此器花纹为分尾长鸟，继承了西周初期后半期形制，故将其定为懿王时器，师毁簋为孝王时期的器物。② 刘启益则认为辅师毁簋与师毁簋的时代应该分别是夷王和厉王时期，③ 王世民也认为师毁簋属于厉王前后器，而辅师毁簋的年代当是西周中期，两者器型、花纹均不同，似非一人所作。④ 从器型、花纹或是铭文内容看，郭沫若的断代都属偏晚。辅师毁簋与师毁簋可大致定为西周中期后段或后期前段的器物，且从铭文分析，辅师毁簋的年代要早于师毁簋，二者分属两代周王。

由于两器作者名同，且职守相似，学者大多认为师毁即辅师毁。辅师毁簋铭文记载了周王册命辅师毁曰："载锡汝载市、素衡、銮旂。今余增乃命。锡汝玄衣、黹纯、赤市、朱衡、戈彤沙、琱戟、旂五日，用事。"陈梦家释"载"为"昔"，"载锡"

---

① 郭沫若：《辅师毁簋考释》，《郭沫若全集·考古编》第6卷，第208页。
② 陈梦家：《西周铜器断代》，第197、237页。
③ 刘启益：《西周纪年》，第364—365页。
④ 王世民、陈公柔、张长寿：《西周青铜器分期断代研究》，文物出版社1999年版，第65、90页。

即前所赐之意。① 此番辅师嫠受命"更乃祖考司辅"是出自周王的"增"命，可见辅师嫠已是第二次接受册命。而师嫠簋所记则是周王对其的第三次册命，命师嫠"司乃祖旧官小辅眔鼓钟"。

综上，师嫠三次受命，先是继承父祖旧职管理辅邑，② 后在继承祖职司辅的同时获得管理"鼓钟"等新职。

（5）其他

古鼎（《铭图》02453）铭曰：

> 唯正月初吉庚寅，王在康宫，格于大室。荣伯入右古，即位。王呼内史尹册命古，王曰：古，命汝作服。赐汝金车、⊖市、幽衡。古敢对扬天子丕显休，用作朕文考簋。

古受命"作服"，服在早期文献中指"事"。《诗经·大雅·下武》有"永言孝思，昭哉嗣服"，《小雅·六月》有"有严有翼，共武之服"，《礼记·曲礼上》有"孝子不服暗"，郑笺皆曰："服，事也。"③《尔雅·释诂》曰："绩、绪、采、业、服、宜、贯、公，事也。"④《史记·周本纪》云："我维显服，及德方明。"正义亦曰："服，事也。"⑤《山海经》郭注、《楚辞》王逸注皆谓："服，事也。"⑥ 引申为"服事"或"所服之事"。显然，早期的"服"分为内、外两种，与后世指代服饰之服不同。战国秦汉时期的学者

---

① 陈梦家：《西周铜器断代》，第 197 页。
② 关于铭文中"辅"和"小辅"的含义，本书第五章有详论。
③ （清）阮元校刻：《十三经注疏》，第 424、525、1234 页。
④ （清）阮元校刻：《十三经注疏》，第 2570 页。
⑤ 《史记》卷四《周本纪》，第 130 页。
⑥ 袁珂校注：《山海经校注》，上海古籍出版社 1980 年版，第 48 页；（汉）王逸撰，黄灵庚点校：《楚辞章句》，上海古籍出版社 2017 年版，第 78 页。

将西周服制演绎为三服①、五服②、七服③、九服④等，完全是以距离统治中心之远近为划分标准。这实际上属于对西周服制的重新建构，是地域关系全面取代血缘关系之后才能产生的政治构想，并不符合西周时期的真实状况。而当代学者对服的认识则随着新的出土资料的增加而不断深入，由最初的贡赋、劳役上升到制度层面。⑤古鼎铭中周王命贵族古"作服"可以有两种理解。第一，周王令贵族古开始承担其家族应当承担的"服"，这与金文中常出现的"更乃祖服""更厥祖考服""肇纂朕皇祖考服"等含义相同，指的就是职事或职位，只是古鼎铭中的"作服"可能不是继承父祖之执事。第二，西周金文中有单称为"服"的一类群体，如静簋记载："王令静司射学宫，小子眔服、眔小臣、眔夷仆学射。"眔在西周金文中属并列连词，可见"服"与小子、小臣及夷仆等并列，是性质相同之事物，而学界一般将小子与小臣视为职官。若如此，则服也应当是一种职事，与"作司土""作司马""作司工"类似。按古鼎铭文的行文来看，"作服"很可能属于后者。至于西周时期被称为"服"者的具体职守如何，囿于资料有限，目前尚无从考证。

还有周王册命贵族继承祖考之服者，如趞觯（《铭图》10659）

---

① 《逸周书·王会解》："方千里之内为比服，方二千里之内为要服，方三千里之内为荒服，是皆朝于内者。"

② 《尚书·禹贡》："五百里甸服。……五百里侯服。……五百里绥服。……五百里要服。……五百里荒服。"《国语·周语上》将"绥服"更为"宾服"，其他相同。

③ 《周礼·秋宫司寇》："邦畿方千里，其外方五百里谓之侯服。……又其外方五百里谓之甸服。……又其外方五百里谓之男服。……又其外方五百里谓之采服。……又其外方五百里谓之卫服。……又其外方五百里谓之要服。"

④ 《周礼·大司马》及《职方氏》、《逸周书·职方解》均将周代服制划为九类，除个别用字不同，无大区别。

⑤ 先前，学者对西周"服"的解读仍停留在贡赋和劳役的层面，参见董珊《谈士山盘铭文的"服"字义》，《故宫博物院院刊》2004年第1期。后来，赵世超提出"服"是商周时期在商品经济不发达的情况下王室治理内外的重要统治模式，参见赵世超《服与等级制度》，《陕西师范大学学报》2014年第2期。

铭曰：

> 唯三月初吉乙卯，王在周，格大室。咸井叔入右趩。王呼内史册命趩：更厥祖考服，锡趩𢧜衣、载市、同衡、旂。趩拜稽首，扬王休，对趩蔑曆，用作宝尊彝，世孙子毋敢坠永宝。唯王二祀。

趩觯铭中的"服"则与邢侯簋（《铭图》05274）铭中的"菁邢侯服"类似，可以理解为"职事"。

二 贵族间纠纷的仲裁权及服贡征收权

周王以册命的形式将仲裁各家族之间的纠纷及贵族间的矛盾和征收服贡之权委派给受命者，是册命金文的又一项重要内容。

在传统观念里，作为三有司之一的司马是一种与军旅有关的职务。[①] 在早期的西周金文中，没有发现关于司马的记载，而描述先周时期周人生产生活场景的《诗经·绵》只说"乃召司空，乃召司徒"，也未曾提及司马一职。金文与传统文献似乎有暗合之处。至西周中期，金文中才出现了司马一职，还曾以"右者"的身份出现于册命仪式。但学者注意到，西周时期的司马从未承担过率军征伐的重任。[②] 这样的"司马"之形象与战国秦汉时期作为军事主官的司马很不相符。关于西周时期司马的具体职权，仅有数条金文材料，其一是覞簋（《铭图》05362）铭文：

> 唯廿又四年九月既望庚寅，王在周，格大室，即位。司工遉入右覞，立中廷，北向。王呼作册尹册申命覞曰：更乃

[①] 如《白虎通·封公侯》云："司马主兵，不言兵言马者，马阳物，乾之所为，行兵用焉。不以伤害为文，故言马也。"

[②] 张亚初、刘雨：《西周金文官制研究》，第12—13页。

祖服，作冢司马，汝乃谏讯有粦，取徵十锊。赐汝赤市、幽衡、金车、金勒、旂。汝乃敬夙夕勿废朕命，汝肇享。親拜稽首，敢对扬天子休，用作朕文祖幽伯宝簋。親其万年孙子其永宝用。

对于親簋铭文的考释及相关研究，前人已多有贡献。① 周王除命贵族親作冢司马外，还赋予他"谏讯有粦，取徵十锊"之权。贵族趩也拥有此项特权，据趩簋（《铭图》05304）铭文记载："王若曰：趩，命汝作豳自冢司马，啻官仆、射、士，讯小大有隣，取徵五锊。"

"谏讯有粦"和"讯小大有隣"涉及的是处理诉讼的权力问题。《诗经·出车》："执讯获丑，薄言还归。"郑玄笺曰："讯，言。丑，众也。……执其可言、问所获之众以归者，当献之也。"②《诗经·采芑》："蠢尔蛮荆，大邦为仇。方叔元老，克壮其犹。方叔率止，执讯获丑。"郑氏又曰："方叔率其士众，执将可言问所获敌人之众以还归也。"③《诗经·皇矣》曰："临冲闲闲，崇墉言言。执讯连连，攸馘安安。"郑笺亦曰："讯，言也。执所生得者而言问之，及献所馘。"④ 郑玄将"讯"释为言，引申为生获而准备询问之敌俘。《礼记·王制》曰："天子将出征，类乎上帝，宜乎社，造乎祢，祃于所征之地，受命于祖，受成于学。出征执有罪，反，释奠于学，以讯馘告。"其中"以讯馘告"之"讯"，亦是此意。《周礼·小司寇》："以五刑听万民之狱讼，附于刑，用情讯之。"又《公羊传》僖公十年："荀息曰：'君尝讯臣矣。'"何

---

① 《中国历史文物》2006 年第 3 期曾集中刊发了王冠英《親簋考释》、李学勤《论親簋的年代》、张永山《親簋作器者的年代》三篇论文。
② （清）阮元校刻：《十三经注疏》，第 416 页。
③ （清）阮元校刻：《十三经注疏》，第 426 页。
④ （清）阮元校刻：《十三经注疏》，第 522 页。

休注曰："上问下曰讯。"① 故《说文》："讯，问也。"可知，从上古文献的脉络分析，讯本指俘获敌军以询问敌情。这与西周金文的记载是相符的，如：

师同鼎：犀羿其井，师同从，折首执讯，孚车马五乘。
多友鼎：多友又折首执讯。
师寰簋：师寰虔不坠，夙夜卹厥将事，休既有功，折首执讯。
戜簋：俾克厥敌，获馘百，执讯二夫。

上古时期军刑不分，所谓"大刑用甲兵，其次用斧钺"，② 故原本只是讯问俘虏之"讯"还具有讯问诉讼之意。如五祀卫鼎（《铭图》02497）铭曰：

卫以邦君厉告于井伯、伯邑父、定伯、琼伯、伯俗父，曰厉曰："余执恭王恤功，于昭大室东逆营二川。"曰："余舍汝田五田。"正乃讯厉曰："汝贾田否？"

裘卫因土地纠纷而与邦君厉发生诉讼。"正"指长官，即井伯、伯邑父、定伯、琼伯、伯俗父五人。"讯厉"即质问邦君厉。由此推论，西周册命金文中的"讯"还可指周王赋予贵族的讯讼之权，如：

羚簋：作册尹册命羚，赐鋚。令邑于奠，讯讼，取徵五锊。
四十三年逨鼎：令汝官司历人。毋敢妄宁，虔夙夕惠雍我

---

① （清）阮元校刻：《十三经注疏》，第2253页。
② 《汉书》卷二三《刑法志》，第1079页。

邦小大猷。雩乃专政事,毋敢不尹不型,雩乃讯庶人有粦,毋敢不中不型。

扬簋:赐汝赤󰀀市、銮旂,讯讼,取徵五锊。

牧簋:王曰:牧,汝毋敢弗帅先王作明型用,雩乃讯庶右鄰,毋敢不明不中不型。

趩簋:命汝作幽自冢司马,啻官仆、射、士,讯小大有隣,取徵五锊。

齵簋:命汝司成周里人眔诸侯、大亚,讯讼罚,取徵五锊。

陈絜等认为,西周时期的社会基础是血缘性的宗族与家族,家族内部的纠纷和家族成员的过失当由家族长处置。王室在一般情况下不会干预家族长处置族人,贵族之间或家族之间的纠纷才会由政府出面调停。① 然而并不是所有贵族间的冲突都由王室直接插手,王室会在某一地区派驻人员专门负责调解纠纷。如齵簋铭文所示,贵族齵受命"司成周里人眔诸侯、大亚",由此看来,贵族齵似乎是成周地区的行政长官,负责管理成周的诸侯、大亚。实际上,周王将齵的管理权明确限定在"讯讼罚"的范畴内,说明贵族齵只是王室派驻成周地区负责调停贵族间纠纷的代表而已。不同政治地位的贵族间的纠纷由相应级别的贵族负责处理,应该是西周时期的普遍原则。如曶鼎铭文记载,在饥荒之年,贵族匡季的属民抢了曶庄稼,曶将此事告至东宫,东宫判决曰:"求乃人,乃弗得,汝匡罚大。"并责令匡赔付曶的损失,如果当年无力偿还,来年则赔偿加倍。而据𤺔匜铭文,牧牛与他的"师"发生冲突,官司上诉到伯扬父处。伯扬父虽然特赦了牧牛,但仍然将其鞭五百,并罚款三百锊。

---

① 陈絜、李晶:《茀季鼎、扬簋与西周法制、官制研究中的相关问题》,《南开学报》2007年第2期。

周王在授予讯讼之权时，还允许受命者取徵若干。西周金文中周王赋予贵族"取徵"之权最高者为毛公，可取徵三十锊；最低者如贵族䞤、鼄、楚等，只可"取徵五锊"。而伯扬父一次性就罚了牧牛"三百锊"，另外师旅鼎铭文记载伯懋父也曾判罚"三百锊"。以往的学者多以"取徵"乃是贵族审理诉讼时能够征收的罚款数额，现在看来，凡有取徵之权的贵族都是受命于周王负责调解某地区贵族间的纠纷，这些贵族可对诉讼失败的一方施以经济处罚，同时从罚款中扣去王室许诺的若干徵以为个人任职时的收益。①

贵族親和趙被册命为不同地区的司马，但都拥有听诉讼、取徵若干的权力，再加上西周金文中从未有关于司马率军作战的记载，这些都反映了西周时期的司马可能不是军事作战的指挥官，而是某类群体的管理者，与战国秦汉时代的逐渐转化为军事指挥官的司马是有区别的。以《左传》记载为例，僖公十五年秦、晋战于韩，晋惠公因庆郑误导而被秦穆公俘获，惠公归国即"令司马说刑之"。僖公二十八年传："城濮之战，晋中军风于泽，亡大旆之左旃。祁瞒奸命，司马杀之，以徇于诸侯。"此时的晋国已建三军，每军设帅、佐各一人，此外又置五吏，即军尉、司马、司空、舆尉、侯奄。② 其中的司马实为主管军纪、军法之职。再看《左传》成公二年："韩厥为司马，以救鲁、卫……及卫地，韩献子将斩人。"③《国语·晋语五》曰："赵宣子言韩献子于灵公以为司马。河曲之役，赵孟使人以其乘车干行，献子执而戮之。"成公十八年，晋悼公即位，命魏绛为司马。襄公三年，诸侯会盟于鸡泽，晋悼公之弟杨干"乱行于曲梁"，于是"魏绛戮其仆"，事后悼公曰："吾子之

---

① 韩巍：《西周金文世族研究》，第331页。
② 杨伯峻编著：《春秋左传注（修订本）》，第1214页。
③ 《国语·晋语五》记载此事云："靡笄之役，韩献子将斩人。郤献子驾，将救之。"

讨，军礼也。"杨伯峻注云："军礼，犹言军法。"① 司马主军法并非晋国才有的特例，如《左传》文公十年记载：

> 陈侯、郑伯会楚子于息。……将以伐宋。宋华御事曰："楚欲弱我也，先为之弱乎？何必使诱我？我实不能，民何罪？"乃逆楚子，劳且听命。遂道以田孟诸。宋公为右盂，郑伯为左盂。期思公复遂为右司马，子朱及文之无畏为左司马，命夙驾载燧。宋公违命，无畏抶其仆以徇。或谓子舟曰："国君不可戮也。"子舟曰："当官而行，何强之有？诗曰：'刚亦不吐，柔亦不茹。毋纵诡随，以谨罔极。'是亦非辟强也。敢爱死以乱官乎？"

文之无畏即楚大夫申舟，此时担任田猎队伍的左司马。当宋昭公违反纪律时，申舟立即处罚其仆从以示警戒。可见即使国君田猎之时也设有司马一职，其职责应该是负责维持行列的秩序。通过上述诸例，再结合金文中司马的职权推之，西周时期的司马并非军事统帅，春秋时期的司马在很大程度上延续了西周的传统，但在"官分文武"的历史大趋势下，各国的司马逐渐向专门军事指挥官的方向转变。

贵族趞的管理权限是"作幽自冢司马，啻官仆、射、士，讯小大有粦，取徵五锊"。親受命"作冢司马，汝乃谏讯有粦，取徵十锊"，却未言明具体职守范围。从司马親及其家族频繁担任册命礼中的右者来看，他应该是周王身边的"冢司马"，政治地位绝非是作为地方司马的贵族趞所能比拟的。但从其取徵之权才仅十锊来看，司马親的政治级别又远不如拥有三十锊取徵之权的毛公厝和二十锊取徵之权的番生。这反映了西周时期的司马，即使是周王身边的冢司马，也算不上执政级的大臣。由此可见，很多

---

① 杨伯峻编著：《春秋左传注（修订本）》，第1019页。

学者对司马觐在王朝中的政治地位做了过高的估计，甚至可以说是对司马一职或"三有司"在王朝政治体系中的地位做了过高的估计。

另外，据永盂（《铭图》06230）铭文记载：

唯十又二年初吉丁卯，益公入即命于天子，公廼出厥命，锡畀师永厥田：阴阳洛，疆眔师俗父田。厥眔公出，厥命井伯、荣伯、尹氏、师俗父、遣仲，公廼命奠司徒𠦪父，周人司工𬯀、𠈇史、师氏、邑人奎父、毕人师同，付永厥田，厥率履厥疆宋句。永拜稽首，对扬天子休命，永用作朕文考乙伯尊盂，永其万年，孙孙子子，永其率宝用。①

周王向益公发布了赏赐师永土地的命令，益公受命后并不是亲自执行，而是将王命转达给井伯、荣伯、尹氏、师俗父、遣仲，并委派具体执事人员贯彻执行。从永盂铭来看，仅益公亲受王命（"入即命于天子"），可知他的政治地位要高于井伯、荣伯、尹氏、师俗父、遣仲诸人。我们基本上可以得出，不论是永盂中的井伯、荣伯、尹氏、师俗父、遣仲，还是五祀卫簋中作为贵族间纠纷裁判的井伯、伯邑父、定伯、𤖴伯、伯俗父，都不是王朝的执政大臣，他们只是周天子身边具体政务的执行者，政治级别要低于毛公、番生等重臣，又高于奠司徒𠦪父，周人司工𬯀、𠈇史、师氏、邑人奎父、毕人师同等只负责地方性事务的下级贵族。

综上，西周的三有司即司工、司土、司马的设置比较普遍，他

---

① 永盂铭文的断句，笔者以为白于蓝的观点较为合理，今从其说（参见白于蓝《师永盂新释》，《考古与文物》2010年第5期）。但白氏将"厥眔公出"解释为"周王与益公同时出宫"，笔者以为不妥。此"眔"可释为"及"，意为"待益公受命而出"。永盂铭文中的"眔"都不是并列连词性质，而是"及"义。关于西周金文中"眔"与"及"字的用法与区别，参见黄盛璋《保卣铭的时代与史实》，《考古学报》1957年第3期。

们的政治级别不高,是具体政务的执行人员而非王朝的执政大臣。司工的职责是负责组织各种服务于王室的工程;司土的管理权限应当局限于直属王室的各类土地资源及耕作人员;司马则是负责某类群体的诉讼而非军事主官。

羚簋(《铭图》05258)铭曰:

> 唯正月初吉丁丑,昧爽,王在宗周,格大室。祭叔右羚,即位中廷。作册尹册命羚,赐銮。令邑于奠,讯讼,取徵五锊。羚对扬王休,用作朕文祖丰仲宝簋,世孙子其永宝用。

张光裕认为该器为西周中晚期所作,[1] 但大多数学者认为羚簋是西周中前期的器物。[2] 铭中的"讯讼""取徵"等于金文常见,但"邑于奠"则令人颇为费解。朱凤瀚认为贵族羚受王命"邑于奠",还被授予讯讼之职,很可能是令其在奠地建新邑,并管理该邑。[3] 若如此,西周时期的"奠"就不能理解为一个城邑,而是一个地区。

"邑于奠"的句式在西周金文中虽然独特,但也不是没有可与之比拟者,如鄫簋铭曰:"王呼内史册命鄫,王曰:鄫,昔先王既命汝作邑,䵼五邑祝。"西周金文中的"作某某",大意是担任某职,常见有"作司土""作司马"等。《尚书·大禹谟》有:"汝作士,明于五刑。"文献中"作"可训为"为",如《周礼·典同》中"凡为乐器",注曰:"为,作也。"[4] 故鄫簋铭中的"作

---

[1] 张光裕:《读新见西周羚簋铭文札迻》,《古文字研究》第25辑,中华书局2004年版,第174—177页。

[2] 参见何景成《西周王朝政府的行政组织与运行机制》,第100页;朱凤瀚《西周金文中的"取徵"与相关诸问题》,《古文字与古代史》第1辑,台北中研院史语所2007年版,第191—212页。

[3] 朱凤瀚:《西周金文中的"取徵"与相关诸问题》,《古文字与古代史》第1辑,第191—212页。

[4] (清)阮元校刻:《十三经注疏》,第797页。

邑"并非建邑，而是"为邑"，即担任邑中某项执事的省略说法。《左传》襄公三十一年："子皮欲使尹何为邑。"杜注："为邑大夫。"①《国语·晋语四》："晋饥，公问于箕郑……公使为箕。"韦注："为箕大夫。"《晋语九》："赵简子使尹铎为晋阳。"韦注："为，治也。"② 即任命尹铎为晋阳大夫。周王命贵族鄪"作邑"，与鄪簋"邑于奠"有类似之处，不是建立新邑，而是命二人承担邑中的某些职守的简略表达。奠为西周重要的都邑，奠邑内的族群和家族当直接隶属王室。鄪的职守是管理"五邑祝"，而矜应该是负责奠邑某类群体的"讯讼"事务。

除了贵族间的纠纷调解外，周王还会以册命的形式将部分征收服贡的权力授予少数受命者。如士山盘（《铭图》14536）铭曰：

> 唯王十又六年九月既生霸甲申，王在周新宫，王格大室，即位。士山入门，立中廷，北向。王呼作册尹册命山，曰：于入𢐗侯，出征蠚荆方服眔大虘服、履服、六𦭣服。𢐗侯、蠚方，宾贝、金。山拜稽首，敢对扬天子丕显休。用作文考釐仲宝尊盘盉，山其万年永用。

士山盘铭中有"册命"一词，但铭文中又缺少一般册命金文最常见的两个要素，即右者和周王赏赐。若要探明士山盘铭文的此一特点及其有争议部分的内涵，还需从该盘铭中的"宾"字字义及用法着手，对其做一番详细考察。西周金文常有王或王后之使者受命出使某国而受该国"宾"以财物的事例，如：

> 史颂鼎：王在宗周，令史颂省苏𤔲友、里君、百生，帅𩊚盩于成周，休又成事，苏宾璋、马四匹、吉金。

---

① （清）阮元校刻：《十三经注疏》，第 2016 页。
② 徐元诰撰，王树民、沈长云点校：《国语集解》，第 357、448 页。

小臣守簋：王使小臣守使于夷，宾马两、金十钧。

萬簋：王命萬㡯叔繛父馈吴姬饔器、臼。黄宾萬璋一、马两，吴姬宾帛束。

作册睘卣：王姜令作册睘安尸伯，尸伯宾睘贝、布。

作册睘尊：在序，君令余作册睘安尸伯，尸伯宾用贝、布。

盂爵：唯王初㸒于成周，王令盂宁㝬伯，宾贝，用作父宝尊彝。

关于金文中"宾"的含义，学者多有论述。如郭沫若认为，宾有两种含义，一为赠，一为赠品。① 蒋大沂指出，宾指服从来会的诸侯，锡宾之意是赏赐服从而来朝会的诸侯。② 胡顺利认为："宾，《礼记·郊特牲》注'宾，朝聘者'，保卣铭有'锡宾'，意指周成王对大保及其他参与朝聘殷见的诸侯都给予赏赐。"③ 彭裕商认为，宾是主人酬答使者的物品，但使臣在外获得的礼物在归国复命时还需献予君主。④ 陈梦家的观点较为流行，他认为金文中的"宾"，"皆周王命其近臣使于（命于）侯伯，侯伯宾献诸臣"，且"凡此侯伯多为异姓的侯伯"。"晚周《仪礼》常记傧使之制：《觐礼》曰'侯氏用束帛乘马傧使者，使者再拜受'，'侯氏再拜稽首，宾之束帛、乘马'；《聘礼》曰'宾用束锦傧劳者，劳者再拜稽首受'。凡此侯氏傧天子使者以束帛、乘马，和金文所宾多为布帛、乘马，极相符合。"又因保卣（《铭图》13324）有"易（锡）宾"一词，其铭文如下：

乙卯，王令保及殷东国五侯，征䟒六品，蔑历于保，易（锡）宾，用作文父癸宗宝尊彝。遘于四方，迨王大祀，祓于

---

① 郭沫若：《保卣铭释文》，《考古学报》1958 年第 1 期。
② 蒋大沂：《保卣考释》，《中华文史论丛》1993 年第 5 期。
③ 胡顺利：《对保尊铭文考释的一点意见》，《中原文物》1981 年第 2 期。
④ 彭裕商：《保卣新解》，《考古与文物》1988 年第 4 期。

周,在二月既望。

陈梦家认为"易宾,似当读为王锡宾。锡是动词,宾是宾词",金文中的"易"和"宾"都为赠赏物品,但"易"是自上赏赐于下,"宾"是侯伯奉敬于天子使者。而保卣中"易宾"之"宾"是指《周礼·大宰》之嫔贡,故"易宾"指的是王将侯伯宾贡之物赐予保之意。①

《周礼·大宰》之"嫔贡"属于天官冢宰所掌管的九贡之一。九贡的对象是周王室,进贡者为各邦国,指的是在赋税之外,诸侯还需向王室进贡各类物资,是一种针对王室的单向的、具有强制性的贡赋。而西周金文中的"宾"某人指的是王室使者与方国、贵族之间,或者贵族与贵族之间的礼品赠予,与方国对王室的贡赋等没有关系。如十二年大簋(《铭图》05344)铭所示:

王在𤲞侲宫,王呼吴师召大,锡趞𡢁里,王令膳夫㒸曰趞𡢁曰:余既锡大乃里。𡢁宾㒸璋、帛束,𡢁令㒸曰天子:余弗敢吝。㒸以𡢁履大锡里。大宾𡢁璋、马两,宾趞𡢁璋、帛束。

周天子命膳夫㒸向趞𡢁传达王命,将其管辖的里转交予贵族大,趞𡢁表示将服从王命,并"宾㒸璋、帛束"。随后膳夫㒸主持贵族大与趞𡢁的移交事宜,待移交完成,贵族大向㒸"宾𡢁璋、马两",同时"宾趞𡢁璋、帛束",而趞𡢁的身份并非天子使者。可知"宾"的对象不一定非得是天子使者,"宾"的主体也并不一定就得是异姓侯伯,畿内普通贵族亦可以"宾"某人以财物。

又如吴虎鼎(《铭图》02446)铭曰:

王在周康宫夷宫,导入右吴虎,王命膳夫丰生、司工雍毅,

---

① 陈梦家:《西周铜器断代》,第8页。

申厉王命：付吴䜌旧疆……厥具履封：丰生、雍毅、伯导、内司土寺茾。吴虎拜稽首，天子休，宾膳夫丰生璋、马匹，宾司工雍毅璋、马匹，宾内司土寺茾璧。爰书尹友守史，廼宾史枾帗两。

周王将"䜌旧疆"转赐于吴虎，吴虎在移交结束后"宾"诸办事大臣以致谢，只是"宾"的礼物除常见的玉器、马匹外，还多了皮制品。①

亢鼎（《铭图》02420）铭曰：

公大保买大琉于美亚，财五十朋。公命亢归美亚贝五十朋，以𤔲、𣪘、邑、甗、牛一。亚宾亢洋金二钧。

有学者释"大琉"为玉器。亢为公大保的臣属，受命从美亚处购买玉器，受到美亚礼赠。② 又有贵族遣使者慰问其他贵族之例，如公貿鼎（《铭图》02341）："叔氏使贪安䍙伯，宾贪马𩢍乘。"这也证明了受"宾"者不一定就是王室使者。

西周金文中"宾"某人应当是主方通过赠送礼物以向客方致敬的一种礼节，这种礼节的应用范围非常广，并不涉及宾主双方的政治地位和身份。后世礼书中的"儐"可能源于西周金文"宾"的这种含义。《礼记·文王世子》有"始立学者……儐于东序"，郑玄注曰："以礼礼宾谓之儐。"《周礼·司仪》曰："宾亦如之。"郑注："宾，当为儐。"据《仪礼·聘礼》记载，当使者到达所出使国的近郊时，主国之君会命本国之卿前去慰劳，而到访的使者会"用束锦儐劳者"，即向前来慰劳的卿赠送"束锦"以表示敬意。这是出访的使者"宾"所出使之国卿大夫的例证。又据《仪礼·觐礼》："侯氏用束帛、乘马儐使者。"郑玄注："儐使者，所以致

---

① 李学勤：《吴虎鼎考释——夏商周断代工程考古学笔记》，《考古与文物》1998年第3期。

② 马承源：《亢鼎铭文——西周早期用贝币交易玉器的记录》，《上海博物馆集刊》2000年版。

尊敬也。"这是前来朝觐天子的诸侯向负责接待的王室使者赠送"束帛"与"乘马"以致敬的例证。从这个事例来看,"宾"某人的行为受主客之别的严格限制,但礼仪活动中宾主身份可以转换。比如当使者出使某国时,使者为宾;但当使者至该国馆舍后,该国之君会派人前往慰劳,那么在馆舍之中,使者就成了主方,而前来慰劳的主国有司反成了宾。因此郑玄说:"宾在公馆如家。"① 来聘的使者赠予主国前来慰劳者礼物的行为依然可称为"宾",而客方无须回赠礼物致谢。这一礼仪上的细节早在西周金文中就已经出现。如上文所引十二年大簋所示,当趩㝬尚未将"里"移交给贵族大时,他仍要向前来主持交接工作的膳夫豕"宾"以"璋、帛束",因为此时的趩㝬还是主方;一旦"豕以㝬履大锡里",即移交完成,贵族大就成了"里"的主人,而膳夫豕和趩㝬反成了客方,于是大分别"宾"二人以"鞞璋、马两"和"璋、帛束"。其程序有条不紊,与礼书所载如出一辙。

保卣铭文有"蔑曆于保,易(锡)宾",此处的"宾"似乎可作人名解。"蔑曆于保"指的不是王蔑曆保,而是保蔑曆贵族宾的被动表达。保蔑曆了宾,并予以赏赐,宾为纪念此事制作了两件铜器。②"保"为西周时期的重要职官,西周金文中的作器者在受周王赏赐、蔑曆及册命时,凡自称没有只称官职而不及私名者,③ 如果保确为作器之人,那么只能理解为私名而非官职。但还要考虑到,臣属在叙事

---

① (清)阮元校刻:《十三经注疏》,第 1049 页。
② 1948 年曾于河南洛阳市区发现保尊,参见史志《保尊》,《史学月刊》1986 年第 3 期;新中国成立初期又出土与保尊同铭的保卣,参见陈梦家《西周铜器断代》,第 7 页。
③ 陈絜、李晶在分析西周册命文书中被册命者自称形式的常例时得出结论:在针对天子的自称形式中,无论受册命者有无具体的官职,其职事是否重要,须强调的仅为个人的私名,有时也会提及家族名号即氏名,但其职官与职事无须彰显(参见《夨季鼎、扬簋与西周法制、官制研究中的相关问题》,《南开学报》2007 年第 2 期)。实则,此亦为蔑曆、赏赐类金文中受赐者自称之常例。郭沫若在释保卣"蔑曆于保"时也认为,称"保"而不名,证明保卣乃大保奭之下属所作,若为大保所作,则铭文无仅自称职而不称名之例(参见《保卣铭释文》,《考古学报》1958 年第 1 期)。

时，凡提及主君或上级，常加官职或公、伯等尊称，没有直呼其名的。因此，保卣铭中的"保"是贵族宾在叙事时对长官的尊称而非作器者之名。而铭中的"宾"为人名，与宾某人的礼仪无涉。

由上所述，士山盘铭文有"册命"一词，却又缺少册命金文常见的右者和周王赏赐，其中的原因便不难理解。士山制作这件青铜器并非专门用以记录王室的册命，而是为了纪念荆侯、蠚方对士山"宾贝、金"，铭文中的册命、"于入荆侯"及征服等都是作为这一事件的背景而加以介绍的，故册命文的常见要素并不完备。

从士山盘行文来看，士山所受的王命有二：一是"于入荆侯"；二是"出征蠚荆方眔大虘眔、履眔、六孳眔"。关于"于入荆侯"，朱凤瀚、黄锡全认为是进入荆侯的领地范围，① 而李学勤及董珊则认为是周王命士山送荆侯归国。② 在西周金文中，凡言某侯皆指人而非地域。如果是进入荆侯的领地，应写作"于入荆"。士山送荆侯归国仅为兼职，更重要的使命是征收方国之"服"。③

西周时期的王室属国是由贵族分区域管理的，如《公羊传》隐公五年记载："自陕而东者，周公主之；自陕而西者，召公主之。"反映的是西周初年周公、召公分陕而治的行政格局。学界一直将分陕而治理解为周王将王畿划分为两个行政区，分别交由周公、召公管理，实际上周、召二公的管理权限还应该包括臣服于周王室的东西方诸侯。据昭王时期的令方彝（《铭图》13548）铭文记载，周王命周公旦之孙明保"尹三事四方"，明保在祭拜周公之庙后即前往成周履任，并"徲令，舍三事令，眔卿事寮，眔诸尹，眔里君，眔百工，眔诸侯：侯、田、男，舍四方令"。所谓"尹三事"即负责成周王畿的行政管理，主要指司土、司工和司马三职；所谓尹"四方"则是指负责处理宗周地区以东的诸侯与王室之间的关系。"自陕而东

---

① 参朱凤瀚《士山盘铭文初释》，《中国历史文物》2002年第1期；黄锡全《士山盘铭别议》，《中国历史文物》2003年第2期。
② 参董珊《谈士山盘铭文的"服"字义》，《故宫博物院院刊》2004年第1期。
③ 黄爱梅：《士山盘铭补义》，《中国历史文物》2006年第6期。

者，周公主之"，从令方彝中周王对周公之孙明保的任命来看是确有依据的，明保所继承的乃是其祖周公之旧职。①

又据周穆王时期的班簋（《铭图》05401）记载：

> 唯八月初吉，在宗周，甲戌，王令毛伯更虢城公服，屏王位，作四方极，秉繁、蜀、巢，令锡铃、勒，咸。王令毛公以邦冢君、徒驭、或人伐东国痛戎，咸……

毛氏出自周文王之子毛叔郑之后。班簋铭文显示，周王命毛伯取代虢城公而"屏王位，作四方极"，其头衔也随之由"毛伯"改称为"毛公"，学者多据此判断毛公是接替虢城公而担任王朝的执政大臣。但是毛公所获得的职权根本无法与明保相提并论：明保能够"尹三事"，周王却并未授予毛公宗周或成周王畿的管理权；明保还能尹"四方"，而毛公能够管理的外服诸侯仅"繁、蜀、巢"三国。虽然也是西周王朝的头等世家贵族，但比起周、召两族，毛氏在声望、权势等方面似乎尚有不小的差距。士山盘铭文中的贵族士山，比起毛公又等而下之，仅是征收某一地区若干小部族、邦国贡赋的负责人而已。穆王、昭王分别将某些地区的附属国交由毛公和士山负责，间接体现出王室有肢解周、召家族权势的迹象。但周王并不是将处理附属国事务的权利收归王室并设立专门职官负责管理，仅是分割周、召家族的一部分属国管理权转交其他家族负责。这就反映了西周时期的官僚体系并不成熟，家族仍是影响王朝稳定的主要政治力量。

三 无明确职事的册命金文

在52件有"册命"一词的西周金文中，还有一小部分并未交

---

① 唐兰认为令方彝中的明保作尹是在昭王初期，所以明保是第二代周公之子，周公旦之孙（参见《西周铜器断代中的"康宫"问题》，《考古学报》1962年第1期）。

代受命者的具体职守，如召簋铭曰：

> 唯四月初吉，王在周，格大室，即位。井伯入右召，王呼内史册命召，曰：赐汝玄衣、黹纯、载市、幽衡、金膺。曰：用事。召稽首，对扬王休，用作文考日癸尊簋。

该器铭文于册命诸要素大多齐备，唯独没有记载周王委派的具体职守，仅有周王在册命时常嘱咐受命者的"用事"。

与召簋情况类似的还有弭伯师藉簋（《铭图》05294），如下：

> 唯八月初吉戊寅，王格于大室。荣伯入右师藉，即位中廷。王呼内史尹氏册命师藉：赐汝玄衣、黹纯、素市、金衡、赤舄、戈琱㦸、彤沙、鏊勒、鋚㫃五日，用事。弭伯用作尊簋，其万年子子孙孙永宝用。

弭伯师藉还有一个弟弟弭叔师察，也曾接受过周王册命：

> 唯五月初吉甲戌，王在荽。格于大室，即位中廷。井叔入右师察，王呼尹氏册命师察：赐汝赤舄、鏊勒，用胥弭伯。师察拜稽首，敢对扬天子休，用作朕文祖宝簋。弭叔其万年子子孙孙永宝用。（《铭图》05291—92）

弭叔师察簋 1959 年出土于陕西蓝田南寺坡村，① 该器铭文记载了周王册命弭叔"用胥弭伯"。郭沫若将"用胥弭伯师察拜稽首"断句为"用胥，弭伯师察"，认为弭伯、弭叔为同一人，"察是其名，叔是其字，师是其官，伯是其爵，弭其封邑"。② 容庚则认为"用

---

① 段绍嘉：《陕西蓝田县出土弭叔等彝器简介》，《文物》1960 年第 2 期。
② 郭沫若：《弭叔簋及訇簋考释》，《文物》1960 年第 2 期。

胥弭伯"为一句，而将铭末的"用作朕文祖宝簋弭叔"改为"用作朕文祖弭叔宝簋"，于是以弭叔乃师察的祖父，弭伯为师察的伯祖父，"用胥"相当于"用事"。① 1963年在距离弭叔师察簋出土地点13公里外的蓝田县东南又发现了弭伯师藉簋一件，② 学界这才认识到弭叔与弭伯之间真正的关系。陈梦家认为弭伯是弭叔所辅佐的主官，而弭叔即师察，弭伯是师藉。③ 弭叔师察受册命辅佐其兄弭伯师藉，这说明师藉确实有职守于王室。

还有几件册命金文亦未提及受命者的职守，如师道簋（《铭图》05328），其铭如下所示：

> 唯二月初吉丁亥，王在康宫，格于大室。益公内右师道，即位中廷。王呼尹册命师道：锡汝秦、朱衡、玄衣、黹纯、戈琱㦿、厚柲、彤沙、旂五日、䜌。道拜稽首，对扬天子丕显休命，用作朕文考宝尊簋，余其万年宝，用享于朕文考辛公，用匄得屯和，恒命灵终。

与之类似的还有师毛父簋（《铭图》05212），其铭如下：

> 唯六月既生霸戊戌，旦，王格于大室。师毛父即位，井伯右。内史册命，锡赤市。对扬王休，用作宝簋，其万年子子孙其永宝用。

以上诸器虽属册命金文，但均未明确记载受命者的职守。关于此类册命金文的性质，笔者将于下文有详论。

---

① 容庚：《弭叔簋及𪩘簋考释的商榷》，《文物》1960年第Z1期。
② 应新等：《陕西省城固、宝鸡、蓝田出土和收集的青铜器》，《文物》1966年第1期。
③ 陈梦家：《西周铜器断代》，第206页。

第三节　册命金文的特有用语

上述 52 件含有"册命"一词的西周金文中，关于受命者的受职情形大致可分为三类：第一类最为常见，详细记载了周王委派于受命者的具体职事；二是无命职记载，如师毛父簋、师道簋及驭簋等三器；第三类仅有"用事"而无具体执事之任命，如利鼎、王臣簋、师藉簋及召簋四器。

利鼎（《铭图》02452）铭文曰：

唯王九月丁亥，王格于般宫。井伯内右利。立中廷，北向。王呼作命内史册命利，曰：锡汝赤⊖市、銮旂，用事。利拜稽首，对扬天子丕显皇休，用作朕文考涟伯尊鼎，利其万年子孙永宝用。

与利鼎情形相似的还有王臣簋（《铭图》05313），其铭如下：

唯二年三月初吉庚寅，王格于大室。益公入右王臣，即位中廷，北向。呼内史㣲册命王臣：锡汝朱衡、贲衬、玄衣、黹纯、銮旂五日、戈画䍙、厚柲、彤沙，用事。王臣拜稽首，丕敢显天子对扬休。用作朕文考易仲尊簋，王臣其永宝用。

王臣簋 1977 年出土于陕西澄城县南串业村西周墓葬，[①] 铭文仅记周王赏赐及命王臣"用事"，而未言明具体何事。

"用事"是周王委派职事时叮嘱受命者谨记使命之意，是册命金文

---

① 吴镇烽、王东海：《王臣簋的出土与相关铜器的时代》，《文物》1980 年第 5 期。

中的特有用语。册命铭文中常见周王对受命者有"用事"的告诫，且无一例外均出现于赏赐物品之后，如表 2-13 所示。

表 2-13

序号	器名	职守	赐物
1	免簠	胥周师司朡	赤⊖市，用事
2	走簋	獣胥益	赤[市、朱衡]、旂，用事
3	望簋	死司毕王家	赤⊖市、銮，用事
4	师虎簋	载先王既命乃祖考事，啻官司左右戏繁荆	赤舄，用事
5	辅师嫠簋	更乃祖考司辅	载赐汝载市、素衡、銮旂。今余增乃命，赐汝玄衣、黹纯、赤市、朱衡、戈彤沙、琱戟、旂五日，用事
6	鄦簋	昔先王既命汝作邑，獣五邑祝。今余唯申熹乃命	赤市、冋綟衡、銮旂，用事
7	颂簋	官司成周贮，监司新造贮，用宫御	玄衣、黹纯、赤市、朱衡、銮旂、鋚勒，用事
8	曶壶盖	更乃祖考作冢司土于成周八自	秬鬯一卣、玄衮衣、赤市、幽衡、赤舄、鋚勒、銮旂，用事
9	伊簋	獣官司康宫王臣妾、百工	赤市、幽衡、銮旂、鋚勒，用事
10	师嫠簋	既命汝更乃祖考司小辅。今余唯申熹乃命，命汝司乃祖旧官小辅眔鼓钟	素市、金衡、赤舄、鋚勒，用事
11	虎簋盖	更乃祖考胥师戏司走马、驭人眔五邑走马、驭人，汝毋敢不善于乃政	载市、幽衡、玄衣、臆纯、銮旂五日，用事
12	宰兽簋	昔先王既命汝，今余唯或申熹乃命，赓祖考事，獣司康宫王家臣妾，奠庸外内，毋敢无闻知	赤市、幽亢、鋚勒，用事
13	大克鼎	昔余既令汝出入朕命，今余唯申熹乃命	赐汝素市、参冋、苇恩。赐汝田于埜，赐汝田于渒，赐汝井㝬䢍，田于峻与厥臣妾，赐汝田于康，赐汝田于匽，赐汝田于陾原，赐汝田于寒山。赐汝史、小臣、霝龠鼓钟，赐汝井、微、䢍人鬲。赐汝井人奔于量。敬夙夜用事
14	师颖簋	先王既令汝作司土，官司访閤，今余唯肇申乃命	赤市、朱衡、銮旂、鋚勒，用事
15	吕簋	更乃考銉司奠师氏	玄衣、黹纯、载市、冋衡、戈琱戟、厚柲、彤沙、旂銮，用事

对比上述52器中的15器铭文来看，利鼎、王臣簋、师藉簋和召簋仅有"用事"而未记载周王具体任命，并不意味着其在王室没有具体职事，而很可能是因为他们的职事早已确定，无须在册命中详加说明而已。既然职事早已确定，又为何再次接受王室册命？笔者将于下文对这一问题做详细解答。

通过对52篇册命金文的详细分析，笔者认为最能反映西周册命制度本质的是周王通过册命的形式授予受命者的职事。这些职事主要包括管理直属周王室的群体及土地、山林、川泽等，也涉及调解贵族纠纷及王室服贡的征收等。册命制度在实际操作中要遵循特定的礼节仪式，因此册命金文在格式上会有共同的模式。一篇完整的册命文会记录下册命的时间、地点、宣命的史官、右者、赏赐和周王委派的职事六个方面的详情。但是册命金文毕竟与后世的政府公文不同，严谨与规范不是它的必备特征，有相当一部分含"册命"一词的金文，或多或少会缺少一两项册命要素。故而，我们在判断那些没有"册命"一词的西周金文是否具有册命性质时，首先要看受命者是否接受了特定职事。只要具备此一特征，即可断定该铭文为册命金文。若其他五要素齐备，而仅缺乏受命职事，也可认定其为册命性质的金文。如果周王之命超出了笔者所界定的范围，册命的时间、地点、右者、宣命史官及周王赏赐等要素及用语特征又不全部具备，则不能划入册命文范畴。另外，一些仅在册命金文中出现的词语也可以成为我们做出判断的重要依据，最具代表性者如"用事"一词。

第 三 章
西周册命金文的范畴与总数统计

西周时期的青铜器有相当一部分是为祖考宗庙的祭礼而制作的，铜器的铭文常会述明制作的缘由或背景，但对制器者而言，这并不是重点。此类铭文不是专门展示给外人阅读的，不追求行文的严谨、翔实。西周册命金文亦如是。因此，我们只需把握册命金文最本质的属性，即可有效界定其范畴。

经过第二章对 52 件含有"册命"一词的西周金文的分析，一篇完整的册命全文通常包含六项要素，其中最能反映西周册命制度本质的是周王通过册命的形式赋予受命者的职事，只要此一特征清晰无虞，即可断定该青铜铭文为册命文。若其他五要素齐备，而受命者职守的要素缺乏，也可认定其为册命性质的金文。如果周王之命超出了上述界定范围，而册命时间、地点、右者、宣命史官、周王赏赐等要素及用语特征也不完备，则该金文不能划入册命文行列。笔者将以此为判断标准，选出那些虽未含"册命"一词，但符合册命金文特征的西周金文，一同作为研究西周册命制度的基础史料。

第一节　有明确职事的册命金文

此类铭文虽无"册命"一词，但周王委派于受命者的职守清晰明确，与笔者所界定之管理王室财产等范畴相合，且其中大多数职事与前述52篇册命金文中出现的职事相似。现列举如下：

1. 同簋（《铭图》05323—24）铭曰：

　　唯十又二月初吉丁丑，王在宗周，格于大庙。荣伯右同，立中廷，北向。王命同：左右虞大父司场、林、虞、牧，自淲东至于河，厥逆至于玄水。世孙孙子子左右虞大父，毋汝有闲。对扬天子厥休，用作朕文考惠仲尊宝簋。其万年子子孙孙永宝用。

同簋铭文于册命金文六要素中缺少宣命史官和周王赐物。西周金文中的"左右"一词可作两种解释。一是附近、身边之意，如元年师旋簋铭之"官司丰还左右师氏"，可理解为丰还附近之师氏；师克盨铭中的"司左右虎臣"，指管理周王身边之虎臣。二是在某某之左右，可引申为辅佐之意。如《尚书·文侯之命》曰："亦惟先正克左右昭事厥辟。"再如师询簋之"克左右先王，作厥肱股"。同簋铭之"左右虞大父"及"世孙孙子子左右虞大父"，"左右"均为辅佐之意。虞，在文献中是执掌有关山泽政令的职官。贵族同受命辅佐虞大父管理自淲水以东至于黄河、溯流至于玄水的这片区域的场、林、虞、牧等职事，① 此与四十三年逨鼎、南宫柳鼎等册命金文所记载之职事有相同或类似之处。贵族同所担任的应是王朝司土系统之职事。铭中的"王命同"当是"王册命同"的省略用法。

2. 邰盨簋（《铭图》05215）铭曰：

　　唯元年三月丙寅，王格于大室，康公右邰盨。锡戠衣、赤⊖巿。曰：用嗣乃祖考事，作司土。盨敢对扬王休，用作宝簋，子子孙孙其永宝。

---

① 马承源主编：《商周青铜器铭文选》（三），第163页。

郜盨簋明确记载了周王命贵族郜盨"嗣乃祖考事，作司土"，即承继其祖考之职担任司土，与册命金文中的旨壶盖铭之"更乃祖考作冢司土于成周八自"大意相同，故可判定郜盨簋铭文亦属册命金文范畴。与同簋类似，郜盨簋也缺少史官宣命和周王赐物两方面的记载，其他要素俱备。

3. 免簠（《铭图》05974）铭曰：

> 唯三月既生霸乙卯，王在周，命免作司土，司奠还散眔吴眔牧，锡戠衣、銮。对扬王休，用作旅盨彝，免其万年永宝用。

贵族免即免簠铭文中受周王册命"胥周师司酱"之免。免簠铭文虽简短，但册命六要素俱全，而免簠铭文缺右者与宣命史官。铭中的"命免"当是"王册命免"之省。此次免受命的职司为"司奠还散眔吴眔牧"，"还"，还出现于元年师旋簋铭中，李家浩释之为县，指国都或大城邑四周的广大地区。故元年师旋簋中的"丰"与免簠中的"奠"是指丰、郑二都四周的地区。① 免簠铭中周王委任于免的职事与南宫柳、旨及郜盨类似。综合以上诸因素考虑，笔者以为宜将免簠铭文划入册命金文范畴。贵族免所受之册命还见载于免尊（《铭图》11805），铭文如下：

> 唯六月初吉，王在奠。丁亥，王格大室，井叔右免。王蔑免曆，命史懋锡免载市、同衡，作司工。对扬王休，用作尊彝，免其万年永宝用。

免尊铭文与免簠、免簋最大的不同点在于其中有"蔑曆"一词。关于

---

① 李家浩：《先秦文字中的"县"》，《文史》第28辑，中华书局1987年版，第49—58页。

蔑曆的含义，素来论说纷纭。① 西周金文中有一类赏赐是由于周王、主君或长官"蔑曆"臣下或属僚而起的，而因周王"蔑曆"而册命者，目前仅免尊一例。此次册命实是出于王室对免的一种奖励，这反映了西周中期册命性质的微妙变化，即已经开始成为王室奖赏贵族的一种政治荣誉。陈梦家认为，三免器中免簋的年代最早，② 贵族免先受命辅佐周师"司嗇"，后擢升为司土（免簋），单独主管"奠还嗇眔吴眔牧"。免尊的年代最晚，这是贵族免任司土后转任司工。免尊之"蔑曆"可能是由于周王对任司土一职者的表现较满意，故将其提升为司工。司工与司土同属三有司，地位与级别当无二，免从司土转为司工，似乎与擢升无关。但免簋之司土乃是地方司土，即郑地之司土，且周王在册命免为司土时，将其权限明确到"司奠还嗇眔吴眔牧"的范围内。这说明免此时只是郑司土某几项职责的负责人，还算不上郑地的司土或总负责人。而免尊铭中周王命其作司工，没有将其职权限定在具体某项职事上，说明免此时可能已经是某地的大司工或王朝司工。

被王室册命后尽职尽责而受擢升或嘉奖者，金文中不乏其人，如追簋（《铭图》05252—55）铭曰：

> 追虔夙夕恤厥尸事，天子多锡追休。追敢对天子覲扬，用作朕皇祖考尊簋。用享孝于前文人，用祈匄眉寿永命，畯臣天子灵终。追其万年子子孙孙永宝用。

恤，《尔雅·释诂》曰："忧也。"尸，《释诂》则曰："主也。"③"追虔夙夕恤厥尸事"即追夙夜敬忧自己所主管之事，因此周天子

---

① 对西周金文之"蔑歷"做过解释的代表性文章主要包括：赵光贤《释"蔑歷"》，《历史研究》1956 年第 1 期；于省吾《释"蔑曆"》，《东北人民大学人文科学学报》1956 年第 2 期；于省吾《读赵光贤先生"释蔑歷"》，《历史研究》1957 年第 4 期；唐兰《蔑曆新诂》，《文物》1979 年第 5 期。
② 陈梦家：《西周铜器断代》，第 182—183 页。
③ 《尚书·康王之诰》有"康王既尸天子"，孔传曰："尸，主也。"

才会"多锡追休"。

4. 柞钟（《铭图》15343—49）铭曰：

唯王三年四月初吉甲寅，仲大师右柞。柞锡载、朱衡、鋚。司五邑佃人事。柞拜手，对扬仲太师休，用作大林钟，其子子孙孙永宝。

柞钟铭文缺少册命地点、宣命史官两个要素。"佃人"即从事耕作之人，"司五邑佃人事"指的就是管理五邑之王田的耕作者。贵族柞所负责的属司土系统的职事。

5. 虢簋（《铭图》05295）铭曰：

唯廿又八年正月既生霸丁卯，王在宗周，格大室，即位。毛伯入右虢，立中廷，北向。王命作册宪尹锡虢銮旂，用胥师毃司佃人。虢拜手稽首，对扬天子休，用作朕文考欬父宝簋，孙子万年宝用。

虢簋铭文中的册命六要素齐备，只是没有"册命"一词。周王命贵族虢辅佐师毃"司佃人"，这与柞钟铭类似。因此，贵族虢亦当属司土系统的职官。

与司土有关的还有载簋（《铭图》05289），其铭曰：

唯正月乙巳，王格于大室。穆公入右载，立中廷，北向。王曰：载，命汝作司土，官司藉田。赐汝载衣、赤⊙市、鋚旂、楚走马，取徵五锊，用事。载拜稽首，对扬王休，用作朕文考宝簋。其子子孙孙永用。

载簋铭文缺少册命的宣命史官，其他要素皆备。贵族载受命"作司土"，其职权被限定于王室籍田的相关事务上。周王对载的赏赐物中有"楚走马"和"取徵五锊"两样。册命时赏赐"走马"等物，是非常少见的。而取徵之权则说明戡所管理的对象虽然是籍田，但籍田上劳动的人和相应的管理者，亦归其负责。

另有采隻簋（《铭图》05154—55），其铭曰：

> 王曰：采隻，命汝作司土。锡汝载衣、⊖市、銮旂，用事。采隻对天子休，用作姜女尊簋，其万年永宝用。

采隻簋铭文极其简略，缺少册命时间、地点、宣命史官及右者等要素，只记录了周王委派采隻的职事和赏赐。采隻作器的目的是"用作姜女尊簋"，既不是宗庙之器，也不是自用之器。姜女应该是采隻的妻子，此铜器应该是生活用器。

6. 恒簋盖（《铭图》05218—19）铭曰：

> 王曰：恒，令汝更峷克司直鄙。赐汝銮旂，用事。凤夕勿废朕令。恒拜稽，敢对扬天子休，用作文考公叔宝簋。其万年世子子孙孙虞宝用。

恒簋盖1974年出土于陕西扶风县强家村一处西周青铜器窖藏，同窖藏还出土了师𩵦鼎、即簋、师奂钟（《铭图》15350）等重要的有铭铜器。① 通过分析上述铭文可知，该铜器窖藏属于虢氏家族。其中的即簋（《铭图》05290）铭曰：

> 唯王三月初吉庚申，王在康宫，格大室。定伯入右即。王呼命汝：赤市、朱衡、玄衣、黹纯、銮旂。曰：司琱宫人、虢旛，用事。即敢对扬天子丕显休，用作朕文考幽叔宝簋。即其

---

① 吴镇烽、雒忠如：《陕西省扶风县强家村出土的西周铜器》，《文物》1975年第8期。

万年子子孙孙永宝用。

据即簋铭文显示，即的职责是"司琱宫人、虢旝"。该铜器群的出土地强家村就位于岐山脚下的周原北部。周原是周人早期的定居地，文王虽迁都于丰，但周邑的王宫宗庙等王室财产仍存不废，交由某些贵族负责管理，即就是此类贵族之一。马承源认为"虢旝"乃是人名；宫人，内宫官名。故"司琱宫人虢旝"意为继嗣琱宫人虢旝的职务。① 吴镇烽等认为"虢"像两虎对争之行。② 旝，从𣃘，而𣃘一般写作㫃，《说文》曰："㫃，旌旗之游。"古文中凡旗帜之属皆从㫃，如辅师𤗆簋铭中的"旟"、虎簋铭中的"旐"、燮簋（《铭图》04985）铭中的"㫃"。所以即簋中的"旝"当是王室所用的一类旌旅，如吴方彝盖中周王命吴掌管的"旃"和师虎簋中的"左右戏繁荆"。"虢旝"可能是画有双虎的旗帜。

恒的职司是"更𢍰克司直鄙"。更为代替之意，𢍰当为人名，直鄙的性质当如楚簋中的葊鄙。恒接替𢍰管理直鄙，所受的赏赐仅銮旂一项。

即簋铭文缺记宣命史官，其他诸要素皆备。但从"王呼命汝"可知，册命典礼中确有史官代王宣命，只是记载省略了。恒簋盖铭文更加省略，册命之时间、地点、宣命史官、右者等皆未记录，仅以"王曰"的形式交代了周王册命的职事和赏赐。

7. 微䜌鼎（《铭图》02447）

唯王廿又三年九月，王在宗周。王令微䜌䉃司九陂。䜌作朕皇考𩰬彝尊鼎，䜌用享孝于朕皇考，用赐康劋鲁休、纯佑眉寿、永命灵终，其万年无疆，䜌子子孙永宝用享。

---

① 马承源主编：《商周青铜器铭文选》（三），第169页。
② 吴镇烽、雒忠如：《陕西省扶风县强家村出土的西周铜器》，《文物》1975年第8期。

郭沫若认为"陂，沱也，盖命管理川虞、泽虞之属"，① 那么微夒亦当属司土系统的职官。微夒鼎铭文未记载宣命史官、右者和周王赏赐三项。

8. 康鼎（《铭图》02440）铭曰：

> 唯三月初吉甲戌，王在康宫。荣伯入右康。王命：死司王家。命汝幽衡、鋚勒。康拜稽首，敢对扬天子丕显休。用作朕文考釐伯宝尊鼎，子子孙孙其万年永宝用。奠丼。

康鼎铭末有"奠丼"一词，为贵族康的氏名。铭文显示，周王册命丼氏家族的分支奠丼氏宗子康"司王家"之职，这与"司毕王家"的贵族望、"从司王家外内"的贵族蔡、"司康宫王家臣妾"的宰兽相似。康之所司虽未明言，但从他的氏名可以大致推断，应该是奠地王家宫室宗庙及臣仆等王室财产。奠丼康与虢氏家族的恒、即类似，都是从大族中分离出来的旁支小宗。他们没有留在本家族内寻求生存资源和政治地位，而是选择依附王室。

9. 殷簋（《铭图》05305）铭曰：

> 唯王二月既生霸丁丑，王在周新宫。王格大室，即位。士戍右殷，立中廷，北向。王呼内史䚄命殷：锡巿、朱衡。王若曰：殷，命汝更乃祖考友司东鄙五邑。殷拜稽首，敢对扬天子休，用作宝簋，其万年宝用，孙孙子子其永宝。

殷簋铭文于册命诸要素尽皆齐备。殷的职责是"更乃祖考友，司东鄙五邑"。更，取代之意。友，僚属也。"更乃祖考友"，即取代祖考僚属之意。五邑，常见于西周金文记载，如虎簋盖、救簋盖、

---

① 郭沫若：《郭沫若全集·考古编》第8卷《两周金文辞大系图录考释》（二），第265页。

柞钟、元年师兑簋、郘簋等。"五邑"，斯维至认为似为"古时之行政单位也"，① 李峰认为是渭河平原最重要的五个城市。② 但殷所司的"东鄙五邑"恐非上述之五邑。殷簋铭记载周王赏赐殷的物品很少，仅有"市、朱衡"，说明殷的政治地位不高。从殷的政治地位考虑，五邑的规模应该并不大，可能是王都东鄙的五个小邑。这五邑本由殷的祖考管理，后不知何故改由其祖考的僚友代管，再通过册命转交于殷。最有可能的情况是，在父亲去世时，殷因年幼而未能接替父祖职，只能由父祖的僚友代理其事。直至殷年长才重新承袭父祖之职事。据《左传》襄公十三年："荀罃、士鲂卒……新军无帅，晋侯难其人，使其什吏率其卒乘官属，以从于下军。"此时晋国有四军，即上、中、下、新军，每军设军帅及佐各一人，共八卿。荀罃为中军帅，其长子知朔早死，知朔之子知盈六岁时荀罃去世。士鲂为士会之子，襄公九年担任下军佐。士鲂死时其子彘裘也年幼。《左传》襄公十四年："于是知朔生盈而死，盈生六年而武子卒，彘裘亦幼，皆未可立也。新军无帅，故舍之。"杨伯峻注："晋国之所谓无帅者，强宗世袭卿位，知氏、士氏皆强宗，而其嗣年弱小耳。"③ 因荀氏、彘氏宗主年幼，暂时不能担任公职，晋君没有命其他家族代领其职，而是命新军"什吏率其卒乘官属，以从于下军"，最后竟取消新军编制。殷簋中贵族殷面临的情况与此类似。这反映了职务世袭是西周春秋时期的通例，所有人不以为怪，国君也需尊重贵族的世袭权力。

10. 南季鼎（《铭图》02432）铭曰：

唯五月既生霸庚午，伯俗父右南季。王锡赤㠯市、玄衣、黹纯、銮旂。曰：用左右俗父司寇。南季拜稽首，对扬王休，

---

① 斯维至：《两周金文所见职官考》，载《斯维至史学文集》，第13页。
② 李峰：《西周的政体——中国早期的官僚制度和国家》，吴敏娜等译，第167页。
③ 杨伯峻编著：《春秋左传注（修订本）》，第1117页。

用作宝鼎，其万年子子孙孙永用。

南季鼎铭文缺少册命地点、宣命史官两个要素。南季的职责是辅佐伯俗父"司寇"，故有学者认为伯俗父是王朝大司寇，南季为小司寇。① 陈絜等则认为，司为动词，是治理、管理、主司之意。"左右俗父司寇"应理解为辅佐伯俗父治理寇盗之事。②

11. 师克盨（《铭图》05680—81）铭曰：

> 王若曰：师克，丕显文武，膺受大命，匍有四方。则由唯乃先祖考有功于周邦，捍御王身，作爪牙。王曰：克，余唯经乃先祖考，克令臣先王。昔余既命汝，今余唯申熹乃命，令汝更乃祖考䶊司左右虎臣。锡汝秬鬯一卣，赤市、五衡、赤舄、牙僰、驹车、贲较、朱虢、靳靳、虎冟、熏里、画轉、画轎、金甬、朱旂，马四匹、鋚勒，索戈。敬夙夕勿废朕命。克敢对扬天子丕显鲁休，用作旅盨。克其万年子子孙孙永宝用。

师克盨是西周晚期器物，与之年代相近的还有一套"克器"。③ 郭沫若认为师克盨与"克器"是同一人所作，④ 陈梦家已辨其非是。⑤ 周王命师克"司左右虎臣"，与无叀鼎（《铭图》02478）"官司穆王正侧虎臣"相同。师酉簋（《铭图》05346—49）铭亦曰："嗣乃祖啻官邑人、虎臣。"因此，虽然师克盨铭文册命诸要素多不齐备，

---

① 徐宗元：《金文中所见官名考》，《福建师范学院学报》1957 年第 2 期。

② 陈絜、李晶：《牙季鼎、扬簋与西周法制、官制研究中的相关问题》，《南开学报》2007 年第 2 期。

③ "克器" 于 1888 年出土于陕西扶风县，主要有克钟、克鼎（参陈梦家《西周铜器断代》，第 247 页）。另有大、小克鼎和克盨、克镈等，早已著录于世。因作器者均名为 "克"，故被视为同一人所作。

④ 郭沫若：《郭沫若全集·考古编》第 8 卷《两周金文辞大系图录考释》（二），第 241—243、259—262 页。

⑤ 陈梦家：《西周铜器断代》，第 316—317 页。

但依然可算是册命性质的金文。

12. 吕服余盘（《铭图》14530）铭曰：

> 唯正二月初吉甲寅，备仲入右吕服余。王曰：服余，令汝更乃祖考事，胥备仲司六𠂤服。赐汝赤市、幽衡、鋚勒、旂。吕服余敢对扬天丕显休命，用作宝盘盉，其子子孙孙永宝用。

吕服余盘缺少册命的地点和宣命史官。与南季鼎类似，吕服余的右者也是其受命辅佐的对象。其职责是"胥备仲司六𠂤服"，即辅佐备仲管理六𠂤之"服"。王慎行认为，周王"册命吕服余作为副职，来佐助备仲主管六师的军务"。① 李学勤则认为"服"可作戎服解，《周礼》有司服一职，而该盘的作者又名"服余"，如同卫簋等器的作者"裘卫"为司裘，故吕服余的官职很可能就是司服。周王册命吕服余辅助备仲管理六军的戎服，即韦弁服。② 上文曾指出西周的"服"是贡纳和劳役，金文中从未有将"服"用于指称衣裳的证据。据赵世超推断，以诸侯、臣宰和族长为主体的西周服制管理者，在履行职责时还需"穿上与自己之职位相应的衣和裳，所以，上衣下裳也开始被统称为衣服"。③ 士山受命征收诸方国之"服"，可证西周时期的"服"可理解为属国对王室承担的某种劳役或贡赋。④ 从吕服余盘铭文来看，不仅外服诸侯和方国有"服"，畿内的邦君、贵族及各类群体亦对王室承担相应的"服"。⑤ 所以

---

① 王慎行：《吕服余盘铭考释及其相关问题》，《文物》1986年第4期。
② 李学勤：《论西周金文的六师、八师》，《华夏考古》1987年第2期。
③ 赵世超：《中国古代等级制度述论》，载《中西早期历史比较研究》，第180页。
④ 董珊：《谈士山盘铭文的"服"字义》，《故宫博物院院刊》2004年第1期。
⑤ 赵世超：《中国古代等级制度述论》，载《中西早期历史比较研究》，第178—179页。

吕服余的职守应该理解为辅佐备仲主管六𠂤向王室服役、纳贡。

13. 静方鼎（《铭图》02461）铭曰：

唯七月甲子王在宗周，令师中𬨎静省南国，相𠭰𡎸。八月初吉庚申至，告于成周，月既望丁丑，王在成周大室，命静曰：俾汝司在曾、噩𠂤。王曰：静，锡汝鬯、旂、巿、采𦏻。曰：用事。静扬天子休，用作父丁宝尊彝。

学者多认为该鼎为昭王时代的器物，① 作器者与小臣静簋、静卣、静簋中的"静"为同一人。② 昭王伐楚是西周前期的一件大事，逨盘铭文在追述先祖在昭、穆两王时期的事迹时说："雩朕皇高祖惠仲盩父，盭龢于政，有成于猷，用会昭王、穆王，逌政四方，厥伐楚荆。"说明直至穆王时期，周人对荆楚的南征之役尚未彻底终止。静方鼎铭文与此事件或有关联。曾与噩都是周人在南国的军事重镇，静则受命监管在曾、噩戍守的"𠂤"。笔者已于上文论述，"𠂤"为臣属于王室的族群，他们有向周王室服役、纳贡的职责。昭王南征最后是以失败告终的，但南国地区仍在周人的控制之中。𡎸为行屋，是周王的行宫。昭王时期就曾派人在南国地区修建了行宫，如中甗（《铭图》03364）曰："王令中先省南国贯行，埶𡎸在曾。"中方鼎（《铭图》02383）也记载："唯王令南宫伐反虎方之年，王令中先省南国贯行，埶王𡎸。"埶读如蓺，或作蓻，《广雅·释诂》云："蓻，治也。"③ 这显然是在为昭王南征做准备。而据静方鼎记载，周王在宗周，派遣师中和静"省南国，相𠭰𡎸"。

---

① 张懋镕：《静方鼎小考》，《文物》1998年第5期；王占奎：《关于静方鼎的几点看法》，《文物》1998年第5期；刘启益：《静方鼎等三器是西周昭王十六年铜器》，《中国历史文物》2009年第4期。

② 王长丰：《〈静方鼎〉的时代、铭文书写者及其相关联的地理、历史》，《华夏考古》2006年第1期；王占奎：《关于静方鼎的几点看法》，《文物》1998年第5期。

③ 唐兰：《西周青铜器铭文分代史征》，第284页。

《尔雅·释诂》曰："监、瞻、临、莅、俯、相，视也。"相为视之意，即检查也。中甗与中方鼎记载的任务是"埶𥎦"，埶为修建之意，而师中与静的任务是"视𥎦"。由此来看，静方鼎的年代当在中方鼎、中甗之后。

较合理的推测是，昭王为了南征，曾派遣师中和静检查南国的王室行宫，后又命静"司在曾、噩𠂤"。据《国语·周语上》记载，宣王三十九年，王室调遣的南国之师败绩于姜氏之戎，经此惨败，宣王不得已而"料民于太原"。此南国之师，很可能就是西周早期安置于曾、噩等地防御南夷、荆楚之"𠂤"。静方鼎是现有资料中年代最早的册命金文。铭文只交代册命的背景，却未记载仪式的过程，大概此时的册命礼正处于形成的初期阶段，故铭文书写尚不完备。

14. 逑盘（《铭图》14543）铭曰：

逑曰：丕显朕皇高祖单公，桓桓克明哲厥德，夹绍文王、武王挞殷，膺受天鲁命，匍有四方，并宅厥勤疆土，用配上帝。雩朕皇高祖公叔，克逑匹成王，成受大命，方狄丕享，用奠四国万邦。雩朕皇高祖新室仲，克幽明厥心，柔远能迩，会绍康王，方怀不廷。雩朕皇高祖惠仲盠父，盭龢于政，有成于猷，用会昭王、穆王，调政四方，扦伐楚荆。雩朕皇高祖零伯，𨽶明厥心，不坠□服，用辟恭王、懿王。雩朕皇亚祖懿仲，往諫諫，克辅保厥辟孝王、夷王，有成于周邦。雩朕皇考恭叔，穆穆趩趩，龢询于政，明齍于德，享辟厉王。逑肇缵朕皇祖考服，虔夙夕敬朕死事。肆天子多赐逑休。天子其万年无疆耆黄耇，保奠周邦，諫辪四方。王若曰：逑，丕显文武，膺受大命，匍有四方。则繇唯乃先圣祖考，夹绍先王，辥勤大命。今余唯经乃先圣祖考，申𢾡乃命，令汝胥荣兑，𩵦司四方虞、薔，用宫御。赐汝赤巿、幽衡、鋚勒。逑敢对天子丕显鲁休扬，用作朕皇祖考宝尊盘，用追享孝于前文人。前文人严在上，翼在下，數數橐橐，降逨鲁多福，眉寿绰绾，授余康虞纯祐通禄，永命灵终。逨畯臣天子，子子孙孙永宝用享。

逨盘于 2003 年出土于陕西眉县杨家村，同窖藏还有四十二年逨鼎和四十三年逨鼎。四十三年逨鼎铭文有"册命"一词。从铭文对比来看，逨盘的制作年代要早于四三十年逨鼎。贵族逨出身于西周显贵单氏家族，但逨称其父"恭叔"，可知逨并非单氏大宗，而是从单氏家族分离出来的小宗。周王命逨"胥荣兑，羹司四方虞、蓍，用宫御"，意为命逨辅佐荣兑管理四方川林，征收其物资以备宗庙祭祀之用。

15. 询簋（《铭图》05378）铭曰：

王若曰：询！丕显文武受命，则乃祖奠周邦。今余命汝啻官司邑人，先虎臣后庸，西门夷、秦夷、京夷、𢎭夷、师笭、侧新、□华夷、卑身夷、匚人、成周走亚、戍、秦人、降人服夷。赐汝玄衣、黹纯、载市、同衡、戈琱戟、厚柲、彤沙、銮旂、鋚勒，用事。询稽首，对扬天子休命，用作文祖乙伯、同姬尊簋。询万年子子孙孙永宝用。唯王十又七祀，王在射日宫。旦，王格，益公入右询。

传世还有师询簋（《铭图》05402），其铭曰：

王若曰：师询！丕显文武膺受天命，亦则于汝乃圣祖考克辅右先王，作厥肱股。用夹绍厥辟，奠大命，盩龢于政。肆皇帝亡斁，临保我有周，雩四方民亡不康静。王曰：师询，哀哉！今日天疾畏降丧，首德不克夌，故亡承于先王。向汝伋纯恤周邦，绥立余小子，载乃事，唯王身厚稽。今余唯申熹乃命，命汝惠雍我邦小大猷，邦佑潢辥。敬明乃心，率以乃友捍御王身，欲汝弗以乃辟陷于艰。赐汝秬鬯一卣、圭瓒、夷犹三百人。询稽首，敢对扬天子休，用作朕烈祖乙伯、同益姬宝簋。询其万思年子子孙孙永宝用，作州宫宝。唯元年二月既望庚寅，王格于大室，荣入右询。

询簋称先祖为"文祖乙伯、同姬"，师询簋称其先祖为"烈祖乙伯、同益姬"，二器应为同一人所作。又师西簋作器者称其父为"乙伯、冀姬"，故学者大都认为师西与询为父子关系。师西受命管理"邑人、虎臣、西门夷、橐夷、秦夷、京夷、畁狐夷、新"，而询的管理权限较之其父略有增加。周王对师询说："向汝汲纯恤周邦，绥立余小子。"可知师询在拥立新王时有所贡献。西周末年只有厉宣之际方有拥立新王的可能，那么师询很可能在厉王死后参与拥立宣王而受王室赏赐。师询簋铭文与一般册命金文很不一样，周王只嘱咐师询"率以乃友捍御王身，欲汝弗以乃辟陷于艰"，没有增加师询的职权，或命其管理其他某项事务。因此，师询簋记载的此次册命，属于荣誉、嘉奖性质，反映了册命礼在王朝政治生活中的另一项政治功能。

册命本是王室委派贵族某种职事的仪式，随着时代的发展，其逐渐成为王室表彰功勋、奖励臣属的手段和工具，也是贵族获得荣誉、提高自身政治地位的一种途径。后世文献中记载的三命、五命乃至九命等通过受命的次数来划分政治级别的做法就是起源于这样的观念。从这个角度看，师询簋不是一篇常规的册命金文，虽然它具备册命金文常见的时间、地点、右者及赏赐诸要素。师询所受的赏赐物品也与一般的册命金文大不相同，没有命服，而其中的"夷犹三百人"更具酬劳的意味。

16. 趞簋（《铭图》05304）铭曰：

唯三月，王在宗周。戊寅，王格于大庙，密叔右趞，即位。内史即命，王若曰：趞，命汝作齲白冢司马，啻官仆、射、士，讯小大有隣，取徵五锊。锡汝赤市、幽亢、銮旂，用事。趞拜稽首，对扬王休，用作季姜尊彝，其子子孙孙万年宝用。

趞簋铭文于册命诸要素尽皆齐备，仅缺少"册命"一词。趞受命"作㝇自冢司马，啻官仆、射、士，讯小大有粦"。趞担任㝇自地区的冢司马，所管辖的群体包括"仆、射、士"等。趞的职责在于讯讼，有取徵之权。贵族趞取徵之数额仅"五锊"，因此他的政治地位应当远低于親簋中的司马親。

17. 善鼎（《铭图》02487）铭曰：

唯十又二月初吉，辰在丁亥，王在宗周，王格大师宫。王曰：善，昔先王既令汝佐胥㽙侯，今余唯肇申先王令，命汝佐胥㽙侯，监䣙师戍。锡汝乃祖旂，用事。善敢拜稽首，对扬皇天子丕㽙休，用作宗室宝尊。唯用绥福，唬前文人，秉德恭纯，余其用格我宗子与百生，余用匄纯鲁于万年，其永宝用之。

善鼎缺少册命的右者、宣命史官，善受命辅佐㽙侯"监䣙师戍"，䣙为地名。"师戍"有两种解释。其一，师为师氏的简称，则戍为动词，有戍守之意。彔𢕌尊（《铭图》11803）："王令𢕌曰：𧭙！淮夷敢伐内国，汝其以成周师氏戍于古𠂤。"其二，戍为名词，指某类人群，如询簋中的"西门夷、秦夷、京夷、㽙夷、师笭、侧新、□华夷、𢇛身夷、匩人、成周走亚、戍、秦人、降人服夷"。䣙本是周人故居，《诗经》有"䣙风"七篇，其中五篇与征伐有关，[①]可见䣙为西周之军事要塞。此地有师氏戍守，或由师氏、戍驻守，都属情理之中。

[①] 孙作云：《说䣙在西周时代为北方军事重镇——兼论军监》，《河南师大学报》1983年第1期。

18. 齹簋（《铭图》05242）铭曰：

　　唯王正月，辰在甲午，王曰：齹，命汝司成周里人眔诸侯、大亚，讯讼罚，取徵五锊。锡汝夷臣十家，用事。齹拜稽首，对扬王休命，用作宝簋，其子子孙孙宝用。

齹簋铭文缺少册命地点、宣命史官及右者等要素。周王授予齹的职事是"司成周里人眔诸侯、大亚"，看上去似乎权力很大，如同成周地区的最高行政长官。但齹的管理权受到了严格限制，主要是负责"讯讼罚"，即处理成周地区各级贵族间的纠纷。从"取徵五锊"看，贵族齹的政治地位和权力是相当有限的，与担任幽𠂤地区冢司马的贵族趞相当，低于作"冢司马"、"取徵十锊"的司马齞。另外，周王赐予齹的仅"夷臣十家"而已，也可见其政治地位并不很高。

19. 曶鼎（《铭图》02515）铭曰：

　　唯王元年六月既望乙亥，王在周穆王大［室］，王若曰：曶，令汝更乃祖考司卜事。锡汝赤𢆷［巿］、囗，用事。王在还宫，井叔锡曶赤金鋚，曶受休［命于］王。曶用兹金作朕文考宎伯𩛛牛鼎。曶其［万年］用祀，子子孙孙其永宝。

另据曶壶盖铭记载，周王命贵族曶"更乃祖考作冢司土于成周八𠂤"。彭裕商认为曶壶中的曶与曶鼎的作者并非同一人。① 二人均受命继承祖考之旧职，一个是"司卜事"，另一个是"作冢司土"，职官系统不同，故二人仅为同名。曶的职守是"司卜事"，以自己的专业技能服务于周王，这与大多数管理王室财产的受命者有所不同。曶所受的职事不是新命，而是继承祖考旧职。

---

① 彭裕商：《西周青铜器年代综合研究》，第486—487页。

西周金文中还有召簋（《铭图》05217）[①]，其铭曰：

唯四月初吉丙午，王命召，锡载市、同衡、鎣、鍍，曰：用事，司奠駬马。叔朕父嘉召曆，用赤金一钧，用对扬王休。作宝簋，子子孙孙其永宝。

此铭中的贵族召与上述又有所不同，周王命其"司奠駬马"，张光裕认为是管治郑地马政，可能与司马的职位相等。"駬马"也有可能是如"走马"一类的群体。由于"马"的前一字无法释读，故可存疑。

2008—2010年，山东省文物考古研究所对高青县陈庄遗址进行勘探与发掘，经确认，陈庄遗址为西周时期的城址。城内共清理14座西周墓葬，多属西周中期，个别为早期晚段，出土青铜器50余件。[②] 其中M35出土的引簋（《铭图》05299—300），其铭曰：

唯正月壬申，王格于恭大室。王若曰：引，余既命汝更乃祖䵼司齐𠂤，余唯申命汝。赐汝彤弓一，彤矢百，马四匹。敬乃御，勿败绩。引拜稽首，对扬王休。同쭗，追俘吕兵，用作幽公宝簋，子子孙孙宝用。

朱凤瀚认为引簋的花纹形制符合西周中期以后的特征，且铭文有"恭大室"，故该器当属懿王、孝王时器，[③] 则M35的年代应是夷王时期，墓主人活动于西周中期偏晚至晚期初懿王至夷王这一时期。

M35墓主引继承其祖"䵼司齐𠂤"，可知引越过其父直接继承

[①] 张光裕：《新见召簋铭文对金文研究的意义》，《文物》2000年第6期。
[②] 山东省文物考古研究所：《山东高青县陈庄西周遗址》，《考古》2010年第8期；山东省文物考古研究所：《高青县陈庄西周遗存发掘简报》，《海岱考古》第4辑，科学出版社2011年版。
[③] 李学勤等：《山东高青县陈庄西周遗址笔谈》，《考古》2011年第2期。

祖职。引簋又曰"用作幽公宝簋"，此"幽公"很可能是引的父亲。"幽"这样的谥号，在西周金文中很常见，本无恶意，大约是对战死或早死者的哀称，也许是周幽王之后，才成为恶谥。周王对引的赏赐为"彤弓一，彤矢百，马四匹"，与一般的册命赐物不大相同。笔者以为，贵族引继承其祖旧职，又与作战有关，很可能是因军功而受到的荣誉性质的册命。

关于引簋中的"齐𠂤"，有学者认为是指齐国军队。① 但有不少学者提出"齐𠂤"隶属周王室直接指挥的武装力量。② 王恩田则认为，𠂤是"官"字初文，本义是指房舍。"司齐𠂤"意为管理齐馆内的事务，并统率馆内戍卒。③

"齐𠂤"还曾出现于史密簋和妊小簋，师寰簋铭文有"齐帀"一词，学界普遍认为"𠂤"与"帀"是"师"字的异体，"齐𠂤"与"齐帀"即指"齐师"。但是我们仔细分析史密簋和师寰簋铭文就会发现，二者在行文中还是有区别的。据史密簋记载，周王命师俗、史密东征，而东征的武装力量有三种，即"齐𠂤、族土、遂人"。所谓"族土"是指族徒。④ 师俗统率的"齐𠂤、遂人"为左路军，史密率"族人、釐白、僰、屖"为右路。进一步看，师俗率领的正是"齐𠂤、族土、遂人"中的"齐𠂤、遂人"，史密率领的"族人、釐白、僰、屖"应该就是"族土（徒）"，也就是诸侯方国的武装。由铭文的书写格式来看，齐𠂤应该与遂人的性质相似，是直接隶属于王室的群体组成的武装力量。

---

① 方辉：《高青陈庄铜器铭文与城址性质考》，《管子学刊》2010年第3期；李学勤等：《山东高青县陈庄西周遗址笔谈》，《考古》2011年第2期。
② 魏成敏：《陈庄西周城与齐国早期都城》，《管子学刊》2010年第3期；李零：《读陈庄遗址出土的青铜器铭文》，《海岱考古》第4辑，科学出版社2011年版；孙敬明：《陈庄遗址——齐地、齐师》，《管子学刊》2012年第2期。
③ 王恩田：《申簋考释——兼说高青陈庄齐国公室墓地的年代与墓主》，《海岱考古》第4辑，科学出版社2011年版。
④ 李学勤：《史密簋铭所记西周重要史实考》，《中国社会科学院研究生院学报》1991年第2期。

据师袁簋铭文显示，周王命师袁率领"齐币、冀、鳌、僰、尸、左右虎臣，征淮夷"。其中齐、冀、鳌、僰、尸显然是方国武装，而左右虎臣属于王室武装。"齐币"仅此一见，如果"币"可以理解为"自"的异体，进而看作代指军队的"师"，那么为何冀、鳌、僰、尸等军队不能称冀币、鳌币、僰币、尸币，而只有齐国军队称"齐币"？可见，师袁簋铭文断句应该是"今余肇令汝率齐、币、冀、鳌、僰、尸、左右虎臣，征淮夷"，币与齐、冀、鳌、僰、尸类似，属于方国名。

从史密簋铭文来看，齐自与遂人是受王室大臣师俗率领，与史密统率的方国武装不同。引簋铭中提到的"齐自"显然与齐国并无关系，因为引簋出土的高青陈庄西周遗址总面积不足4万平方米，城墙仅南部有一个城门，规模狭小，不可能是齐国都城。① 另外，城内最早的遗迹如台基、房址和部分灰坑均属于西周早期偏晚或中期偏早阶段，说明该城址是西周早期在无人居住的高地上新建的。② 同时，这也从侧面表明此城址不可能是齐胡公所迁都之薄姑，因为薄姑早在商代即已被开发，周公东征时被灭。若陈庄遗址确为薄姑，应该会出土西周之前的遗迹。

陈庄遗址还出土了14座墓葬，其中西周早期的M18出土了7件有铭铜器，M17出土了有铭铜器1件，器主均为"丰启"，并且是为了纪念"厥祖齐公"而作。而2件同铭的引簋则出土于西周中期晚段的M35。曹斌根据西周中后期出现的灰坑及居址大量出现并打破城墙、祭坛边缘的现象推测该城址在西周中期偏晚阶段曾遭到破坏，其特点和类型发生过转变。③ 那么，西周早期晚段的M17和M18墓主与西周中期晚段的M35墓主恐怕并非出自同一个家族。贵族引的家族与姜姓齐国无关，引接受册命应该与西周后期参与平

---

① 方辉：《高青陈庄铜器铭文与城址性质考》，《海岱考古》第4辑，科学出版社2011年版。
② 山东省文物考古研究所：《山东高青县陈庄西周遗址》，《考古》2010年第8期。
③ 曹斌：《山东高青县陈庄遗址性质探析》，《考古》2018年第3期。

息齐国内乱有关。

综合以上信息，再结合上文对商周时期"𠂤"的性质的讨论，笔者以为"齐𠂤"并非齐国军队，而是隶属王室、驻守于东方的群体，与静方鼎中的"曾、噩𠂤"相似。

此外，从引簋铭文及陈庄遗址，还可以得出以下启示：我们一直以为西周时期的王畿只有成周和宗周地区，实则南国和东方也有直属于王室的族群和领地。南国地区自昭王时就成为周人经营的重点，昭王死后，虽然于金文及文献难见王室活动于南国的记载，但周人并未放弃此地：一方面，于南国大举封建诸侯，即所谓"汉阳诸姬"；另一方面，册命贵族管理王室在南国的领地与民众，如小臣静受命"司在曾、噩𠂤"。由引簋铭文推测，周王还曾派贵族引的家族迁徙至陈庄一带，建立军事据点，因其地与齐国相近，故称"齐𠂤"。陈庄遗址内未发现引祖父的墓葬，这说明周人在此处设立军事据点并不打算长久驻守，引之先祖可能效仿齐国前五代国君而"反葬于周"。[①] 当周末王室逐渐衰微时，"齐𠂤"很可能与"曾、噩𠂤"一样走向衰亡。

20. 救簋盖（《铭图》05278）：

> 唯二月初吉，王在师司马宫大室，即位。井伯入右救，立中廷，北向。内史尹册锡救：玄衣、䘱纯、旂四日。用大备于五邑守堰。拜稽首，敢对扬天子休，用作宝簋，其万年子子孙孙永宝用。

救簋盖的册命诸要素皆备，只是以"册锡"取代了"册命"。笔者以为"册锡"应该是"册命"和"赏赐"的简写。"命"与"赐"本就是册命礼的重点，两者的具体内容都是书写于竹简、当庭宣读后交予受命者的，所以西周金文中很多"册锡"事件其实就是册命。如趞鼎（《铭图》02479）铭曰：

[①] 《礼记·檀弓上》曰："太公封于营丘，比及五世，皆反葬于周。"

唯十又九年四月既望辛卯，王在周康昭宫。格于大室，即位。宰讯右趞入门，立中廷，北向。史留受王命书，王呼内史赢册锡趞：玄衣、纯裳、赤市、朱衡、銮旂、銮勒，用事。趞拜稽首，敢对扬天子丕显鲁休。用作朕皇考藂伯、郑姬宝鼎，其眉寿万年，子子孙孙永宝。

趞鼎为宣王时期的器物，① 其铭文于册命诸要素中只缺少记载周王委派的职事。但趞鼎铭文在列举赏赐物后，还有"用事"一语。因此，虽然趞鼎铭文未交代贵族趞受命的具体职事，但仍属册命金文无疑。

又有寰鼎（《铭图》02482）：

唯廿又八年五月既望庚寅，王在周康穆宫。旦，王格大室，即位。宰頵右寰入门，立中廷，北向。史𩁹受王命书，王呼史减册锡寰：玄衣、裳纯、赤市、朱衡、銮旂、銮勒、戈琱䖍、厚柲、彤沙。寰拜稽首，敢对扬天子丕显叚休命，用作朕皇考郑伯、姬尊鼎，寰其万年子孙永宝用。

寰鼎也仅缺受命者职事，而于其他册命要素尽皆齐备。

又如四年瘐盨（《铭图》05671—72）记载：

唯四年二月既生霸戊戌，王在周师录宫，格大室，即位。司马共右瘐。王呼史敖册锡瘐赤靳、虢市、銮勒。敢对扬天子休，用作文考宝簋，瘐其万年子子孙孙其永宝。木羊册。

另有十三年瘐壶（《铭图》12436—37），其铭曰：

---

① 彭裕商：《西周青铜器年代综合研究》，第496—497页。

唯十又三年九月初吉戊寅，王在成周司土淲宫，格大室，即位。犀父右瘨，王呼作册尹册锡瘨：画靳、牙僰、赤舄。瘨拜稽首，对扬王休，瘨其万年永宝。

瘨盨与瘨壶1976年出土于陕西省扶风县庄白大队的一处西周青铜窖藏，[①] 同时出土的还有著名的史墙盘。从史墙盘铭文列举文王至穆王时期历代周王的功勋及该家族世系推测，史墙主要活动于共王时期，瘨为史墙之子，生活的时代又在共王之后。史墙称其始祖为"微史烈祖"而自称"史墙"，可见其家族一直有"史"的职衔，世代承袭不废。瘨作为微史家族的宗主，其职守早已固定。因此周王虽然两次对瘨进行"册锡"，但都只是赏赐物品，而没有具体的职事委派。笔者判断对瘨的两次册命均属于"荣誉"性质，体现出的是王室对该家族的嘉奖与荣宠，与一般的授命管理王室财产不同。

还有七年师兑簋（《铭图》05302）：

唯七年五月初吉甲寅，王在康昭宫，格康庙，即位。毕叔右师兑，入门，立中廷。王呼内史尹册锡汝师兑𤞷膺，用事。师兑拜稽首，敢对扬天子丕显鲁休。余用自作宝䵼簋，师兑其万年子子孙孙永宝用。

师兑所作之器还有元年师兑簋和三年师兑簋，元年和三年器分别记载了周王册命师兑"胥师龢父司左右走马、五邑走马"和"𢇛司走马"。元年器应当是师兑第一次受命，主要是辅佐师龢父；三年器则是师兑在周王"申䖒乃命"后，受命独自管理"走马"，即由师龢父的副手转为正职。而七年师兑簋只记载了周王赏赐及"用

---

① 陕西周原考古队：《陕西扶风县云塘、庄白二号西周铜器窖藏》，《文物》1978年第11期。

事",并没有新的职事任命,可知此次册命也属荣誉性质。

再如走马休盘(《铭图》14534),其铭曰:

> 唯廿年正月既望甲戌,王在周康宫。旦,王格大室,即位。益公右走马休,入门,立中廷,北向。王呼作册尹锡休:玄衣、黹纯、赤市、朱衡、戈琱戟、彤沙、厚柲、鋚勒。休拜稽首,敢对扬天子丕显休命,用作朕文考日丁尊盘。休其万年,子子孙孙永宝。

贵族休的身份为"走马",铭文中周王并没有重新委派其新的职事,可见对休的此番册命也属荣誉性质,与职事授予无关。

西周金文中还有一类"册赉"性质的铭文,看似与"册锡"相同,实则二者有明显差异。如四十二年逑鼎(《铭图》02501)铭文:

> 唯卌又二年五月既生霸乙卯,王在周康穆宫。旦,王格大室,即位。司工散右吴逑,入门,立中廷,北向。尹氏授王赉书,王呼史淢册赉逑。王若曰:逑,丕显文武膺受大命,敷有四方。则繇唯乃先圣祖考,夹绍先王,爵勤大令,奠周邦。余弗暇忘圣人孙子,余唯闻乃先祖考有爵于周邦。肆余作盨询。余肇建长父侯于杨,余令汝奠长父休,汝克奠于厥自。汝唯克型乃先祖考,戎猃狁出捷于井阿,于厯岩。汝不艮戎,汝光长父以追搏戎,乃即宕伐于弓谷。汝执讯获馘,俘器、车马。汝敏于戎功,弗逆朕新命。赉汝秬鬯一卣,田于陝卅田,于陴廿田。逑拜稽首,受册赉以出。逑敢对扬天子丕显鲁休扬,用作鼎彝,用享孝于前文人。其严在上,翼在下,穆穆秉明德,懿懿彙彙,降余康虔纯祐通禄永命,眉寿绰绾,畯臣天子。逑其万年无疆,子子孙孙永宝用享。

速盘铭文虽然没有册命的时间、地点、右者等要素，但明确记载了周王授予速"胥荣兑，䫌司四方虞、林，用宫御"的职事；而四十三年速鼎铭中既有周王授予速"官司历人"的职事，还含有"册命"一词，故笔者将速盘和四十三年速鼎列为册命金文。但四十二年速鼎的情况有所不同。据铭文"尹氏授王赉书，王呼史减册赉速"，速所受者为"赉书"，而非"命书"。《尔雅·释诂》曰："赉、贡、锡、畀、予、贶，赐也。"看上去"赉"与"锡"同义，但实则西周金文中的"册赉"与"册锡（命）"各有所指。如趞鼎铭文所示：

> 史留受王命书，王呼内史赢册锡趞：玄衣、纯黼、赤市、朱衡、銮旂、銮勒，用事。

裛鼎铭文：

> 史黼受王命书，王呼史减册锡裛：玄衣、黼纯、赤市、朱衡、銮旂、銮勒、戈琱戟、厚柲、彤沙。

颂簋铭曰：

> 尹氏授王命书，王呼史虢生册命颂。

四十三年速鼎：

> 史减授王命书。王呼尹氏册命速。

从趞鼎、裛鼎、颂簋及四十三年速鼎铭文的格式看，"册赐"属于命书范畴，与"册命"含义相同，其实只是册命并赏赐的省略表达方式。赏赐是册命礼的附属，周王之"命"才是重点。周王将授予臣下之"命"写在简策上,故称之曰"命书"。四十二年逨鼎记载了贵族逨因在周王立"长父侯于杨"的过程中"奠长父"而有勋劳,且与长父攻戎,有战功,所以才受王室赏赐。赏赐逨的典礼与一般的册命仪式雷同,只是由于此次典礼的核心纯粹是酬功,故周王授予逨的简策只能被称为"赉书"而不能被称为"命书"。因此笔者以为,四十二年逨鼎铭文不属于册命金文的范畴。

第二节　无明确职事授予的册命金文

周王室将财产以册命的形式交付各级贵族负责管理的做法,使得大批贵族集结到周王身边,与王室接近就意味着与最高权力和巨大资源结合。而且,在周初天命观的影响下,周王被认为是上天之子,因此服务于王室、受命于天子成为一种为令人欣羡的荣耀。如西周早期的员方鼎(《铭图》02293)所示:

唯正月既望癸酉,王狩于眂麓,王令员执犬,休善。用作父甲䵼彝。𡧊。

郭沫若将"王令员执犬"之"令"训为锡,执"释"为鸷。他认为凡作器大抵因受长上之赐,如仅是命令员携执猎犬,不至于惊宠若是。因此,郭沫若认为"休善"当读为"休膳",意为周王赐员猛犬,又休之以牲肉。[①] 这种认识实则是以现代人的思维解读古人行为。周王为天子,服事天子就相当于服事上帝。在神权观念的影响下,为服务于王室而感到光荣是很正常的。如匡卣(《铭图》13335)铭曰:

[①] 郭沫若:《郭沫若全集·考古编》第8卷《两周金文辞大系图录考释》(二),第75页。

> 唯四月初吉甲午，懿王在射庐，作象㠯，匡甫象䚘，王曰：休。匡拜手稽首，对扬天子丕显休，用作文考日丁宝彝，其子子孙孙永宝用。

陈梦家释"象"为兔，将"作象㠯"解释为椓杙布网。① 但是匡"作象㠯"的地点是射庐，不可能于射庐中安置捕兔之设施，故陈说不可从。《礼记·内则》曰："成童舞象学射御。"因此郭沫若释"象䚘"为象舞。而《吕氏春秋》云："商人服象，为虐于东夷。周公遂以师逐之，至于江南，乃为三象以嘉其德。"高诱注："三象，周公所作乐名。"② 故"䚘"即乐之繁文。匡不过于射庐作象舞受周王口头嘉奖，便感动到拜手稽首，作铜器以纪念，可见当时人们皆以服事王室为荣。

在此背景下，原本只是王室将所属财产授予贵族管理的册命礼逐渐演化为贵族提高自身政治地位的重要途径，很多已经拥有职事的贵族也会谋求得到王室的册命。于是我们看到，不含职务授派的荣誉性册命开始出现。除了笔者在上文中介绍的几篇记载荣誉性册命事件的金文外，还有以下青铜器铭文。

1. 二十七年裘卫簋（《铭图》05293）：

> 唯廿又七年三月既生霸戊戌，王在周，格大室，即位。南伯入右裘卫，入门，立中廷，北向。王呼内史：锡卫载巿、朱衡、銮。卫拜稽首，敢对扬天子丕显休。用作朕文祖考宝簋，卫其子子孙孙永宝用。

裘卫簋1975年出土于陕西岐山县董家村的一处青铜窖藏。由于与裘卫簋同出的五祀卫鼎（《铭图》02497）铭文有"余执恭王恤

---

① 陈梦家：《西周铜器断代》，第177页。
② 许维遹撰，梁运华整理：《吕氏春秋集释》，中华书局2009年版，第128页。

功"，在"王号生称"观念的影响下，学者视之为共王时器。① 李学勤认为裘卫主供王服，为掌管皮裘的职官，因生产皮革制品需要水源，所以与邦君厉交换土地。② 既然裘卫家族的职司早已固定为掌管皮裘，而且二十七年裘卫簋记载的册命又没有周王对裘卫的授职，那么此次册命当属荣誉性质，而不以任职为目的。

2. 卫簋（《铭图》05238—41）铭曰：

> 唯八月初吉丁亥，王格于康宫。荣伯右卫入，即位。王增命卫，锡赤市、鋚勒。卫敢对扬天子丕显休，用作朕文祖考宝尊簋，卫其万年子子孙孙永宝用。

卫簋1973年出土于陕西长安县沣西公社的新旺村和马王村青铜窖藏。③ 学者们大多认为卫簋是共王时期的器物，彭裕商则断为夷王时器。④ 卫簋铭记载，周王"增命卫"，可知贵族卫此番受命并非初命。很可能周王的再次册命只增加命服而未调整其职守，故铭文仅记录了赏赐。此次卫所受的再次册命与授职无关，仅为荣誉性质。

3. 七年趞曹鼎（《铭图》02433）：

> 唯七年十月既生霸，王在周般宫。旦，王格大室。井伯入右趞曹，立中廷，北向。锡趞曹载市、同衡、銮。趞曹拜稽首，敢对扬天子休，用作宝鼎，永飨朋友。

同一人所作器还有十五年趞曹鼎（《铭图》02434），其铭曰：

---

① 陕西省文管会、岐山县文化馆：《陕西省岐山县董家村西周铜器窖穴发掘简报》，《文物》1976年第5期。
② 李学勤：《试论董家村青铜器群》，《文物》1976年第6期。
③ 西安市文物管理处：《陕西长安新旺村、马王村出土的西周铜器》，《考古》1974年第1期。
④ 彭裕商：《西周青铜器年代综合研究》，第359页。

唯十又五年五月既生霸壬午，恭王在周新宫。王射于射庐，史趞曹锡弓矢、夬櫜、胄、干、殳。趞曹敢对，曹拜稽首，敢对扬天子休，用作宝鼎，永飨朋友。

由十五年趞曹鼎可知，趞曹有"史"的头衔。两篇铭文都记载了周王对趞曹的赏赐，只是七年器中的赏赐是以册命的形式进行的，而十五年器只是一般性的赏赐，故没有经过册命仪式。既然贵族趞曹的职司为"史"，七年趞曹鼎中周王对他的册命又没有涉及新职事的委派或变更，那么该器所记载的册命也应属荣誉性质。

4. 砢簋（《铭图》05227）铭曰：

唯三月初吉庚午，王在华宫。王呼虢仲入右砢。王赐砢赤市、朱衡、銮旂。砢拜稽首，对扬天子鲁命，用作宝簋。砢其万年子子孙孙其永宝用。

砢簋为传世器，铭文仅记载了周王的赏赐，而无职事授派。

5. 雔鼎（《铭图》02367）：

唯九月既生霸丁卯，王在周，格大室，伯哀父右雔。王命雔，锡同衡、僃旜。雔对扬王休，用作宝鼎。

雔鼎具备册命时间、地点、右者和赏赐四项要素。

第三节　西周时期册命金文的总数

通过对上述诸器的分析，可知西周时期有相当数量的册命金文并不涉及职事方面的委派或变更。此类册命仅作为一种政治荣誉而由周王奖励予各级贵族。现将虽然未含"册命"一词，但实质上属于册命性质的西周金文列举如表3-1。

表 3-1

序号	器名	职守	周王赐物
1	柞钟	司五邑佃人事	载、朱衡、銮
2	南季鼎	用左右俗父司寇	赤⊖市、玄衣、黹纯、銮旂
3	七年趞曹鼎	无	载市、冋衡、銮
4	康鼎	死司王家	幽衡、鋚勒
5	微㝬鼎	艅司九陂	无
6	趞鼎	无	册锡趞：玄衣、纯黹、赤市、朱衡、銮旂、鋚勒，用事
7	袁鼎	无	册锡袁：玄衣、黹纯、赤市、朱衡、銮旂、鋚勒、戈珊载、厚柲、彤沙
8	善鼎	昔先王既令汝佐胥㝬侯，今余唯肇申先王令，令汝佐胥㝬侯，监豳师戍	乃祖旂，用事
9	师𩁹鼎	用型乃圣祖考，陟明黻辟前王，事余一人	玄衮、䋺纯、赤市、朱衡、銮旂、大师金膺、鋚勒
10	曶鼎	命汝更乃祖考司卜事	赤⊖[市]、□，用事
11	郘盨簋	用嗣乃祖考事，作司土	㦱衣、赤⊖市
12	恒簋盖	更京克司直鄙	銮旂，用事
13	卹簋	无	赤市、朱衡、銮旂
14	卫簋	王增命卫	赤市、鋚勒
15	𧽊簋	司成周里人眔诸侯、大亚，讯讼罚，取徵五锊	夷臣十家，用事
16	免簋	命免作司土，司奠还菡眔吴眔牧	㦱衣、銮
17	救簋盖	用大备于五邑守堰	玄衣、黹纯、旂四日
18	走簋	艅胥益	赤[市、朱衡]、旂，用事

续表

序号	器名	职守	周王赐物
19	載簋	作司土,官司藉田	戠衣、赤⊖市、銮旂、楚走马,取徵五锊,用事
20	二十七年裘卫簋	无	載市、朱衡、銮
21	趩簋	作豳白冢司马,啻官仆、射、士,讯小大有隣,取徵五锊	赤市、幽亢、銮旂,用事
22	同簋	左右虞大父司场、林、虞、牧,自淲东至于河,厥逆至于玄水。世孙孙子子左右虞大父,毋汝有闲	无
23	即簋	司琱宫人、𤔲𦃇、用事	赤市、朱衡、玄衣、黹纯、銮旂
24	询簋	啻官司邑人,先虎臣后庸,西门夷、秦夷、京夷、豪夷、师笭、侧新、□华夷、弁身夷、匠人、成周走亚、戍、秦人、降人服夷	玄衣、黹纯、載市、冋衡、戈琱戟、厚柲、肜沙、銮旂、鋚勒,用事
25	师询簋	今余唯申憙乃命,命汝惠雍我邦小大猷,邦佑潢辞。敬明乃心,率以乃友捍御王身,欲汝弗以乃辟陷于艰	秬鬯一卣,圭瓒,夷犹三百人
26	四年痶盨	无	册锡敃靳、虢市、鋚勒
27	师克盨	昔余既命汝,今余唯申憙乃命,命汝更乃祖考𮛑司左右虎臣	秬鬯一卣、赤市、五衡、赤舄、牙僰、驹车、贲较、朱虢、靷靳、虎冟、熏里、画轉、画𦨕、金甬、朱旂、马四匹、鋚勒、索戈
28	免尊	作司工	載市、冋衡
29	十三年痶壶	无	册锡痶靳、牙僰、赤舄
30	吕服余盘	更乃祖考事,胥备仲司六自服	赤市、幽衡、鋚勒、旂
31	走马休盘	无	玄衣、黹纯、赤市、朱衡、戈琱戟、肜沙、厚柲、銮旂
32	静方鼎	司在曾、噩白	鬯、旂、市、采霉。曰:用事
33	𣪕簋	更乃祖考友司东鄙五邑	市、朱衡

续表

序号	器名	职守	周王赐物
34	雝鼎	无	冋衡、僭旎
35	畁鼎	用□□□□□王家	□□□瑂戠、旂五日
36	采㝰簋	作司土	㪤衣、𢆶市、㚀旂、用事
37	召簋	司奠駓马	㦰市、冋衡、銎、旂、曰：用事
38	虤簋	用胥师毁司佃人	䌛旂
39	引簋	更乃祖犕司齐自	彤弓一、彤矢百、马四匹
40	七年师兑簋	无	𩛥膺，用事
41	狱簋	无	佩、𢆶市、𣪘亢。曰：用事
42	卫簋	无	佩、𢆶市，𣪘衡、金车、金□。曰：用事
43	觐簋	更乃祖服，作家司马，汝乃谏讯有粦，取徵十锊	赤市、幽衡、金车、金勒、旂
44	逨盘	今余唯经乃先圣祖考，申憙乃命，令汝胥荣兑，𮛅司四方虞、萅，用宫御	赤市、幽衡、銎勒
45	率鼎	司㲋卓阳人	睍市、金车、旂
46	师大簋	无	赤市、朱瓛、玄衣、濱纯
47	左右簋	更乃祖考作家司工于蔡	幽衡、銎勒、㚀旂、用事
48	衍簋	死司王家	冋衣、赤舄、幽衡、銎勒，锡汝田于盇、于小水
49	㝬簋	更乃祖考胥乃官	□□矢、金车、金㫃

据表3-1所计，目前已面世的不含"册命"一词的册命金文总共为49篇，加上原有的52篇含有"册命"一词的金文，二者共计101篇。这是笔者根据现有材料所能搜集到的全部册命性质的西周金文。下文中关于西周册命制度的全部讨论，将以此101篇金文为基础。

从现有材料来看，上述册命金文中时代最早的是昭王十六年的静方鼎,① 此时距西周建国已七八十年。② 直至穆王时期,"右者"开始出现于册命金文。③ 因此,我们可以将西周的昭穆时期设为册命制度起源的上限。那么,册命制度为何发端于此时?参与册命礼的除周王外,最重要的当数担任"右者"的贵族和受命者。什么阶层的贵族在担任册命礼中的"右者"?又是什么样的贵族才会对来自王室的册命趋之若鹜?这是本书接下来将要着重解决的问题。

---

① 参见张懋镕《静方鼎小考》,《文物》1998年第5期;刘启益《静方鼎等三器是西周昭王十六年铜器》,《中国历史文物》2009年第4期。

② 陈梦家将武王至昭王定为西周初期,共80年(《西周铜器断代》,第522页);夏商周断代工程则认为从武王在位4年至昭王在位的19年,共70年(《夏商周断代工程1996—2000年阶段成果报告》(简本),世界图书出版公司2000年版,第36页);刘启益认为西周武王元年为公元前1070年,至昭王十六年共68年(《西周纪年》,第5—7页)。笔者参考以上三家的研究成果,取七八十年这样一个模糊的数字。

③ 何景成:《西周王朝政府的行政组织与运行机制》,第120页。

第 四 章
册命礼与"右者"

任何一项制度都是由人设计，且由人参与运作的，因此，只要我们弄清楚该项制度的设计者、参与者，以及哪个阶层会在这项制度中受益，又有哪些阶层的权益会因此制度的推行而遭受损失等，就可基本探明这项制度的本质。而卷入到册命礼中的最值得我们研究的群体无非三类：一是周王为代表的王室，二是册命礼中担任右者的贵族群体，三是接受周王册命的贵族群体。其中的"右者"在整个制度中扮演着连接周王与受命者的角色。故而，研究"右者"群体的出身、政治地位及其与周王、受命者之间的真实关系就显得十分必要。接下来的工作，我们不妨先从分析担任"右者"的那部分贵族开始。

第一节 "右者"的政治地位与身份

长期以来，学者普遍将册命礼中的"右者"当作文献典籍中的"摈"和"傧"，[①] 实际上西周册命金文中的"入右某""右某"

---

① 参见王国维《观堂集林（附别集）》，第52页；陈汉平《西周册命制度研究》，第106页；杨宽《西周史》，第343页；陈梦家《西周铜器断代》，第411页。

本意当指某贵族在册命礼中辅助受命者接受周王册命的行为。① 那么，"右者"的身份及其在王朝中的政治地位如何？是否像学界普遍认为的，属于王朝执政级别的重臣？"右者"与受命者之间又是怎样的关系，是否如众人所描述的是上下级统属？这些都是研究册命制度亟待解决的问题。

一 王朝的执政大臣与"右者"的关系

齐思和认为"金文为右者有司马，有宰，有司徒，有穆公，有益公（休盘），有同仲，有平伯，皆王之卿士"。② 白川静也认为册命礼中的"右者原则上似由当时的执政者担任"，由于某些周王在位时期出任"右者"的贵族很多，所以西周王朝的执政者似为多人；依据裘卫盉及裘卫鼎的铭文记载，他推测周夷王时期的执政者名额大致以五人为定则。③ 杨宽明确指出册命礼中担任"右者"的都是王朝公卿一级的大臣。④ 笔者以为，上述观点是值得商榷的。

杨宽曾结合金文与文献的有关记载大致总结出了西周各王时期的执政大臣名单，⑤ 何景成则对此名单做了进一步的补充，⑥ 如表4-1所示：

表4-1

周王	执政卿
成王、康王	周公旦、召公奭、毕公
昭王	祭公、周公（令方彝）

---

① 黄明磊：《西周册命礼的右者并非"傧"或"儐"》，《宝鸡文理学院学报》2017年第4期。
② 齐思和：《周代锡命礼考》，载《齐思和自选集》，第54页。
③ ［日］白川静：《西周史略》，袁林译，第78页。
④ 杨宽：《西周史》，第336—363页。
⑤ 杨宽：《西周史》，第341—363页。
⑥ 何景成：《西周王朝政府的行政组织与运行机制》，第143页。

续表

周王	执政卿
穆王	祭公谋父、虢城公（班簋）、毛公（班簋）
夷王、厉王	番生（番生簋）
厉王	荣夷公、虢公长父、召穆公虎
宣王	虢文公、大师皇父、尹吉甫、毛公厝（毛公鼎）
幽王	虢公鼓、祭公敦

笔者于上文指出，最早的册命金文出现于昭穆时期，而"右者"参与的册命最早是从穆王时代开始的，因此周穆王之前的执政大臣，我们姑且搁置不论。将穆王至幽王时期的西周执政卿。对应到文献中的记载，除厉王时期的荣夷公有明确介绍，其他诸人，无确凿证据证明他们确有执政身份，尤其是没有金文佐证，故笔者也将之暂且搁置。穆王时期的虢城公和毛公、夷厉时期的番生，以及宣王时期的毛公厝，都是在西周金文中可以证实的执政级重臣。我们不妨先从与此四人有关的史料着手，探究王朝执政与"右者"之间的实际关系。

先看穆王时期的班簋[①]（《铭图》05401）铭：

> 唯八月初吉，在宗周，甲戌，王令毛伯更虢城公服，屏王位，作四方极，秉繁、蜀、巢，令锡铃、勒，咸。王令毛公以邦冢君、徒驭、𢧊人伐东国瘠戎，咸。王令吴伯曰："以乃自左比毛父。"王令吕伯曰："以乃自右比毛父。"遣令曰："以乃族从父征。"诞城卫父身，三年靖东国，亡不成尤天威，否畀纯陟，公告厥事于上，唯民亡延哉，彝昧天命，故亡，允哉显，唯敬德，亡攸违。班拜稽首曰："呜呼，丕杯訊皇公受京

[①] 早期学者多认为班簋是成王时器，如郭沫若[《郭沫若全集·考古编》第8卷《两周金文辞大系图录考释》（二），第58—63页]和陈梦家（《西周铜器断代》，第24—27页）。后经唐兰等人考证，以班簋为穆王时器，这一观点现为学界广泛采纳（参见《西周铜器断代中的"康宫"问题》，《考古学报》1962年第1期）。

宗懿釐，毓文王、王姒圣孙，隥于大服，广成厥功，文王孙亡弗怀型，亡克竞厥烈，班非敢觅，唯作昭考爽，谥曰大政，子子孙，多世其永宝。"

周王命毛公代替虢城公"屏王位，作四方极"，郭沫若认为，"作四方极"是指为天下表率。① 陈梦家释"极"为则效，"屏王位"犹毛公鼎中的"粤朕位"。② 班簋中的"作四方极"，在毛公鼎中被表达为"命汝极一方"；而"屏王位"一语还见于番生簋，这应当是西周时期任命执政的习语，在贵族任命执政的家臣时也会用到。如西周晚期的逆钟（《铭图》15190—93）铭文曰：

唯王元年三月既生霸庚申，叔氏在太庙，叔氏命史歔召逆。叔氏若曰："逆，乃祖考许政于公室，今余锡汝毌五、锡戈彤緌，用黹于公室仆庸、臣妾、小子室家，毋有不昏智，敬乃夙夜用屏朕身，勿废朕命，毋坠乃政。"逆敢拜手稽……

主君叔氏在任命其家臣管理"公室仆庸、臣妾、小子室家"时，所用的礼节程序与王朝任命执政非常相似，应是模仿王室礼仪而来。但是，我们研究班簋铭文时会发现，铭文中不仅无"册命"一词，而且在典礼上也未设"右者"及宣命史官等。

上述情形也见于毛公鼎（《铭图》02518）铭，如下：

王若曰：父厝，丕显文武，皇天引厌厥德，配我有周，膺受大命，率怀不廷方，亡不闲于文武耿光，唯天壮集厥命，亦唯先正䂮辥厥辟，㽙勤大命，肆皇天亡斁，临保我有周，

---

① 郭沫若：《郭沫若全集·考古编》第 8 卷《两周金文辞大系图录考释》（二），第 59—60 页。

② 陈梦家：《西周铜器断代》，第 26 页。

丕巩先王配命，旻天疾畏，司余小子弗及，邦将曷吉，䉛䉛四方，大哗不静。呜呼，趩余小子圌湛于艰，永巩先王。王曰：父厝，今余唯肇经先王命，命汝辥我邦我家内外，㯱于小大政，屏朕位，虩许上下若否于四方，尸毋动余一人在位，引唯乃智，余非庸又昏，汝毋敢荒宁，虔夙夕惠我一人，雍我邦小大猷，毋折缄，告余先王若德，用仰昭皇天，申固大命，康能四国，欲我弗作先王忧。王曰：父厝，雩之庶出入事于外，敷命敷政，蓺小大楚赋，无唯正昏，引其唯亡智，廼唯是丧我国，历自今，出入敷命于外，厥非先告父厝，父厝舍命毋有敢㯱敷命于外。王曰：父厝，今余唯申先王命，命汝极一方，圂我邦、我家，毋推于政，勿雝逵庶人㱼，毋敢拱橐，廼侮鳏寡，善效乃友、正，毋敢湎于酒，汝毋敢坠在乃服，固夙夕敬念王威不易，汝毋弗帅用先王作明型，欲汝弗乃以乃辟陷于艰。王曰：父厝，已曰，伇兹卿事寮、太事寮于父即尹，命汝嬖司公族，与三有司、小子、师氏、虎臣，与朕亵事，以乃族捍敔王身。取徵卅锊。锡汝秬鬯一卣，祼圭瓒宝，朱市、葱衡、玉环、玉瑹、金车、㯻缛较、朱鞃圂靳、虎冟、熏里、右戹、画䩸、画輎、金甬、错衡、金曈、金豪、豹盛、金簟弼、鱼箙、马四匹、鋚勒、金嚪、金膺、朱旂二铃，锡汝兹䞎，用岁用政。毛公厝对扬天子皇休，用作尊鼎，子子孙孙永宝用。

周王命毛公主管"卿事寮、太事寮"、"公族，与三有司、小子、师氏、虎臣"及周王"褻事"，并率领族众"捍敔王身"。有学者认为，毛公的执掌权限远远超过此前职官，颇近于后世的宰相。[1] 同时周王还授予毛公"取徵卅锊"的权力，这是西周金文中所见的"取徵"最高数字。随后铭文又列举了对毛公的赏赐，

---

[1] 张亚初、刘雨：《西周金文官制研究》，第109页。

其数量之多、品类之繁，实属金文罕见。但是毛公鼎铭文并没有提及有"右者"参与典礼，也没有周王任命毛公的时间、地点、宣命史官等方面的记录。这样的情形还见于番生簋（《铭图》05383）铭文：

> 丕显皇祖考，穆穆克哲厥德，严在上，广启厥孙子于下，勔于大服。番生不敢弗帅型皇祖考丕杯元德，用申固大命，屏王位，虔夙夜，溥求不潛德，用谏四方，柔远能迩。王命颛司公族、卿事、太史寮，取徵廿寽。锡朱市、蔥衡、鞞鞣、玉环、玉琮、车电䡇、㮚緮较、朱䩹、㒼靳、虎冪、纁里、错衡、右軛、画鞘、画𨍰、金蹱、金䡍、金簟弼、鱼箙、朱旂旜、金芃二铃。番生敢对天子休，用作簋，永宝。

番生之生当为"甥"之假，番并非番生家族之氏名，而是其母家之氏。① 其铭文与毛公鼎相似，没有提及册命时间、地点、宣命史官及右者等信息。

班簋、毛公鼎和番生簋三器铭文所反映出的周王任命执政大臣时的行文格式与一般册命金文有很大不同。首先，从册命金文的角度来看，在所有含"册命"一词的金文中，周王委派的职事局限于王室财产的管理等方面，没有任命执政大臣的册命。其次，从班簋、毛公鼎和番生簋三器铭文的角度分析，周王任命王朝执政的铭文不仅没有"册命"一词，也不具备册命金文的基本要素，如册命地点、右者、宣命史官等。三器皆然，显然不能以巧合辩解。

另外，我们还可通过对比伯晨鼎与师晨鼎铭文来思考册命金文与非册命金文的区别。前者属周王命伯晨"侯于䣙"，后者记载的

---

① 张亚初：《两周铭文所见某生考》，《考古与文物》1983年第5期。

是周王册命伯晨一事。① 学者多认为伯晨鼎（《铭图》02480）也属于册命金文，其实不然，该铭文不具备册命的主要基本要素。铭文如下：

> 唯王八月，辰在丙午，王命𦀇侯伯晨曰：嗣乃祖考侯于𦀇，锡汝秬鬯一卣、玄袞衣、幽市、赤舄、驹车、画㫄、𧿟较、虎帏冪、袉里幽、鋚勒、旂五旂、彤弓、彤矢、旅弓旅矢、冂戈、虢胄。用夙夜事，勿废朕命。晨拜稽首，敢对扬王休，用作朕文考濒公宫尊鼎，子孙其万年永宝用。

师晨鼎（《铭图》02481）铭文如下：

> 唯三年三月初吉甲戌，王在周师录宫。旦，王格大室，即位，司马共右师晨，入门立中廷，王呼作册尹册命师晨：胥师俗司邑人，唯小臣、膳夫、守□、官、犬、眔奠人、膳夫官、守、友。锡赤舄，晨拜稽首，敢对扬天子丕显休命，用作朕文祖辛公尊鼎，晨其[百]世子子孙孙其永宝用。

在师晨鼎铭中，周王命伯晨辅佐师俗管理邑人，其铭文不仅有"册命"一词，且具备册命的时间、地点、右者、宣命史官及周王赏赐等要素。更重要的是，伯晨受命管理的正是隶属于周王室的各类群体。因此，师晨鼎可以算是一篇非常标准的西周册命金文，而伯晨鼎铭文不仅缺少了几项要素，周王"命"伯晨继承其祖考之位"侯于𦀇"，也不属于管理王室财产范畴。这说明伯晨先前很可能是以诸侯世子的身份服事于周王，后来在其父去世后才回国继承父业。正因为两次周王之命的性质截然不同，所以典礼仪式也不一样。当伯晨受命管理周王直属人口时，是以册命的形式完成的；当

---

① 师晨即伯晨，参郭沫若《郭沫若全集·考古编》第8卷，第249页。

其受命就任外服诸侯时，采用的则是传统的封侯之礼。

通过上文分析，我们可以得出以下结论：任命王朝执政及封侯的典礼与册命礼是有区别的，二者不能混为一谈。在周成王初年，周公与召公曾"分陕而治"，并列为王朝执政。平定三监之乱后，王室为控制新征服地区而大封诸侯，因此任命执政与封侯的典礼早在周初就已出现并成型。册命礼最早只能追溯到昭王时代，设"右者"的册命金文直至穆王时期才出现。任命执政与封侯的典礼没有右者及宣命史官等执事人员参与其中，仪式更加古朴。受命为执政者往往局限于姬姓的周、召、虢、毛等大族之中，同姓小宗、异姓贵族及殷遗未见有能厕身于其间者。相比之下，册命礼的仪式性较强，接受册命的贵族未有担任执政的。这应当是两者间最显著的差异。

我们通过受命者的执掌权限而能确认的西周执政级大臣，仅班簋中的虢公与毛公、番生簋中的番生和毛公鼎中的毛公瘖四人。但从现有的册命金文材料来看，此四人从未充当过同时期的任何一场册命仪式中的"右者"。如果我们再将西周执政大臣的范围扩大到杨宽、何景成所选定的文献记载部分，会发现这个结论依然成立。这从侧面反映了册命礼中的"右者"为王朝执政级贵族的观点没有足够的证据支撑，属学者的主观臆断。

当然，仅凭上述所论还不足以完全说明问题，接下来我们可以换一个角度，重新考察"右者"与执政大臣的关系。如果上文确定的101篇册命金文的"右者"中有执政卿，也可以证明"右者"为王朝执政的观点，最起码可以证明执政大臣有可能担任册命礼中的"右者"一职。那么我们不妨从这一角度出发，重新对册命金文中的'右者'进行梳理。

二 册命礼中担任"右者"的"公"

西周的册命金文中出现了若干称"公"的"右者"，如表4-2所示：

表 4-2

右者	器名
穆公	㦰簋、盠方彝
康公	卲盨簋
益公	走马休盘、王臣簋、询簋、申簋盖、师道簋
丼公	曶壶盖
遅公	元年师旋簋
武公	南宫柳鼎

很多学者因受五等爵制观念的影响，将活动于周王身边的这些"公"当作王朝执政级的大贵族，① 实则西周金文中的"公"是一种普遍性的贵族称谓。首先，它是对王室重臣元老的尊称，如周公、召公、毛公、明公、虢城公等。这些"公"属于生称。其次，在更多场合下，"公"也还可以用来表示族众对家族领袖、下属对长官的一种尊称。如效尊（《铭图》13346）铭：

> 唯四初吉甲午，王观于尝，公东宫纳飨于王。王锡公贝五十朋，公锡厥世子效王休贝廿朋。效对公休，用作宝尊彝。呜呼！效不敢不万年夙夜奔走扬公休，亦其子子孙孙永宝。

东宫应与南宫、东门、东郭等类似，是由住址所在地而起的氏名。②

---

① 参见王世民《西周春秋金文中的诸侯爵称》，《历史研究》1983年第3期；韩巍《西周金文世族研究》，第12、141页。

② 关于西周金文中的"东宫"，陈梦家认为可能是官职名（《西周铜器断代》，第121页）；张亚初、刘雨判断"东宫可能是指居于东宫之某种职官名"（《西周金文官制研究》，第48—49页）；黄凤春也认为西周的"东宫"是由官署演变而来的官名（《从叶家山新出曾伯爵铭谈西周金文中的"西宫"和"东宫"问题》，《江汉考古》2016年第3期）；李学勤则将"东宫"解释为周王太子（《论西周金文的六师、八师》，《华夏考古》1987年第2期）。西周早期铜器中有东宫方鼎（《铭图》00691），铭文仅刻有"东宫"，与很多只刻氏名的商代铜器类似，因此笔者以为还是将东宫释为氏名较为妥当。

"公东宫"的表达形式与周公、召公等有所不同，是氏名位于"公"之后。① 与之类似的还有"公大保"（《铭图》02353）、"公大史"（《铭图》01825、01826—27、04561）等，只不过大保与大史是职官名。据效尊铭，效与东宫既为父子，又属君臣，可见，西周时期的大家族是一个完整的政治单位，家族宗主与部分族众之间既存在血缘联系，也是标准的君臣关系。效称其父为"公"，即是家族成员对家族领袖的一种尊称。而"公大保""公大史"则是下属对长官的尊称。

再如虡簋（《铭图》05173）铭曰：

> 虡拜稽首，休朕宝君公伯，锡厥臣弟虡幷五楹，锡衷胄、干戈。虡弗敢忘公伯休，对扬伯休，用作祖考宝尊簋。

"伯"为兄弟间的排行，嫡长子继承制决定了家族领袖一般会由嫡长兄担任，故西周时期的"伯"既指兄弟间的兄长，又可指家族的首领。贵族虡相对于宗主而言，既是幼弟，又为臣属，故其自称"臣弟"，而称其兄"公伯"。正是因为"伯"的双重属性，异姓臣属也可尊称家族首领为"公伯"，如小臣宅簋（《铭图》05225）：

> 唯五月壬辰，同公在丰，令宅事伯懋父，伯锡小臣宅画册、戈九，锡金车、马两。扬公伯休，用作乙公尊彝，子子孙孙永宝，其万年用飨王出入。

此铭中小臣宅同时称三人为公。其一是自己的主君"同公"。唐兰认为西周金文中的同氏即《左传》僖公二十四年中的"凡氏"，是周公的后代。② 其二是称伯懋父为"公伯"，同公令小臣宅"事伯

---

① 驭簋（《铭图》05243）铭有"伯东宫"，与"公东宫"性质相似。
② 唐兰：《西周青铜器铭文分代史征》，第318、325页。

懋父",则伯懋父当为小臣宅的新主君,二人无血缘联系。其三是称自己的亡父为"乙公"。

由上可知,西周时期贵族称公与称伯性质相同,且都是普遍现象。"公"本是族众、臣属或下级对宗主及长官的一般性尊称,只因西周早期的周公旦、召公、毕公及明公诸人被生称为公,所以我们也可以将部分"公"理解为是对王室元老重臣的尊称。实际上,西周王朝的执政可以称公,称"公"者却未必就是执政。

以亳鼎(《铭图》02226)为例,其铭曰:"公侯锡亳杞土、麇土、犀禾、甗禾,亳敢对公仲休,用作尊鼎。"向我们展示了公侯—公仲—亳三级君臣关系。"公侯"之侯是主君的爵称,而公仲应该是亳的主君。亳在获得"公侯"赏赐后"对公仲休",表明亳是因为公仲的关系才得以受赐于公侯。如《左传》宣公十六年:"晋士会帅师灭赤狄甲氏及留吁、铎辰。三月,献狄俘。晋侯请于王,戊申,以黻冕命士会将中军。"晋国的中军帅就是执政卿,晋景公请于王室赏赐士会黻冕,再任命其为中军帅。周天子—晋侯—士会也是三级君臣关系,与亳鼎反映的情形类似。再如《左传》昭公三年:"夏四月。郑伯如晋,公孙段相,甚敬而卑,礼无违者。晋侯嘉焉,授之以策,曰:'子丰有劳于晋国,余闻而弗忘。赐女州田,以胙乃旧勋。'伯石再拜稽首,受策以出。"公孙段本为郑国大夫,随郑君出使晋国而受晋侯赏赐。上述发生于春秋时期的事例都可作为我们释读亳鼎铭文的参照。公仲与公侯同样拥有公的头衔,但二人显然是一种君臣关系,而非同为王室执政。

执政者称公,但称公者不一定就是执政大臣。因此,我们需要重新审视册命金文中担任"右者"的穆公、康公、益公、井公、遅公、武公等贵族的真实身份。

加于"公"之前的"穆""康""益""井""遅""武"等,大致可分为两类:一是穆、康、遅、武等,类似谥号;二是井等,可确定为由地名衍生而来的氏名。而"益"究竟是类似于穆、康的谥号,还是如同井之属的氏名?王国维认为周初诸王的文、武、成、康、昭、穆等称号乃是生前美称而非谥号，谥法产生于共、懿之后；①郭沫若在此基础上提出西周春秋无谥法之说，认为谥号起源于战国时代。②直至20世纪80年代，随着大量新材料的出土，人们才开始重新审视这一观点。③就现有的材料来看，支持王、郭两位学者观点的西周春秋时期的金文材料过于单薄，西周初期应该已经出现了谥法。如此，穆公、康公、武公等无疑也是死谥而非生称。

我们认为，益公之益也应当为谥号而非氏名。西周中前期贵族的氏名大多是由封地命名的，但是在西周金文中根本找不到"益邑"、"益邦"或"益田"之类以"益"为名的地点、封邑。西周晚期的铜器毕鲜簋（《铭图》05050）铭曰："毕鲜作皇祖益公尊簋，用祈眉寿鲁休，鲜其万年子子孙孙永保用。"毕鲜显然是姬姓毕氏的族人，其人既然以"毕"为氏名，那么他的"皇祖益公"只能属毕氏，而不可能为"益氏"。毕氏出自文王之子毕公，如果西周的"益"确为氏名，也只能算毕氏家族之下的小宗，绝不存在毕氏出于益氏的可能，那么通常的表述应该是"益鲜作皇祖毕公尊簋"。由此可见，西周的"益"恐怕不是氏名，很可能如同"亮"一样，乃是一种谥号。由于某种原因，益和亮这类谥号未能沿用至后世，故今人已经不知其在西周时期的具体含义了。

曶壶盖（《铭图》12446）铭文中的井公是现有的册命金文中唯一一个生称为公的"右者"，这其实与井氏家族的势力在西周中后期的急速崛起有关。该器铭文如下：

唯正月初吉丁亥，王格于成宫。井公入右曶。王呼尹氏册

---

① 王国维：《观堂集林（附别集）》，第895—896页。
② 郭沫若：《谥法之起源》，《郭沫若全集·考古编》第5卷，第201—226页。
③ 参见黄奇逸《甲金文中王号生称与谥法问题的研究》，《中华文史论丛》1983年第1期；盛冬铃《西周铜器铭文中的人名及其对断代的意义》，《文史》第17辑，中华书局1983年版；彭裕商《西周青铜器年代综合研究》，第44—60页。

命智，曰：更乃祖考作冢司土于成周八𠂤，赐汝秬鬯一卣、玄衮衣、赤市、幽衡、赤舄、鋚勒、鉴旂，用事。智拜于稽首，敢对扬天子丕显鲁休命，用作朕文考釐公尊壶。

郭沫若将智壶盖定为孝王时器，唐兰认为是穆王时器，① 这是由于郭、唐两位学者将智壶盖中的智当作了智鼎（《铭图》02515）中的智，学者已辨其非。且智壶盖铭中提到的尹氏常见于西周晚期，而该壶的器型也与西周晚期的梁其壶、颂壶形制相同。可将其定为厉、宣时代的器物。②

活跃于此时代的井公应当是井氏家族的宗主，而据同时期的禹鼎、敔簋、多友鼎和南宫柳鼎等器铭文反映，③ 井氏家族在厉王时期的宗主又被称为武公。那么，武公很有可能就是智壶盖中的"井公"，④ 一个是生称，一个是死谥。该家族的武公在厉王时期以家族武装协助王室平息噩侯的叛乱、击退外敌入侵，是西周王朝后期王室的重要支持力量。而国人暴动后，井氏几乎不再见于金文记载，其家族应该已经遭到了清算。因此，国人暴动之前的一个阶段很可能就是井氏政治地位的巅峰，井氏宗主与荣夷公同时跻身于执政者的行列也就在情理之中。而井氏自穆公始，长期担任册命礼中的"右者"一职，历经了井伯亲、司马共，直至武公，从未中断。即使是出身于该家族小宗的井叔，也多次出任"右者"之职。所以，武公虽然已成为王朝的执政重臣，却仍按惯例继续在册命礼中担任"右者"一职。这既反映了厉王时代"右者"的政治地位因某些家族势力的崛起而有所提高，又可说明册命礼在王朝政治体系中的地位获得稳步提升。

---

① 参见郭沫若《郭沫若全集·考古编》第 8 卷《两周金文辞大系图录考释》（二），第 217—218 页；唐兰《西周青铜器铭文分代史征》，第 399—400 页。
② 彭裕商：《西周青铜器年代综合研究》，第 486—487 页。
③ 李学勤：《论多友鼎的时代及其意义》，《人文杂志》1981 年第 6 期。
④ 韩巍：《西周金文世族研究》，第 143 页。

综上所述，我们可以得出以下结论。首先，西周时期的贵族称公是普遍现象，执政者可称公，但称公者不一定是执政大臣。因此，我们不能仅凭册命礼中担任"右者"的贵族有公的称谓就断定其为王朝执政。其次，担任册命礼"右者"的穆公、康公、遟公、武公、益公等都是谥号。最后，也是最重要的一点，周公、召公、毕公、毛公及虢公等西周时期生称"公"的执政贵族从未出现于册命礼的仪式中，更别说担任过任何一场册命礼的"右者"，① 这表明，王朝执政与"右者"之间存在着明显的界限，且最初"右者"的政治地位低于执政大臣。只是随着某些长期担任"右者"的家族势力崛起，"右者"开始成为王朝执政。不过，纵观西周历史，也仅有丼氏、荣氏两例而已。

三 册命礼中的其他"右者"

在101篇册命金文中，除了上述11篇铭文中的"右者"被称为"公"，另有14篇册命金文没有记载关于"右者"的信息，此类金文如下。

（1）不含"册命"一词的册命金文中有12篇没有记载"右者"，分别是免簠、微綟鼎、善鼎、𩰬簋、恒簋盖、师克盨、逨盘、静方鼎、采𨓠簋、智簋、智鼎和𠬝簋。

（2）含"册命"一词的册命金文中仅有2篇没有记载"右者"的信息，即士山盘和吕簋。

以上14篇册命金文不在笔者讨论之列。在剩下的册命金文中，关于"右者"的称谓繁杂而无规律。有称伯者，如丼伯、荣伯、南伯、𨟠伯、毛伯、伯东宫、定伯、伯哀父、伯俗父等；还有在某伯之前加官职名的，如司马丼伯、司徒单伯、司土荣伯、司工液

---

① 虢簋与鄂簋铭文中的"右者"为毛伯，此鼎的"右者"为毛叔，𤼈簋铭中的"右者"为虢仲。称"毛伯"而非"毛公"，可知此毛伯为毛氏宗主，但不是王朝执政，而毛叔与虢仲只是其家族中的小支，更不可能为执政。这也反映了西周时期的王朝执政从未担任过册命礼中的"右者"。

其中，丼氏为西周铜器铭文中常出现的家族。早先学者多将丼与邢混淆，直到陈梦家才通过字形将二者明确区分开来。① 邢出自姬姓，为畿外诸侯；而丼氏的族源不见典籍记载，故无法判明其出处。有铜器叔男父匜（《铭图》14983）铭曰："叔男父作为霍姬媵旅匜，其子子孙孙其万年永宝用。丼。"铭末标有"丼"的氏名，说明叔男父为丼氏家族成员，叔男父匜似乎是丼氏为嫁女于霍氏所作的媵器。但西周之霍氏乃文王之子霍叔处的后人，为姬姓之外服诸侯，春秋时期鲁闵公元年灭于晋。若丼氏出自姬姓，根据周人的礼制，丼、霍同姓不能通婚。陈梦家认为这是同姓为婚。② 1974—1977年，宝鸡市博物馆在茹家庄先后发掘三座西周墓葬，M2墓地出土了㝬氏家族的铜器若干，其中丼姬方鼎（《铭图》01536）铭曰："㝬作丼姬用鼎。"③ 丼姬似为㝬伯之妻，④ 如此则丼氏确为姬姓无疑。尹盛平认为叔男父匜是丼氏作为同姓而赠送给同姓霍氏嫁女的媵器。⑤ 在春秋时期，贵族嫁女时，同姓贵族有赠送陪嫁的惯例，这里的"媵"可以是同姓女子，也可以是器物，如《左传》成公八年有言"凡诸侯嫁女，同姓媵之，异姓则否"。

属于丼氏家族最早的铜器为丼季𣪘鼎（《铭图》01602）、季𣪘簋（《铭图》04924）、丼季𣪘卣（《铭图》13102）。其中季𣪘簋铭曰："季𣪘肇作厥文考丼叔宝尊彝，子子孙孙其永宝用。"学者多将此三器的年代断为昭穆时期，因此韩巍认为丼季𣪘之文考丼叔可能活动于康昭时期。⑥ 笔者推测，西周的丼氏很可能是成王或康王的

---

① 陈梦家：《西周铜器断代》，第178页。
② 陈梦家：《西周铜器断代》，第181页。
③ 卢连成、胡智生：《宝鸡㝬国墓地》，文物出版社1988年版，第363—372页。
④ 宝鸡茹家庄西周墓发掘队：《陕西省宝鸡市茹家庄西周墓发掘简报》，《文物》1976年第4期。
⑤ 尹盛平：《西周史征》，陕西师范大学出版社2004年版，第63页。
⑥ 韩巍：《西周金文世族研究》，第130页。

某个王子，理由如下。其一，该家族最早的始祖称"丼叔"。周人实行嫡长子继承制，除非特殊情况，① 周王的嫡长子理当继承王位。嫡长子称"伯"，其他诸子称某"仲"、某"叔"、某"季"，如文王之子有管叔鲜、蔡叔度、曹叔振铎、郕叔武、康叔封、霍叔处、毛叔郑、冉季载等。丼氏的始祖只能上推至"丼叔"，很可能就是这个缘故。其二，丼氏家族的势力在康、昭之后迅速壮大，穆王时期出现了"丼伯親"，② 之后又有司马共、武公等人物，他们经常出任王朝册命礼中的"右者"一职。尤其是厉王时期的武公，据禹鼎（《铭图》02498）和多友鼎（《铭图》02500）铭文记载，在西周末年噩侯叛乱和狁入侵的危局下，凭借自己家族的力量辅助王室渡过危机。可见在厉王时期，丼氏家族已成为维护王朝稳定的重要势力。而该家族的发展壮大显然又离不开王室的扶持，这一点只需从丼氏家族成员频繁出任册命典礼中的"右者"一职就能看出。

有一种可能，即成、康、昭、穆时代的王室，为了摆脱周、召、毕、毛等大族对王权的限制，会扶植血缘关系更加亲近的王子来制衡老牌家族。在西周这样浓厚宗法氛围的政治环境中，"异姓之能"很难挤进最核心的权力阶层，即使是与姬姓结盟并频繁联姻的姜氏贵族也不例外。丼氏很可能是成王或康王的王子，只有这样，才能解释其家族势力在王朝中期迅速膨胀的原因。而且，西周自武王之后的诸王王子的资料几乎一片空白，但在金文中仍有一些实力不容小觑的姬姓贵族活跃于周王左右。在西周末年的周宣王时期，厉王之子、宣王之弟郑桓公友就是见诸记载的典型。宣王将王室最重要的都邑之———郑封予其弟王子友，很明显也是为了扶持

---

① 周人灭商前文王嫡子伯邑考未能继承王位，其具体原因不详。灭商后，懿王去世立共王弟孝王，孝王死后还位于共王之子夷王，其中缘由史亦无载。

② 见于长安普渡村墓葬出土之长甶盉（《铭图》14796），其铭曰："唯三月初吉丁亥，穆王在下淢𢀛。穆王饗醴，即丼伯、大祝射。穆王蔑长甶，以逯即丼伯，丼伯氏𧛪不奸。长甶蔑曆，敢对扬天子丕杯休，用肇作尊彝。"

与自己血缘关系更显亲近的手足以强化王权。

有学者认为西周丼氏等族发动了国人暴动，驱逐了周厉王而执掌宗周执政大权。① 实际上，丼氏应当也是这场暴乱的打击对象，而非国人暴动的发起者。从禹鼎和多友鼎铭文来看，丼氏家族在厉王时期始终是王室的支持者，且厉王奔彘，韦昭注曰："彘，晋地。汉为县，属河东，今曰永安。"② 《史记》正义引《括地志》云："晋州霍邑县本汉彘县，后改彘曰永安。从鄐奔晋也。"③ 而《左传》僖公五年记载："晋灭虢。虢公丑奔京师。师还，馆于虞，遂袭虞，灭之。执虞公及其大夫丼伯。"韩巍认为此丼伯即逃亡虞国的西周丼氏后裔。④ 虞的地望是今山西平陆县北，与彘相距甚近。若国人暴动由丼氏参与发动并驱逐了厉王，那么当其战败逃亡时，肯定不会选择离彘较近的虞国避难。再者，如果丼氏是与王室对抗失败而逃亡，怎么会有诸侯敢收留该家族呢？鲁昭公二十二年（前520），周景王死后，王室爆发王位之争，单、刘等贵族拥立悼王、敬王，王室中的灵、景两族及大批政治上不得意的家族拥立王子朝，双方的对抗一直持续到鲁昭公二十六年（前516）。在晋国的强力干预下，王子朝一方战败逃奔楚国，当时华夏诸侯没有敢收留王子朝者。这也从侧面反映了丼氏与周王室之间其实并无冲突。

荣伯出自荣氏家族，该家族犹如召氏、虢氏等，虽见诸早期文献，但关于它的起源没有详细的记载。据《国语·晋语四》记载：

> 文王在母不忧，在傅弗勤，处师弗烦，事王不怒，孝友二虢，而惠慈二蔡，刑于大姒，比于诸弟。诗云："刑于寡妻，至于兄弟，以御于家邦。"于是乎用四方之贤良。及其即位

---

① 韩巍：《西周金文世族研究》，第290页。
② 徐元诰撰，王树民、沈长云点校：《国语集解》，第13页。
③ 《史记》卷四《周本纪》，第143页。
④ 韩巍：《西周金文世族研究》，第148页。

也，询于"八虞"，而咨于"二虢"，度于闳夭而谋于南宫，诹于蔡、原而访于辛、尹，重之以周、邵、毕、荣，亿宁百神，而柔和万民。

韦昭注曰："周，周文公；邵，邵康公；毕，毕公；荣，荣公。"① 这段文献记载无法让我们判明荣氏具体出自哪一系的周王，只能反映其家族族源非常古老，早在文王时代即已存在，且政治地位不低。西周文献及金文中虽然屡屡有荣氏出现，但是直至厉王时期，该家族的荣夷公才得以出任王室执政，② 反映了荣氏比起周初即已身为执政的周、召、毕、虢等世族，在实力及声望方面明显有很大的不足；就算与作为新晋势力的丼氏家族相比，也显得不温不火。荣氏宗主荣伯出任册命礼"右者"见载于卫簋、同簋、康鼎、师藉簋、辅师嫠簋、古鼎、衍簋等器。而师询簋比较特殊，其"右者"只写作"荣"。由于该器是传世器，铭文为摹本，故陈梦家认为铭文摹写有误，荣之下的"人（内）"字有可能是"公"字之误，右者荣公为荣夷公。③

从现有的金文资料来分析，西周的"荣氏"与丼氏有诸多类似之处。首先是族源不明。西周初年的金文中关于荣氏家族的事迹几乎呈一片空白的状态，上文曾介绍，直至康王时期的金文中才有名"荣"的贵族出现在周王身边。可见，《国语》中关于"周、邵、毕、荣"并列之说，大概是出于误传而不是确史。其次，荣氏的崛起与丼氏也十分近似。在西周中后期的册命礼中，二者都频繁担任"右者"。在所有家族中，丼氏出任右者的频率最高，荣氏次之。周厉王在位时，丼氏家族的宗主武公多次以家族武装协助周王平息叛乱，击退外敌的入侵。而荣氏家族的宗主荣夷公则成为厉

---

① 徐元诰撰，王树民、沈长云点校：《国语集解》，第362页。
② 《国语·周语上》："厉王说荣夷公……既，荣公为卿士。"
③ 陈梦家：《西周铜器断代》，第309页。

王的另一心腹重臣。不仅被任命为执政，还是"专利"政策的主要推动者。所以，周王对荣氏的扶持，可能与扶持丼氏类似，就是为了遏制周、召、毕、虢等老牌世族以强化王权。

众所周知，成王时期的执政是周公旦与召公。周公旦曾与召公分陕而治，负责成周地区的政务。在周公旦以后，主管成周地区的职务由其子君陈接替，① 故《尚书·君陈》序曰："周公既没，命君陈分正东郊成周。"只是君陈执政时间不长，未能终成王之世。《尚书·顾命》记载成王临终前召集诸臣发布遗训，"命召公、毕公率诸侯相康王"，君陈已不再与闻顾命。而康王即位后"命作册毕分居里，成周郊，作毕命"（《尚书·毕命》序），可见此时毕公可能取代了君陈而与召公"分陕而治"。毕公主政成周大约终康王之世，据昭王时期的令方彝（《铭图》13548）铭文显示，已由周公旦之孙明保执政于成周，② 被称为"明公"。可以说在西周成、康、昭时代，宗周与成周地区的控制权一直在周、召为代表的大族手中，而其他姬姓贵族与王室一样也处于受压制的状态。直至西周晚期，丼氏家族的武公和荣氏家族的荣夷公才跻身于执政者的行列。但是，对荣、丼两族相对有利的政治格局并未能持续太久，一场突如其来的国人暴动彻底终结了这些家族继续上升、发展的可能。据毛公鼎铭文反映，宣王任命毛公厝为执政大臣，这标志着老牌世族对王朝政治的重新掌权。

可见荣夷公虽在厉王时期短暂地出任过王室执政，但荣氏家族并不是西周的一流世族。荣氏宗主出任册命礼中的"右者"，恰恰证明了"右者"一职的政治地位并不是前辈学者想象中的那样崇高。丼氏与荣氏频频担任"右者"，只反映了这两个家族与王室之间亲密的关系。

---

① 《礼记·坊记》郑注曰："君陈，盖周公之子，伯禽弟也。"《礼记·檀弓上》孔疏引郑玄《毛诗谱》云："元子伯禽封鲁，次子君陈世守采地。"《史记·鲁世家》索引亦云："周公元子就封于鲁，次子留相王室，代为周公。"

② 唐兰：《西周铜器断代中的"康宫"问题》，《考古学报》1962年第1期。

比荣氏、丼氏政治地位更低的是南氏。二十七年裘卫簋中的"右者"为南伯，無叀鼎中的"右者"被称为司徒南仲，南伯应是南氏家族宗主，南仲则是该家族的小宗。《尚书·君奭》曰："惟文王尚克修和我有夏，亦惟有若虢叔，有若闳夭，有若散宜生，有若泰颠，有若南宫括。"学者普遍认为"南"为南宫的省略称法，① 南宫括应该就是南氏最早见于记载的宗主，很有可能也就是大盂鼎（《铭图》02514）中周王所说的"祖南公"。该家族起源的历史也是含混不清，从文献来看，早在文王时代南氏家族就已存在。通过对大盂鼎铭文的分析，白川静认为南氏出自殷系氏族，在殷周之际脱离殷王朝而服事于周。② 朱凤瀚则认为南氏似乎与周同姓，③ 后来的考古发掘也证明朱先生的判断是合理的，故韩巍折合两派意见，认为南氏家族是"商末归顺周人的东方系部族，被周人赐予姬姓"。④

南氏没有突出的事迹可叙，而在康王时期的铜器中却有南氏后裔所作的大、小盂鼎。这两件铜器镂刻的铭文属西周早期金文中罕见的长篇，记录了南氏家族的一些事迹。其中大盂鼎铭曰：

> 唯九月，王在宗周，命盂。王若曰：盂！丕显文王，受天有大命，在武王嗣文作邦，辟厥慝，敷有四方，畯正厥民，在于御事，虗酒无敢酖，有祡烝祀无敢酖，故天翼临子，法保先王，敷有四方。我闻殷坠命，唯殷边侯、甸与殷正百辟，率肆于酒，故丧𠂤矣。汝昧辰有大服，余唯即朕小学，汝勿蔽余乃辟一人，今我唯即型禀于文王正德，若文王令二三正，今余唯命汝盂绍荣，敬拥德经，敏朝夕入谏，享奔走，畏天威。王

---

① 参见李学勤《大盂鼎新论》，《郑州大学学报》1985年第3期；朱凤瀚《商周家族形态研究（增订本）》，第339页。
② ［日］白川静：《西周史略》，袁林译，第12—13页。
③ 朱凤瀚：《商周家族形态研究（增订本）》，第339页。
④ 韩巍：《西周金文世族研究》，第117—118页。

曰：而命汝盂型乃嗣祖南公。王曰：盂，廼绍夹尸司戎，敏谏
罚讼，夙夕绍我一人烝四方，雩我其遹省先王受民受疆土。锡
汝鬯一卣、冂衣、巿、舄、车、马。锡乃祖南公旂，用狩，锡
汝邦司四伯，人鬲自驭至于庶人六百又五十又九夫，锡夷司王
臣十又三伯，人鬲千又五十夫，䢔寓迁自厥土。王曰：盂，若
敬乃正，勿废朕命。盂用对王休，用作祖南公宝鼎，唯王廿又
三祀。

铭文中，周王先回顾了文、武王受天命而创业，随后又说："畯正厥民，在于御事。"唐兰释畯为大，① 畯正厥民即大正厥民；"在于御事"意指大臣有协助君主安抚万民的职责。接着康王谈起了商朝灭亡的原因在于"殷边侯、甸与殷正百辟，率肄于酒"，"故丧𠂤"即丧失了民众，② 告诫盂要以史为鉴，汲取殷亡的教训。康王又说："今我唯即型禀于文王正德，若文王令二三正，今余唯命汝盂绍荣。"禀即受也，意为康王将效仿接受文王的正德，像文王命诸"正"那样命盂继承荣。《尔雅·释诂》曰："育、孟、耆、艾、正、伯，长也。"故"二三正"应是指若干长官，《尚书·酒诰》有"少正御事"，《康诰》有"正人""外正"等，都是指长官。那么盂是什么级别的长官？周王授予盂的职责是"朝夕入谏，享奔走，畏天威"，这与受命"屏王位、作四方极""捍敔王身"的毛公和番生明显有异。周王还命盂"廼绍夹尸司戎，敏谏罚讼"。周王的这段任命之辞，前者太虚，无实际内容；后者有"尸司"一词，册命金文如康鼎、蔡簋亦见，为主管之意。唐兰认为"夹"为人名，"司戎"是官名，即周王命盂接替夹管理司戎的职事。又认为"戎"为戎兵，似即司马，但盂的职责还包括"敏谏罚讼"，

---

① 唐兰：《西周青铜器铭文分代史征》，第 173 页。
② 《诗经·大雅·文王》有"殷之未丧师，克配上帝"，丧师即金文中的"丧𠂤"。关于西周时期的"𠂤"与民众的关系，详参本书第二章。

又像是司寇，故"司戎"之官很可能是康王时期特立的。① 陈梦家则认为，"绍夹"意为夹辅，"尸司"即死司，死还有永义，故"死司戎"即终生管理诸戎之事。小盂鼎述盂告伐鬼方之役，是其职事。② 笔者以为，陈梦家的分析较为合理，尸司本为一词，不应该拆分释读。另外，如依唐兰之说，上文已有"今余唯命汝盂绍荣"，而此处却说要盂继承名夹的贵族"司戎"，显得前后矛盾。因此不能将"夹"释为人名。盂管理诸戎之事，应当是指负责处理周王朝与诸戎关系的意思，这与春秋时期晋国主持"和戎"的魏庄子魏绛相似。戎狄对周一直叛服不定，纵观整个西周时期，王室对诸戎也不能有效制约，双方时常处于战争状态。因此，盂受命主管诸戎事与士山盘铭文中的士山征收臣服方国之"服"有很大区别。

周王命盂"今余唯命汝盂绍荣"，陈梦家释"绍"为"助"。若如此，盂仅为荣（荣氏始祖）的辅佐。井氏家族长期垄断西周王朝三有司之司马一职，而宰兽簋中担任册命的荣氏还有被称为"司土荣伯"，扬簋和无叀鼎中的单伯、南仲有司徒的头衔。笔者于上文既已论证，王朝的三有司并非执政，而是执政的大臣之下负责具体事务的官员，属于中等贵族。综合这些信息，南氏家族的政治地位就不难推断了。

毛氏家族在西周后期也出任过"右者"，如虢簋、鄀簋铭中的毛伯。虢簋器型近于西周中期命簋、不寿簋，而鄀簋明显呈西周末期特征，且册命地点在"宣榭"，"宣"可能是宣王的谥号。由此可知，虢簋、鄀簋中的毛伯不可能是宣王时期执政的毛公。毛氏家族出任"右者"的还有此鼎中的毛叔，学者多以为此鼎为宣王时器，③那么毛叔应该是当时的执政毛公厝之弟。毛氏出自文王，是西周王朝仅次于周、召的大族，毛氏宗主见于金文者就曾两次出任

---

① 唐兰：《西周青铜器铭文分代史征》，第 177 页。
② 陈梦家：《西周铜器断代》，第 104 页。
③ 陕西省文管会、岐山县文化馆：《陕西省岐山县董家村西周铜器窖穴发掘简报》，《文物》1976 年第 5 期。

王室执政。但是该家族宗主在出任执政时，从未有过担任册命礼"右者"的记录。

为了便于直观了解相关问题，我们将西周时代主要的显贵家族的成员担任册命礼中"右者"的情况做一番统计，如表4－3所示：

表4－3

单位：次

家族	右者及器名	频次
召氏	宰琱生(师毂簋)	1
毛氏	毛伯(虢簋、䣄簋)、毛叔(此鼎)	3
毕氏	毕叔(七年师兑簋)	1
虢氏	虢仲(砜簋)	1
单氏	司徒单伯(扬簋)、单伯(㦰簋)	2
祭氏	祭叔(羚簋)、伯俗父②(南季鼎)	2
同氏	同仲(元年师兑簋)	1
申氏	申季(大克鼎、伊簋)	2

除毛伯、单伯外，其他诸人皆以仲、叔、季相称，可知他们的身份当属家族之小宗。宰琱生又见于琱生簋(《铭图》05340—41)，据学者分析，其为召氏家族之小宗。②还有部分右者我们无法判明他们的姓氏，暂不讨论。

由此可知，在西周册命礼中担任"右者"的贵族大多属于当时贵族阶层的中层。出身一等世族的周、召两族之宗主未有参与其事者。比周、召两族略逊一筹的毛、毕、虢等族则稍有参与，但参与者除毛伯外均非家族宗主。即使是毛伯，在出任右者时也没有执政的身份。卷入册命礼最深的乃是井、荣两家族，如表4－4所示：

---

① 伯俗父又称师俗父，是西周中期较为活跃的一个贵族，还见于五祀卫鼎、永盂及祭俗父鼎，祭俗父很可能就是伯俗父。伯为排行，师代表其身份。

② 朱凤瀚：《琱生簋铭新探》，《中华文史论丛》1989年第1期。

表 4-4

单位：次

家族	器名及右者	频次
井氏	穆公（盠方彝、盠簋）	2
	丼伯（利鼎、七年趞曹鼎、师奎父鼎、豆闭簋、师毛父簋、走簋、师瘨簋盖、救簋盖、师虎簋、召簋、师大簋）	11
	司马共（四年瘨盨、谏簋、师晨鼎、师俞簋）	4
	丼叔（免尊、免簋、师察簋）	3
	咸丼叔（趩觯）	1
	武公（南宫柳鼎）、丼公（叴壶盖）	2
荣氏	荣伯（古鼎、宰兽簋、康鼎、辅师嫠簋、同簋、师藉簋、卫簋、衍簋）	8
	荣（师询簋）	1

终西周之世，丼氏家族的成员共担任王朝册命礼"右者"23次。荣氏虽仅9次，大大少于丼氏，但远多于其他家族。

综合以上分析，我们可以得出以下结论：册命礼中的"右者"为王朝执政的观点是不成立的。最初的"右者"不仅不是当时的执政大臣，甚至其家族势力及政治地位也不是很高，只能算贵族中等阶层。出任"右者"的频次反映的是该家族与王室之间的亲密程度。直到西周后期，时常担任"右者"的一些家族在王室的扶持下，势力开始不断壮大，最具代表性的便是出任册命礼"右者"次数最多的丼氏与荣氏两族。考虑到王朝前期大族分陕而治的政治格局，王室扶持这些中等贵族显然是出于遏制世家大族势力的考虑。这也合理解释了为何出任"右者"的都不是执政级别的大贵族。在周厉王统治时期，王权膨胀达到了顶峰，据《史记·楚世家》记载，楚君熊渠曾立三子为王，后因畏惧厉王而取消了王的称号。① 丼氏与荣氏就是在这一时期开始出任王朝执政。但这样的政治格局刚形成不久，便爆发了驱逐

---

① 《史记》卷四〇《楚世家》，第1692页。

厉王的国人暴动，改变了现实政局的发展走向。井、荣两族为代表的中层贵族的上升之路被封死，以毛公厝为代表的世家大族再次掌控朝政。

另外，我们还可以借助春秋时期各国普遍发生的一些现象反推西周时期王朝执政的身份问题。西周、春秋时期的中国处于早期国家的发展阶段，且同为贵族制时代。在此时期，成为王朝或诸侯国执政，最具决定性的因素是血缘，在血缘基础之上再看家族贡献和实力，个人才能不是关键。而血缘也会分代际，如春秋时期鲁庄公十一年，宋闵公被宋万所杀，"萧叔大心及戴、武、宣、穆、庄之族以曹师伐之"，所谓"戴、武、宣、穆、庄之族"指的是宋戴公、宋武公等宋国国君的诸子及其子孙。每代国君除嫡子继承君位外，其他诸子为了与先代诸公子孙相区别，往往以其父谥号为名组建政治团体，这自然也是为了以血缘为纽带抱团维护本家族的权益。因此，春秋时期统治阶层的内部矛盾经常表现为不同代际的公族之间的斗争。如《左传》庄公二十三年，晋国"桓、庄之族偪，献公患之"；《左传》文公七年，"（宋）昭公将去群公子"，结果招致"穆、襄之族率国人以攻公"；《左传》文公八年，"宋襄夫人，襄王之姊也，昭公不礼焉。夫人因戴氏之族以杀襄公之孙孔叔"；《左传》文公十八年，"宋武氏之族道昭公子将奉司城须以作乱。十二月，宋公杀母弟须及昭公子，使戴、庄、桓之族攻武氏于司马子伯之馆。遂出武、穆之族"；《左传》宣公四年，楚国若敖氏之族与楚庄王争权。

即使是卿大夫之家，血缘代际间也会有斗争。如《左传》昭公七年，"单献公弃亲用羁。冬十月，辛酉，襄、顷之族杀献公而立成公"。

一般来说，西周春秋时期的王朝或诸侯国执政就在这些先王、先君子孙中产生。就西周而论，文王诸子的政治地位明显要高于其他诸王王子。但对西周后世诸王来说，自家子弟显然要比先王诸子可靠得多。因此，不同代际的王子们为了争夺政治权力时常发生冲突。从春秋时期的案例来看，一旦某个先君的公子们占据了执政地位，就会天然地抱团排斥、压抑其他先公的诸子。典型者如郑国的七穆、鲁国的三桓等。

齐、晋两国情况较特殊。晋国自献公尽逐群公子始，历代国君不再扶持公子，而是重用异姓贵族。而齐国陈氏家族，巧妙地利用策略，联合小族先后击败专权的崔、庆、子尾、子雅等姜姓大族，最终垄断执政权，取代姜氏专有齐国。①

由此，我们可以反推西周王朝的执政。周初的周、召、毕、毛、虢等族由于在建国、灭商及东征过程中的巨大功劳，在王朝政治中占据了重要的地位，是真正的实力派，长期把持国政。执政权在这些姬姓亲贵家族内部流转。到了西周中期，井、荣等新势力崛起，而周、召等族几乎不见于金文记载。在国人暴动后，厉王太子落入召公手中。至周宣王即位，命毛公为执政，标志着王朝执政权又被老牌世族把持。因此，西周王朝的权力斗争与春秋时期的列国相似，执政权在新旧家族间轮转。政府权力部门没有向全社会开放，一般的庶民甚至中下层贵族不可能有机会染指卿位。我们探讨西周册命礼右者身份等问题时，必须抛弃"选贤用能"的观念，不能用后世中央集权制政府的选官方式逆推西周的贵族制政体。比如关于"共和行政"问题，有些典籍记载，厉王奔彘后，众人推共伯和主持国政。共伯和究竟是什么身份？他在贵族制社会凭什么能越过历代周王的诸子诸孙而获得执政权？还有学者认为裘卫盉铭文中的"伯邑父、荣伯、定伯、𤭁伯、单伯"及裘卫鼎铭中的"井伯、伯邑父、定伯、𤭁伯、伯俗父"为王朝执政。我们同样要问，这些人是什么身份？凭什么他们能够成为王朝执政？

综上，在身份制社会，具有什么样的身份是最重要的。而高

---

① 赵世超、黄明磊：《春秋时期齐国陈氏事迹考辨》，《管子学刊》2018 年第 2 期。

贵的身份若要发挥其作用，又需以家族势力为支撑，二者是相辅相成的关系。结合春秋的经验，在初期，高级贵族的身份可以帮助家族获得领地与人口等资源，而家族的力量反过来又可巩固其政治地位。因此，我们不能脱离身份去讨论某个贵族的政治地位。

第二节　"右者"与受命者的关系

　　册命金文中的"右者"与受命者之间的组织关系，一直是研究西周政治体制的学者关心的问题。陈梦家认为"右者"与受命者在职务上有一定的关联；[1] 杨宽则明确指出册命礼中的"右者"与受命者之间有着上下级的组织关系；[2] 陈汉平也觉得"傧者（即"右者"——笔者按）与被傧者爵秩高低有相应之关系"，并引李学勤的观点，指出"在西周册命金文中，傧者与受命者职务之间有一定统属关系，傧者往往为受命者之上级长官，受命者往往为傧者之下级属官"，而"这种统属关系为全面研究西周官制之线索与根据"；[3] 李峰通过分析"右者"与受命者组合的模式，提出西周官员通常由中央政府中同一行政部门的官员陪同接受册命，而且大多数情况下，右者的地位等级要高于受命者。[4] 归纳一下上述学者的观点，大概有两层意思：第一，"右者"与受命者处在同一职官系统；第二，"右者"是受命者的上级长官。

　　实际上，本书梳理的101篇册命金文中，大多数并未言及"右

---

[1] 陈梦家：《西周铜器断代》，第164页。
[2] 杨宽：《西周史》，第336—363页。
[3] 陈汉平：《西周册命制度研究》，第109—110页。
[4] 李峰：《西周的政体——中国早期的官僚制度和国家》，吴敏娜等译，第133、135页。

者"与受命者之间是否存在着组织上的联系。但有 13 篇册命文，记载了周王要求受命者辅佐某贵族去执行某项职事，而其中又有少数受命者辅佐的贵族为其受册命时的"右者"，显示出他们之间的确存在着上下级统属性质的关系。我们可以将这 13 篇铭文分为三类，列举如下。

（1）"右者"与受命者之间有着明确的上下级统属关系，即"右者"与受命者辅助的对象为同一人。此类册命铭文共 2 篇，如表 4-5 所示。

表 4-5

序号	器名	职守	受命辅助的对象	右者
1	南季鼎	用左右俗父司寇	俗父	伯俗父
2	吕服余盘	更乃祖考事，胥备仲司六自服	备仲	备仲

（2）"右者"与受命者之间有明确的非上下级组织关系，即"右者"与受命者辅助的对象不是同一人。此类册命铭文共 9 篇，如表 4-6 所示。

表 4-6

序号	器名	职守	受命辅助的对象	右者
1	师晨鼎	胥师俗司邑人，唯小臣、膳夫、守□、官、犬、奡奠人、膳夫官、守、友	师俗	司马共
2	免簋	胥周师司饎	周师	井叔
3	走簋	龏胥益	益	司马井伯
4	师察簋	用胥弭伯	弭伯	井叔
5	同簋	左右虞大父司场、林、虞、牧，自淲东至于河，厥逆至于玄水。世孙孙子子左右虞大父，毋汝有闲	虞大父	荣伯

续表

序号	器名	职守	受命辅助的对象	右者
6	元年师兑簋	胥师龢父司左右走马、五邑走马	师龢父	同中
7	蔡簋	昔先王既命汝作宰,司王家。今余唯申橐乃命,令汝眔曶棐曶对各,从司王家外内,毋敢有不闻。司百工,出入姜氏命。厥又见又即令,厥非先告蔡,毋敢疾又入告。汝毋弗善效姜氏人,勿事敢又疾止从狱	对各	宰曶
8	虎簋盖	更乃祖考胥师戏司走马、驭人眔五邑走马、驭人,汝毋敢不善于乃政	师戏	密叔
9	瘨簋	用胥师毄司佃人	师毄	毛伯

（3）由于信息缺失，不能判断"右者"与受命者之间是否存在上下级组织关系。此类铭文共有 2 篇，见表 4-7。

表 4-7

序号	器名	职守	受命辅助的对象	右者
1	善鼎	昔先王既令汝佐胥矣侯,今余唯肇申先王令,令汝佐胥矣侯,监豳师戍	矣侯	无
2	逨盘	今余唯经乃先圣祖考,申橐乃命,令汝胥荣兑,鞁司四方虞、薪,用宫御	荣兑	无

通过以上三表可知，在 101 篇册命金文中，受命者的上级在仪式中担任"右者"的仅有 2 例而已，即南季鼎和吕服余盘。应该说，很多学者就是根据这两个非常特殊的案例得出了"右者"

与受命者为上下级统属关系的观点，然后再以此观点作为指导思想去解读其他册命金文中"右者"与受命者之间的关系。这种通过分析极个别特殊案例得出结论然后再演绎出一般性认识的研究方法，必然导致人们对册命制度在西周王朝政治体系中的真实作用做出误判，而这样的误判又极容易诱导学者夸大西周时期政府组织的发展水平。因此，在研究"右者"与受命者之间存在的关系时，对相关史料做全面性的分析、避免片面性的结论，就显得尤为重要。

上文曾指出，担任"右者"的贵族大多并非出身一流世族，而是服事于周王左右的中层贵族。因为他们经常出现在周王视线之内，所以才有机会接受王室差遣，受命巡视四方、率军出征、处理争端及担任"右者"等。到了西周中后期，接受册命已成为接近王室的一条重要途径，不仅有利可图，还是令人欣羡的一种政治殊荣。故上级长官出于种种目的开始为属僚谋求来自王室的册命。如卫簋（《铭图》05368—69）铭文所示：

> 唯八月既生霸庚寅，王格于康大室。卫曰：朕光尹中侃父右告卫于王，王锡卫佩，戈巿，殳宂、金车、金□。曰：用事。卫拜稽首，对扬王休。卫用肇作朕文考甲公宝䵼彝。其日夙夕用厥馨香享祀于厥百神，亡不则，焚芳馨香，则登于上下，用匀百福，万年欲兹百生，亡不逢鲁，孙孙子子其万年永宝用兹王休，其日引勿替，世毋望。

还有狱簋（《铭图》05315—18）铭曰：

> 唯十又一月既望丁亥，王格于康大室。狱曰：朕光尹周师右告狱于王，王或锡狱佩，戈巿，殳宂。曰：用事。狱拜稽首，对扬王休。用作朕文考甲公宝尊簋，其日夙夕用厥茜香享祀于厥百神，孙孙子子其万年永宝用兹王休，其日引勿替。

狱与卫的受命都与自己的"光尹"有关,而且受命时的"右者"就是自己的长官。两人虽然接受了王室册命,并作铜器以兹纪念,但均未从周王那里得到什么具体职事,仅被勉励"用事"。可见对于他们的册命完全是荣誉性的,与职事授派无关。

柞钟(《铭图》15343—49)铭所反映出的"右者"与受命者间的关系又属另一类情形。周王命柞"司五邑佃人事",仲大师为"右者"。柞受命之后,不像其他受命者那样按照惯例"对扬王休",而是"拜手,对扬仲太师休"。学者普遍认为这是西周末年王政陵夷、大族势力膨胀的真实写照,所以柞才会受职于公堂,谢恩于私门。①

柞钟1960年出土于陕西省扶风县齐家村的一处西周青铜窖藏,该窖藏共发现青铜器39件,有铭文者28件,② 其中就包含了柞钟和幾父壶。幾父壶(《铭图》12438—39)铭曰:

> 唯五月初吉庚午,同中窒西宫,锡幾父笄橐六、仆四家、金十钧。幾父拜稽首,对扬朕皇君休,用作朕烈考尊壶。幾父用追孝,其万年孙孙子子永宝用。

郭沫若认为"柞"与"幾父"为同一人,"柞"为名,"幾父"是字。柞钟里的"仲大师"就是幾父的"皇君"同仲。③ 朱凤瀚认为幾父是同仲的小宗,奉同仲为宗君,中氏是从同氏分出的。④ 柞出身于姬姓中氏的分支,政治地位较低,身为仲大师的旁系却能获得周王册命,自然要感谢主君的提携之恩。但是柞与仲大师之间有

---

① 参见郭沫若《扶风齐家村器群铭文汇释》,《郭沫若全集·考古编》第6卷,第317—356页;朱凤瀚《商周家族形态研究(增订本)》,第357、396页;许倬云《西周史(增补二版)》,生活·读书·新知三联书店2018年版,第239页。
② 陕西省博物馆主编:《扶风齐家村青铜器群》,文物出版社1963年版,第2页。
③ 郭沫若:《郭沫若全集·考古编》第6卷,第348页。
④ 朱凤瀚:《商周家族形态研究(增订本)》,第354—357页。

无上下级的统属关系呢？仲大师只有"师"的头衔，而"五邑佃人事"属司土系统，那么他的管理权限应当与柞不同。因此，仲大师与柞之间应不存在职务上的统属关系。柞本为仲大师的家臣，又是通过主君才得到了来自王室的册命，这就决定了他具有王臣兼家臣的双重臣属性。而作为主君的仲大师也无须通过职官方面的上下级关系来实现对柞的控制，故我们不必过分强调二者之间在职务或行政组织上的统属关系。

综上，册命礼中的"右者"与受命者之间的关系是较为复杂的，不能简单地用上下级隶属关系来笼统概括。其间既存在少数职务上的上下级统属，也存在类似主君与臣下的人身依附。但大多数的册命文根本不涉及二者之间的关系。什么样的贵族能够担任"右者"，并不取决于该贵族与受命者之间的关系，而是看他与王室之间的亲密程度。一般而言，周王倾向于任命自己身边的亲信贵族担任册命礼中的"右者"。当册命礼的政治影响力越来越显著时，周王身边的贵族们就会努力为自己的属僚或族人谋取获得册命的机会，同时又兼任册命礼的"右者"，如此，"右者"与受命者之间的关系开始变得日益复杂起来。

第 五 章
册命礼与受命者

如果以册命的内容为标准，101篇册命金文可大致分为两大类：第一类是明确记载了周王授予受命者某种职事的，第二类是仅册命而无职事授派的。对于第一类册命，它的受命者绝大多数出身于某个家族的小宗。对于第二类册命，我们又可将之细分为两类：一是周王对受命者只赏赐而不授予具体职事，二是周王仅要求受命者继承其祖考旧职而无新职授派。此类册命的受命者大多出身于某家族的大宗宗主。为何不同的受命者接受的册命会存在如此奇特的差异？笔者以为，若要解释清楚这个疑问，需要我们结合册命制度产生的原因及时代背景等做综合性探讨。

第一节 受命贵族的出身及政治地位

成型于西周中期的册命礼所施行的对象主要是下级贵族。据上文分析，无论是从文献还是金文角度考察，自始至终王朝执政一级的大贵族都未曾卷入到册命礼之中，既没有在任何一场册命礼中担任过"右者"，也没有以册命的形式接受过周王的职事派授。这说明执政贵族与担任册命礼"右者"的贵族分属两个身份地位截然不同的等级。

在册命礼中担任过"右者"的贵族里，只有一人曾以受命者的身份接受过王室册命，那就是觐簋铭文中受册命作王朝"冢司马"的丼伯觐。曶壶盖（《铭图》12446）与曶鼎铭文（《铭图》02515）记载了贵族曶接受过王室的册命，蔡簋（《铭图》05398）中"右者"又为宰曶。但不少学者经研究发现，三人职责不同，不处于一个职官系统，应该不是同一人。①

由此我们基本可以得出一个推论：西周时期的贵族大致可分为三个层级，而册命礼恰好可以作为划分层级的标准。贵族群体的最上层是王朝执政级别的大贵族，他们均出身于姬姓贵族中最显赫的世家，如周、召两族，以及稍次于周、召的毕氏、毛氏、虢氏等。异姓贵族及殷遗绝无跻身其间的可能。这样的政治格局早在西周之初就已经定型。大贵族们以古老的仪式接受周王的任命，仪式较册命礼而言更加简单、质朴。从令方彝、班簋、番生簋及毛公鼎等铭文可知，此类仪式是由周王亲自口授任命，而不设辅助受命者的"右者"和代宣王命之史官。至王朝晚期，若干中等贵族在王室扶持下跻身执政者的行列，如丼氏、荣氏等。但是国人暴动后，执政权又重新落入以毛公厝为代表的老牌世族手中。

另外，周公、召公、毕公、毛公、虢公的封地均分布于王畿之内，属于畿内贵族。在现有的金文资料中，我们也没有发现畿外诸侯出任执政和册命礼"右者"的案例。

中间阶层的贵族之所以能够常常在册命礼中充当"右者"，是因为他们时时侍奉于周王左右，与周天子的关系更为密切。本书第四章曾分析，册命礼中的一些受命者，如南季、吕服余和他们的"右者"伯俗父、备仲之间确实存在着上下级的统属关系，而且某些受命者如卫、狱等是在上级的运作下才获得周王的赏赐。因此，

---

① 参见张光裕《新见曶簋铭文对金文研究的意义》，《文物》2000年第6期；彭裕商《西周青铜器年代综合研究》，第486—487页；韩巍《西周金文中的"异人同名"现象及其对断代研究的影响》，《东南文化》2009年第6期。

我们完全可以认为，受命者的地位要低于担任"右者"的贵族，属于下层小贵族群体，他们的族属来源较为复杂，既有周人，也有臣服于周人的殷遗及东方族群。但当册命礼在王朝政治中的作用日益增大时，一些地位较高的中层贵族也开始谋求获得王室的册命。接下来，笔者将详尽分析101篇册命金文中受命者的出身、族姓等信息，并在此基础上讨论以下两个问题：第一，周王室为何推行针对中下层贵族的册命制度；第二，册命制度为何是在西周昭、穆时期突然出现，并迅速成为西周中后期最引人瞩目的政治活动之一。

一　不能判明身份的受命者

如果需要从受命者大小宗出身的角度对册命金文进行分类，首先要正确区分西周时期家族内部的大宗与小宗。最简便的方法是看受命者祖考或其本人的排行。周人实行嫡长子继承制，兄弟间则以伯、仲、叔、季相区别。家族中称伯者，一般为长子，且是继承家族的宗主。嫡长子以外的诸子只能称某仲、某叔、某季，可是他们下一代的嫡长子亦可称伯。因此，金文中凡父祖或本人称某伯者，不一定代表他们是大宗出身；凡父祖或本人称某仲、某叔、某季者，则一定出身于小宗。但也不是所有的册命金文都能从对祖考的称谓上获得判明其出身的有效信息，这样的金文共有42篇之多，如表5-1所示。

表 5-1

序号	器名	受命职事	祖考或氏名
1	趞觯	更厥祖考服	用作宝尊彝
2	害簋	用更乃祖考事,官司尸仆、小射、底鱼	用作文考宝簋
3	辅师嫠簋	更乃祖考司辅	用作宝尊簋
4	师克盨	更乃祖考𫊣司左右虎臣	用作旅盨
5	吕服余盘	更乃祖考事,胥备仲司六自服	用作宝盘盉
6	左右簋	更乃祖考作冢司工于蔡	用作宝簋
7	邵盨簋	用嗣乃祖考事,作司土	用作宝簋
8	殷簋	更乃祖考友司东鄙五邑	用作宝簋

续表

序号	器名	受命职事	祖考或氏名
9	吕簋	更乃考䎛司奠师氏	用作文考尊簋
10	南宫柳鼎	司六𠂤牧、场、大□，司羲夷场佃事	用作朕烈考尊鼎
11	无叀鼎	官司穆王正侧虎臣	用作尊鼎
12	𢦏簋	作司土，官司藉田	用作朕文考宝簋
13	南季鼎	用左右俗父司寇	用作宝鼎
14	师俞簋	䎛司㐨人	用作宝
15	免簋	胥周师司䝬	用作尊簋
16	免尊	作司工	用作尊彝
17	免簠	司奠还䝬眔吴眔牧	用作旅盨彝
18	走簋	䎛胥益	用自作宝尊簋
19	救簋盖	用大备于五邑守堰	用作宝簋
20	蔡簋	司王家。今余唯申𢅼乃命，令汝眔𦈨䎛胥对各，从司王家外内，毋敢有不闻。司百工，出入姜氏命，厥又见又即令，厥非先告蔡，毋敢疾又入告。汝毋弗善效姜氏人，勿事敢又疾止从狱	用作宝尊簋
21	微𣫢鼎	䎛司九陂	𣫢作朕皇考𡨦彝尊鼎
22	𪓐簋	司成周里人眔诸侯、大亚，讯讼罚，取徵五锊	用作宝簋
23	柞钟	司五邑佃人事	用作大林钟
24	趠簋	作豳自冢司马，啻官仆、射、士，讯小大有隣，取徵五锊	用作季姜尊彝
25	善鼎	佐胥𡨦侯，监豳师戍	用作宗室宝尊
26	楚簋	司菁鄙官、内师舟	用作尊簋
27	古鼎	作服	用作朕考
28	采隻簋	作司土	用作姜女尊簋
29	舀簋	司奠騃马	作宝簋
30	率鼎	用司耄卓阳人	用作宝鼎
31	槐簋	用死司王家	用作朕皇祖文考宝簋
32	师察簋	用胥𢎨伯	用作朕文祖宝簋
33	师𧉾簋	无	𢎨伯用作尊簋
34	𤣩簋	无	用作宝簋
35	二十七年裘卫簋	无	用作朕文祖考宝簋
36	师毛父簋	无	用作宝簋
37	卫簋	无	用作朕文祖考宝尊簋
38	七年趞曹鼎	无	用作宝鼎
39	雕鼎	无	用作宝鼎

续表

序号	器名	受命职事	祖考或氏名
40	驭簋	无	用作尊簋
41	师大簋	无	作宝簋
42	十三年㾓壶	无	无

若仅从作器者对其祖考之称谓来看，上述42器确实无法判断出受命者的大小宗身份。但是通过其他渠道，我们还是可以获取一些有用的信息。比如作器者的姓氏即是分辨其家世的最好证据。

以南宫柳鼎和南季鼎为例。南宫是作器者的氏名，在金文中又常被称为南氏。故南宫柳与南季可确定为南氏家族的成员，周王分别命二人"司六𠂤牧、场、大□，司羲夷场佃事""左右俗父司寇"。据大盂鼎（《铭图》02514）铭记载，周王命盂"型乃嗣祖南公"，可知盂为南氏嫡子。盂的主要职责还包括"绍夹尸司戎，敏谏罚讼，夙夕绍我一人烝四方"，这与南宫柳受命负责管理"六𠂤牧、场"和南季受命"左右俗父司寇"明显不属同一职官体系。由此推知，南宫柳和南季都不是南宫氏的宗主，而是出自该家族之小宗。尤其是南季，名中的"季"字已反映了其小宗出身。南宫柳受命时的"右者"武公，为周厉王的重臣。厉王时期，南国地区的噩国叛乱，噩侯驭方率南淮夷攻扰南境。周厉王命"西六𠂤、殷八𠂤曰：扑伐鄂侯驭方，勿遗寿幼"，但是六𠂤与八𠂤进军迟缓，最终还是靠武公派遣的家臣禹率井氏的家族武装平息了叛乱。这次叛乱被镇压之后，王室可能意识到了六𠂤和八𠂤存在的问题，需要派人前往整顿，这大约便是南宫柳受命"司六𠂤牧、场、大□，司羲夷场佃事"的历史背景。

再如吕服余盘。吕氏为西周时的姜姓贵族。穆王时期的班簋（《铭图》05401）中就有畿内吕氏宗主吕伯的记载。毛公受命东征，周王命吕伯率领其所属之"𠂤"配合毛公作战，可见畿内的吕伯早已获得了对某处之"𠂤"的管理权。吕服余受命"更乃祖考事，胥备仲司六𠂤服"，虽然继承的是其祖考之职事，但是其可能不是畿内的吕氏宗主，因为吕服余只是受命"胥备仲司六𠂤服"。班簋中吕伯和吴伯所率领的"𠂤"是"六𠂤"或"八𠂤"中的一部分，如果吕服余为家族宗主，他继承的应当是吕伯所管之"𠂤"的全权而非"司六𠂤服"。所谓"司六𠂤服"，即负责"六𠂤"为王室服役、纳贡等事。① 另外，王慎行认为吕服余盘为共懿时器，② 而班簋属穆王时期的器物，从时代上看，班簋中的吕伯很可能是吕服余的祖辈。但是吕服余的职事是继承自其祖考，而吕伯显然没有管理过"六𠂤服"。因此吕服余大概率不是班簋中吕伯的直系子孙，而出自吕氏旁支小宗的宗主。

又如微㝬鼎，其作器者当属微氏家族之成员。从1976年扶风县庄白大队一号窖藏出土的铜器铭文来看，微氏宗主世代担任的是王朝史官，而微㝬则受命"司九陂"。由此即可知，微㝬不可能是家族的宗主，而应该出自微氏小宗。

还有些作器者，在铭文中并未透露出自己家族的姓氏，但是通过与之相关的其他铜器，也能判断出受命者的大致身份。如上文曾分析过的柞钟铭中的贵族柞即出自中氏，而中氏又出自姬姓的同氏，为同氏的小宗。柞本称同仲为"仲大师"，奉其为主君。那么贵族柞的身份就可断定了，他应该是出身小宗的下层贵族无疑。

据楚簋铭文记载，周王命楚"司荓鄙官、内师舟"，即管理荓京馆舍，同时兼管芮师所属的舟船。与楚簋同窖藏的还有内叔䍩父簋（《铭图》04971—73）和𢻫叔𢻫姬簋（《铭图》05057）。内叔䍩父簋铭曰："内叔䍩父作宝簋，用享用孝，用锡眉寿，子子孙孙永宝用。"𢻫叔𢻫姬簋铭曰："𢻫叔𢻫姬作伯媿媵簋，用享孝于其姑公，子子孙其万年永宝用。"内叔即芮叔，𢻫叔𢻫姬簋为媿姓陪嫁

---

① 本书对西周"服"的解释，参考了赵世超在《中国古代等级制度述论》中提出的观点（《中西早期历史比较研究》，第180页）。
② 王慎行：《吕服余盘铭考释及其相关问题》，《文物》1986年第4期。

器物。可知该铜器窖藏应属芮氏家族所有，而楚出自芮氏。但是楚受命管理的不是芮师全部职司，而仅仅是芮师所属的舟船等物资，则楚不可能是芮氏家族的宗主。

善鼎铭文有"余其用格我宗子与百生"，显然此处的"宗子"并非贵族善本人，那么善应当是该家族之小宗。①

槐簋铭末有"奠丼槐"。"奠丼"的氏名还出现于康鼎，本是丼氏在奠地的分支，而贵族槐自称奠丼氏，无疑也是小宗出身。

上述42器的很多作器者可断定出身于某家族的小宗，但受命者中也有出自大宗宗主的，此类册命多属荣誉性质，不涉及具体的职事委派，或只是继承祖考旧职。典型者如七年趞曹鼎（《铭图》02433）。由十五年趞曹鼎（《铭图》02434）铭文分析，趞曹为王朝史官，故又被称为"史趞曹"，他的职事是家族世袭继承的。因此七年鼎中的册命事件只记载了周王对趞曹的赏赐，而未有职事的任命。我们可以将这类册命看作周王对某贵族的一种荣誉性质的政治奖励，而能够享受这种荣誉性册命的受命者大多是某家族大宗宗主。

另外还有辅师嫠簋，其铭有："用作朕皇考辅伯尊簋。"辅师嫠尊称他的父亲为"辅伯"，则"辅"当是家族氏名。辅师犹如金文中的吴师、周师、微师、亢师及奠大师。师嫠簋铭还记载了先王曾命其"司小辅"，而辅师嫠簋铭文有"更乃祖考司辅"。如此，辅师嫠簋中的"辅"应当等同于师嫠簋铭之"小辅"，而"辅伯"之辅即由此而来。

关于"小辅"，吴大澂认为是文献中的"少傅（辅）"之官，张亚初、刘雨赞成此说。② 陈梦家认为辅当为鎛，指乐器。司辅即司鎛，辅师就是鎛师。而师嫠簋中的"小辅眔鼓钟"为官联，相

---

① 陈絜：《商周姓氏制度研究》，第375页。
② 张亚初、刘雨：《西周金文官制研究》，第2—3页。

当于《周礼》的镈师和钟师。① 郭沫若释读师嫠簋时指出,"小辅"与"鼓钟"为对,当是官名,盖即《周礼·春官》之乐师或小大胥。② 后考察辅师嫠簋也认为辅当读为镈,辅师即《周礼》之镈师,其职责是击鼓。"小辅"之"小"指的是鼓的大小或镈师之职的大小。③

陈梦家与郭沫若对"辅"与"小辅"的判断已为今天学术界大多数学者所认可,但考之事实,还有可商榷的地方。镈的形制与钟有相似之处,但形体较甬钟、纽钟为大,周身多有扉棱,平口,器身横截面作扁椭圆形或合瓦形,主要盛行于春秋战国时期。④ 西周时的镈多以钟自名,如克钟(《铭图》15292—96),陈邦怀认为该器虽自名为"宝林钟",其实是镈。⑤ 西周尚未发现有以"镈"自名的铜器,⑥ 直至春秋中晚期齐、邾等国才出现自名为"镈"的铜器,如叔尸镈(《铭图》15829)、黏镈等。⑦ 另外,金文中镈与辅的字形完全不同:

镈:📜（黏镈）　📜（邾公孙班镈）　📜（镬镈戈）

辅:📜（辅伯鼎）　📜📜（师嫠簋）　📜（辅师嫠簋）⑧

《说文》曰:"辅,从车,甫声。"而镈,"从金,尃声"。因此,我们不宜将金文中的"辅"与"小辅"简单地解释为乐器中的"镈"。

那么,"小辅"该如何理解？蔡运章认为辅与小辅均指偪

————————

① 陈梦家:《西周铜器断代》,第196页。
② 郭沫若:《郭沫若全集·考古编》第8卷《两周金文辞大系图录考释》(二),第315—316页。
③ 郭沫若:《辅师嫠簋考释》,《郭沫若全集·考古编》第6卷,第203—215页。
④ 参见马承源主编《中国青铜器》,上海古籍出版社1988年版,第291页;朱凤瀚《古代中国青铜器》,南开大学出版社1995年版,第247页。
⑤ 陈邦怀:《克镈简介》,《文物》1972年第6期。
⑥ 方建军:《两周铜镈综论》,《东南文化》1994年第1期。
⑦ 李纯一:《中国上古出土乐器综论》,文物出版社1996年版,第145页。
⑧ 分见《铭图》15828、15784、16436、02082、05381—82、05337。

阳，只因"辅"与姜姓的甫（吕）读音相近，为了区别才称其为"小辅"。① 徐少华则指出，金文中吕与甫从未通假，故小辅与文献姜姓之甫无关。②

辅与小辅均指地名，辅伯之辅是由地名而起的氏名。西周金文本有"辅伯"，如辅伯埅父鼎（《铭图》02082），其铭曰："辅伯埅父作丰孟妘滕鼎，子子孙孙永宝用。"此为辅伯为出嫁到丰氏的女儿所作的陪嫁器物。辅伯之女被称为"丰孟妘"，丰为夫家之氏名，孟是辅伯之女的排行，而妘即其家族之姓。由此可判断，西周时期的辅氏为妘姓。妘是非常古老的族姓，《国语·郑语》曰："祝融亦能昭显天地之光明，以生柔嘉材者也，其后八姓于周未有侯伯。"韦注云："八姓，祝融之后八姓：己、董、彭、秃、妘、曹、斟、芈也。"③ 可见妘姓本是祝融八姓之一。春秋时期的妘姓诸侯主要有桧、夷、偪阳、鄅诸国，皆位于河南东部、山东南部地区。④

刘雨认为辅伯与春秋时期的小国偪阳同为妘姓，且《公羊传》中偪阳作"傅阳"⑤（应是《榖梁传》——笔者按）。又西周早期的塱方鼎（《铭图》02364）曰："周公征于伐东夷，丰伯、薄姑咸戈。"其中丰伯与东夷、薄姑并列，都是周公旦东征时讨伐的对象。据传山东济宁曾出土丰伯车父簋，故刘雨判断辅伯埅父鼎之"辅"即偪阳，而丰孟妘之"丰"指的则是位于山东的古丰国。⑥

---

① 蔡运章：《辅师嫠簋诸器及偪阳国史再探》，载氏著《甲骨金文与古史研究》，中州古籍出版社1993年版，第72—80页。
② 徐少华：《南阳新出"辅伯作兵戈"的年代和族属》，《考古》2009年第8期。
③ 徐元诰撰，王树民、沈长云点校：《国语集解》，第466页。
④ （清）顾栋高辑，吴树平、李解民点校：《春秋大事表》，中华书局1993年版，第563—608页。
⑤ 春秋时襄公十年，偪阳国为诸侯联军所灭，归于宋。战国时期被楚宣王所夺，更名为"傅阳"（参见《后汉书》卷七三《陶谦传》注，中华书局1965年版，第2367页）。
⑥ 刘雨：《金文謇京考》，《考古与文物》1982年第3期。

但同属辅氏家族的辅师嫠簋出土于陕西省西安市长安区，[①] 这表明西周时的辅氏应该在宗周地区。徐少华解释说，辅国原在关中，西周灭亡之后迁往东方建立了偪阳国。[②] 可是《国语·郑语》史伯向郑桓公介绍西周末年东方诸国情况时说："妘姓邬、郐、路、偪阳，曹姓邹、莒，皆为采卫。"已明确指出当时偪阳国已经存在，而非西周灭亡后辅氏东迁所建。与关中辅氏通婚的丰氏不可能远在山东。丰伯车父簋为传世器，虽见载于《济宁州金石志》，[③] 不代表即出土于济宁。春秋时的山东地区，无论是金文抑或文献，都不见有丰人活动。另外，洛阳北窑地区发掘的西周墓葬群中，属于西周早期的M215正斗形大墓中出土"丰伯剑"一柄和"丰伯戈"一件，同时期的中型墓M155也出土一件"丰伯戈"。[④] 再结合塱方鼎铭文来分析，山东的古丰国很可能灭于周公东征，属于丰伯的器物作为战利品被周人所获，才分见于洛邑地区的不同墓葬中。故西周金文中经常出现的丰应当还是指宗周地区文王所建的丰邑，与妘姓辅氏通婚的丰氏即丰邑的某个贵族。

西周时期的妘姓辅氏位于关中。由于妘姓族群及祝融八姓主要分布于河南、山东一带，关中地区的妘姓只能理解为是周人东征时被强行迁入宗周王畿内安置的。成王年间的员卣（《铭图》13292）铭文曰："员从史旟伐郐，员先入邑。员俘金，用作旅彝。"即反映了周初妘姓郐氏曾遭周人讨伐的历史。

至于西周辅氏的具体位置，春秋时晋国境内有地名曰"辅氏"，正位于关中。《左传》宣公十五年："秋七月，秦桓公伐晋，次于辅氏。"杜预注："晋地。"[⑤] 据《朝邑县志》记载，朝邑县西

[①] 郭沫若：《辅师嫠簋考释》，《考古学报》1958年第2期。
[②] 徐少华：《南阳新出"辅伯作兵戈"的年代和族属》，《考古》2009年第8期。
[③] 陈梦家：《西周铜器断代》，第18页。
[④] 洛阳市文物工作队编著：《洛阳北窑西周墓》，文物出版社1999年版，第26页。
[⑤] （清）阮元校刻：《十三经注疏》，第1888页。

北三十里有辅氏城，在今大荔县东不足二十里处，① 当是辅氏家族迁徙至宗周后的居地。

西周时常见在地名前加"小"者，傅斯年曾对《诗经·大东》之"大东"与"小东"有过一番新解，以周人征服之先后解释地名中的"大"与"小"。傅斯年认为"小东"是指山东濮县河北濮阳大名一带，乃是周公东征所征服之地域；"大东"为今山东济南泰安往南或兼及泰山东部地区，是周公之后才被周人征服的地区。② 新出之西周晚期青铜器士百父盨（《铭图》05665）③ 铭亦有"小南"的地名：

> 唯王廿又三年八月，王命士百父殷南邦君诸侯，乃锡马。王命文曰："率道于小南。"唯五月初吉，还至于成周，作旅盨。用对王休。

李学勤以西周金文中的"小大邦"为例，将"小大"解释为诸侯国面积之大小，因而释"小南"为南土的小诸侯国。④ 金文中的"小大"可释为众多，如趩簋铭有"讯小大有邻"，与牧簋中的"讯庶有邻"相同。由此可知"小大"与"庶"可互训。《尔雅·释诂》曰："黎、庶、烝、多、丑、师、旅，众也。"则金文之"小大"与"庶"，皆为众多之意，那么"小大邦"意为众邦，故不能以金文之"小大邦"来比拟《诗经》之"大东""小东"，两者词义有明显不同。朱凤瀚认为，"率道于小南"是指循着诸南邦之君封国的次序行于小南区域中，小南区域即西周王朝之南土，与

---

① 杨伯峻编著：《春秋左传注（修订本）》，第834页。
② 傅斯年：《民族与古代中国史》，河北教育出版社2002年版，第79—89页。
③ 张光裕：《西周士百父盨铭所见史事试释》，《古文字与古代史》第1辑，第214—221页。
④ 李学勤：《文盨与周宣王中兴》，《文博》2008年第2期。

之相对应的应该还有"大南"概念。①

笔者以为,上古时期族群名往往与居住地名相同,当族群迁徙时,有时会出现大部分迁徙异地、少部分留居原地的情况,人们常在族名或地名前加"大""小"对二者进行区分,如大昊与少(小)昊、大月氏与小月氏等。周人在灭商及东征时,曾将大批被征服族群迁入宗周王畿内安置。② 妘姓辅氏应该就是周初被迁入关中的,为了与东方的偪阳(傅阳)相区别,所以才将定居宗周的辅氏称为小辅。

综上可知,辅师嫠之辅乃是由地名而起的氏名。师嫠出自妘姓的辅氏家族,其父为辅伯,本人又受命"司辅",则师嫠应当就是辅师家族之宗主。周王命师嫠"司辅"指的是管理辅邑,而师嫠簋中周王命其"司小辅",与"司辅"其实是同一个意思。师嫠前两次所获的册命属荣誉性质,第三次册命除重申旧命外,还获得了司"鼓钟"的新职,这是大宗受命中非常罕见的案例。

再如二十七年裘卫簋。为王室掌管皮裘当是卫氏家族世袭的职事,③ 因此裘卫受命时周王没有委派新的职务,只是叮嘱其"用事"而已。裘卫簋1975年出土于陕西省扶风县董家村的一处青铜器窖藏,该窖藏共出土西周铜器37件,其中作器者自名为"卫"的铜器有4件,包括二十七年裘卫簋。卫盉(《铭图》14800)铭曰:"卫用作朕文考惠孟宝盘。"裘卫之父被称为"惠孟",惠为谥号,孟为排行,也从侧面证明裘卫为该家族的宗主。

师藉簋和师察簋都是弭氏家族之器。宗主弭伯师藉受命时,周王并未授予其具体职事,只赏赐了物品。而弭叔受命时,周王命其

---

① 朱凤瀚:《论西周时期的"南国"》,《历史研究》2013年第4期。

② 参见许倬云《西周史(增补二版)》,第126—142页;朱凤瀚《商周家族形态研究(增订本)》,第263页;何景成《商周青铜器族氏铭文研究》,博士学位论文,吉林大学,2005年,第147页;张礼艳《从墓葬材料看丰镐地区西周时期的人群构成》,《华夏考古》2015年第2期。

③ 李学勤:《试论董家村青铜器群》,《文物》1976年第6期。

辅佐其兄弭伯。这反映了弭氏作为王畿内的一个小家族，其家族的职守可能在周初便已确定，弭伯师藉作为家族宗主继承父祖之旧职，故周王册命时没有安排具体的职事，只对他进行一般性赏赐并叮嘱其"用事"。弭伯之弟师察接受册命时也未获得任命，周王又命其辅佐弭伯。由此可以判断，师察不属于王室的直接臣属，而是作为弭氏家族的小宗服事大宗宗主。师察所受之册命可能是宗主弭伯为其争取来的，因此并无任事之意义。弭伯师藉与弭叔师察所受的册命均属于荣誉性质。

上述42器中，有14器可以通过受命者本人、父祖称谓以外的其他信息判断受命者族属及大小宗出身。不能获取有效信息的铜器仅28件，我们姑且将这28器暂且搁置于讨论之外，先研究信息足够的铜器铭文，再以已知推未知的方式对那些信息缺失的铜器铭文做出判断。

二 使用"日名"的受命者

册命金文中有一部分受命者称祖考时使用的是"日名"。张懋镕认为周族人一般不用日名，而非周族的殷人则多用日名。[①] 但是很多新出土资料显示，有部分姬姓周人也存在使用日名的现象，如河南平顶山应国墓出土的应公鼎铭曰："应公作尊彝簋鼎，珷帝日丁子子孙孙永宝。"[②] 除此之外，召氏家族的很多传世铜器也使用日名，如伯龢鼎（《铭图》01900）、龢爵（《铭图》08569）中的"召伯父辛"，匽侯旨鼎（《铭图》01716）中的"父辛"，等等。文献中周人用日名的例子亦有多例。对此，学者给出了不同的解释。任伟认为召公家族使用日名，是因为他们本不属姬姓周人，所以在文化习俗上才与周人不同。[③] 白川静则认为召氏其实就是殷墟

---

① 张懋镕：《周人不用日名说》，《历史研究》1993年第5期。
② 河南省文物考古研究所、平顶山市文物管理局：《河南平顶山应国墓地八号墓发掘简报》，《华夏考古》2007年第1期。
③ 任伟：《西周封国考疑》，社会科学文献出版社2004年版，第166页。

卜辞中的"旨方",在周人向东方扩展势力后归顺其族,后成为西周时期的重要世族。① 而许倬云则推测召族很可能是姬姓诸族中由山西向南开拓的一支,当周人向东图商时,同为姬姓的召族与周结盟灭商。② 这样有针对性的解释,只能用以说明个别姬姓家族使用日名的原因,而不能对整个周族群体中也有周人在使用日名这一现象做出合理论述。我们不能将所有使用日名的姬姓家族都划入非周人的行列中,比如说应国,是被明确记载的出自武王之后的诸侯国。其实,张懋镕将部分周人使用日名的现象解释为受殷商文化的影响,③ 与任伟等学者对西周召氏等族族源的推断并不冲突。在周人向东方扩展其势力时,有大批原本臣服殷人的氏族、方国转而归附于周,在殷周革命的过程中为周人出力,这些氏族很可能被周人吸纳到自己的族群中,转化为"新周人"。很多出身不明却使用日名的姬姓世族,有可能就是此类"新周人"。

而非周族的家族使用日名,则可将之划为归附周王朝的殷遗或均有东方文化背景的氏族。在册命金文中,使用日名并接受周王册命的殷遗或东方系氏族有以下诸例:

表 5-2

序号	器名	受命职事	祖考或氏名
1	虎簋盖	更乃祖考胥师戏司走马、驭人眔五邑走马、驭人	文考日庚
2	师虎簋	载先王既命乃考事,啻官司左右戏繁荆	烈考日庚
3	伋簋	更乃祖考胥乃官	文祖戊公
4	师𨔛簋	嗣乃祖啻官邑人、虎臣、西门夷、㬉夷、秦夷、京夷、弁狐夷、新	文考乙伯

---

① [日]白川静:《召方考》,载《甲骨金文学论集》,京都:朋友书店,1973年版,第171—203页。
② 许倬云:《西周史(增补二版)》,第106页。
③ 张懋镕:《再论"周人不用日名说"》,《文博》2009年第3期。

续表

序号	器名	受命职事	祖考或氏名
5	询簋	今余命汝啻官司邑人，先虎臣后庸，西门夷、秦夷、京夷、㯥夷、师笭、侧新、□华夷、弁身夷、匩人、成周走亚、戍、秦人、降人服夷	文祖乙伯
6	师询簋	命汝惠雍我邦小大猷，邦佑潢辟。敬明乃心，率以乃友捍御王身，欲汝弗以乃辟陷于艰	烈祖乙伯
7	静方鼎	司在曾、噩自	父丁
8	此鼎	旅邑人、膳夫	皇考癸公
9	师晨鼎	胥师俗司邑人，唯小臣、膳夫、守□、官、犬、眔奠人、膳夫官、守、友	文祖辛公
10	卫簋	无	文考甲公
11	狱簋	无	文考甲公
12	师道簋	无	文考辛公
13	走马休盘	无	文考日丁
14	召簋	无	文考日癸
15	四年瘨盨	无	木羊册

卫簋和狱簋铭文在格式和叙述上有惊人的相似之处，两者都是受"光尹右告"而获得周王册命，且父亲都称"文考甲公"。不知是出于巧合，抑或是此二人可能为兄弟。

四年瘨盨和十三年瘨壶1976年出土于扶风县庄白大队一号窖藏，该窖藏共有铜器103件，有铭之器共74件。其中微氏家族的铜器可分为折、丰、墙、瘨四组。① 瘨之父史墙所作之史墙盘铭文记载："静幽高祖，在微灵处"，"雩武王既戈殷，微史烈祖迺来见武王"。瘨爵铭文中瘨称其父为"父丁"，史墙盘有"亚祖辛""文考乙公"，而瘨钟铭文有"高祖辛公""文祖乙公"。该家族具有浓厚的殷商文化背景，不是后期受商文化的影响才使用日名。瘨是微史家族的成员，又被称为微伯，当为微氏宗主无疑。加之微氏高祖

---

① 陕西周原考古队：《陕西扶风庄白一号西周青铜器窖藏发掘简报》，《文物》1978年第3期。

有"史"的头衔，故该家族的职事早在册命礼出现之前的西周初年就已确定，且世代承袭不变。正因如此，具有册命性质的四年瘨盨和十三年瘨壶铭文都只记载了周王对瘨的赏赐，而没有言及具体职事的授派。此类册命属于荣誉性质的政治奖励。

师克盨铭中，周王对师克说："师克，丕显文武，膺受大命，匍有四方。则唯乃先祖考有功于周邦，捍御王身，作爪牙。"由此可见，师克的先祖早在文王、武王时期就已归顺周人。师克的职事又与师酉、师询父子类似，即管理虎臣。因此，师克似也有东方族群的背景，与周族人不同。

上述受命者应当都是殷遗身份。在西周的政治环境中，他们虽能跻身统治阶层，但不可能上升到执政级别的地位。到西周中后期，王室为了加强王权，通过册命扶持中下层贵族，这些受命者因此受益。但是更多的政治资源仍被分配给了周人。

三　出身周人的受命者

周族人在姓名称谓上有自己的特征，下级称上级，族众称宗主，子孙称先父祖时，往往称其字而不直呼其名。《仪礼·士冠礼》云，男子取字"曰伯某甫，仲叔季唯其所当"，甫即父，故周族男子之字的全称是：排行（伯、仲、叔、季）+ 某 + 父的形式。此类册命金文共 4 件，如表 5 – 3 所示：

表 5 – 3

序号	器名	受命职事	祖考或氏名
1	望簋	死司毕王家	皇祖伯囲父
2	善夫山鼎	官司饮献人于㲋，用作宪司贮	皇考叔硕父
3	虎簋	胥师戠司佃人	文考钦父
4	大克鼎	勔克王服，出入王命	文祖师华父

殷遗所作的铜器中常以日名 + 伯或公的形式称呼其先祖父，明显是受了周人文化的影响。如师酉称其父为"乙伯"，而其子师询

称其祖为“乙公”。

周人在称其已故的先祖时还常加上谥号，其形式是：谥号 + 排行（伯、仲、叔、季），如表 5 – 4 所示：

表 5 – 4

序号	器名	受命职事	祖考或氏名
1	曶鼎	更乃祖考司卜事	文考究伯
2	親簋	更乃祖服，作冢司马，汝乃谏讯有粦，取徵十锊	文祖幽伯
3	申簋盖	更乃祖考胥大祝，官司丰人眔九戏祝	皇考孝孟
4	宰兽簋	赓乃祖考事，䟫司康宫王家臣妾，奠庸外内，毋敢无闻知	剌祖幽仲
5	畯簋	弋缁乃祖考□有□于先王，亦弗忘乃祖考登裹厥典封于服，今朕丕显考共王既命汝更乃祖考事，作司徒，今余唯申先王命汝䟫司西朕司徒，讯讼。取徵武锊	烈考幽叔
6	豆闭簋	用缵乃祖考事，司窒艅邦君、司马、弓矢	文考釐叔
7	牧簋	作司土，今余唯或𣪘改，命汝辟百寮，有同事包乃多乱，不用先王作型，亦多虐庶民，厥讯庶右鄰，不型不中，廼侯之作怨，今𩔰司服厥辠厥辜	文考益伯
8	扬簋	作司工，官司量田佃，眔司空、眔司刍、眔司寇、眔司工司。赐汝赤⊖市、銮旂，讯讼，取徵五锊	烈考宪伯
9	康鼎	死司王家	文考釐伯（奠井）
10	郘簋	作邑，䟫五邑祝	皇考龏伯
11	戚簋	用司霍駛，用胥乃长	文考宪伯
12	元年师旋簋	备于大左，官司丰还左右师氏	文祖益仲
13	师奎父鼎	用司乃父官、友	剌仲
14	同簋	左右虞大父司场、林、虞、牧，自淲东至于河，厥逆至于玄水	文考惠仲
15	士山盘	于入葬侯，出征蓋荆方服眔大虘服、履服、六孳服	文考釐仲
16	王臣簋	无	文考易仲
17	恒簋盖	更㠱克司直鄙	公叔
18	逨盘	胥荣兑，䟫司四方虞、棽，用宫御	朕皇考恭叔
19	颂簋	官司成周貯，监司新造貯，用宫御	皇考恭叔
20	四十三年逨鼎	官司历人	皇考恭叔

续表

序号	器名	受命职事	祖考或氏名
21	伊簋	官司康宫王臣妾、百工	文祖皇考㝬叔
22	即簋	歔司琱宫人、䵼䞓	文考幽叔
23	师癫簋	先王既命汝,今余唯肇申先王命,命汝官司邑人、师氏	文考外季
24	衍簋	死司王家	文考奠丼季
25	畀鼎	用□□□□□王家	文祖大叔
26	师𩛥鼎	用型乃圣祖考,陪明黹辟前王,事余一人	朕考虢季易父
27	趩鼎	无	皇考䱬伯

或在排行之前冠以氏名或国名,即氏名或国名+排行(伯、仲、叔、季),如表5-5:

表5-5

序号	器名	受命职事	祖考或氏名
1	师㝨簋	既命汝更乃祖考司小辅。今余唯申㝇乃命,命汝司乃祖旧官小辅眔鼓钟	皇考辅伯
2	师颖簋	在先王既令汝作司土,官司汸阍,今余唯肇申乃命	文考尹伯
3	利鼎	无	文考汭伯
4	寰鼎	无	皇考郑伯
5	羚簋	令邑于奠,讯讼,取徵五锊	文祖丰仲

还有部分则以谥号+公的形式,如表5-6:

表5-6

序号	器名	受命职事	祖考或氏名
1	曶壶盖	更乃祖考作冢司土于成周八𠂤	文考釐公
2	元年师兑簋	胥师龢父司左右走马、五邑走马	皇祖城公
3	三年师兑簋	余既令汝胥师龢父司左右走马,今余佳申㝇乃命,令汝䮁司走马	皇考釐公
4	盠方彝	用司六𠂤王行三有司,司土、司马、司工。王命盠曰:歔司六𠂤眔八𠂤埶	文祖益公
5	引簋	余既命汝更乃祖歔司齐𠂤,余唯申命汝	幽公

上述受命者，有一部分属于姬姓周人，如恒簋盖和即簋中的贵族恒与即。由于二器出自强家村虢氏家族的铜器窖藏，且即的"文考幽叔"与师丞钟铭文中的"烈祖虢季、亮公、幽叔、皇考德叔"相符合，故可断定即与恒为虢氏家族之小宗，而虢氏又属于姬姓王族之分族。

親簋的作器者又称司马丼伯親，为丼氏宗主。上文曾分析，丼氏也属姬姓分族。

康鼎作器者称其父为"文考螫伯"，而在铭末刻上"奠丼"的氏名，因此可判断康也为丼氏家族成员，但不是出自丼氏大宗，而属于丼氏在奠地的分支。周王命其"死司王家"，应该是指管理奠邑的王家宫室臣仆等财产。衍簋铭有"奠丼季"，可知该家族属于奠丼氏之小宗。

逨盘与四十三年逨鼎的作器者称自己的父亲为"皇考恭叔"，贵族逨在列举先祖世系时说："丕显朕皇高祖单公，桓桓克明慎厥德，夹绍文王、武王挞殷。"说明该窖藏铜器群属于西周姬姓的单氏家族。

盠方彝1955年出土于陕西眉县东李村，同出土铜器5件，包括2件方彝、1件方尊、2件马尊。① 5件铜器都属于一个名叫盠的贵族，作器者称先祖为"文祖益公"，而盠驹尊（《铭图》11812）铭文则称其父为"文考大仲"。仅从作器者对祖考的称谓，我们无法判断盠的族姓。但盠驹尊铭文有"王弗忘厥旧宗小子"，盠对周王自称为"旧宗小子"，应该为王室的旁系亲族。

除以上能确定为姬姓的周人外，还有接受册命的贵族按周人风俗称其祖考，但无其他证据判明具体族源者。如䍐簋的作器者称其祖为"文祖丰仲"，䍐可大致确定为周人，但其族源无法详究。

趩鼎作器者称其父母为"皇考藝伯、郑姬"。按周人同姓不婚的习俗，趩之母既然为姬姓，则该家族就可确定是非姬姓出身。寰

---

① 郭沫若：《盠器铭考释》，《考古学报》1957年第2期。

鼎作器者称其父母为"皇考郑伯、姬",则寰亦非姬姓贵族。郑也是西周的王都之一,定居于此的家族众多。西周金文中常有以"郑"为氏名者,如郑同媿鼎(《铭图》01916)铭曰:"郑同媿作旅鼎。"同氏即周公后裔凡氏,① 为姬姓贵族,那么"郑同"就是媿姓女子夫家的氏名。寰的家族应当也是以郑为氏名。郑邑有很多非姬姓的郑氏,如曼姓的郑邓氏。郑邓伯鼎(《铭图》02108)铭曰:"郑邓伯及叔嬬作宝鼎。"洛阳市宜阳县文化馆收藏有2件西周晚期的郑邓伯铜盨。② 西周的邓国为曼姓,在河南南阳地区,郑邓伯当是曼姓邓氏小宗在郑地的宗主。郑邓氏也有小宗,如郑邓叔。③

大克鼎中膳夫克之祖为"文祖师华父",该鼎1890年出土于扶风任家村铜器窖藏。同窖藏还有中义父诸器,学者认为中义父即克之字。④ 1940年任家村又发现一处西周青铜器窖藏,共出土铜器60余件,其中包括梁其诸器和善夫吉父诸器。因为两处窖藏同出一村,且吉父与克都为膳夫之职,故多认为上述诸器皆属华氏家族。而善夫吉父鬲(《铭图》02969)铭有"善夫吉父作京姬尊鬲",京姬当是善夫吉父之妻,据此可判断华氏家族亦非姬姓。

综合上文分析可知,西周册命礼中的受命者以周人或受周文化影响的家族居多,而使用日名的殷人或有东方族群背景的家族占少数。这一特征与西周时期的各族群政治势力格局是相符的。周人属于统治族群,其政治优势非其他族群所能比拟。《荀子·儒效》:"(周公)兼制天下,立七十一国,姬姓独居五十三人。"其实,周人不只在周初大分封时独占鳌头,在西周中期开始推行的册命制度中,其所获得的资源和利益也远超其他族群。

---

① 唐兰:《西周青铜器铭文分代史征》,第318页。
② 张应桥、蔡运章:《奠登伯盨跋》,《文物》2009年第1期。
③ 见郑登叔盨(《铭图》05580)。
④ 李学勤:《青铜器与周原遗址》,《西北大学学报》1981年第2期。

排除无法准确判断受命者大小宗身份的部分册命文，在全部受命者中，又以出身小宗的贵族占多数。大多数小宗贵族在接受册命时，还获得了周王派授的职事。典型代表有单氏家族的小宗逨、虢氏家族的小宗恒与即、南氏家族的南宫柳、同氏家族的柞、井氏家族的康与槐、微氏家族的微与䜌等。能够确定大宗出身的贵族在接受册命时，周王一般仅要求其继承祖考旧职，或只予赏赐而不任命职务。典型代表有井氏家族的司马井伯親、微氏家族的瘨、弥氏家族的弥伯、辅氏家族的师毃等。

据此，我们可以由上述结论推断出那些信息不是很完整的册命金文的性质及受命者的身份。例如二十七年裘卫簋，铭文未记载周王授予裘卫职事，其祖考称谓信息也缺失，但据李学勤的研究，从裘卫的名号判断，他应该是负责为王室掌管皮裘的职官。[①] 那么，既然裘卫继承的是家族旧职，应该就是家族的宗主。周王对裘卫的册命属于荣誉性质，自然不需要授予职事。再如贵族趞曹，据十五年趞曹鼎，趞曹有"史"的头衔，应该为王朝史官。七年趞曹鼎没有记载周王在册命时授予其职务，因为趞曹继承的也是家族世袭职务，此次册命亦属荣誉性质。

当我们掌握两类册命之间的区别后，才能对册命制度的本质有更清楚的认识。册命制度主要是周王将所属财产委派予出身小宗的贵族管理的一项王室资产管理制度，其中少数册命涉及贵族纠纷调解权。当册命礼在王朝政治体系中的功能日渐显著时，一些家族的大宗宗主出于提高自身政治地位、接近王室等目的，开始积极谋求来自王室的册命。此类册命不以授职为目的，本质上属于周王授予贵族的一种政治荣誉。

李峰在比对相关数据后发现，从西周中期到晚期，世袭任命的比例大幅度下降，通过世袭方式获得政府职位的官员屈指可数。他由此得出结论：西周政府是向广大社会精英群体开放的，为他们提

---

① 李学勤：《试论董家村青铜器群》，《文物》1976年第6期。

供了进入政府服务的机会,其并非一个允许几个显赫家庭垄断绝大部分职位的政府体系。① 李峰得出这种结论实则因为混淆了两类受命者在出身上的差别,同时没有正确地区分实质性册命与荣誉性册命,因此也就不能真正理解王室册命的目的以及职务世袭的内涵。

从现有资料分析,最早的册命铜器属昭穆时代,故册命制度约兴起于西周早期后段或中期前段。那么,为何王室会将所属的人口、山林、川泽及土地、城邑等财产以册命的形式委派给各出身于小宗的贵族管理?册命制度又为何会兴起于这一时间段?

第二节 册命制度产生的历史背景

通过上文的分析可知,册命礼中受命者的主体是周人,受命者的族姓结构与当时的政治格局相合,所以我们也可以将册命制度视为西周中期开始兴起的一种资源分配的方式。通过册命,出身各异的家族可以从周王室处获得一部分资源的管理权。正是出于对这种管理权的需要,部分贵族对来自王室的册命孜孜以求、热衷不已。参与册命礼最重要的一方无疑是周王室。如果仅是受命者从中获益,册命制度不可能一直持续到西周末年。那么,周王室又能从册命中获得什么呢?我们将从受命者和周王室两个层面入手,重点探讨西周册命制度产生的时代需求。

一 受命者对册命制度的需求

受命贵族通过册命制度可以从周王室获得的利益大致可分为两类:一是获得维持本家族生存的必要资源(主要是领地与人口);

---

① 李峰:《西周的政体——中国早期的官僚制度和国家》,吴敏娜等译,第210—212页。

二是提升自己家族的政治地位。不同出身、不同阶层的家族，在上述两个方面的需求是完全不一样的。

(一) 受命者对生存资源的需求

册命礼的实质是王室将所属财产委派予受命者管理的一项制度。王室财产虽然种类繁多，但大致可划分为两大部分：一是直属王室的山林、川泽、土地、物资和各类族群；二是如贵族纠纷的调解权，以及士山盘铭文显示的管理某些依附于王室的畿外方国之服贡的权力，这些也会以册命的形式委派予某些贵族。但是对大多数畿外方国及诸侯的管理模式，早在西周初年就已成型，如《公羊传》记载的周公、召公的"分陕而治"。士山受命"出征蘇荆方服眾大虘服、履服、六孳服"只是特例，不是普遍现象。因此，册命的主要内涵还是关于王室财产的管理问题。究其实质，方国上缴周王的服贡也属王室财产之一部分。

凡是在册命礼中接受管理王室财产之职事的受命者，大多是从大族中分离出来的小宗。西周实行的宗法制和世官制度决定了每个家族的财产与职官都由大宗宗主承继，而那些不断从大宗中分离出去的小宗贵族只有两条出路：要么留在本家族内，成为大宗的臣属，服事宗主；要么彻底从大宗中分离出去，从其他地方获取自身生存必需的资源。

前者本是小宗贵族们最主要的出路。如师察簋（《铭图》05291—92）记载，周王命师察"用胥弭伯"。师察虽然接受了王室的册命，却并未脱离家族，而是留在本族内服事大宗宗主弭伯师藉。再如禹鼎（《铭图》02498）铭文："禹曰：丕显桓桓皇祖穆公，克夹绍先王，奠四方。肆武公亦弗遐忘朕圣祖考幽大叔、懿叔，命禹缵朕圣祖考，政于井邦。"陈梦家认为禹及其祖考幽大叔、懿叔都属井叔家族。[①] 井氏大宗宗主武公命禹继承其祖考之职"政于井邦"，反映了出身小宗宗主的禹自其祖以来就世代服务于

---

① 陈梦家：《西周铜器断代》，第272页。

井氏大宗。

但是从武王灭商发展到西周中期，宗周地区经过七八十年的生息繁衍，人口在不断增长，各个家族的小宗、庶族不断涌现。据2003年陕西眉县杨家村出土的逨盘铭文显示，西周单氏家族从文武王时期直至宣王时期的世系为：高祖单公、皇高祖公叔、皇高祖新室仲、皇高祖惠仲盩父、皇高祖零伯、皇亚祖懿仲、皇考恭叔及逨。由祖考称谓可知，该家族自"高祖单公"后，一直处于分化状态，每代都有小宗分离出来。逨本人实即单氏小宗之小宗。在贵族制社会中，贵族阶层掌握着绝对的社会资源，其人口繁衍速度要远远超过平民阶层。因此，家族分化是贵族制社会的必然结果。

同时，各个家族在周初所获得的生存资源（主要指封地）无法随族内人口膨胀而同步增长，这也给各家族带来了极为严峻的人口压力。对绝大多数贵族家族而言，当其财富不足以保证每一个家庭成员都能享受到相应级别的生活水平时，必然会迫使那些地位低下、在继承家族财产和权利方面无任何优势的成员为寻找新的生存资源而努力。王畿外的诸侯尚可以通过对广大"野"的开辟，在"国"之外设"都"或"邑"来缓解因内部人口繁衍造成的压力，但王畿内的贵族在这方面就没有太多的优势。因此，除了战争掠夺，依附于占据雄厚资源的周王室无疑成了他们的最佳选择。

我们可以从册命金文众多的受命者中找到很多从大族中分离出来的小宗家族接受王室册命的事例。如1974年陕西扶风县强家村出土了一批西周窖藏青铜器，发现铜器7件，有铭文者5件，其中师𩰙鼎、师丞钟、即簋各一，2件恒簋盖同铭。① 分析铭文可知，该铜器群属于虢氏家族。对于这批铜器所反映出的世系问题，李学

---

① 吴镇烽、雒忠如：《陕西省扶风县强家村出土的西周铜器》，《文物》1975年第8期。

勤、周言、韩巍等学者已著有专文予以讨论。①

学者们在排定强家村铜器群世系的研究中忽略了两个非常关键的亲属称谓名词，即师𩛥鼎中的"公上父"和恒簋盖铭中的"公叔"。上文提及，西周贵族称公是普遍现象，执政大臣称公，但称公者未必就是执政大臣。而西周金文中贵族称公有两种形式。其一是称"某公"，如周公、召公、毛公、毕公等，既可以是生称，也可以用作死称。其二为"公某"，而"公某"之某又分很多类型。第一种是"公"后加氏名，如效卣铭（《铭图》13346）中的"公东宫"。第二种是"公"后加官职名，如旅鼎（《铭图》02353）铭曰："唯公大保来伐反夷年，在十又一月庚申，公在𦉢𠂤。公锡旅贝十朋。"作册𩛥卣（《铭图》13344）铭有："唯公大史见服于宗周年，在二月既望乙亥，公大史咸见服于辟王、辨于多正……公大史在丰，赏作册𩛥马。"大保与大史无疑为职官名，旅和作册𩛥应是大保、大史的下属。第三种是"公"后加爵称，如亳鼎（《铭图》02226）铭曰："公侯锡亳杞土、麇土、犀禾、齽禾。亳敢对公仲休，用作尊鼎。"上文曾指出，"公侯"与"公仲"指的不是同一个人，否则不必前曰"公侯"，后又改称"公仲"。"公侯"应该是公仲的主君，而"公仲"又为亳的主君。亳在获得"公侯"赏赐后"对公仲休"，可能是因为亳依靠了公仲的关系才得以受赐于公侯。

"公侯"之侯指的是国君的爵位，而公则是对邦君的尊称。圉方鼎铭中燕国贵族圉称燕侯为"公君"（《铭图》02019），"公侯"与"公君"性质完全相同，都是同义词所组成的名词。《尔雅·释诂》即以君释公，②《仪礼·既夕礼》曰："公赗玄纁、束马两。"

---

① 参见李学勤《西周中期青铜器的重要标尺——周原庄白、强家两处青铜器窖藏的综合研究》，《中国历史博物馆馆刊》1979 年第 1 期；周言《也谈强家村西周青铜器群世系问题》，《考古与文物》2005 年第 4 期；韩巍《周原强家西周铜器群世系问题辨析》，《中国历史文物》2007 年第 3 期。

② （清）阮元校刻：《十三经注疏》，第 2568 页。

郑玄亦曰："公，国君也。"① 《左传》中虽然各诸侯国公、侯、伯、子、男爵秩分明，但各国国君同时也都可称公，因为西周春秋时期的公本就是邦君的通称。即使是周王室的族人也常被称为"公族"，如番生簋盖（《铭图》05383）铭记载，周王命其"䞉司公族"；毛公鼎（《铭图》02518）铭中，周王任命毛公的职司中也有"尹司公族"一项；仲觯（《铭图》10658）亦曰："王大省公族于庚。"上述公族均属周王的同宗之族。②

亳鼎中的"公仲"则属"公某"的第四种形式，即公后加伯、仲、叔、季的兄弟排行，这与师𩵦鼎的"公上父"和恒簋盖铭的"公叔"性质相同。此类"公某"之公，除公伯外，③ 更多体现的是一种出身而非尊称。如贤簋（《铭图》05068—70）铭曰："唯九月初吉庚午，公叔初见于卫，贤从。公命使畮贤百畮䗉，用作宝彝。"唐兰认为公叔是第一代卫侯之弟。④ 贤为公叔之臣，随公叔觐见卫君，因而得以受赐于卫君。贤称主君为"公叔"，称卫君为"公"。"公叔"之公代表的是出身，叔为排行。"公叔"即邦君之弟，这与亳鼎铭中的"公仲"类似。

由此可见，西周时期家族宗主普遍称"公"。国君、邦君可称"公君""公伯"，有侯爵的国君还可称"公侯"。上述"公"均为族众、臣属对宗主或主君的一种普通的尊称。而国君、邦君及家族宗主诸弟可称"公仲""公叔"，"公仲""公叔"之公不是尊称，是用以表明他们与家族长的关系。

探明了西周时期贵族称公的几种细微区别，才能明白师𩵦鼎中的"公上父"和恒簋盖铭中的"公叔"的具体所指。"公叔"之叔与伯、仲、季类似，都是兄弟间的排行。春秋时期卫国有公叔文

---

① （清）阮元校刻：《十三经注疏》，第1152页。
② 张亚初、刘雨：《西周金文官制研究》，第39页。
③ 上文曾指出，西周贵族称公是普遍现象。根据嫡长子继承制度，家族中的长子（伯）继任宗主，可称公伯。故公伯之公，与公仲、公叔之公又有区别。
④ 唐兰：《西周青铜器铭文分代史征》，第128页。

子，《礼记·檀弓下》曰："公叔文子卒，其子成请谥于君。"郑注："文子，献公之孙。名拔，或作发。"① 一般来说，当时中原诸国国君之子往往称公子，公子之子则称公孙，公子、公孙之"公"都是用以表明出身或身份，与爵位无关。公孙之子不能再称公孙，而会从公族中分离出来自立一氏，其氏名大多是其祖父的字。但也有例外的情形，如卫国的公叔氏就是以祖父在其兄弟间的排行为氏名。还有以本人在兄弟间排行为氏名者，《左传》昭公二十年："卫公孟縶狎齐豹，夺之司寇与鄄。"公孟縶是卫灵公的兄长，其父卫襄公的夫人姜氏无子，公孟縶为庶长子。但公子縶身有残疾，不能继位为君，故卫国立其弟灵公，公子縶则称公孟。又《魏世家》曰："武侯卒也，子罃与公中缓争为太子。"子罃即魏惠王，公中缓当写作公仲缓，乃是惠王之弟、魏武侯之子。《竹书纪年》有"武侯元年，封公子缓"。可见公孟、公叔、公仲之公其实与公子、公孙之公一样，都是用来表明与国君之间关系的一种身份称谓而已。故恒簋铭中，恒的父亲"公叔"应该是该家族宗主的弟弟，而非如学者所说是师𫊸的封爵。

"父"在西周金文中有两种用法，一是指男子之字，二是如"公上父"之"父"，指的是辈分，凡是比自己长一辈的同姓亲族男性都可称其为"父"。"上"与大、冢等类似，是形容词。所以"公上父"是指该家族大宗宗主的父辈人物。师𫊸一则称"天子亦弗忘公上父猷德"，得蒙周王册命；一则又称"休伯大师肩瞴𫊸臣皇辟"。裘锡圭、于豪亮认为"肩瞴𫊸臣皇辟"的语句构造和遹簋（《铭图》03359）"师雍父肩史遹事于默侯"相同，肩当读为任，师𫊸是因伯大师推荐才得到周王的赏赐。② 那么伯大师应当就是该族的大宗宗主，而师𫊸之祖"公上父"属伯大师的父辈，即伯大师

---

① （清）阮元校刻：《十三经注疏》，第 1309 页。
② 参见裘锡圭《说"𤔲𤔲白大师武"》，《考古》1978 年第 5 期；于豪亮《陕西省扶风县强家村出土虢季家族铜器铭文考释》，载《于豪亮学术文存》，中华书局 1985 年版，第 13 页。

父亲的弟弟。"公上父"应是相对于伯大师而起的亲属尊称。

师𫊣鼎中有"作公上父尊于朕考虢季易父㪤宗",师𫊣作了祭祀其祖公上父的铜器,却置放于父亲虢季易父的宗庙中,表明师𫊣不能单独为其祖父立庙。故公上父嫡子应该另有其人,而非虢季易父。铭文又曰:"伯大师丕自作小子,夙夕尃由先祖烈德,用臣皇辟;伯亦克猒由先祖㽙,孙子一䚄皇辟懿德,用保王身。"于豪亮断句为"伯大师丕自作小子夙夕尃由先祖烈德,用臣皇辟",释自为用,作为助,尃为勉励之意,即伯大师大力帮助我(小子,即师𫊣),使我日日夜夜努力遵行先祖的美德。① 以助释作,于金文无旁证。实则这里的小子指的是伯大师,意为伯大师自为小子,日夜勉从先祖美德。而下一句"伯亦克猒由先祖㽙","亦"字表明此处的"伯"不是上句提到的"伯大师"。上一句赞美伯大师"用臣皇辟",下一句赞美伯"用保王身",二者显然是并列排比的关系。这个"伯"很可能就是公上父的嫡子,虢季易父的兄长,为虢氏小宗的宗主。综合以上信息,笔者认为强家村西周虢氏家族铜器群的世系可做如下排列:

成康时期:大宗宗主(兄),小宗公上父(弟)

昭穆时期:大宗伯大师,伯(小宗宗主,公上父之子),虢季易父(小宗宗主,弟)

穆共时期:师𫊣(虢季易父嫡子),公叔(师𫊣之弟),幽叔(师𫊣之弟)

孝夷时期:恒(公叔之子),即(幽叔之子,德叔)

厉王时期:师㝨(德叔即之子)

即簋只记载了幽叔为即的父亲,师㝨钟铭记录的世系是虢季亮

---

① 于豪亮:《陕西省扶风县强家村出土虢季家族铜器铭文考释》,载《于豪亮学术文存》,第14页。

公—幽叔—皇考德叔。结合师龢鼎铭的信息，我们可以得出两种可能：一是幽叔即师龢；二是幽叔可能是师龢的弟弟。笔者以为后者的可能性较大。因为通过上文分析可知，公叔指的是宗主之弟，而幽叔之幽为谥号。如果幽叔即师龢，从排行来看，他不可能是虢季易父的嫡长子，那么虢季易父一系的宗主便另有其人。周王册命师龢时说"用型乃圣祖考"，型即效法、继承之义。周王命师龢效法其祖考以侍奉天子，如此看来，师龢很有可能便是虢季易父的嫡子。

师龢鼎铭中有"师龢，汝克尽乃身，臣朕皇考穆穆王"，这表明师龢受命于周共王，活动于穆共时期。那么，师龢的父亲虢季易父应生活在昭穆时期，而其祖"公上父"所处年代应该在更早的成康时期。由恒簋与即簋的纹饰、字体分析，二者当是西周中期偏后的器物。考虑到师龢的因素，将恒和即的生活年代定于懿孝夷时期较为妥当。而师㝨钟，学者多赞成其为厉王时期的器物。如此，从师龢至师㝨的三代人，历经共、懿、孝、夷、厉四代五王，该家族的世系似乎存在偏少的问题。但是西周中期诸王在位年数普遍较短，如逨盘铭文所示，单氏家族的高祖惠仲盠父、高祖零伯、亚祖懿仲、考恭叔四代人，曾服务于昭王、穆王、共王、懿王、孝王、夷王、厉王六代七王，其中高祖惠仲盠父、高祖零伯、亚祖懿仲均是一人辅佐两王，这只能说明西周中期诸王的在位时间远远短于正常世系。故师龢家族三代人辅佐四代五王，是符合实际情形的。

师龢因两个原因受命于周王：一是出于伯大师，即虢氏大宗宗主的提携；二是由于周王感念公上父的"默德"，故命师龢"用型乃圣祖考，隥明䣄辟前王，事余一人"。但是周王并没有委派师龢任何具体的职事，这反映了师龢的主要职责可能还是服务于身为大宗的虢氏宗主，其臣属王室仅是象征性的。师龢并非王室直属之臣，而仅为间接性的依附关系，故王室不会授予其具体职事，此次册命实属一种荣誉性政治奖励。到了恒与即这一代，已是懿孝夷时期。虢氏家族恐怕已经没有能力再容纳不断衍生出来的血缘关系疏远的旁系小宗，于是恒与即转而直接臣属于王室，通过接受册命的方式获得了部分王室财产的管理权，变相地为自己家族的生存谋得了基本的物质保障。这便是造成师虎与恒、即之间所接受的册命存在本质区别的根本原因。

再如单氏家族的逨，根据逨盘铭文记载，该家族之世系为：

文、武时期　　成王时期　　康王时期　　　昭、穆时期
高祖单公　—　高祖公叔—高祖新室仲—高祖惠仲盠父—
共、懿时期　　孝、夷时期　　厉王
高祖零伯　—　亚祖懿仲　—　考恭叔

逨盘有"享辟剌（厉）王"，又两件逨鼎的纪年多达四十二年和四十三年，只符合宣王在位年数，当作于宣王时期。逨所属的单氏家族早在文武创业时期就已存在。从逨的始祖单公开始，该家族就不断分化。逨的第二代直系先祖被称为"皇高祖公叔"，由"公叔"的名号就可判断此人绝非单公的嫡子。康王时期的第三代先祖新室仲和昭穆时期的第四代先祖惠仲盠父也非小宗嫡子出身，直至共懿时期的第五代先祖零伯才有了"伯"的称谓。零伯应当是惠仲盠父之嫡子、新家族的宗主。但是逨并非零伯一脉的嫡系宗子，因为逨的祖父被称为"懿仲"，懿为谥号，仲是其排行。逨的父亲被称为"恭叔"，又是小宗出身，那么逨本人只能算是单氏家族小宗中的小宗。按理说，血缘关系疏远到如此地步，周王室很难再注意到他们。但是到了宣王在位时期，逨却两次接受册命，并受王室派遣"肇建长父侯于杨"的重任，还曾与长父"追搏戎"。周宣王之所以青睐血缘关系疏远的远支亲族，可能是因为逨的父亲"恭叔"在国人暴动时追随厉王左右，有过功劳。因为宣王册命逨时说道："唯乃先圣考，夹绍先王，嬖勤大令，奠周邦。"先圣考即逨之父"恭叔"，夹绍先王即辅助周厉王。

逨的两次受命都不是继承单氏家族的世职，在逨之前的一两百

年间，单氏每代都会衍生出大批的小宗家族。在西周早期，此类小支近亲还有可能留在家族内部服事宗主，但单氏家族所拥有的资源不可能无限地吸收每一代新生的小宗家族。像单逨这样血缘关系已经大为疏远的支庶，若要维持其贵族身份，就只能寻找新的主君以求得其家族生存所必需的资源。

又如康鼎中的贵族康，周王册命其"死司王家"。铭末的"奠丼"说明康出身于奠丼氏家族。其父的谥号为"釐伯"，应该是奠丼氏的宗主，而奠丼氏又是从丼氏分离出来的，如此则康也是出自小宗。丼氏大宗如穆公、司马共及武公，都从未接受过王室的册命。丼伯虪曾受命作王室"冢司马"，但是册命的铭文说得很清楚，这是"更乃祖服"。说明王朝的司马一职是丼氏家族的世袭职务，王室对丼伯虪的册命属于荣誉性质。除此之外，我们从未发现丼氏大宗宗主曾以册命的形式接受过王室委派的其他职务。奠丼康是从丼氏分离出来的小宗，获得了世袭的"司王家"之职，此处的"王家"很可能就位于"奠"地。另一个接受册命的奠丼氏族人是衍簋中的衍，周王命他"死司王家"，铭文末有"用作朕文考奠丼季宝簋"。衍的父亲称"奠丼季"，可知其应该是奠丼氏的小宗。

此外还有受命"司六𠂤牧、场、大□，司羲夷场佃事"的南宫柳和芮氏家族受命"司葊鄙官、内师舟"的贵族楚，都属从大宗分离出的小宗而受周王册命者。

通过以上虢氏、单氏、丼氏等族诸例，我们可以发现周王册命出身小宗的贵族时往往附有新职委派，而对大宗的册命多为荣誉性质，一般只有赏赐而无职事授派，或仅命其继承祖考旧职。出现这种差别的原因就在于，出身小宗的受命者从王室获得的土地或族群的管理权能为管理者带来利益，是其家族赖以生存的重要资源。这便是受命者对册命制度产生巨大需求的根本原因。

(二) 受命者对提升政治地位的需求

为何册命礼会出现于西周中期前段的昭王、穆王时代？很可能是由于宗周地区的氏族人口增长所产生的巨大压力，需要经过西周前期相当长的一段时间才会显现出来。在西周早期各家族尚有足够的能力容纳本族中的小宗，但是这种能力不会随着族内人口的不断增长而同步增长。一旦各家族吸纳本族成员的能力普遍达到了临界值，必然会催生出一种新的政治体制，以接纳那些即将从各个大族中溢出的小宗家族。这个临界值到来的时间正是距西周建国七八十年的昭、穆之际，而这种新的政治体制便是册命制度。

册命制度在其诞生之初不过是为了安置统治阶层中各等级家族的剩余人口。由于该仪式是由周王室主导，册命礼迅速演变成为当时令人瞩目的一种政治荣誉，逐渐成了那些政治地位不高的中下层贵族们提升自身或家族地位的重要途径，也因此才会有一些原本只是承袭父祖遗职的大宗宗主热衷于接受王室册命。李峰注意到了这一现象，西周早期的青铜器铭文主要内容是以纪念周王或上级奖励、庆祝战功等为主，而到了中期突然转为记载官员任命的册命，这完全是因为王室册命能带来很高的社会地位，值得贵族们花费大量资源以作纪念。[①]

出身大宗宗主的贵族接受王室册命的金文分为两类。一是只记载周王的赏赐，而没有实际职务的委派。最具代表性的有史墙家族的癲。据四年癲盨和十三年癲壶铭文所示，周王曾两次册命癲，但都只有赏赐而无具体职事的授派，这是因为微氏家族的宗主在周初就已有了属于自己的职责，即担任王朝史官。[②] 所以对癲的册命不可能涉及新的职事任命，只能属于奖励性质的荣誉授予。

二是册命时周王命受命者继承父祖旧职而不委派新的职事。这

---

① 李峰：《西周的政体——中国早期的官僚制度和国家》，吴敏娜等译，第108页。
② 据癲簋（《铭图》05189—96）铭曰："皇祖考司威仪，用辟先王。"可知微氏家族所担任的史官主要负责"司威仪"之职。

些受命者的家族也是早在周初就已从王室接受了职事，由本家族世代承袭不变。新宗主继位后本不需周王重新任命，但是到了西周中后期却突然出现了大批周王命某人继承其祖考旧职的册命事件。这类册命事件亦属于荣誉性质。如表5-7：

表 5-7

序号	器名	册命内容	父祖称号
1	师㝨簋	既命汝更乃祖考司小辅，今余唯申憙乃命，命汝司乃祖旧官小辅眔鼓钟	皇考辅伯
2	辅师㝨簋	更乃祖考司辅	无
3	曶鼎	令汝更乃祖考司卜事	文考弄伯
4	师酉簋	嗣乃祖啻官邑人、虎臣、西门夷、㯱夷、秦夷、京夷、㚇身夷、新	文考乙伯
5	親簋	更乃祖服，作冢司马，汝乃諫讯有辭，取徵十锊	文祖幽伯
6	申簋盖	更乃祖考胥大祝，官司丰人眔九戏祝	皇考孝孟
7	虎簋盖	更乃祖考胥师戏司走马、馭人眔五邑走马、馭人	文考日庚
8	曶壶盖	更乃祖考作冢司土于成周八𠂤	文考釐公
9	㲋簋	更乃祖考胥乃官	文祖戊公
10	引簋	余既命汝更乃祖𣌭司齐𠂤，余唯申命汝	幽公
11	师虎簋	载先王既命乃祖考事，啻官司左右戏緐荆，今余帅型先王命，命汝更乃祖考，啻官司左右戏緐荆	烈考日庚
12	师𩛥鼎	用型乃圣祖考，陪明黥辟前王，事余一人	朕考虢季易父
13	宰兽簋	昔先王既命汝，今余唯或申憙乃命，庚乃事，𣌭司康宫王家臣妾，冀庸外内，毋敢无闻知	剌祖幽仲
14	畯簋	今朕丕显考共王既命汝更乃祖考事，作司徒，今余唯申先王命汝𣌭司西朕司徒，讯讼。取徵武锊	烈考幽叔
15	豆闭簋	用缵乃祖考事，司窆舣邦君、司马、弓矢	文考釐叔
16	害簋	用更乃祖考事，官司尸仆、小射、底鱼	文考
17	师克盨	昔余既命汝，今余唯申憙乃命，令汝更乃祖考𣌭司左右虎臣	无
18	吕服余盘	更乃祖考事，胥备仲司六𠂤服	无
19	邵盨簋	用嗣乃祖考事，作司土	无
20	趩觯	更厥祖考服	无
21	左右簋	更乃祖考作冢司工于蔡	无
22	吕簋	更乃考𣌭司奠师氏	无
23	殷簋	更乃祖考友司东鄙五邑	无

表 5-7 中，作器者明确称父考为"某伯"者有师毁簋的"皇考辅伯"、师酉簋的"文考乙伯"、曶鼎的"文考弃伯"、亲簋的"文祖幽伯"；另申簋盖铭称其父为"考孟"，孟与伯相同。上文曾分析，亲与师毁分别为丼氏、辅氏大宗的宗主；师𫠆为虢季易父的嫡子，虢季虽为虢氏小宗，但虢季氏很早就获得了职事，因此师𫠆能够继承家族世职。宰兽簋、豆闭簋可能与师𫠆鼎类似，也是小宗世袭家族职务。① 还有更多册命铭文不能提供足够的信息，如曶壶盖铭称其父"文考釐公"、叚簋为"文祖戊公"、虎簋盖为"文考日庚"、师虎簋为"烈考日庚"等。还有部分甚至未提及祖考名号。

由丼氏家族的丼伯亲和辅氏家族的师毁可知，受命继承祖考世职者大多出身大宗，他们接受的册命只是荣誉性的。而虢季氏家族师𫠆的受命则反映出当小宗宗主开始世袭家族职务时，也会如同大宗宗主那样谋求王室的荣誉册命。由此，我们结合西周贵族世袭制，便可大致判断那些信息不齐备的册命案例的性质。

综上，受命者对册命制度的需求是由他们实际所处的政治地位决定的。大多数受命者出身于小宗家族，他们接受王室册命是为了寻求维持其家族生存所必需的资源；另一部分政治地位不高的家族宗主则怀着接近王室、提高本族地位的目的主动参与到册命礼中。册命制度正是在这样的政治背景下应运而生的。

二 王室对册命制度的需求

周王室无疑是册命制度的主导者，如果该项制度不能为王室带来明显的益处，即使社会上存在着对册命礼的巨大需求，也无法催生出这一崭新的制度并延续数代。那么，册命制度究竟能为周王室带来什么样的益处呢？笔者将从三个方面对此做详细探讨。

---

① 畯簋铭中的"西朕司徒""武铎"等词，在其他金文中未曾见到，不知其真假，故暂不做讨论。

（一）削弱大族世袭职权

从周王室利益的角度出发，推行册命制度最显著的益处便是有利于巩固王权，使王室政府摆脱大族政治的控制。

周武王灭商后不久便去世，[①] 成王年幼继位。[②] 随即纣之子武庚在殷商故地发动叛乱，而管叔、蔡叔等王室亲族因不满周公辅政，竟与武庚勾结。一时间大局震荡，"有大艰于西土，西土人亦不静"。[③] 在此危急关头，周公旦等人代替年幼的成王主持军国事务，领导了第二次东征。从梁山诸器的铭文来看，召氏家族也参与了此次平叛战争，并长期驻守于山东境内，后又一路向北追击溃逃之敌。召氏家族的一支还留在燕地建国。此次东征不仅平息了叛乱，还使周人顺势征服了殷以东的广大地区。随后，周公旦又主持了周初大分封[④]和成周地区洛邑的建设。可以说，以周公为首的王室亲族显贵集团为新王朝的稳定发挥了关键性的作用，同时也开创了西周早期大族执政的政治格局。且因周公旦等武王诸弟在辈分上要高于成王，从此西周形成了一个政治传统，周王称同姓贵族中的长辈为父，而称异姓长辈为舅。《诗经·伐木》毛传曰："天子谓同姓诸侯、诸侯谓同姓大夫皆曰父，异姓则称舅。"[⑤] 在西周初年

[①] 武王去世的时间，有克商后二年说，如《尚书·金縢》，司马迁于《史记·封禅书》采其说；也有去世于克商当年说，如《逸周书·作雒解》；《逸周书·明堂解》认为武王是克商后六年才去世；《管子·小问》则谓克商后七年。

[②] 《大戴礼记·保傅》云："昔者，周成王幼，在襁褓之中，召公为太保，周公为太傅，太公为太师。"《春秋繁露·郊事对》记载董仲舒语曰："武王崩，成王立，而在襁褓之中。"从《尚书·召诰》记载看，成王"在襁褓之中"的说法恐不确。再者，周公摄政七年而归政于成王，若成王以婴儿之身继位，七年之后尚为儿童，不可能有处置政务的能力。因此，襁褓之说当非事实，但是成王年幼继位则无疑义。

[③] 《尚书·大诰》。

[④] 《左传》僖公二十四年："昔周公吊二叔之不咸，故封建亲戚以蕃屏周。"可见周初之大分封实由周公主持。

[⑤] 《仪礼·觐礼》曰："同姓大国则曰伯父，其异姓则曰伯舅；同姓小邦则曰叔父，其异姓小邦则曰叔舅。"《礼记·曲礼下》亦曰："五官之长曰伯，是职方。其摈于天子也，曰：'天子之吏。'天子同姓谓之伯父；异姓，谓之伯舅。"

的历史背景下，成王虽然出身大宗，但辈分上的"劣势"使得王权无法充分占据政治上的优势地位。

周、召两族长期分陕而治，并列为东、西两块王畿的执政，一直处于西周贵族阶层的最顶端。毕公为文王之子，曾于康王年间代替周公之子君陈执掌过成周事务，其政治地位要稍低于周、召两族。[①] 从现有金文资料来看，周公、召公嫡系子孙从未参与过王室册命礼，既没有接受过王室册命，也没有担任过册命礼"右者"。毕公家族仅毕叔一人曾担任册命礼"右者"。由毕叔的名号看，他肯定不是毕氏家族的宗主。班簋铭文中毛氏和虢氏家族在穆王时期曾先后出任执政，但毛公所获得职权只为"屏王位，作四方极，秉繁、蜀、巢"，不仅无法与"尹三事四方"的明公保相比，甚至连宣王时代的毛公䣆也不如。毛公又接替了虢城公的职务，那么虢氏的职权、地位当与毛氏不相上下。但考虑到毛氏与虢氏在西周中前期的政治地位及家族声望尚不及周、召两族，故毛氏、虢氏参与册命的频率高于周、召，而远低于丼、荣。

从西周金文中我们可以看到周王为了维护王室的独尊地位而分割被周、召长期把控的执政权的痕迹。如班簋铭文记载，周王命毛公"秉繁、蜀、巢"三方国。关于此三方国中"巢"之地望，学者多无异议，认为在今安徽巢湖附近。[②] 郭沫若认为"繁"大概在南国；[③] 陈梦家则认为繁位于陈留襄邑县东南。[④] 至于蜀，唐兰认

[①] 朱凤瀚分析西周早期在王朝政治中处于显要地位的诸世族时也认为，周、召二公地位最高，其次才是毕公［参见《商周家族形态研究（增订本）》，第391页］。

[②] 巢也可能位于中原地区。《左传》定公十一年："疾臣向魋，纳美珠焉，与之城鉏，宋公求珠，魋弗授，由是得罪，及桓氏出，城鉏人攻大叔。卫庄公复之，使处巢。"竹添光鸿引《寰宇记》曰："巢亭在襄陵县南二十里，今河南归德府睢州巢亭是也。"（参见［日］竹添光鸿《左氏会笺》，巴蜀书社2008年影印版，第2340页）

[③] 郭沫若：《郭沫若全集·考古编》第8卷《两周金文辞大系图录考释》（二），第60页。

[④] 陈梦家：《西周铜器断代》，第26页。

为其地当在南夷或东夷而非西蜀,①但是据《后汉书·郡国志》记载,洛阳之东的颍川郡有长社,长社之下还有蜀城和蜀津,《史记·魏世家》云:"惠王元年……(韩)与赵成侯合军并兵以伐魏,战于浊泽。"此"浊泽"即《后汉书》所记之"蜀"。②因此,繁、蜀、巢均位于东方。从令方彝铭文看,成周及东方诸侯应该受周公家族的明保节制,而穆王却将处理三国相关事务的职责转交毛氏负责,其分割周公家族世袭职权的用意非常明显。士山盘铭文显示的则是周王将某部分附属国的管理权转交予士山负责,只是山南地区的这些属国原先是归召氏家族还是周公家族管理,尚不清楚,但它也反映出了周王不断瓦解原有政治格局的努力与尝试。

正是在昭穆时代,王室开始肢解老牌世族的世袭职权,以册命的形式将大批出身不高的中下层贵族团结在自己的身边。担任"右者"的中层贵族则充当了将王室与这些小家族联结在一起的桥梁,这也导致了有相当数量的受命者其实就是"右者"的下级或臣属、族众。

(二) 强化王室对小宗贵族的管控

推行册命制度还可以强化王室对各级贵族阶层的控制,尤其是对从大家族中分离出来的小宗家族的管控。

西周时期血缘性的家族组织是社会最基层的细胞,周王室只有通过大大小小的族才能实现对最广大民众的统治,王室的政令也需要靠各族宗主来贯彻、推行。《尚书·梓材》记载周公旦告诫康叔治理卫地殷民时说:"封,以厥庶民暨厥臣达大家。"以,由也;达,通也;实则意为"由大家达厥庶民及厥臣"。周公这是告诉康叔,若要对卫地实施有效治理,就需要借助殷人"大家"的力量,所谓"大家"就是各族之大宗。只有将各族宗主纳入统治秩序之中,才能将分散于各族中的广大民众置于王朝管控之下。正如

---

① 唐兰:《西周青铜器铭文分代史征》,第350页。
② 《后汉书》志二〇《郡国志二》,第3422页。

《白虎通·宗族》所言："大宗能率小宗，小宗能率群弟，通其有无，所以纪理族人者也。"

根据上述客观事实，西周时期的统治者制定了"服制"来实现对大大小小的家族的控制。[①] 在征服敌对部族、方国或氏族后，周人一般不会强行改变被征服者内部结构，而是将对方作为一个整体按照不同的等级"降为臣"，命其承担相应劳役和贡纳。这种处理战败者的做法即文献中所谓的"古之伐国者，服之而已"。[②]

服字甲骨文作 ，金文作 ，或谓像用手按跪跽之人，实为不杀而迫其做事之会意。由于当时商品经济极不成熟，臣服一方的劳役和贡纳不是以货币的形式交付的，而是直接表现为承担各种名目繁多的"事"。据春秋时人们的追述及金文所见，这些"事"起码包括随军征伐、耕籍、耨获、修城郭、除道、成梁、除门、视途、入材、积薪、监燎、监濯、司火、致饔、献饩、陈刍、展车、脂辖、圉马、牧牛、驾乘、击镈、俯磬、缘卢、歌咏，以及塓馆宫室、张设行屋、执犬、先马走、守宫、执掌膳馐和巡护场、林、牧、虞等名目。[③] 所谓"侯，为王者斥侯也""甸，田也。治田入谷也""男，任也，任王事""卫，为王捍卫也"，[④] 其实在本质上也是为王室承担服事。

到了西周中期，各族都出现了大量的小宗从本族中溢出的现象。一些小宗无法在本族内部得到妥善安置，又找不到任何其他政治体制能够接纳他们。此一情势不仅对小宗家族的生存不利，即使是统治阶层也会为此深感不安。因为，对于小宗贵族而言，从本家族中分离出来同时就意味着摆脱了王室的管理和约束。一旦身陷此种境地的小宗家族达到一定数量，定然会对原有的政治体制造成巨

---

① 赵世超：《服与等级制度》，《陕西师范大学学报》2014年第2期。
② 《国语·越语上》。
③ 《国语·周语中》。
④ 黄怀信、张懋镕、田旭东撰，黄怀信修订，李学勤审定：《逸周书汇校集注（修订本）》，上海古籍出版社2007年版，第992页。

大的冲击。

出于稳固王朝统治的需要，周王室必须采取有效的措施将那些从各个家族中溢出的小宗尽可能地纳入王朝的掌控之中，而不能任之游离于王室的管理体系之外。既然原有的"服制"已无法有效容纳这些小宗家族，那么开创一套新的控制体系或制度，使这一群体能够以另一种模式重新与周王室结成人身依附关系就势在必行。此为西周中期册命制度出现的历史背景之一。所谓的册命制度，究其实质，就是周王室将其财产委托给那些从大族中溢出的小贵族管理，以便将之纳入王室管控之中的统治模式。这套制度的背后，是王室与出身于小宗的贵族在旧的政治体系之外，确立起两者之间新的依附关系。这种依附关系的基础不是血缘，因为小贵族的构成极其复杂，既包含了周人，又包含了大量的异姓族群；这种依附关系也不是建立在战争与征服的基础上，因此它并非周王室单方面要求受命者必须履行某种义务的硬性规定，而是在双方自愿——甚至是小贵族群体更加主动、迫切的基础上逐渐形成的，它的强迫性色彩较淡，具有一定程度的契约性质。

周王室通过册命制度，暂时缓解了各家族人口过剩造成的社会、政治危机，稳定了王朝的统治秩序。然而，王室控制的资源虽多，毕竟也是有限的，不可能无限度地满足贵族阶层人口膨胀造成的持续需求。用不了太长的时间，周王室掌握的资源也会渐渐枯竭，待到那时，原有的社会症结会与册命制度所造成的新病症共同压迫而来。所以，册命制度只是缓和了西周中期以来逐渐形成的人口增长压力，而并没有从根源上消除这种危机。

第三节　有效管理王室直属领地和人口

周王也需要大批具有较高素质的管理者来此负责打理那些直属于王室的土地和人口。西周王室的直属领地是在灭商及东征之后渐次形成的，在文献中被称为王畿。王畿主要分为西部的宗周和东方以洛邑为中心的成周。但王室对王畿不是面的控制，而是占据广大面中的若干重要城邑（在古文献中又被称作"国"），再通过这些具有军事性质的城邑来实现对面（即"野"）的间接统治。① 此类具有军事性质的城邑及其四郊就属周王室直属领地，居住于城邑及其四郊中的部分族群便是王室直属民众。生活于国野之中的各类族群则与王室形成了依附关系，周人将之纳入"服制"之中，使其承担对王室的义务。

周人早期所拥有的大邑在岐下，乃是古公亶父率族众躲避戎人时所占之地。《诗经·大雅·绵》曰："绵绵瓜瓞，民之初生，自土沮漆。古公亶父，陶复陶穴，未有家室。古公亶父，来朝走马。率西水浒，至于岐下。"《史记·周本纪》则云："公叔祖类卒，子古公亶父立。古公亶父复修后稷、公刘之业，积德行义，国人皆戴之。薰育戎狄攻之，欲得财物，予之。已复攻，欲得地与民。民皆怒，欲战。古公曰：'有民立君，将以利之。今戎狄所为攻战，以吾地与民。民之在我与其在彼，何异？民欲以我故战，杀人父子而君之，予不忍为。'乃与私属遂去豳，度漆、沮，逾梁山，止于岐下。"岐下又称周原，地势平坦，水草丰盛。经过古公亶父、季历、文王三代人的休养生息，周族势力开始壮大，引起了商人的警惕。据说商王先后杀害了季历、② 囚禁了姬昌，周人不得已采取贿赂的方法才使姬昌重获自由。在断虞芮之讼后，姬昌受命称王，随即向四方用兵，大大拓展了周人的势力范围。《诗经·大雅·皇矣》云："帝谓文王，无然畔援，无然歆羡，诞先登于岸，密人不恭，敢距大邦，侵阮徂共，王赫斯怒。爰整其旅，以按徂旅，以笃于周祜，以对于天下。"密须国在今甘肃灵台县西，《国语·周语

---

① 王玉哲：《殷商疆域史中的一个重要问题——"点"和"面"的概念》，《郑州大学学报》1982年第2期。

② 《晋书·束晳传》引《竹书纪年》有"文丁杀季历"之语。

中》曰:"密须由伯姞。"可知其为姞姓国。《尚书大传》云:"文王受命,三年伐密须。"周人灭密须后,将其分封于同姓子弟,《国语·周语上》记载:"恭王游于泾上,密康公从。"此密康公已不是姞姓,故韦昭注曰:"康公,密国之君,姬姓也。"①

灭密须第二年,败耆国。耆国又被称作黎国,《尚书》中的"西伯既戡黎",指的便是此事。紧接着又伐邘,再过一年,灭崇侯虎,在崇国故地建立了丰邑。《诗经·大雅·文王有声》云:"文王受命,有此武功。既伐于崇,作邑于丰。"郑玄在《诗谱·周南召南谱》亦云:"文王受命,作邑于丰。"次年,文王去世,被葬于毕,武王继位。为了向东方扩张,武王立即迁都于镐京。《文王有声》云:"考卜维王,宅是镐京。维龟正之,武王成之。"

《尚书大传》谓文王称王七年而崩,但武王没有废弃文王纪年。文王受命第九年,武王"上祭于毕,东观兵于孟津,为文王木主,载以车中军。武王自称太子发"。②但此次伐商,周人觉得时机并不成熟,故未向商开战便退兵回国。两年后,听闻"纣昏乱暴虐滋甚",武王再次起兵,于牧野之战一举灭商。

克商之后,武王曾有迁都于东方之意。西周早期前段之何尊(《铭图》11819)铭曰:"唯武王既克大邑商,则廷告于天,曰:余其宅兹中国,自兹辥民。"但此设想并未立即付诸实施,仅设三监于商故地,③周人主力又撤回了西方。

不久武王去世,武庚随即联合管、蔡发动叛乱。成王年幼不能理政,由周公旦摄政并率军第二次东征。此次东征不仅顺利平息了叛乱,还在追击叛军的过程中向商以东的广大地区进军,攻

---

① 徐元诰撰,王树民、沈长云点校:《国语集解》,第9页。
② 《史记》卷四《周本纪》,第120页。
③ 《汉书·地理志》认为三监指纣之子武庚及管叔、蔡叔,但郑玄于《诗谱》中认为三监乃管叔、蔡叔和霍叔。王玉哲赞成后说,参见氏著《中华远古史》,上海人民出版社2000年版,第503页。

灭、征服了众多东方古国。《逸周书·作雒解》云："周公立……临卫政殷，殷大震溃。降辟三叔，王子禄父北奔，管叔经而卒，乃囚蔡叔于郭凌。凡所征熊盈族十有七国，俘维九邑。"为了有效控制东方广大的新疆域并监管殷商旧族，周公旦着手营建洛邑。《尚书·康诰》曰："周公初基，作新大邑于东国雒。"而《召诰》则详细记载了新邑筹建的前期过程。新邑的营建工作主要由"庶殷"完成，待"成周既成，迁殷顽民"（《书序》），可见洛邑居民也包含大量的殷人。《诗·王城谱》孔疏曰："周以镐京为西都，故谓王城为东都。"① 《左传》昭公三十二年亦云："昔成王合诸侯城成周，以为东都。"因此学者多以为洛邑既成，周人便有东、西两都，而西周时代的王畿就是以西都宗周为中心和以东都成周为中心的两个相互连接的行政区域，其面积约方千里，故称王畿千里。②

如果说西周王朝有东、西两块王畿是比较可信的，那么东西两都制就与当时之实际情形不符了。因为西周时期的王都远不止两个，而是多个并存。③

1. 丰邑

丰邑是文王所建，《左传》僖公二十四年杜预注："丰国在始平鄠县东。"④ 鄠县即今户县。从考古遗存的分布状况看，西周的丰大致位于沣河西岸的大原村北、张家坡村至客省庄北一带的郿坞岭，以及新旺村、冯村、曹家寨一带。⑤ 由于商周之际局势发展过于迅猛，丰作为周人国都的时间并不长。武王继位后为筹划向东进

---

① （清）阮元校刻：《十三经注疏》，第329页。
② 吕文郁：《周代的采邑制度（增订版）》，第3页。
③ 许倬云认为："在克商以前，周人可能已有两都制度，以京为旧基地，以丰镐为前进指挥中心，因此周人实际上有三都：京、丰镐和洛邑。"（参见氏著《西周史（增补二版）》，第107页）
④ （清）阮元校刻：《十三经注疏》，第1817页。
⑤ 张礼艳：《金文"荅"京的考古学考察》，《东北师大学报》2010年第5期。

军，于是迁都镐京，但是丰作为王室重要基地并未废弃，而是被封给文王十七子。丰侯不久因酗酒被废，《竹书纪年》："（成王）黜丰侯。"杨伯峻注《左传》："后汉崔骃《酒箴》云：'丰侯沈酒，荷罂负缶。自僇于世，图形戒后。'李尤铭云：'丰侯荒缪，醉乱迷逸。乃像其形，为酒戒式。'则丰侯以好酒被黜。"[①] 丰邑应该又重归王室掌控。[②]

周人在两次东征之后，将大量异族迁入西方，丰邑便是这些异族的主要聚居地之一，因此，丰也成为众多族姓的共同氏名。居住在丰邑的族姓相当庞杂。笔者上文曾指出，与关中辅氏通婚的丰氏即丰邑的某个贵族。王盉（《铭图》14762）铭："王作丰妊单宝盘盉。"丰妊应是周王的配偶，为妊姓丰氏。大祝追鼎（《铭图》02396）铭："伯大祝追作丰叔姬鼒彝。"作器者于铭文祈求"伯氏其眉寿黄耇"，丰叔姬可能是大祝追之母。懛季遽父尊（《铭图》11731）铭："懛季遽父作丰姬宝尊彝。"丰姬是懛季遽父之妻。以上二器为姬姓丰氏。室叔簋（《铭图》05207）："唯王五月，辰在丙戌，室叔作丰姞懿旅簋。"室叔簋不是媵器，且该家族以"室"为氏名，丰姞懿为室叔之母或妻。此为姞姓丰氏。

还有以丰为复合氏名者。如西周晚期的丰兮夷簋（《铭图》04964）："丰兮夷作朕皇考尊簋。"兮氏是周末著名家族，其家族成员著名者有兮甲（兮甲盘，《铭图》14539）。丰兮夷为兮氏居住于丰的小宗。犀甗（《铭图》03322）铭："犀作宝甗，子子孙孙永宝用。丰井。"此外还有丰井叔簋（《铭图》04879）。丰井是井氏家族的一支迁居于丰的氏名。丰兮与丰井如同"奠虢"或"奠井"，是以地名加族名的形式组成的复合型氏名。[③]

西周金文中还有以丰为氏名却不知姓的贵族，如有司简簋盖

[①] 杨伯峻编著：《春秋左传注（修订本）》，第461页。
[②] 吕文郁：《周代的采邑制度（增订本）》，第80、81页。
[③] 参见林沄《对早期铜器铭文的几点看法》，载《林沄学术文集》，第66—68页；何景成《商周青铜器族氏铭文研究》，第108—109页。

(《铭图》05104）与羚簋（《铭图》05258）铭中的"丰仲"。

金文及文献中常见周王活动于此的记载，如：

> 瘐鼎：唯三年四月庚午，王在丰，王呼虢叔召瘐，锡驹两，拜稽，用作皇祖文考盂鼎，瘐万年永宝用。（《铭图》02369）
>
> 裘卫盉：唯三年三月既生霸壬寅，王爯旂于丰。（《铭图》14800）
>
> 太保玉戈：六月丙寅，王在丰，命大保省南国，帅汉，出殷南，命濮侯辟用鼊走百人。（《铭图》19764）
>
> 《尚书·召诰》：成王在丰，欲宅洛邑。使召公先相宅。

从频率看，西周金文中"王在丰"的活动记录确实远不及"王在周""王在宗周""王在成周"的记载。

2. 郑（奠）

文献中关于西周之郑地的记载颇为复杂。有南郑，如《穆天子传》卷四云："天子入于南郑。"郭璞注曰："今京兆郑县也。《纪年》：'穆王元年，筑祗宫于南郑。'"① 又有西郑，如《汉书·地理志》谓京兆尹郑县云："周宣王弟郑桓公邑，有铁官。"臣瓒曰："周自穆王以下都于西郑，不得以封桓公也。初，桓公为周司徒，王室将乱，故谋于史伯而寄帑与贿于虢、会之间。幽王既败，二年而灭会，四年灭虢，居于郑父之丘，是以为郑桓公，无封京兆之文也。"②

---

① （晋）郭璞注，王贻樑、陈建敏校释：《穆天子传汇校集释》，中华书局2019年版，第213页。祗宫还见于《左传》昭公十二年，子革对楚灵王道："昔穆王欲肆其心，周行天下，将皆必有车辙马迹焉。祭公谋父作《祈招》之诗，以止王心，王是以获没于祗宫。"

② 《汉书》卷二八上《地理志上》，第1544页。

经学者考证，西周的郑不在京兆郑县，而位于凤翔一带。① 据裘锡圭研究，在商代，商王往往将那些被自己征服的国族和其他臣服国族的一部或全部，奠置在他所控制的地区内，这类人便被称为"奠"，而奠置他们的地方也可称为"奠"。这些"奠"在被奠置之地为商王耕作、畜牧，有时还要外出执行军事方面的任务，此外似乎还要满足商王对臣妾等的需求。② 由此可见，商代"奠"的身份与"自"类似，都是受奴役的一类群体。周人灭商之后，很可能沿用了"奠"的名号来称呼那些在两次东征时被强行迁徙到宗周地区安置的某部分异族群体。只是周代的"奠"只有一个，位于宗周地区，而不像商代存在"多奠"（《合集》06943）。宜侯夨簋铭文中，周王将"奠七伯"赏赐予宜侯，令其带往新地，"奠七伯"应当就是被周人征服之后安置于宗周的异族，此"奠"在文献中被称为"郑"。

《左传》有"王是以获没于祗宫"，可见穆王在位期间曾长期定居于郑。而《竹书纪年》又曰："懿王元年，天再旦于郑。"表明穆王去世后，郑作为王都的地位并没有被废弃，官方史书常有关于郑地的记载。西周金文中也有"王在奠"的活动记录，如下：

免尊：唯六月初吉，王在奠。丁亥，王格大室，井叔右免，王蔑免曆……（《铭图》11805）

大簋：唯六月初吉丁巳，王在奠，蔑大曆，赐刍羊牺，曰：用啻于乃考。大拜稽首，对扬王休，用作朕皇考大仲尊簋。（《铭图》05170）

---

① 参见陈梦家《西周铜器断代》，第182页；卢连成《周都淢郑考》，载考古与文物编辑部编《古文字论集》（2），1983年，第8—11页；尚志儒《郑、棫林之故地及其源流探讨》，载陕西历史博物馆编《周文化论集》，三秦出版社1993年版，第272—279页。

② 裘锡圭：《说殷墟卜辞的"奠"——试论商人处置附属者的一种方法》，载《裘锡圭学术文集》第5卷，复旦大学出版社2012年版，第169—192页。

三年瘐壶：唯三年九月丁巳，王在奠，飨醴。呼虢叔召瘐，锡羔俎。己丑，王在句陵飨逆酒，呼师寿召瘐，锡彘俎。拜稽首，敢对扬天子休，用作皇祖文考尊壶，瘐其万年永宝。（《铭图》12441）

旂伯簋：唯正月初吉辛未，王格奠宫。王锡旂伯贝十朋。旂伯对扬王休，用作尊宝簋，子子孙孙其万年宝。（《铭图》05147—48）

从出现的频率上看，西周金文资料中目前关于"王在郑（奠）"的记录与"王在丰"相差无几。

3. 菶

西周金文中常出现"菶"或"菶京"的地名。陈梦家认为，《诗经》称丰、丰邑，而镐称京，与金文之"菶京"相似。① 李学勤驳其误，认为周原卜甲和西周前期铜器中都出现过镐的地名，写作"蒿"，足证"菶京"并非镐京。② 刘雨亦认为"菶"与镐不同，但两地相距甚近，菶应当就是文献中"侵镐及方"的"方"，其地在距镐京几十里的范围内。③ 王玉哲在此思路的基础上，对菶的具体方位又做了进一步的考证，认为西周金文中的菶是由镐扩展而来的，是镐京之一部分。镐依渭水北岸而建，后镐京不断扩建，而到达渭水南岸的菶，因此两地皆可称京，又共有辟雍大池等。④ 后经杜勇的进一步求证，菶的具体位置在"距今长安区斗门镇不是太远的南边或东南方向"，"不过是京师的附邑而已"。⑤ 正因为菶与镐相邻，故周王活动于此的记录要远多于郑、丰。如周王赏赐臣属

---

① 陈梦家：《西周铜器断代》，第373页。
② 李学勤：《青铜器与周原遗址》，《西北大学学报》1981年第2期。
③ 刘雨：《金文菶京考》，《考古与文物》1982年第3期。
④ 王玉哲：《西周菶京地望的再探讨》，《历史研究》1994年第1期。
⑤ 杜勇：《〈诗经·六月〉与金文菶京的地理问题》，《中国史研究》2018年第3期。

于荟：

> 归妃进鼎：唯八月辰在乙亥，王在荟京。王锡归妃进金，辥奉对扬王休，用作父辛宝齍。亚束。(《铭图》02337)
>
> 伯姜鼎：唯正月既生霸庚申，王在荟京涇宫。天子减伯姜，锡贝百朋。伯姜对扬天子休，用作宝尊彝，用夙夜盟享于昭伯日庚，天子万年，百世孙孙子子受厥纯鲁，伯姜日受天子鲁休。(《铭图》02445)
>
> 史懋壶盖：唯八月既死霸戊寅，王在荟京涇宫，亲令史懋路荟，咸。王呼伊伯锡懋贝。懋拜稽首，对王休，用作父丁宝壶。(《铭图》12426)

也有王渔于荟的，如：

> 井鼎：唯七月，王在荟京。辛卯，王渔于窜池，呼井从渔。攸锡鱼，对扬王休，用作宝尊鼎。(《铭图》02328)
>
> 遹簋：唯六月既生霸，穆王在荟京，呼渔于大池。王飨酒，遹御无遣，穆穆王亲锡遹爵。遹拜手稽首，敢对扬穆穆王休，用作文考父乙尊彝，其孙孙子子永宝。(《铭图》05237)
>
> 老簋：唯五月初吉，王在荟京，渔于大瀜，王蔑老曆，锡鱼百。老拜稽首，皇扬王休，用作祖日乙尊彝，其万年用夙夜于宗。(《铭图》05178)

还有王在荟蔑曆臣下之事，如：

> 寓鼎：唯二月既生霸丁丑，王在荟京鼎□。戊寅，王蔑寓曆，使谆大人锡作册寓□羹。寓拜稽首，对王休，用作尊彝。(《铭图》02394)
>
> 鲜盘：唯王卅又四祀，唯五月既望戊午，王在荟京，禘于

昭王，鲜蔑曆，祼，王虢祼玉三品、贝廿朋。对王休，用作，子孙其永宝。(《铭图》05188)

周王还在莽命臣属执行某事，如：

静簋：唯王六月初吉，王在莽京。丁卯，王令静司射学宫……(《铭图》05320)

小臣传簋：唯五月既望甲子，王在莽京，令师田父殷成周年，师田父令小臣传绯琮，传□朕考罒，师田父令余司□官，伯俎父赏小臣传□，扬伯休，用作朕考日甲宝。(《铭图》05226)

又有周王设祭礼于莽的，如：

麦方尊：王令辟邢侯出坯，侯于邢，雩若二月侯见于宗周，亡尤，迨王䬼莽京……(《铭图》11820)

伯唐父鼎：乙卯，王䬼莽京。[王] 来，辟舟临舟龙，咸来，伯唐父告备，王格雕辟舟……(《铭图》02449)

4. 犬丘

据《史记·秦本纪》记载："非子居犬丘。"徐广注曰："今槐里也。"《史记》正义则云："《括地志》云：'犬丘故城一名槐里，亦曰废丘，在雍州始平县东南十里。'《地理志》云：'扶风槐里县，周曰犬丘，懿王都之，秦更名废丘，高祖三年更名槐里也。'"[1] 如果此段注释属实，那么周懿王时期还曾以犬丘为王都。但目前的西周金文中找不到关于犬丘的记录，因此笔者将此暂存待考。

---

[1] 《史记》卷五《秦本纪》，第177页。

至于金文中"王在成周""王在宗周"之例更是不胜枚举。[1]因此，结合金文及文献记载，西周的王都先后至少有五个，即岐、丰、郑、莽、成周。而且新都在使用时，旧都不会被废弃。

除了王都外，王室直属领地见诸记载者亦有不少，例如毕邑。毕本是文王、武王和周公等人的葬地，《孟子·离娄下》曰："文王生于岐周，卒于毕郢。"毕郢在《吕氏春秋·具备》中又被称为"毕陈"。毕后被封予文王之子毕公高为采邑，《史记·魏世家》云："武王之伐纣，而高封于毕。"据郑樵《通志·氏族略》记载："毕公高，周文王第十五子，盖庶子也。"但从金文资料来看，毕邑并没有完全封给毕公，王室在毕仍拥有部分领地。如召卣（《铭图》19255）铭："召公肇进事，奔走事皇辟君，休王自毅使赏毕土方五十里。"作器者自称"召"，陈梦家认为召与高古音相同，此"召"很可能就是毕公高。[2] 周王赐其"毕土方五十里"，《孟子·万章下》云："天子之制，地方千里，诸侯皆方百里，伯七十里，子、男五十里。"《礼记·王制》亦云："天子之田方千里，公侯田方百里，伯七十里，子男五十里。"可见，五十里的赏地规格不低，但显然不是毕地的全部。由此我们发现王室对畿内贵族赐采邑时的特点，即将一地分别赐予多个家族，而不是全部授予某一族完全占有，同时保留相当一部分的领地由周王直接领有。

另外经常出现于西周金文的周王活动场所还有序，如：

遣尊：唯十又三月辛卯，王在序。锡遣采曰起，锡贝五朋。遣对王休，用作姞宝彝。（《铭图》11789）

作册折尊：唯五月，王在序。戊子，命作册折贶望土于相侯，锡金、锡臣。扬王休，唯王十又九祀，用作父乙尊，其永

---

[1] 何景成已对西周金文中的"王在周""王在宗周"的记载做了详尽统计，参见《西周王朝政府的行政组织与运行机制》，第239—248页。

[2] 陈梦家：《西周铜器断代》，第52页。

宝。木羊册。（《铭图》11800）

作册瞏卣：唯十又九年，王在庠。王姜令作册瞏安夷伯，夷伯宾瞏贝、布。扬王姜休，用作文考癸宝尊器。（《铭图》13320）

盠驹尊：唯王十又二月，辰在甲申，王初执驹于庠。王呼师豦召盠，王亲诣盠驹，锡两，拜稽首，曰：王弗忘厥旧宗小子，龏皇盠身。盠曰：王俯下，丕其则，万年保我万宗。盠曰：余其敢对扬天子之休，余用作朕文考大仲宝尊彝。盠曰：其万年世子子孙孙永宝之。（《铭图》11812）

郭沫若认为庠即中齍铭中之"寒𣲻"，位于今天的山东潍坊市境内。① 陈梦家认为庠可能是地名或镐京宫室建筑之名。② 唐兰则认为庠在今陕西凤翔县，周穆王常居郑，与庠地相近。③ 笔者以为当以唐兰之说较佳，周王常活动于庠，则其不可能远在山东。盠驹尊记载周王执驹于庠，那么庠也不可能是位于镐京的某宫。

另外，周昭王因征楚，长期滞留于南国。据昭王年间的铜器中甗和中方鼎铭文，昭王曾派中"省南国贯行"并"埶空在曾"，这显然是在为南征做准备。《竹书纪年》则云："昭王十六年伐楚荆，涉汉，遇大兕。"又曰："昭王十九年，天大曀，雉兔皆震，丧六师于汉。"从这两处史料来看，似乎昭王分别于十六年和十九年两次伐楚。但是如果昭王南征仅是军事行动，那完全不必派人在曾、噩等地修建宫室（空）。再由静方鼎铭文显示，曾、噩两地有大量臣属于王室的"𠂤"，反映了昭王似乎有在南国地区长期居住之意。只是十九年时昭王意外去世，其子穆王继位，才从南国地区撤回宗周。大约昭王之后的周人对征服荆楚失去了信心，所以才将南国之

---

① 郭沫若：《郭沫若全集·考古编》第8卷《两周金文辞大系图录考释》（二），第49页。
② 陈梦家：《西周铜器断代》，第60页。
③ 唐兰：《西周青铜器铭文分代史征》，第252—253页。

"𣪠"委派给贵族静管理。

从周王出现于上述各地的频率，基本上就可判断出这些都城在西周王朝的政治地位。最重要的王都是东方的成周和西部的镐京，但是丰、郑、毕等地亦有王家宗庙宫室及隶属之臣妾仆庸等。《左传》庄公二十八年："凡邑有宗庙先君之主曰都，无曰邑。"西周诸王时常奔波于各处王都，其目的就在于通过在上述王都举行各类祭礼、蔑曆及赏赐等仪式，宣扬王权，强化所在地区的族群对周王室的认同。①

西周的王都虽多，却不是一次性形成的，而是在王朝的发展过程中逐步确立起来的。在册命制度成型之前，这些王都的一部分是授予姬姓亲族作为封邑的。如文王都丰，岐下周原之地后被分封予周公旦和召公奭，因此郑玄《诗·周南召南谱》云："周、召者，《禹贡》雍州岐山之阳地名。今属右扶风美阳县，地形险阻而原田肥美。……文王受命作邑于丰，乃分岐邦周召之地为周公旦、召公奭之采地。"② 但是岐周之地并非全部由周、召两族瓜分，也有其他族裔在此定居。如史墙盘铭文记载，微氏家族的始祖"烈祖"投降武王，"武王则令周公舍宇于周，俾处甪"。从"舍宇于周"即可知微氏的封地便在岐下的周原一带，"俾处甪"即"使处于甪"，而"甪"应当在周原之某地。武王都镐时，丰邑被封给了文王之子丰侯，文王、周公所葬之毕邑则被分封给文王庶子毕公高等。成王时丰侯被废，丰邑似乎又回到王室手中，故周王活动于丰的记载要略多于毕。穆王在郑建宫室，故穆王之后常有关于"王在郑（奠）"的记载。

直至昭穆时代，随着王室所建都邑逐渐增多，管理和行政方面的问题日渐突出。王都的行政主要可分为两类内容：一是王家的宫室、臣仆等；二是定居于王都之内或附近的各类群体。

岐下之周虽然为周、召家族的封地，但王室在当地的宫室未

---

① 赵世超：《巡守制度试探》，《历史研究》1995年第3期。
② （清）阮元校刻：《十三经注疏》，第264页。

废。据扶风县强家村出土的即簋铭文显示，虢氏家族的小宗贵族即就被王室册命负责"司琱宫人、虢旗"。李学勤认为用作地名的琱是指周公的采地周城，① 从即簋出土地来看，"琱宫"当位于岐下周原地区。西周时期妘姓贵族中有以"琱"为氏者，② 可见琱为周原地区的一处地名。岐周不是全部由周、召家族占有，还存在其他小贵族的封地及周王室的直属领地与属民。周王在岐周的奴仆、财物则以册命的形式委派给出身小宗的贵族管理。

丰邑收归王室所有，周王也以册命的形式将相关事务委派给贵族管理，如师旋受命"备于大左，官司丰还左右师氏"。周王又命贵族申"更乃祖考胥大祝，官司丰人眔九戏祝"等。

毕为毕公封邑，同时又是文王、周公葬地。贵族望受王室册命"死司毕王家"，说明毕地还有王室财产。

关于葊地的事务，周王曾册命贵族楚"司葊鄙官、内师舟"。因为葊是由镐京扩展而来，算是镐京的一部分，所以难以将两地事务严格区分开来。而奠则不同，周王曾册命贵族吕"更乃考𢘑司奠师氏"，又命羚"邑于奠，讯讼"。除此之外，周王还命舀"司奠駐马"，命免"作司土，司奠还薔眔吴眔牧"等。

册命金文中还有一些负责管理"王家"或"康宫"的事例，如康鼎铭记载周王命康"死司王家"，蔡簋铭"司王家"，伊簋铭"司康宫王臣妾、百工"，宰兽簋铭中周王册命其"司康宫王家臣妾"，等等。虽然铭文未交代其具体所在，但可以确定这些康宫和王家肯定在王畿内的某个王都。再者，周王身边的走马、驭人、师氏、虎臣等也是以册命的形式委派给贵族管理的。

综合以上分析，西周自穆王时代起，就已用册命的形式将各地王室财产委派给贵族管理，这既是为了扶持中下层贵族对抗周、召

---

① 李学勤：《青铜器与周原遗址》，《西北大学学报》1981年第2期。
② 属于妘姓琱氏家族的铜器有五年琱生簋、六年琱生簋、琱宅匜、琱擎壶、琱乎卣、琱雒盨等。

等大族，加强王权，也是为了有效管控受命贵族，还有利用这些具有较高素质的贵族群体来协助周王管理王室财产的目的。毕竟在西周那样的贵族制时代，民智未启，社会阶层固化，王室不可能从平民阶层中选拔可用的人才。因此，出身于贵族之家、受过"六艺"培训的小宗贵族便成了王室用人的最佳选择。

西周的册命礼是在多种因素交织作用下才产生的一种政治制度。在这一制度之下，王室和中下层贵族各取所需，由此结成了稳固的政治同盟关系。周王通过转交部分财产管理权的方式成功地将大批中下层贵族团结在自己身边，形成了足以与世家大族对抗的政治力量；部分中层贵族凭借册命制度为其家族提升了政治地位，为更进一步谋取王朝执政的身份做铺垫；而相当数量的出身小宗的下层贵族则在该制度的运作下获得了自己家族赖以生存的资源。唯一没有从中获益甚至利益受损的阶层应当就是周、召等老牌世族。册命制度增强了王室的权威，就等于变相削弱了旧执政家族的政治影响力。在西周中期的金文中，我们很难看到记录周、召等族事迹的铜器铭文，很显然，这是他们在政治上被逐渐边缘化的反映。到了厉王时代，荣氏家族的荣夷公和井氏家族的武公终于得以跻身执政者的行列。这种政治格局的巨大变化大大激化了老牌世族对现状的不满情绪，最终诱发了驱逐厉王的国人暴动。

关于国人暴动的性质，老一辈学者因受阶级斗争史观的影响，多将之理解为下层民众反对王权的革命斗争。[①] 此后的部分学者开始以新的思路重新解读厉王时代的这场政治斗争。如李玉洁认为厉王专利是把公有的山林川泽和分散在贵族手中的经济利益收归王室，是国家发展过程中具有进步意义的历史事件；[②] 罗祖基从对周厉王的评价着手，探讨了厉王"专利"与"弭谤"的正面意义，

[①] 参见郭沫若主编《中国史稿》第 1 册，人民出版社 1976 年版，第 287 页；范文澜《中国通史简编（修订本）》，人民出版社 1964 年版，第 148 页。

[②] 李玉洁：《评周厉王革典》，《河南大学学报》1986 年第 1 期。

认为专利"瓦解了王政的经济基础,使这个以血缘为纽带的氏族制残余被商品经济所涤荡",而"弭谤"行为乃是宗法政治体制的重大举措。① 经过部分学者的重新诠释与建构,原本被当作昏君典型的周厉王摇身一变成了改革失败的悲剧性人物,而国人则代表了反对变革的传统势力。此后又有学者从解读厉王改革的性质着手,借鉴后世封建王朝末期衰亡的历史经验,重新评价厉王及相关事件。② 北大的韩巍博士更换思路,从西周世族势力的消长来思考国人暴动的原因。但韩巍认为发动国人暴动并驱逐厉王的乃是井、益两族,③ 则与历史事实不符。笔者上文曾指出,从金文资料分析,井氏是在王室的扶持下才得以发展壮大起来的。正是在厉王时期,该家族的宗主获得了"井公"的称号,故国人暴动绝不可能是由厉王一朝的受益者发动的。

《史记·周本纪》记载:"厉王出奔于彘……召公、周公二相行政,号曰'共和'。"关于"共和"的名号,韦昭注《国语·周语上》曰:"彘之乱,公卿相与和而修政事,号曰共和。凡十四年而宣王立。"④ 国人暴动后,周厉王太子静落到了召公手中,标志着宗周地区的控制权全部落入周、召等老牌世族手中。厉王在彘流亡十四年之久,与占据宗周的周、召等世族形成了奇怪的对峙局面。从现有的文献及金文资料来看,厉王在彘时并没有号召王畿内外诸侯勤王的举措,而宗周的叛乱者也没有废黜厉王另立新君的行为,双方甚至没有再发生过武装冲突。直到周厉王去世,宗周的太子静顺利继承王位,这种对峙局面才算结束。

《竹书纪年》中关于"共和"之号给出了与《史记》不同的解释,认为"共和"是"共伯和摄行天子事",《晋书·束皙传》

---

① 罗祖基:《重新评价周厉王》,《学术月刊》1994年第1期。
② 参见张应桥《重评周厉王》,《郑州大学学报》2006年第2期;许倬云《西周史(增补二版)》,第318—320页。
③ 韩巍:《西周金文世族研究》,第289页。
④ 徐元诰撰,王树民、沈长云点校:《国语集解》,第15页。

则转述汲冢古书语云"共伯和干王位",于是司马贞《索隐》便以此解释"共和"含义,《索隐》云:"共,音恭。共,国;伯,爵;和,其名;干,篡也。言共伯摄王政,故云'干王位'也。"① 若将"共"视为国名,那么其具体地望何在?共国又出自何处?② 在贵族制时代的西周,为什么共国国君能够"干王位"?是共国势力雄厚,抑或共国的国君是王室至亲?谁也说不清楚。郭沫若、杨树达推测西周晚期金文中的伯龢父即传说中的"共伯";③ 顾颉刚认为共伯和即卫武公;④ 韩巍则认为"共伯和"可能是井伯之讹,井氏宗子称"武公",所谓"卫武公"之传说,抑或由此而起。⑤ 笔者以为,将"共伯"视为"井伯"之讹的说法不确。文献中关于"共和"的解释可以分为两种:一是司马迁的"周、召共和行政说";二是"共伯和摄政说"。这两套历史记述的话语体系,尤其是西晋年间出土的汲冢古书,都明确记载是"共和"或"共伯和",而非"井伯"或"井伯和",所以以"共"讹"井"之说是靠不住的。⑥

---

① 《史记》卷四《周本纪》,第144页。
② 据《史记·卫世家》记载:"四十二年,釐侯卒,太子共伯余立为君。共伯弟和有宠于釐侯,多予之赂。和以其赂赂士,以袭攻共伯于墓上,共伯入釐侯羡,自杀。卫人因葬之釐侯旁,谥曰共伯,而立和为卫侯,是为武公。"从上述记载可见,传说中的"共伯和"很可能就是"共伯余"与"武公和"的误传。卫国与魏相近,战国时期卫人出仕于魏国者不少,很可能是魏国史官误信了传闻而将卫国的两位先君当作"共伯和"。故范文澜认为,卫武公曾为周幽王卿士,甚有贤名,战国游士捕风捉影,随意附会,《竹书纪年》却误信之为真(《中国通史》,人民出版社1978年版,第95页)。
③ 参见杨树达《积微居金文说》,《考古学专刊》甲种第1号,科学出版社1952年版,第138、225页;郭沫若《郭沫若全集·考古编》第8卷《两周金文辞大系图录考释》(二),第246页。
④ 顾颉刚:《史林杂识初编》,中华书局1963年版,第203—208页。
⑤ 韩巍:《西周金文世族研究》,第290页。
⑥ 另外清华简《系年》曰:"至于厉王,厉王大虐于周,卿士、诸正、万民弗忍于厥心,乃归厉王于彘,共伯和立。"(李学勤主编:《清华大学藏战国竹简》(二),中西书局2011年版,第136页)可见文献及出土资料等三类记述体系都是"共"而非"井",三类记述全错的可能性微乎其微。

从春秋时期的历史经验来看，凡是国人驱逐国君的行动，都不能简单地视作国君与国人之间矛盾激化的结果，其中必定有大族的煽动与领导，国人只在政治斗争中扮演了不自觉的角色。而当时最有可能煽动国人驱逐厉王的，应该就是在西周中后期被逐渐排挤出执政阶层的世家大族。周宣王本人在国人暴动时就落到了大族手中，当宣王继位后，毛公厝被任命为王朝执政，意味着世家大族恢复了对王朝政治权力的掌控。而宣王正是因为对这些实力雄厚的世族做出了巨大的妥协，才得以实现统治阶层内部的暂时团结，为他统治初期的一系列成功举措奠定了基础。但是此时的册命礼并未终结，王室依然在通过册命的方式维持与中下层贵族之间的关系，只是与此同时又不得不对老牌世族做出让步。因此，我们可以做出这样的判断：宣王时期的王室在严峻形势的胁迫之下，不得不对上、对下做两方面的妥协与让步，而这种政治策略不具备可持续性，它最终损害的必然会是王室自身的利益。

关于西周的灭亡，传统史学最经典的解释是将之归于周幽王的昏庸。实际上，幽王时期的周王室已经虚弱到经不起任何打击的地步。不论什么样的政治风波，只要在这个时间段爆发，都有可能导致王朝的倾覆。那么，王室的虚弱表现在哪里？这和册命制度又有什么关系呢？

第 六 章
册命制度的影响

事物自其产生之时，就已经孕育了自我否定的因素。册命制度虽然对巩固王权、加强王室对小宗家族的管控以及削弱世家大族对政权的控制等都有着积极的作用，但是其本身也存在着诸多弊端，只是在它被付诸实践的初期，这些不利因素并未全面显现而已。随着该制度的不断深入推行，其消极的一面也日益暴露。那么，册命制度本身存在着什么样的问题？这些问题在西周灭亡的过程中又产生了什么样的影响呢？

第一节　册命制度的负面因素与西周的灭亡

公元前771年，即周幽王十一年，太子宜臼的母家申国联合缯与犬戎举兵攻打镐京，幽王败死骊山。周平王继位后撤离宗周地区，迁都于成周的洛邑，西周就此灭亡。关于导致西周灭亡的历史因素，古典文献从多方面予以揭示，如《诗经》多从天灾及人事角度记述西周末年面临的危机。《十月之交》云：

十月之交，朔月辛卯。日有食之，亦孔之丑。彼月而微，此日而微。今此下民，亦孔之哀。

日月告凶，不用其行。四国无政，不用其良。彼月而食，则维其常。此日而食，于何不臧。

烨烨震电，不宁不令。百川沸腾，山冢崒崩。高岸为谷，深谷为陵。哀今之人，胡憯莫惩。

皇父卿士，番维司徒。家伯维宰，仲允膳夫。棸子内史，蹶维趣马。楀维师氏，艳妻煽方处。

抑此皇父，岂曰不时。胡为我作，不即我谋。彻我墙屋，田卒污莱。曰予不戕，礼则然矣。

皇父孔圣，作都于向。择三有事，亶侯多藏。不慭遗一老，俾守我王。择有车马，以居徂向。

黾勉从事，不敢告劳。无罪无辜，谗口嚣嚣。下民之孽，匪降自天。噂沓背憎，职竞由人。

悠悠我里，亦孔之痗。四方有羡，我独居忧。民莫不逸，我独不敢休。天命不彻，我不敢傚我友自逸。

这是周大夫利用日食事件以"刺幽王也"，郑玄笺曰："当为刺厉王。作诂训传时移其篇第，因改之耳。"① 但诗中"百川沸腾，山冢崒崩。高岸为谷，深谷为陵"等自然灾害方面的记载与《国语·周语上》中的"幽王二年，西周三川皆震"等描述相近，且厉王年间未见载发生过严重的自然灾害。因此，将《十月之交》仍定为幽王时期的作品为佳。诗人因十月发生的日食，联想到周幽王"不用其良"的政治作风。当自然灾害频发时，王室重臣如皇父等却不思辅助周王，而是结党谋私。从全诗最后两章分析，作此诗者是一个"黾勉从事"的下级贵族，虽然身处困境，却不敢"自逸"于王事。

《诗经·雨无正》则从另一面描述了幽王年间的乱局，其诗曰：

---

① （清）阮元校刻：《十三经注疏》，第445页。

浩浩昊天，不骏其德。降丧饥馑，斩伐四国。旻天疾威，弗虑弗图。舍彼有罪，既伏其辜。若此无罪，沦胥以铺。

周宗既灭，靡所上戾。正大夫离居，莫知我勚。三事大夫，莫肯夙夜。邦君诸侯，莫肯朝夕。庶曰式臧，覆出为恶。

如何昊天，辟言不信。如彼行迈，则靡所臻。凡百君子，各敬尔身。胡不相畏，不畏于天。

戎成不退，饥成不遂。曾我暬御，憯憯日瘁。凡百君子，莫肯用讯。听言则答，谮言则退。

哀哉不能言，匪舌是出。维躬是瘁，哿矣能言。巧言如流，俾躬处休。

维曰予仕，孔棘且殆。云不可使，得罪于天子。亦云可使，怨及朋友。

谓尔迁于王都，曰予未有室家。鼠思泣血，无言不疾。昔尔出居，谁从作尔室。

这首诗的作者应当是在周王身边侍奉的小贵族，终日"憯憯日瘁"，忧心着政局，他看到的是"正大夫离居"以及"三事大夫，莫肯夙夜""邦君诸侯，莫肯朝夕"这样一幕上下离心的乱局。与此同时，上天似乎也不再眷顾周人，以至于"降丧饥馑，斩伐四国"。《十月之交》和《雨无正》所反映的，都是西周末期统治阶层之中的一些下级贵族在末世将临时发出的哀叹，而我们今人在此哀叹中看到的则是天灾横行、政局混乱的景象，由此又可推测出导致西周灭亡的某些原因。

《国语》在解释西周灭亡时，换了一个角度：

幽王二年，西周三川皆震。伯阳父曰："周将亡矣！夫天地之气，不失其序；若过其序，民乱之也。阳伏而不能出，阴迫而不能烝，于是有地震。今三川实震，是阳失其所而镇阴也。阳失而在阴，川源必塞；源塞，国必亡。夫水，土演而民用也。土无所演，民乏财用，不亡何待？昔伊、洛竭而夏亡，河竭而商亡。今周德若二代之季矣，其川源又塞，塞必竭。夫国必依山川，山崩川竭，亡之征也。川竭，山必崩。若国亡不过十年，数之纪也。夫天之所弃，不过其纪。"是岁也，三川竭，岐山崩。十一年，幽王乃灭，周乃东迁。

伯阳父以阴阳失调解释自然灾害发生的原因，又以自然灾害导致"民乏财用"，因而做出"周将亡矣"的预言。许倬云认为西周地处陕西的黄土高原，土层深厚，汲水必须下达河谷。幽王年间发生的地震可使三川塞竭，岐山崩塌，地层变动，则地下水分布的情况必也受到极大的干扰。此时若雨量稍不足，农业生产便受影响。另外，古人对于天灾极为畏惧，总认为天灾是上帝对下民的惩罚。天灾对人们心理上所造成的打击，往往比实际的经济上的打击要更为沉重。①

司马迁在描述这段历史时，用了颇多戏剧性史料，如烽火戏诸侯等，将周亡的原因归结为幽王昏庸，宠爱褒姒而欲废长立幼，最终酿成了大祸。今天的学者依据文献，多从阶级斗争和奴隶制经济崩溃、统治阶层内部矛盾及民族矛盾激化等方面来解释西周灭亡的原因。② 童书业指出导致西周灭亡的原因大致有四：一是黩武致使国力衰弱；二是天灾流行；三是社会的动摇和政治的腐败；四是君主的昏庸。③ 也有学者认为周人致力于经营东方，忽视了作为老根据地和大后方的宗周地区，而鲁、齐等东方诸侯却对王室遇到的危机坐视不顾，甚至为了自己的利益插上一手。④ 李峰也持类似观

---

① 许倬云：《西周史（增补二版）》，第321页。

② 参见郭沫若主编《中国史稿》第1册，第276—292页；翦伯赞《中国史纲要》，人民出版社1979年版，第48—51页。

③ 童书业著，童教英校订：《春秋史（校订本）》，中华书局2006年版，第11—12页。

④ 张广志：《西周史与西周文明》，上海科学技术文献出版社2007年版，第79页。

点，他认为西周的灭亡是由它的国家基本统治结构决定的，西周的形成建立在周王与诸侯奉祀同一个祖先、后者臣服于前者的基础上。随着时间的推移，血缘关系疏远，早期"封建"制度下授予地方封国的高度自治权也逐渐使其走向独立，裂解了西周政治统一体。另外，西周国家又采取了一种"自杀式"的政府运作方式，即授予官员不动产而非俸禄。由于土地不可再生，这种体制最终导致官员家族财富和权势不断增长，周王室则日益贫困。①

上述学者的研究从不同角度对西周灭亡的大课题进行了有益的探讨。历史是立体的而非平面的，导致某一历史事件发生的因素也是多方面的而非单方面的。因此，在参考上述学者研究成果的前提下，笔者将从册命制度的影响出发，重新思考西周末年的政局演变及王朝覆亡的原因。

一 册命制度对周王朝造成的冲击

任何制度都有其消极的一面，行之既久，弊端乃现。册命制度将大量出身小宗的家族纳入周王室的管理控制之下，稳定了统治秩序。但是周王授予这些小贵族的王室财产管理权普遍存在世袭的倾向，从而导致王室直属领地和人口的大规模流失，最终瓦解了周王室的统治基础。

从王室接受了具体职事委派的受命者大多出自各家族的小宗，获得王室部分财产的管理权就意味着家族生存得到了保障。在贵族制时代，个人的出身、血统、身份、财富和政治地位是要靠世袭继承的。小宗出身者通过册命获得的职事会在受命者家族中世代承袭，新一代的家族宗主接替职务时犹如老牌家族之宗主继承父祖旧职，不需要王室再次册命重申就能自动生效。例如上文曾举例的出自华氏家族的膳夫克及其子膳夫梁其。膳夫克出身于华氏之小宗，

---

① 李峰：《西周的灭亡——中国早期国家的地理和政治危机》，徐峰译，第142—147页。

而膳夫梁其称其父为"皇考惠仲",李学勤认为"惠仲"很可能便是膳夫克,惠为其谥号。从"惠仲"的称谓可知膳夫克出身于华氏小宗,自然就不能继承华氏宗主所受的职事。所以膳夫克第一次接受册命时有具体职事的授派,标志着他从周王处获得了其家族赖以生存的资源。第二次册命则为荣誉性质,故周王只是对其重申旧命,而无新职授派。从小克鼎（《铭图》02454—60）、克钟（《铭图》15292—96）等器铭文分析,膳夫克经常代表周王巡视外地及"遹正八𠂤",所以才受到王室多次恩赏,第二次册命实为周王对他的一种政治奖励。至膳夫克之子梁其继任膳夫之职时,就无须周王再次册命,而是自动接替父职,膳夫一职就等于由克及梁其一系世代传承了。

再如姬姓丼氏家族,丼氏本为王室小宗,自丼伯𣪕之祖,该家族宗主就开始担任王朝司马。𣪕𣪕铭文记载周王册命丼伯𣪕"更乃祖服,作家司马",说明出身小宗的贵族受册命后,职务可由家族世袭继承。丼氏虽为姬姓小宗,但丼伯𣪕是丼氏大宗宗主。丼伯𣪕承袭家族世职并不妨碍他再次接受王室册命,只不过此类册命只要不涉及职事更改,都只能视为王室对丼氏家族的一种政治奖励,属于荣誉性质。

为了本家族的生存与发展,受命者必定设法谋求将取得的某类王室财产管理权世袭化,而管理权的世袭化又很容易导致这些家族对王室财产的世袭占有。

直属于周王室的土地和人口的管理权被受命家族世袭占有,最终会削弱周天子的统治力量;再加上每隔一代又会从各家族中分离出大量需要得到妥善安置的小宗贵族,这等于将各家族人口膨胀的压力转移到了王室肩上。据张亚初、刘雨对西周早、中、晚三个时间段金文所见职官数量的统计,明显可看到职官数量随着时代发展呈现出逐渐增加的趋势。[1] 它反映出的现实是,越到

---

[1] 张亚初、刘雨:《西周金文官制研究》,第 104—109、148 页。

后期，从大家族中分离出来的小宗数量就越多，需要周王室设置更多的职位予以安置，而且这种趋势是以加速度的状态在发展的。但王室的财产不可能得到同步增加以满足上述需求，因此从本质上讲，册命制度是通过牺牲王室利益的方式来安抚中下层贵族，它对西周政府而言是一种无法长期推行的应急政策。此外，当时的周王室还承担着中央政府的职责，这就决定了它必须为此付出相应的代价。对王室而言，最基本的义务就是，一旦王畿内外遭受四夷攻击，都要由王室负责组织力量予以援助。不论周王室自身遇到了什么样的危机，它作为天下共主所应承担的义务都不会有丝毫的减少，而册命制度却在以加速度的方式瓦解周王室履行其中央政府职责的能力。

随着经济基础不断被侵蚀，周王在履行职责时变得越来越力不从心，不得不设法寻求缓解危机的途径。如西周末年周厉王推行了"专利"政策：

> 厉王说荣夷公，芮良夫曰："王室其将卑乎！夫荣公好专利而不知大难。夫利，百物之所生也，天地之所载也，而或专之，其害多矣。天地百物，皆将取焉，胡可专也？所怒甚多，而不备大难，以是教王，王能久乎？夫王人者，将导利而布之上下者也，使神人百物无不得其极，犹日怵惕，惧怨之来也。故《颂》曰：'思文后稷，克配彼天。立我烝民，莫匪尔极。'《大雅》曰：'陈锡载周。'是不布利而惧难乎？故能载周，以至于今。今王学专利，其可乎？匹夫专利，犹谓之盗，王而行之，其归鲜矣。荣公若用，周必败。"既，荣公为卿士，诸侯不享，王流于彘。（《国语·周语上》）

许倬云认为周厉王所专之"利"大约指自然资源。在周人分封制度下，山林薮泽之利，由各级封君共同享有。西周王室到了厉王时期迫于经济压力，将这些资源收归自己专用。① 杨宽也认为"专利"就是独占山泽之利，独占天地间所生的百物。原来山泽是开放的，任何人都可以进入山泽中从事采集活动，这时被荣夷公"专利"霸占了。② 王玉哲则指出西周政权在初期只把已开垦的农田收归王室，至于其他的山林川泽之利，仍然是任人利用。周厉王在位时，由于长年与少数民族的战争，经济资源和财政收入渐见枯竭，于是推行专利，把山林川泽的资源也收归王有。③ 上述学者对"利"之所指的判断大致相同，对厉王为何"专利"的看法也基本类似。只要我们了解到西周后期王室所处的窘境，就会明白周厉王之所以谋求对公共自然资源的独占权，其实是出于维持册命制度的需要而急切地想开辟新的财源。这种"专利"虽然对部分小宗家族有益无害，但是对更多的氏族和国人而言无疑成为损害其基本权益的切肤之痛，因此厉王末年才出现了"国人谤王"的现象。

厉王为了"弭谤"，或是为了更好地推行其"专利"政策，命卫巫"监谤"，而不久之后发生的国人暴动彻底粉碎了周王室开拓新财源的"专利"政策，厉王被迫避居于彘地十四年。当宣王继位后，周王室再也不敢轻易尝试类似的新政策。

周宣王号为中兴之主，故《诗经》中多有"美宣王"的作品，如《小雅》中的《吉日》《鸿雁》《庭燎》等。据毛传解释，《大雅》中的《云汉》乃是"仍叔美宣王也。宣王承厉王之烈，内有拨乱之志，遇灾而惧。侧身修行，欲销去之，天下喜于王化复行。百姓见忧，故作是诗也"。④ 而《崧高》《烝民》同是尹吉甫所作，《烝民》所赞美的是宣王任贤使能，使得"周室中兴焉"。实则宣王执行是双向妥协的政策：一方面，改变了王室自

---

① 许倬云：《西周史（增补二版）》，第320页。
② 杨宽：《西周史》，第841页。
③ 王玉哲：《中华远古史》，第723页。
④ （清）阮元校刻：《十三经注疏》，第561页。

西周中期以来扶持中下层贵族以对抗老牌世族的传统做法，与大族实现和解；另一方面，宣王也不敢轻易废弃册命制度，为了笼络中下层贵族，仍将这项制度延续下去。即通过持续牺牲王室利益的方式来维持统治阶层内部的团结，以应对厉宣以来日益严重的外部挑战。

宣王在位期间频繁对外发动战争。首先是针对连续入侵的北方戎族，如《史记·秦本纪》云："周厉王无道，诸侯或叛之。西戎反王室，灭犬丘、大骆之族。周宣王即位，乃以秦仲为大夫，诛西戎。西戎杀秦仲……周宣王乃召庄公昆弟五人，与兵七千人，使伐西戎，破之。"① 周王朝还曾出兵反击，如《诗经·六月》云：

> 六月栖栖，戎车既饬。四牡骙骙，载是常服。狁孔炽，我是用急。王于出征，以匡王国。
>
> 比物四骊，闲之维则。维此六月，既成我服。我服既成，于三十里。王于出征，以佐天子。
>
> 四牡修广，其大有颙。薄伐狁，以奏肤公。有严有翼，共武之服。共武之服，以定王国。
>
> 狁匪茹，整居焦获。侵镐及方，至于泾阳。织文鸟章，白旆央央。元戎十乘，以先启行。
>
> 戎车既安，如轾如轩。四牡既佶，既佶且闲。薄伐狁，至于大原。文武吉甫，万邦为宪。
>
> 吉甫燕喜，既多受祉。来归自镐，我行永久。饮御诸友，炰鳖脍鲤。侯谁在矣，张仲孝友。

此次狁进犯，声势极为浩大，兵锋已侵及周人统治的核心地区。因此，此役不是周人主动发起，而属被迫应战。《诗经·小

---

① 《汉书·西羌传》对此事的记述是："及宣王立四年，使秦仲伐戎，为戎所杀。王乃召秦仲子庄公，与兵七千人，伐戎破之。"可知此乃宣王四年之事。

雅·出车》则云：

> 我出我车，于彼牧矣。自天子所，谓我来矣。召彼仆夫，谓之载矣。王事多难，维其棘矣。
>
> 我出我车，于彼郊矣。设此旐矣，建彼旄矣。彼旟旐斯，胡不旆旆。忧心悄悄，仆夫况瘁。
>
> 王命南仲，往城于方。出车彭彭，旂旐央央。天子命我，城彼朔方。赫赫南仲，玁狁于襄。
>
> 昔我往矣，黍稷方华。今我来思，雨雪载涂。王事多难，不遑启居。岂不怀归，畏此简书。
>
> 喓喓草虫，趯趯阜螽。未见君子，忧心忡忡。既见君子，我心则降。赫赫南仲，薄伐西戎。
>
> 春日迟迟，卉木萋萋。仓庚喈喈，采蘩祁祁。执讯获丑，薄言还归。赫赫南仲，玁狁于夷。

据说此诗乃"周宣王命南仲、吉甫攘狁，威蛮荆"。[①] 另据兮甲盘（《铭图》14539）记载："王初各伐玁狁于䣀𢓜，兮甲从王，折首执讯，休亡愍……"宣王年间的不嬰簋（《铭图》05387）铭亦记载了征伐玁狁之事。

宣王时期的玁狁之乱规模较大，王室费尽周折才将之击退。除玁狁外，宣王二十七年又伐太原戎。五年后又伐条戎、奔戎，但都以失败告终。宣王三十八年，伐申戎得胜。[②] 三十九年伐姜氏之戎，此战宣王亲临战阵，但仍遭败绩。[③]《史记·赵世家》记载："周宣王时伐戎，（奄父）为御。及千亩战，奄父脱宣王。"可以想

---

① （清）王先谦撰，吴格点校：《诗三家义集疏》，第585页。
② 《汉书·西羌传》云："后二十七年，王遣兵伐太原戎，不克。后五年，王伐条戎、奔戎，王师败绩。"又曰："明年，王征申戎，破之。"
③ 《国语·周语上》曰："宣王即位，不籍千亩。虢文公谏……王不听。三十九年战于千亩，王师败绩于姜氏之戎。"

见王师当时败绩之惨状,连远调而来的南国之师也于此役消耗殆尽。① 频繁的对外战争和不断进行的册命礼,必然会给周王室带来更为严峻的财政压力,因此宣王才有了"料民于太原"的打算。

对周宣王"料民"事件的解读,李亚农因受五种社会形态理论的影响,认为宣王料民与另一件不籍千亩的事情都指宣王解放了奴隶,使他们变成了有户籍、纳地租的农奴。② 王玉哲则指出:"当时的户口数字已经大量地减少了。所以,宣王在丧南国之师后,'乃料民于太原'。人口减少即透露出国势已趋衰弱了。料民会造成示敌以弱的后果……至于宣王料民有没有其他'政治改革'的积极目的,实在看不出来。"③ 许倬云也有类似观点:"仲山父的一番议论透露了若干消息,一方面他指出'古者'如何如何,说明不必经过户口调查,人口统计的资料,已在掌握之中。另一方面,他又指出户口的数字已经少了,何必又大举调查以示弱。实则宣王为了丧师之后要做一次'国势调查',若仲山父议论的古制仍未失去功能,宣王自然不必多此一举。大约实际人口与官府记录已有了差距,宣王始不得不料民。很可能仲山父也预见'料民'的后果是人口太少,或人口减少了,遂有何必示人以弱的议论。"④ 白寿彝认为:"宣王'料民'虽然是由于南国之师损失以后,为了补充军队而采取的措施,但也反映了西周末年以后,由于公社内部有了一些变化,必须将公社内部的户口、土地数字写成清册上缴于国王或国君,以便作为对公社农民征税和力役的根据。"⑤ 常金仓结合文献及文化人类学的研究成果指出,在古代国家人口是衡量一

---

① 《国语·周语上》云:"宣王既丧南国之师。"韦注曰:"败于姜戎氏时所亡也。"
② 李亚农:《欣然斋史论集》,上海人民出版社1962年版,第743—755页。
③ 王玉哲:《中华远古史》,第729页。
④ 许倬云:《西周史(增补二版)》,第320页。
⑤ 白寿彝总主编:《中国通史》第3卷《上古时代》,上海人民出版社1994年版,第354页。

个国家综合实力的第一要素，因此人口是一项重要的机密，古代国家不采用直接的、公开的方法去进行人口普查，而要采用隐晦曲折、分门别类的方法去做人口的统计。如果公开进行人口普查，将国家人户数量公之于天下，必然会引发大国诸侯的不臣之心。① 陈絜则认为，西周时期作为社会之基础的士大夫之家，事实上就是王朝和封国之内的独立王国，除了土地的转让、宗族的离析等与国家国力直接相关的重大家族事件之外，国家很少干预士大夫的家族内部事务。西周末年，周宣王曾企图改变对基层社会的控制方式，欲"料民于太原"，弄清楚当地人口的确切数字，而不仅限于传统的"家户"数。这种做法无非就是想透过宗族组织将国家权力末梢直接浸透至社会底层，从而扩大兵源、增强国力。②

以上学者对于"料民"以及宣王为何"料民"的解释大致相同，只是在仲山父反对"料民"的原因上有不同的见解，也基本上都是从文献记载的内容出发寻找其中的缘由。实则，只需结合册命制度来重新审视此一争论，就可以得到全新收获。宣王"料民"肯定与解决危机有关，这一点笔者与上述学者所见相同。而仲山父反对"料民"，认为"古者不料民而知其少多"，有"司民协孤终，司商协民姓，司徒协旅，司寇协奸，牧协职，工协革，场协入，廪协出"，因此民之"少多、死生、出入、往来者皆可知也"。同时还可用"审之以事"的方式对民众加以掌控，治兵于籍、四时蒐狩及由众官所职之事都是"习民数"的好机会，所以根本用不着专门"料民"。③ 结合对册命制度的考察，仲山父所说的"司徒""司寇""牧""工""场""廪"等都是受命为王室管理人口与土

---

① 常金仓：《宣王料民与西周的人口统计》，《陕西师范大学学报》2010年第3期。
② 陈絜：《血族组织地缘化与地缘组织血族化——关于周代基层组织与基层社会的几点看法》，《社会科学战线》2009年第1期。
③ 赵世超：《中国古代等级制度述论》，载《中西早期历史比较研究》，第182页。

地等财产的职官。① 由此我们可以做这样的推测：到了厉宣时代，受命者对王室财产的管理权已经逐渐演变成了占有之权。为了维护本族的既得利益，这些受命家族很可能向王室隐瞒了自己所管理的人口和山林、川泽、土地的真实收入情况，所以才迫使宣王不得不实行"料民"的政策。这一举措自然不会受到那些王室财产管理者们的欢迎，但是他们又拿不出充足的理由反对宣王"料民"，因为从根本上说这些财产本来就属于王室所有，只是委托给受命贵族管理而已。正因如此，仲山父在阐述其反对"料民"的理由时才会说出"无故而料民，天之所恶也，害于政而妨于后嗣"之类的话来。试问宣王"料民"明明是因为吃了败仗，亟须补充军队的应急之举，怎能说是"无故"？且宣王"料"自家的民户，为何成了"天之所恶"？又如何"害于政而妨于后嗣"？仲山父甚至将幽王"废灭"也算到"料民"之上，其言辞之牵强是非常明显的。而且我们从仲山父的名字便可知，他本人也是小宗出身，完全有可能是接受册命的那些小宗贵族的代言人。为了维护自己家族已经获得的利益，他们反对周宣王清查王室财产的政策，但是又拿不出合情合理的理由，这才借天道立论。宣王并没有听从仲山父的意见而"卒料之"，引起大批贵族的不满，因此将西周灭亡的罪过算到宣王头上。这也就很好地解释了为何历史上的周宣王会给后人留下两种截然不同的形象：在《诗经》中，他是"中兴"的明君；而在《国语》中，他是拒谏任性的昏主，对宗周的倾覆负有不可推卸的责任。

除了"料民"外，宣王对南淮夷等部族的不断勒索与压榨，也可以视作王室政府在经济压力下为开辟财源采取的一种应对措施。② 如《诗经·大雅·江汉》，毛传认为此诗是"尹吉甫美宣王

---

① 司民与司商两职官不见于金文记载。
② 刘翔认为周朝对南淮夷地区人力、物力、财力的征集，是在宣王北伐猃狁战争最激烈时进行的，显然是由于北方战争急需物资。因此宣王时期对南淮夷地区的经营是出于经济上的考虑（参见《周宣王征南淮夷考》，《人文杂志》1983 年第 6 期）。

也。能兴衰拨乱,命召公平淮夷"。① 宣王命召伯虎征伐淮夷,从诗中"告成于王""王国庶定"等语看,召伯虎此番出征大获全胜。诗云"于疆于理,至于南海",虽有夸张成分,但经过此役,周人暂时平定了淮夷诸部,因此召伯虎也得到周王赏赐。

《诗经》中还有《常武》,其诗曰:

> 赫赫明明,王命卿士。南仲大祖,大师皇父。整我六师,以修我戎。既敬既戒,惠此南国。
>
> 王谓尹氏,命程伯休父。左右陈行,戒我师旅。率彼淮浦,省此徐土。不留不处,三事就绪。
>
> 赫赫业业,有严天子。王舒保作,匪绍匪游。徐方绎骚,震惊徐方。如雷如霆,徐方震惊。
>
> 王奋厥武,如震如怒。进厥虎臣,阚如虓虎。铺敦淮濆,仍执丑虏。截彼淮浦,王师之所。
>
> 王旅啴啴,如飞如翰。如江如汉,如山之苞。如川之流,绵绵翼翼。不测不克,濯征徐国。
>
> 王犹允塞,徐方既来。徐方既同,天子之功。四方既平,徐方来庭。徐方不回,王曰还归。

据毛传解释,此诗是"召穆公美宣王"而作。② 从诗中"省此徐土""震惊徐方"来看,此役的目标是位于东南的徐方。周人出动了大军,声势浩大,最终迫使"徐方来庭"。另外,宣王时期还对荆楚进行过征伐,《诗经·小雅·采芑》记载的便是此事,王室元老方叔率兵车三千南征,这样的军队规模,即使在春秋时期也是令人咋舌的强大武力。因此诗人才会嘲笑说:"蠢尔蛮荆,大邦为仇。"《后汉书·南蛮传》亦云:"宣王中兴,乃命方叔南伐蛮方,

---

① (清)阮元校刻:《十三经注疏》,第 573 页。
② (清)阮元校刻:《十三经注疏》,第 576 页。

诗人所谓'蛮荆来威'者也。"可见"蛮荆"还是被迫向周人屈服了。

西周金文中宣王时期的铜器铭文记载了周人征伐南淮夷的事件，可以与《诗经》中的相关篇章相参照，如驹父盨盖（《铭图》05675）：

> 唯王十有八年正月，南仲邦父命驹父即南诸侯，率高父见南淮夷，厥取厥服。至，夷俗遂，不敢不敬畏王命，逆见我厥献厥服。我乃至于淮，小大邦母敢不敯俱迎王命。四月，还至于蔡，作旅盨。驹父其万年永用多休。

驹父盨盖1974年出土于陕西武功县回龙村，[①] 被大多数学者判断为宣王时期的器物。[②] 南仲邦父命驹父"即南诸侯"，随后驹父率领高父去征收南淮夷之"服"。"南仲邦父"很可能就是《诗经》中的"南仲"，驹父为其下属。

兮甲盘铭记载，周王对兮甲称"淮夷旧我帛畮人"，可见周人征服南淮夷完全是为了压榨其财物。兮甲受命驻节于成周，负责征收南淮夷向王室进贡之"帛""积""人"。一旦南淮夷不按时缴纳，兮甲就需"刑扑伐"。同时，成周地区的诸侯百姓与南淮夷的贸易也要受王室监管，若有违令，亦将受到诛罚。大约是周人对淮夷的压迫过于沉重，其反抗不断。如师寰簋（《铭图》05366）记载：

> 王若曰：师寰，爰淮夷繇我帛畮臣，今敢薄厥众叚，返厥工吏，弗迹我东国，今余肇令汝率齐、帀、㠱、釐、僰、尸、左

[①] 吴大炎、罗英杰：《武功县出土驹父盨盖》，《文物》1976年第5期。

[②] 参见李学勤《兮甲盘与驹父盨》，载《新出青铜器研究》，第141—143页；刘启益《西周纪年》，第383页；彭裕商《西周青铜器年代综合研究》，第438页。

右虎臣，征淮夷，即質厥邦首，曰冉、曰裘、曰铃、曰达，师
寰虔不坠，夙夜恤厥将事，休既有功，折首执讯，无谍徒驭，
殴俘士女、羊牛，俘吉金，今余弗叚沮，余用作朕后男鬻尊
簋，其万年子子孙孙永宝用享。

郭沫若将此器定为宣王时器，认为师寰即《采芑》之方叔，寰与方分别是其名和字。① 彭裕商虽也将师寰簋列入宣王时器，但又认为其器型非常接近春秋早期的同式簋。《后汉书·东夷传》记载宣王平定淮夷，但幽王时期四夷交侵，而师寰簋铭文有"淮夷繇我帛晦臣，今敢薄厥众叚，返厥工吏"，似与幽王时的情况相同。②

从师寰簋铭文来看，宣王采取的新举措不仅没能化解册命制度所造成的社会、政治和财政危机，反而激起内外各种势力持续而激烈的反抗。③ 已受册命的家族不满宣王的"料民"新政策，还有大批从各家族中分离出来的小宗家族急切渴望能够得到来自王室的册命，这些都给王室的统治造成巨大压力。周王只能用转移矛盾的方法，通过对外扩张来缓解内部矛盾、凝聚士气。但是连绵不断的战事引发了新的财政危机，逼迫王室不得不加重对本已驯服的淮夷各部的盘剥。而残酷的压榨再次引发了淮夷等附属国激烈的反抗，周人不得不一再对南方用兵，使得战争的规模越来越大，最终将周王室拖向深渊。正如《左传》隐公四年云："夫兵，犹火也。弗戢，将自焚也。"西周末年的王室似乎陷入了一种恶性循环之中，它不断地在为解决上一个危机而制造另一个新的危机，最终只能加剧自己所面临的困境。册命制度就是上述危机的一个重要源头，只有设

---

① 郭沫若：《郭沫若全集·考古编》第8卷《两周金文辞大系图录考释》（二），第146页。
② 彭裕商：《西周青铜器年代综合研究》，第438—439页。
③ 侯外庐也看出，宣王的中兴政策是企图利用扩大和外族的战争而缓和内部的危机，只是这一政策不但没有成功，反而致使内部危机更加严重（参见《中国思想通史》第1卷，第104页）。

法弥补其存在的缺陷，才有可能真正化解由此引发的各种矛盾。那么，周王室为消弭册命制度的弊端，采取过什么有针对性的措施？这些措施的效果又如何呢？

二 西周末年的局势

周王室在将直属领地与人口委派予贵族管理时，是采取过一些防范措施的，即对管理权进行了条块分割而不是彻底授予某家族。

以对"五邑"的管理权为例。李峰推测"五邑"是渭河平原最重要的五个城市，① 陈梦家认为是西土五邑，② 马承源则认为"五邑"可能指官位尊贵等次之名称，③ 陈絜判断"五邑"是乡野之地上的五个农村聚落。④ 从现有的册命金文来看，周王并没有将五邑委托给某个或多个贵族全权负责，而是对五邑的相关管理权先进行了条块切割，划分为不同的职事，再分别委托给不同的家族。如表6-1所示：

表6-1

序号	器名	管理权
1	救簋盖	用大备于五邑守堰
2	鄩簋	獻五邑祝
3	元年师兑簋	胥师龢父司左右走马、五邑走马
4	柞钟	司五邑佃人事
5	虎簋盖	更乃祖考胥师戏司走马、驭人眔五邑走马、驭人

"五邑"之中隶属王室的群体先是被按照不同的职能分割成走马、驭人、佃人、祝等部分，然后再分别以册命的形式委派给不同

---

① 李峰：《西周的政体——中国早期的官僚制度和国家》，吴敏娜等译，第167页。
② 陈梦家：《西周铜器断代》，第241页。
③ 马承源主编：《商周青铜器铭文选》（三），第277页。
④ 陈絜：《周代农村基层聚落初探》，载朱凤瀚主编《新出金文与西周历史》，上海古籍出版社2010年版，第166页。

的家族管理。救簋盖中的贵族则负责"五邑守堰"。这样的管理权条块分割可以最大限度地维护周王室对"五邑"土地和人口的最高控制权，以防止贵族对王室财产的侵占。册命制度下的受命者，只享有对王室某部分财产的管理权以及行使该项管理权所带来的某些利益。这便预示着分封制以外一种崭新的管理模式的萌芽，实为西周政治制度上有别于分封制的一大创举。

从王室对"五邑"管理权的条块分割上，我们也可看出册命制度与分封制的根本性不同。分封是王室将某块领地的所有权彻底授予某位贵族及其家族，至于该领地的治理工作，周王只做一般性的原则指导，如"启以商政，疆以周索""启以夏政，疆以戎索"等，[①] 除此以外不会做过多干预。在册命制度下，受命贵族所获得的管理权是不全面的，要么是按功能划分的某地之山林、川泽或土地的一部分物质资源，要么是按职事或职能分类的某地之走马、驭人、虎臣、臣妾、百工等群体。周王可以以族为单位对受封的诸侯授民，如《左传》定公四年的"殷民六族""殷民七族""怀姓九宗"等，但绝不会以册命的形式将某族的管理权完全授予某受命者，也绝不会以册命的形式将某片领地及其属民的全部治理权授予个人，因此接受册命的家族对其所负责管理的那部分王室财产不像受封者对其封地那样享有高度的自主权。这就能很好地解释为何在册命时王室会将受命者的管理权限规定得详细而具体，如周王命贵族同"司场、林、虞、牧，自淲东至于河，厥逆至于玄水"，册命贵族扬"作司工，官司量田佃，眔司立、眔司刍、眔司寇、眔司工司"，册命免时罗列其职权为"司郑还䑞眔吴眔牧"，师晨鼎铭文记载周王命师晨"胥师俗司邑人，唯小臣、膳夫、守□、官、犬、眔奠人，膳夫官、守、友"，害簋中周王命害"官司尸仆、小射、底鱼"以及颂受命"官司成周贮，监司新造贮，用宫御"，等等。

通过以上所举数例，我们还可以看出册命制度下的管理权划分

---

① 《左传》定公四年。

具有无序性、任意性等特点。它不像战国秦汉时代的政府部门，按照不同的职责和不同级别的行政区划来区分职官的管理权限。例如统一后的秦王朝，全国的行政事务由丞相负责；全国划分若干郡，郡的行政事务由郡守负责；每郡再划分为若干县，县的行政事务由县令（长）负责。同时县向郡负责，郡又向中央负责。这样的官僚体系，既按职责又按等级来划分其职官的权限，上下整齐划一，权力分布呈金字塔型结构。这样的权力结构在册命文中是看不见的。

杂乱无章的管理权划分方式，是由册命制度的本质属性决定的，它也决定了王室通过册命所授予的职官很难出现职务方面的上下级分化。如元年师兑簋记载，师兑辅助师龢父"司左右走马、五邑走马"。左右走马应是指周王左右的走马，① 与五邑走马同归师龢父、师兑管理。同样，贵族虎受命辅助师戏"司走马、驭人"及"五邑走马、驭人"，"走马、驭人"也应该在周王左右，却与"五邑走马、驭人"一并归师戏、虎管理。我们只能从中看出师兑与师龢父、虎与师戏之间存在着辅佐与被辅佐的关系，却看不出管理"左右走马"的贵族为管理"五邑走马"的贵族的上级。

另外，从职官名号上我们也能发现这一特征。如親簋铭文中丼伯親受命"作冢司马"，从其经常充任册命礼"右者"的情形看，丼伯親应是周王身边的"冢司马"，或者说是属于中央一级的"冢司马"。而趞簋铭文也记载贵族趞受命为豳地的"冢司马"，职守虽然不同，官职称号却完全一致。可见受命的贵族，即使是受命辅助他人的贵族，都是直接向周王负责，同类职官之间还未出现上下级性质的统属关系。

虽然周王室在管理权方面做了一些预防措施，但从效果上看，其并未能遏制住贵族对王室财产的占有趋势，因为这是管理权世袭化必然会造成的结果。

---

① 陈梦家：《西周铜器断代》，第241页。

经历了"国人暴动"及宣王后期数次对外战争的挫败后,所有为挽救危局而推行的政策均以失败告终。幽王在位时的王室政府已经虚弱到了非常不堪的地步,只能寄希望于依赖各级贵族的力量以维持其统治。如果此时各级贵族再对王室采取不合作的态度,那么,西周的覆亡只需外界力量的轻轻一击。周幽王在位期间若是能够采取明智的策略,减少不必要的纷争,缓和统治阶层的内部矛盾,周王室尚且能够凭借其天下共主的身份将局面继续维持若干年。可是偏偏在这个时候,王室内部发生了西周历史上罕见的废嫡立庶之争,为内外势力插手王家事务提供了借口。《史记·周本纪》云:

> 三年,幽王嬖爱褒姒。褒姒生子伯服,幽王欲废太子。太子母申侯女而为后。后幽王得褒姒,爱之,欲废申后,并去太子宜臼,以褒姒为后,以伯服为太子。

司马迁在记述西周灭亡的过程中插入了很多故事性极强的史料,自然不足以完全取信。《竹书纪年》云:"幽王八年立褒姒之子曰伯服为太子。"被幽王废黜的太子是申后所生,其母家为姜姓申国。据陈槃考证,申、吕两国同源,发祥于山西南部,以霍太岳为其中心,后向东南徙至嵩山附近。另有别部流徙于西方边区,故《逸周书·王会解》有"西申"的记载,而《古本竹书纪年》记晋文侯七年"平王奔西申"。西申同化于戎,因此又被称为"申戎"。由晋南而向东南迁徙的申,自宣王时就以王舅之功建国于今之南阳。①

因为《诗经·大雅·崧高》云"往近王舅,南土是保""不显申伯,王之元舅,文武是宪",故学者多据此认为南阳之申是宣王

---

① 陈槃:《春秋大事表列国爵姓及存灭表撰异(三订本)》,上海古籍出版社2009年版,第265—272页。

母家的姜氏所建，如毛传曰："申伯，宣王之舅也。"孔颖达亦云："申之始封亦在周典之初，其后中绝。至宣王之时，申伯以王舅改封于谢。"① 实则，依照西周时期的礼制，天子可以称异姓诸侯为"舅"，如《左传》僖公十二年周王称齐桓公为"舅氏"，对地位高的异姓诸侯还可以称"伯舅"。这样的称呼习惯，即使在一般贵族阶层中也是适用的，如《左传》昭公二十八年："初，叔向欲娶于申公巫臣氏，其母欲娶其党。叔向曰：'吾母多而庶鲜，吾惩舅氏矣。'"后代学者不明其中缘由，多有望文生义的猜测，如刘向作《列女传》时云："周宣姜后者，齐侯之女也。"因此，仅凭《崧高》中的"王舅""元舅"来推测申伯与宣王之间的亲属关系，实为不妥。但幽王娶了申侯之女为后，并生下太子即后来的平王宜臼，当无可置疑。幽王因宠幸褒姒而废嫡，激怒了太子宜臼的母家申侯，而褒姒家族的力量又不足以支持幽王扶立伯服的计划。公元前771年，太子宜臼逃亡申国避难。《国语·郑语》云：

  申、缯、西戎方强，王室方骚，将以纵欲，不亦难乎？王欲杀太子以成伯服，必求之申，申人弗畀，必伐之。若伐申，而缯与西戎会以伐周，周不守矣！缯与西戎方将德申，申、吕方强，其隩爱太子亦必可知也，王师若在，其救之亦必然矣。王心怒矣，虢公从矣，凡周存亡，不三稔矣！

幽王欲为伯服将来继位扫除后患，故向申国施压，欲废太子。在遭到拒绝后，幽王在虢石父的支持下主动向申国发难。申国则在姜姓诸侯的支持下联合缯国、犬戎向幽王开战。

  此时王室的统治基础早已被册命制度腐蚀，再加上不得人心的施政和屡次违反礼制的行为，使得周幽王众叛亲离，根本无法有效地征集到足够的人力、财力来对抗申、缯和犬戎的三方联军，最终

---

① （清）阮元校刻：《十三经注疏》，第1715页。

幽王、伯服及追随王室的部分贵族败死骊山。太子宜臼即位，此即周平王。而申、缯和犬戎三方攻杀幽王的过程非常简单，似乎没有遇到任何激烈的抵抗。进入春秋时期，申、吕等姜姓诸侯国迅速被新兴的楚国所灭，犬戎也不见于《左传》的记载，可见，申、缯、犬戎对春秋初期的政治格局没有产生任何实质性的影响。这说明此三方之所以能灭幽王并不代表他们自身的力量有多么强大，只能反映出周王室的实力在册命制度的瓦解下已十分衰微，幽王不过空有天子的名号罢了。《诗经》在描述周末乱局时有"正大夫离居""三事大夫，莫肯夙夜""邦君诸侯，莫肯朝夕"之语，正是对各阶层贵族与王室离心离德的真实写照。我们只需结合春秋末年土地与民众被异姓贵族瓜分殆尽的晋国、齐国国君的处境，就不难理解周幽王在申、缯与犬戎的夹击之下迅速败亡的原因了。

周幽王留给后世的印象完全是负面的。昭公二十六年（前516），王子朝在与周敬王争位失败后流亡楚国，他在向诸侯发布文告时历数先王功业："至于幽王，天不吊周。王昏不若，用愆厥位。"《国语·郑语》则云：

> 夫虢石父，谗谄巧从之人也，而立以为卿士，与剸同也；弃聘后而立内妾，好穷固也；侏儒戚施，实御在侧，近顽童也；周法不昭，而妇言是行，用谗慝也；不建立卿士，而妖试幸措，行暗昧也。是物不可以久。……幽王八年而桓公为司徒，九年而王室始骚，十一年而毙。

从中可见后人总结的幽王亡国之罪。首先，任用"谗谄巧从"的虢石父等奸佞，而不是有德之臣为卿士。司马迁在《史记·周本纪》中认为虢石父是个"佞巧"、"善谀"且"好利"之人。前两个是道德方面的指责，至于"好利"，究竟是虢石父个人的贪婪取贿，还是他在执政时期推行了什么类似厉王"专利"的政策，由于史料不足，我们已不得而知。但无论属于哪一种，在西周末年那样的大环境下，无疑都会激起不同阶层的强烈反对。

其次，幽王以妾为后，触犯了当时的礼制。周代贵族的婚姻多含有政治因素，代表着两个家族甚至是两个族姓集团的联合。《大戴礼记·哀公问》："公曰：'寡人愿有言，然冕而亲迎，不已重乎？'孔子愀然作色而对曰：'合二姓之好，以继先圣之后，以为天地、社稷、宗庙之主，君何谓已重乎？'"《礼记·昏义》亦曰："昏礼者，将合二姓之好，上以事宗庙而下以继后世也，故君子重之。"所以在贵族制时代，婚姻关系的不正常终结往往意味着两族或两国友好关系的破裂。① 因此当时的礼制严禁以妾为正妻，如《左传》哀公二十四年载：

> 公子荆之母嬖，将以为夫人，使宗人衅夏献其礼。对曰："无之。"公怒，曰："女为宗司，立夫人，国之大礼也，何故无之？"对曰："周公及武公娶于薛，孝、惠娶于商，自桓以下娶于齐，此礼也则有。若以妾为夫人，则固无其礼也。"公卒立之，而以荆为大子，国人始恶之。

鲁哀公因执意以妾为夫人而遭到国人的反感，最终导致他流亡异国。春秋早期，为了减少国与国以及各阶层贵族之间不必要的纠纷，齐桓公在诸侯会盟时就专门约定，不得以妾为妻。② 因此在当时的人们看来，幽王废后而立褒姒与废嫡立庶是一样的性质，既违反礼制又破坏了王室与姜姓申国的亲善关系。褒姒被立为王后，其子伯服便成了嫡子，故有"伯"的排行。③

最后，指责幽王"妇言是行"，即放任褒姒干预政务。《诗经·

---

① 《礼记·郊特牲》则曰："夫昏礼，万世之始也。取于异姓，所以附远厚别也。"
② 见《公羊传》僖公三年、《孟子·告子下》。
③ 晁福林认为伯服应是幽王长子，出生在太子宜臼之前，幽王娶褒姒当在宣王之时，参见《论平王东迁》，《历史研究》1991 年第 6 期。

十月之交》中的"艳妻煽方处"指的便是此事。妇人干政,在古代一直被视为不祥之兆,如周武王在牧野誓师时指责商纣曰:"古人有言曰:'牝鸡无晨。牝鸡之晨,惟家之索。'今商王受,惟妇言是用。"牝鸡即母鸡;索,尽也。打鸣报晓本是公鸡的"职责",母鸡代公鸡打鸣则象征着妇人知外事,预示着国家将败亡。

《诗经》中批评幽王的篇章甚多,如《节南山》,毛序曰:"《节南山》,家父刺幽王也。"① 诗中直接指责幽王时期的重臣尹氏不尽臣职,诗人批评尹氏"国既卒斩,何用不监""赫赫师尹,不平谓何"。齐序则云:"周室之衰,其卿大夫缓于谊而急于利,亡推让之风,而有争田之讼。"② 此外《小雅》中批评幽王的作品还有《十月之交》《雨无正》《小旻》《小弁》《巧言》《四月》《北山》,《大雅》中则有《瞻卬》《召旻》等篇。从诗中我们可以看出西周灭亡前整个社会弥漫着的矛盾、不安、人心的怨愤和社会的震荡。

王室重臣"弗躬弗亲""弗问弗仕",普遍谋私自营,不顾国家兴亡。下层社会面对日益艰难的生途,一方面担心国家的命运,而不断发出"忧心如惔,不敢戏谈""我心忧伤""忧心惨惨""心之忧矣,疢如疾首"的喟叹;另一方面不禁为自己生在这样的时代而哀号,如《正月》云:"父母生我,胡俾我愈。不自我先,不自我后。"意谓混乱的局势为何不发生于我出生之前,也不发生在我死之后,而偏偏发生于我所生的时代?《小弁》的作者则曰:"天之生我,我辰安在。"朱熹《诗集传》云:"无所归咎,则推之于天曰:'岂我生时不善哉,何不祥至是也?'"③《四月》之作者亦哀叹道:"先祖匪人,胡宁忍予?"郑玄笺曰:"我先祖非人乎?人则当知患难,何为曾使我当此乱世乎?"④ 还有向上天申诉自己

---

① (清)阮元校刻:《十三经注疏》,第440页。
② (清)王先谦撰,吴格点校:《诗三家义集疏》,第657页。
③ (宋)朱熹集注:《诗集传》,上海古籍出版社1980年版,第140页。
④ (清)阮元校刻:《十三经注疏》,第462页。

无罪、不该遭此浩劫者，如《巧言》云："悠悠昊天，曰父母且！无罪无辜，乱如此幠。昊天已威，予慎无罪。昊天大幠，予慎无辜。"隐藏于这些哀怨背后的，是王室统治力量的逐渐瓦解，以及原有的社会秩序行将土崩时，人们的惊慌、恐惧和无所依归。

先知先觉者早已感受到大危机即将到来，纷纷在为自己和族人寻找逃难之所。据《国语·郑语》记载："桓公为司徒，甚得周众与东土之人，问于史伯曰：'王室多故，余惧及焉，其何所可以逃死？'"桓公友是周宣王的弟弟，又被幽王任命为司徒，本是王室最值得倚重的亲族，但此时也不得不为寻找退路而忧心忡忡。在史伯的建议下，桓公友"乃东寄帑与贿"于虢、郐等地，为避难做准备。其实，幽王年间设法东迁避难的又何止桓公友这样的王室至亲！《诗经·小雅·十月之交》云："皇父孔圣，作都于向。择三有事，亶侯多藏。不慭遗一老，俾守我王。择有车马，以居徂向。"向邑有二，皆位于东方的成周地区，一是隐公十一年周桓王赐郑之向，位于今河南省济源县西南；另一是襄公十一年诸侯伐郑停师之向，在今河南省尉氏县西南。济源之向邑在周初为苏子之采邑，所以皇父所都之向应该在尉氏县。①"皇父孔圣"是作诗者的反讽之语，皇父在天下将乱之时带领朝中一些大臣逃往东方。顾炎武在《日知录》中认为："王室方骚，人心危惧。皇父以柄国之大臣而营邑于向，于是三有事之多藏者随之而去矣，庶民之有车马者随之而去矣。盖亦知西戎之已逼，而王室之将倾也。"②《雨无正》云："谓尔迁于王都，曰予未有室家。鼠思泣血，无言不疾。昔尔出居，谁从作尔室？"这是诗人责问逃离国都的大臣为何不愿迁回。传曰："贤者不肯迁于王都……遭乱世，义不得去，思其友而不肯反者也。"③郑玄将此诗定为大夫刺厉王之作，故解诗有误。王先谦云："诗言我谓我友：而何

---

① （清）王先谦撰，吴格点校：《诗三家义集疏》，第680页。
② （清）顾炎武著，（清）黄汝成集释：《日知录集释》（上），上海古籍出版社2014年版，第62页。
③ （清）阮元校刻：《十三经注疏》，第448页。

不迁于王之新都?则答以无室家可居,且忧思泣血无言,不以疾为解。曾不思昔尔出宗周而离居于他处之时,谁相从为尔作室乎?"①作此诗者显然是忠于王室的一名下级贵族,"慴慴日瘁"于国事,但仍坚守岗位,不敢擅离职守。

更多的中小贵族在大难临头时则退无可退。《诗经·小雅·四月》云:"匪鹑匪鸢,翰飞戾天。匪鳣匪鲔,潜逃于渊。"毛序云此诗是"大夫刺幽王也"。陈奂于《诗毛氏传疏》曰:"鳣、鲔大鱼,能逃处渊者,以喻今民不能逃避祸害,是大鱼之不如也。"《四月》的作者在南国服役,"尽瘁以仕",同时又自称"君子",可见是个下级贵族。王先谦认为"此篇为大夫行役过时,不得归祭,怨思而作"。②

综上,西周末年周王室面临的困境主要由于人口、土地等资源的流失,而人口、土地的流失在很大程度上是由册命制度带来的后遗症造成的。不管何种性质、何种类型的政权,随时都会遇到各种形式的冲击与挑战,或爆发于内部,或来自外界。册命制度使得王室财产被众多的受命家族分割侵占,导致周王的经济和军事实力被肢解于无形之中。一旦没有了经济、军事力量的支撑,仅凭政治上天下共主的地位(或者可以理解为意识形态上的话语权),周王室根本不可能经受得住任何实质性的打击。但周幽王似乎没有意识到王室自身虚弱的事实,因此在面临错综复杂的局势时做出误判,轻率发难,以致最后败死于骊山。

幽王被杀后,"申侯、鲁侯及许文公立平王于申,以本大子,故称天王"。③周幽王本是合法的君主,虽有过错却不至于像夏桀、商纣那般无道,所以宗周地区仍有相当数量的贵族将周平王视为弑

---

① (清)王先谦撰,吴格点校:《诗三家义集疏》,第 687 页。
② (清)王先谦撰,吴格点校:《诗三家义集疏》,第 735 页。
③ (清)阮元校刻:《十三经注疏》,第 2114 页。

君弑父的篡位者。如一直追随周幽王的虢氏家族的虢公翰,① 在幽王死后扶立王子余臣于携,此即"携王"。② 于是西周灭亡后,天下出现了二王并立的局面。③ 周平王与携王的对峙引发了一场旷日持久的内战,这场内战对宗周地区造成的破坏远甚于国人暴动和幽王败死。所有王畿内的家族都无可幸免地卷入二王之争的拉锯战中。作为册命制度最大受益者的师氏群体可能因不满平王弑父弑君的行径,而在斗争中站到了携王一方,致使周平王无法在宗周地区立足,只好东迁洛邑。司马迁在《史记·周本纪》中认为"平王立,东迁于雒邑,辟戎寇",《秦本纪》亦曰:"周避犬戎难,东徙雒邑。"但钱穆早已指出,司马迁"不知其间曲折,谓平王避犬戎东迁。犬戎助平王杀父,乃友非敌,不必避也"。④ 王玉哲也认为犬戎与平王是友非敌,提出周平王东迁是为了避秦。秦襄公支持周幽王,而与太子宜臼处于敌对关系,当申与犬戎退兵归国,宗周地区必然成了秦人的势力范围,平王因惧秦兵才迁都洛邑。⑤ 关于平王东迁并非避犬戎,上述学者所论当属事实,但平王是不是因惧怕秦人而迁都则值得商榷。《秦本纪》云:"西戎犬戎与申侯伐周,杀幽王郦山下。而秦襄公将兵救周,战甚力,有功。"正如王玉哲所言,秦襄公"救周"即救幽王,乃平王及犬戎之敌。可此时秦人的实力是否已经强大到了足以让周平王感到惧怕的地步?

周孝王年间,嬴姓家族的一支非子为王室养马于汧、渭之间有

---

① 童书业认为虢公翰似即虢石甫(《春秋左传研究》,上海人民出版社1980年版,第40页)。

② 顾炎武认为"携王"之携为地名,就如同厉王流于彘被诗人称为汾王〔(清)顾炎武:《左传杜解补正》卷下,载华东师范大学古籍研究所整理《顾炎武全集》第1册,上海古籍出版社2011年版,第103页〕。

③ 《左传》昭公二十六年记载王子朝向各诸侯布告称:"至于幽王,天不吊周,王昏不若,用愆厥位。携王奸命,诸侯替之,而建王嗣,用迁郏鄏。"正义引《竹书纪年》云:"幽王既死,而虢公翰又立王子余臣于携。周二王并立。"

④ 钱穆:《国史大纲》,商务印书馆1994年版,第48页。

⑤ 王玉哲:《中华远古史》,第735—737页。

功，孝王打算将非子立为其父大骆的继承人，但大骆与申侯通婚，并生有嫡子成，因此孝王的想法遭到申侯反对。于是周孝王将秦邑赐予非子，命其为王室附庸，这便是嬴姓秦氏的发端。非子一系不是嬴姓家族的嫡系，而是从该家族中分离出来的小宗，因服事王室而获得资源。厉王年间犬戎灭"犬丘大骆之族"，使得西土的嬴姓族群遭受重创，仅剩嬴姓秦氏一支尚存。宣王即位后命秦仲为大夫以征西戎，但秦仲不久即为戎人所杀，宣王又给秦仲之子庄公七千人的军队，命其再次讨伐西戎。在庄公击败戎人后，宣王"复予秦仲后，及其先大骆地犬丘并有之，为西垂大夫"。至幽王年间，秦襄公继位，庄公长子世父在犬丘被犬戎俘虏。从上述史实来看，秦人的实力在宣幽时期还非常弱小。即使是在王室的庇护、支持下，与犬戎作战尚且互有胜负。且秦人的活动轨迹远在西垂，即今天的甘肃东部地区，如何能威胁到周平王？

秦襄公七年，幽王败死。十二年，秦人"伐戎而至岐"，但并未在岐下之地建立有效统治。是年秦襄公去世，秦文公继位。文公四年，迁都于汧、渭之会。文公十六年，秦人"以兵伐戎，戎败走。于是文公遂收周余民有之，地至岐，岐以东献之周"。文公在位五十年而卒，其孙秦宁公继位。[①] 宁公三年"灭荡社"，在位十二年卒，其子出子在位六年被杀，宁公另一子秦武公继位。武公元年"伐彭戏氏，至于华山下"。十年又伐邽、冀戎，初县之。十一年攻占杜、郑。武公在位二十年卒，其弟德公继位，迁都于雍。此时已是鲁庄公十七年，即公元前677年，距公元前771年西周灭亡和公元前770年周平王东迁将近百年，秦人方才大致占据了宗周故

---

① 郑玄于《诗谱》中道："秦襄公当平王初，兴兵讨西戎救周。平王东迁，以岐、丰之地赐之，遂横有周西都畿内八百里之地。"但顾栋高在《秦自穆公始东境至河宜从〈史记〉不宜从郑〈诗谱〉论》中力辩此说，认为"秦至文公未尝越岐以东一步"，直到"鲁僖公之二年而秦穆公灭芮，即其地筑王城以临晋"，而"晋亦于僖五年灭虢，守桃林之塞，秦、晋遂以河为界，丰、镐故都沦入于秦而不可反矣"[（清）顾栋高辑，吴树平、李解民点校：《春秋大事表》，第891—892页]。

地。通过对《史记·秦本纪》这一百年间历史的梳理，我们发现秦人在向东推进的过程中并非一帆风顺，而是一路征战，打败了盘踞于各地的不同势力才实现了对宗周故地的控制，可以说是"累世蚕食，非一日之故"。① 所以，我们不能因为秦后来的强大就想当然地认为它在幽王时期就已有足够的势力吞并宗周、迫使平王东迁。

周平王东迁绝非迫于秦人的压力，应该是宗周地区的各级贵族普遍不满其统治，使得新政权无法立足，才不得不迁都于成周。至于《秦本纪》中平王对秦襄公所说的："戎无道，侵夺我岐、丰之地，秦能攻逐戎，即有其地。"当是秦人为证明其占据宗周的合法性而虚构出来的，而非历史事实。

在周平王东迁时，有大批的贵族追随而去。如《左传》襄公十年，瑕禽对士匄道："昔平王东迁，吾七姓从王。"从《左传》等文献分析，周、召、单、荣等族也追随平王纷纷东迁，所以才能继续活跃于东周的政治舞台上。但是也有不少贵族选择留在宗周支持携王，师氏群体很可能就在其中。我们发现在东周时期的王室政府中，完全找不到师氏群体的活动踪迹，反映了"师"不可能如学者设想的那样是某种官职，而当指某类贵族的身份。因此，只有当具有此类身份的贵族消失了，师氏、师某的称号才会随之销匿于政治舞台。在册命金文中，具有"师"身份的贵族是受命的重要群体，② 他们平时侍奉于周王左右，与王室关系密切。虽然西周末年王室推行的若干政策很可能侵犯到他们的既得利益，可是这一群体对王室的依附程度远远超过了其他阶层的贵族。幽王被杀，使得他们与平王之间产生了巨大的隔阂，再加上师氏群体的管理权主要

---

① （清）顾栋高辑，吴树平、李解民点校：《春秋大事表》，第892页。
② 册命金文中，受命者为师某的有：师𡩜父鼎、师晨鼎、师𩛥鼎、师毛父簋、师察簋、师藉簋、元年师兑簋、三年师兑簋、七年师兑簋、师俞簋、元年师旂簋、师虎簋、师颕簋、师酉簋、辅师嫠簋、师瘨簋盖、师𡊜簋、师询簋、师克盨、师道簋、师大簋等21器。

局限于宗周地区，故周平王东迁时，师氏群体不愿追随而选择继续留在宗周地区，与虢公一同拥立携王。嬴秦向东扩展时，遇到的最大阻力不是犬戎，而是遗留在宗周地区的古老家族和贵族。例如秦武公十一年，秦"初县杜、郑，灭小虢"，《正义》引《括地志》云："'此虢文王母弟虢叔所封，是曰西虢。'按：此虢灭时，陕州之虢犹谓之小虢。又云，小虢，羌之别种。"结合西周金文资料分析，此"小虢"应该是杜或郑地之虢氏家族的一支，西周晚期的铜器有奠虢仲簋（《铭图》04995），其铭曰："唯十又一月既生霸庚戌，奠虢仲作宝簋，子子孙孙汲永用。"奠即郑，奠虢当为郑地的虢氏家族之氏名，此奠虢便是虢氏家族遗留于宗周之小宗，[①] 即《史记·秦本纪》中被秦武公灭掉的小虢。

《左传》昭公二十一年："携王奸命，诸侯替之。"正义引《汲冢书纪年》云："二十一年，携王为晋文公所杀。以本非嫡，故称携王。"[②]《国语·郑语》曰："晋文侯于是乎定天子。"即指文侯杀携王之事。《尚书》中有《文侯之命》，正是因为文侯立下了这样的大功，才得以蒙平王赐命。宋代青铜器著录收有晋姜鼎（《铭图》02491），晋姜应为晋文侯的夫人，而姜氏又为平王母家之姓。正是因为姜姓贵族与文侯的联姻，才促使晋国倒向了平王、申侯的阵营。郑国始祖桓公友与幽王一同遇难于骊山，其子郑武公掘突继位。郑武公本在平王的对立面，但是东迁后的郑国，在地理位置上更接近于成周，且郑武公"娶于申，曰武姜"，[③] 与申国联姻。这一切都使得郑国虽不至于与携王一方为敌，但起码在二王对峙时保

---

① 上古时代的民族迁徙，常有少部分族众留居原地，因此族名常有大小之分。如《史记·大宛列传》记载："始月氏居敦煌、祁连间，及为匈奴所败，乃远去，过宛，西击大夏而臣之，遂都妫水北，为王庭。其余小众不能去者，保南山羌，号小月氏。"而东夷的太昊氏与少昊氏，应当就是大昊与小昊。则小虢当为虢氏遗留于宗周的一支。

② （清）阮元校刻：《十三经注疏》，第2114页。

③ 《左传》隐公元年。

持了中立。三门峡虢国墓地曾传出土一件春秋早期的虢姜鼎（《铭图》01839），说明虢氏家族在携王被杀后也与姜姓贵族联姻。虢氏承认了周平王的天子地位，与东周朝廷达成了谅解，又迅速成为王室信赖依靠的力量。由于宗周的倾覆，虢氏也从原先的畿内贵族演变为畿外的诸侯国，最终于公元前655年灭于晋。

从公元前771年幽王败死至公元前760年携王被杀，西周末年的震荡局势持续了十余年之久。周平王及其支持者虽然赢得了天子之位，但是整个王室为此付出的代价过于惨重，不仅就此丧失了对作为周人发祥地的宗周地区的控制权，而且极不光彩的弑君弑父行径也动摇了平王及其子孙在诸侯心中的合法性地位。可以说，东周的王室既没有了"君天下"的军事、经济基础，意识形态上的合法性又蒙上了污点。尤其是外服诸侯插手王室内部纠纷的先例已开，从此周天子不再神圣不可侵犯，慢慢沦落为大国操纵的政治傀儡。

第二节　东周时代的锡命礼

以往学者常将东周时代的锡命事件当作西周时代的册命礼，实则二者之间是存在明显差异的。东周时期的青铜器铭文中已经看不到册命性质的金文，这是西周册命制度结束的直接反映。我们在古文献中能看到东周时期与册命类似的周王锡命案例。现将载诸古文献的东周时期的锡命事件列举如下。

（1）《尚书·文侯之命》：

王若曰："父义和，丕显文武，克慎明德，昭升于上，敷闻在下。惟时上帝，集厥命于文王，亦惟先正克左右昭事厥辟，越小大谋猷，罔不率从，肆先祖怀在位。

呜呼！闵予小子嗣，造天丕愆，殄资泽于下民。侵戎，我国家纯。即我御事,罔或耆寿俊在厥服。予则罔克,曰:'惟祖惟父,其伊恤朕躬。'呜呼,有绩予一人,永绥在位。父义和,汝克绍乃显祖,汝肇刑文武,用会绍乃辟,追孝于前文人。汝多修,捍我于艰,若汝予嘉。"

王曰:"父义和,其归视尔师,宁尔邦。用赉尔秬鬯一卣,彤弓一,彤矢百,卢弓一,卢矢百,马四匹。父往哉。柔远能迩,惠康小民,无荒宁。简恤尔都,用成尔显德。"

(2)《春秋》庄公元年:

王使荣叔来锡桓公命。

《公羊传》庄公元年:

王使荣叔来锡桓公命。锡者何?赐也。命者何?加我服也。其言桓公何?追命也。

《穀梁传》庄公元年:

王使荣叔来锡桓公命。礼有受命,无来锡命。锡命,非正也。

(3)《左传》庄公十六年:

王使虢公命曲沃伯,以一军为晋侯。

(4)《左传》庄公二十七年:

王使召伯廖赐齐侯命，且请伐卫，以其立子颓也。

(5)《左传》僖公十一年：

天王使召武公、内史过赐晋侯命。

《国语·周语上》：

襄王使邵公过及内史过赐晋惠公命。

(6)《国语·周语上》：

襄王使太宰文公及内史兴赐晋文公命。上卿逆于境，晋侯郊劳，馆诸宗庙，馈九牢，设庭燎。及期，命于武宫，设桑主，布几筵，太宰莅之，晋侯端委以入。太宰以王命命冕服，内史赞之，三命而后即冕服。

(7)《左传》僖公二十八年：

王命尹氏及王子虎、内史叔兴父策命晋侯为侯伯，赐之大辂之服、戎辂之服、彤弓一、彤矢百、玈弓矢千、秬鬯一卣、虎贲三百人。

(8)《左传》文公元年：

王使毛伯卫来锡公命。

《公羊传》文公元年：

天王使毛伯来锡公命。锡者何？赐也。命者何？加我服也。

《穀梁传》文公元年：

天王使毛伯来锡公命。礼有受命，无来锡命。锡命，非正也。

(9)《左传》成公八年：

秋，召桓公来赐公命。

《公羊传》成公八年：

秋，七月，天子使召伯来锡公命。

《穀梁传》成公八年：

秋，七月，天子使召伯来锡公命。礼有受命，无来锡命。锡命，非正也。

(10)《左传》襄公十四年：

王使刘定公赐齐侯命，曰："昔伯舅大公，右我先王，股肱周室，师保万民，世胙大师，以表东海。王室之不坏，繄伯舅是赖。今余命女环，兹率舅氏之典，纂乃祖考，无忝乃旧，敬之哉！无废朕命。"

(11)《左传》昭公七年：

卫齐恶告丧于周，且请命。王使臣简公如卫吊，且追命襄公曰："叔父陟恪，在我先王之左右，以佐事上帝，余敢忘高圉、亚圉？"

我们只需将以上春秋时期周王赐命诸侯的资料与101篇西周册命金文做一番对比，即可发现二者之间的巨大差异。首先，东周时期的锡命礼针对的是诸侯国君，而西周册命礼是周王针对畿内贵族推行的政策。虽然二者施行的主体都是周王室，但对象截然不同。我们暂时找不到西周时期针对畿外诸侯的册命案例，也找不到东周时期针对畿内诸侯的锡命事件。这便足以证明，册命与锡命根本就是性质不同的两件事。

其次，西周时期的册命与东周时期的锡命施行的地点不同。从《国语·周语上》"襄王使太宰文公及内史兴赐晋文公命"，以及《左传》成公八年"召桓公来赐公命"可知，东周时的锡命礼是周王派遣使者前往诸侯国，在各国国君的宗庙内举行。而西周册命虽也有在贵族宗庙举行的案例，但都是在王畿之内，由周王亲临主持。

最后，二者内容不同。根据上文的分析，西周时期的册命大致可分为两类：一类是没有具体职事授派的荣誉性质的册命，另一类是有具体职事授派的实质性册命。而东周时期的锡命不存在受命者承担王室内部具体职事的情况，周王室只将其当作政治奖励授予某些需要依赖的诸侯国国君，如鲁侯、晋侯、齐侯等，而且锡命的内容往往非常含糊，如周平王赐命晋文侯时说："汝克绍乃显祖，汝肇刑文武，用会绍乃辟，追孝于前文人。汝多修，捍我于艰，若汝予嘉。"又说："父義和，其归视尔师，宁尔邦。"又如《左传》襄公十四年，周王派刘定公赐命齐侯时说："今余命女环，兹率舅氏之典，纂乃祖考，无忝乃旧，敬之哉！无废朕命。"这种锡命实在不能看作一种选官、任官的制度，而只能视为王室奖励诸侯的一种政治荣誉，犹如现代社会政府给公民颁发奖状、勋章之类。正因为锡命内容非常空泛，所以《左传》《国语》等先秦典籍常记载锡命的过程而很少记载其具体内容。

通过以上三点可知，我们不能简单地将西周册命制度等同于东周时期的锡命礼，二者在诸多方面都有着实质性不同。西周时期的册命是周王室为安置各家族的小宗贵族而采取的政策，只是当册命礼在王朝政治中的作用日益重要时，一些出身大宗的贵族为政治地位的提升而开始谋求来自王室的册命，因此才促成了荣誉性册命的出现。东周时期周王室对诸侯的赐命则全部属于荣誉性质，是周王室赏赐诸侯的一种政治奖励。接受这种奖励的，既可以是晋国这样的霸主，也可以是鲁、卫之类的小国；既可以是姬姓诸侯，也可以是姜姓齐国等异姓诸侯。锡命的发起，既可以是因承认诸侯的霸权，如策命晋文公为侯伯；也可以是祝贺诸侯即位，如庄公元年、文公元年周王对鲁侯的赐命；还可以是王室认可某些贵族升格为诸侯，如《穀梁传》庄公十六年："王使虢公命曲沃伯，以一军为晋侯。"由此笔者以为，东周时期的锡命甚至不可以看作一种"制度"。所谓的制度，是一种规范、规则或运作模式。但通过东周时期的锡命案例，我们从中找不到任何规律性，它完全依王室的现实需要而施行。这样的政治运作模式可以说是那个时代的常态，比如西周春秋时期的司法裁决。西周时期既没有一部较为完善的成文法，也没有建立起一套完整的执法机构。[①]《左传》昭公六年，郑子产制定刑律，晋国大夫叔向致信子产表示反对，叔向认为："昔先王议事以制，不为刑辟。"所谓"议事以制，不为刑辟"，即杜预所说的"临事制刑，不豫设法也"，[②] 其目的是维护贵族的绝对权威和统治权，因此具有极大的随意性。这与东周王室的锡命政策如出一辙。

西周时期也有对诸侯的赐命，如《诗经·大雅·韩奕》，传

[①] 沈长云、张渭莲：《中国古代国家起源与形成研究》，人民出版社2009年版，第133页。

[②] （清）阮元校刻：《十三经注疏》，第2043页。

曰："《韩奕》，尹吉甫美宣王也。能锡命诸侯。"① 全诗详细描述了韩侯"入觐"周天子及接受赐命的全过程，周王"亲命"韩侯，让其"缵戎祖考，无废朕命，夙夜匪解，虔共尔位。朕命不易，干不庭方，以佐戎辟"，并赏赐了"淑旂绥章，簟茀错衡，玄衮赤舄，钩膺镂钖，鞹鞃浅幭，鞗革金厄"。通过《韩奕》这首诗，我们可以得出以下两个推论：一是王室对诸侯的赐命并非起源于春秋时期，早在西周既已存在这种礼仪；二是西周时期王室赐命诸侯是诸侯朝觐天子时才举行的典礼，到了东周时期，由于王权的衰微，才出现了周王派使节前往诸侯国赐命的做法。故《穀梁传》庄公元年及成公八年才反复强调："礼有受命，无来锡命。锡命，非正也。"

  综合上述考量，笔者认为，西周时期的册命制度与东周时期的锡命礼是性质完全不同的两个事物。在西周时期，二者长期并存。我们不能因为册命与锡命之间存在着一些相似之处，就忽略了二者在本质上的差异性。锡命礼后经儒家学者的阐释，逐渐演变为九锡或九命之礼，在封建王朝的更替中成为皇位禅让的必备环节。但此时的九锡与西周的册命又有什么关系呢？进而言之，东周时期的锡命礼与西周时的册命制度是否相关呢？

  古希腊哲学家普鲁塔克曾提出"忒修斯之船"的理论，其大意是，一艘木船在漫长的时间里，经过了不间断的修补和部件替换，船体所有木板均被换过一轮，那么，这艘船是否还是原来那艘忒修斯之船？我们可以将"忒修斯之船"的理论运用于古代职官制度的研究之中。比如"尚书"一职的设置，贯穿两千多年的封建王朝之中，但明清中央政府内的尚书，还是不是起源于战国的尚书？我们在研究历史时常会看到此种情况，即经过时代变迁，有名称不变而实质已变者，也有实质不变而名称已变者。这就要求我们在从事相关研究时，一定要透过现象去寻找事物的本质，而不能仅

---

① （清）阮元校刻：《十三经注疏》，第570页。

从表面现象出发胡乱地建立联系。册命制度仅盛行于西周一代，待到西周灭亡后，对于王室来说，这项制度已经没有继续存在的历史条件和必要了。① 因此平王东迁后，不再实行册命，我们在东周金文及文献中也就看不到它的痕迹。

不过我们需要看到，统治阶层安置小宗的努力并没有随着册命制度的消亡而停止。春秋时期各国公室虽然没有利用册命的名目，但将土地与人口分配给各级贵族的做法和西周王室并无不同。到了春秋末期，齐、晋、鲁、宋等国国君完全失去了对领土与民众的控制权，几乎将西周王室覆亡的老路重走了一遍。秦、楚这两个春秋初年方才成型的新诸侯，因为建国时间较晚，而且建国后迅速投入到争霸战争中，在斗争中不断扩张君权，反而得以幸免。春秋中后期，齐、晋等国的贵族为了能够尽可能地集中领地内的人力、物力资源投入对内、对外斗争，开始采用新的管理体制。于是，将人口与领地委托给同姓或异姓小贵族世袭管理的旧制度被抛弃，任命有任期限制的官吏治理领地与属民的新制度，在反复摸索中得以逐渐形成。

册命制度代表的是中国早期国家阶段统治阶层管理广土众民的一种模式。只要新的政治体制没有出现，哪怕册命制度已经随着西周王朝的灭亡而退出历史舞台，它还会借用其他方式或名称继续发挥作用。只有管理领地与人口的新型体制产生，册命制度所代表的旧式统治模式才会被完全抛弃。而这一过程也意味着早期国家向新型领土国家的转型。

---

① 从另一个角度来看，西周王室和宗周地区的贵族制作铜器所需的铜资源大多产自南方。西周灭亡后，我们发现江汉地区的诸侯、贵族制作了很多精美铜器，他们应该截留了本该上贡天子的铜料。所以，东周时期，周王室不仅没有土地和人口将册命制度延续下去，甚至连制作铜器的铜料也非常有限。《左传》文公九年记载的"毛伯来求金"便是明证。

结　语

　　周人在灭商之后,将被征服的各种族群分别纳入王朝"指定服役制"的管理体系之中。大小贵族、邦伯、诸侯在这套"服制"体系中各司其职,率领族众履行本族对周王室所承担的固定义务,同时也接受来自周王室的庇护。

　　看似完美的制度,却隐藏着缺陷。随着王畿地区贵族阶层族内人口的迅速繁衍,不断有小宗家族被迫从本家族中分离出来,这些小宗贵族在原有的政治体系中已无法获得属于自己的位置和生存资源。现实政治从来都与国家范围内的人口消长息息相关,只是学者素来关注的多是底层人口膨胀所引发的社会问题,如封建王朝中后期农民阶层的人口剧增对社会产生的巨大压力等。而事实上,不论在哪个时代,统治阶层由于掌控着整个社会绝大多数的资源与财富,因而其人口繁衍的速度和规模相对而言要远超下层人民。统治阶层的人口膨胀,对社会造成的压力与破坏,也远超学者的想象。在中国历史上,最令人熟知的统治阶层人口膨胀的事例之一,莫过于明朝宗室与清代旗人人口的暴增给当时的国家财政造成的负担。

　　统治阶层的人口膨胀必然导致对现有社会资源的争夺与再分配。于是,在西周中期出现了以册命的形式将直接隶属王室的财产委托给从大家族中被迫分离出来的小宗贵族管理的新的依附模式,有效地将大量游离于旧体制之外的小贵族群体重新纳入王朝的管理体系之中。所以，我们既可以将册命制度看作西周旧的政治体制（指定服役制度）的一种补充，也可以将之视为社会资源再分配的一种机制。

册命制度在推行的初期，确实起到了稳定王朝统治的积极作用，但是随着时代的发展，册命制度对王室的负面影响日益显现。由于各级贵族对王室财产的管理权是家族世袭的，世袭管理最终演变成了世袭占有。它变相地瓦解了周王室的经济和军事基础，使得王室的统治逐渐呈现一盘散沙的状态。这也说明，册命制度具有不可持续的特点，而这一特点便是它自我否定的关键因素。

周王室在失去对领地、人口等重要资源的控制权后，仅凭政治及意识形态上的合法性，根本无法维持任何形式的有效统治。西周的灭亡，导致约束各等级贵族的中央权力出现了真空，原有社会秩序完全崩解。为了维护自身的安全，王畿内外的大小贵族不得不走向相互兼并的道路。可以说，东周五百余年的社会动荡，实质上是各方力量试图重建社会秩序的尝试。

西周晚期的厉、宣、幽三王都曾采取不同程度的改革措施试图挽回颓势，但是这些措施都没有从弥补册命制度的致命缺陷着手，而是抱着开辟新财源以维持册命制度的目的而展开的。因此这些改革无法消除祸乱的根源，却因"专利"激起了社会各阶层对王室的反感，致使幽王年间的贵族阶层普遍出现了与天子离心离德的局面。在这样的情形下，只需一个偶然性的冲突就能将西周王朝推向毁灭的深渊。

到了东周时期，王室失去对宗周地区的控制权，而成周地区的领地又要拿出相当一部分来安置那些追随平王东迁的大小贵族。再加上周平王得位不正，有弑君弑父的"恶行"，外服诸侯对王室失去了尊崇与好感，这使得东周的王室不能像西周时期那样从畿外获得足够的贡赋等资源。如春秋初年的鲁国公室，几乎断绝了与王室的来往，朝聘之礼几近废绝，① 以至于平王去世后，继位的新君要向鲁国"求赙"。赙乃助丧之财物。此外又有桓公十五年"天王使家父来求车"，文公九年"毛伯来求金"。正因为东周王室所掌握的资源已所剩无几，册命制度再也不能延续下去。真正的册命制度仅盛行于西周中后期的一百余年间，而见诸文献的锡命礼与册命虽然都属周王对臣属之"命"，但在具体内容和形式上则有极大差别。

西周时期不存在如战国秦汉时那样成熟健全的官僚体系。周王室不能越过各级贵族或诸侯直接管理广土众民，这是由当时的文明发展程度决定的，周王室的管理权只能伸展到直接隶属自己的领地和民众之上。所以，西周册命礼中所呈现的官僚制度实际上是对王室直属人口和自然资源的管理制度。但是，管理权迅速实现了在受命者家族内部的世袭化，最终埋下了西周覆灭的根源。而西周的覆亡，又导致正在形成中的官僚制度被强行打断。到了春秋时期，由于失去了绝大多数的资源和人口，东周王室再也无法聚集起如西周时期那样规模庞大的中小贵族群体，同时，因受大国争霸的影响，王室政府时时处于外力监控之下，失去了独立发展的可能性。所以，东周时期的王室政府一直处在一个较低层次的组织水平上。到了战国时代，被各诸侯国普遍采纳的具有中央集权性质的官僚制度及其理论体系，几乎没有来自周王室的贡献，只是借鉴了西周册命制度中的一些名号和礼仪，二者之间并无发展上的传承关系。如果我们不能洞悉其中的原委，在研究西周官制时，因苦于史料之不足而参考战国时期同类职官的执掌，以逆推西周时期的真实情况，就会造成诸多误解。

---

① 东迁后周王室合法性的丧失，使得王室与诸侯间的朝聘、进贡等交往大为减少。据顾栋高统计，"终春秋之世，鲁之朝王者二，如京师者一"，与此同时，"天子来聘者七，而鲁大夫之聘周者仅四"。顾氏因此感叹："由鲁以知天下，而王室之微，诸侯之不臣，概可见矣。"〔（清）顾栋高辑，吴树平、李解民点校：《春秋大事表》，第1561页〕

西周的覆亡同时打断了它由早期国家向地域国家转型的历史进程，但是新的因素没有随之消亡。周王朝无法完成的历史任务，在此后由诸侯国接替进行；不能通过改革的方式实现的社会转型，由战争的形式来加以实现。到了春秋时期，诸侯的争霸战争和各国贵族间的兼并、夺权斗争在摧毁无数小国、部族及血缘家族的同时，也使得大批普通民众被动地脱离了家族的控制。紧接着，经过战国时代的变法，刚从家族中解放出来的民众立即转化为中央集权制国家直接管理下的编户齐民，夏、商、西周式的早期国家就此完成了向成熟地域国家模式的转型。

附录　西周册命金文汇编

1. 柞钟：唯王三年四月初吉甲寅，仲大师右柞。柞锡载、朱衡、銮。司五邑佃人事。柞拜手，对扬仲太师休，用作大林钟，其子子孙孙永宝。(《铭图》15343—49)

2. 南季鼎：唯五月既生霸庚午，伯俗父右南季。王锡赤㫃市、玄衣、黹纯、銮旂。曰：用左右俗父司寇。南季拜稽首，对扬王休，用作宝鼎，其万年子子孙孙永用。(《铭图》02432)

3. 七年趞曹鼎：唯七年十月既生霸，王在周般宫。旦，王格大室。丼伯入右趞曹，立中廷，北向。锡趞曹载市、冋衡、銮。趞曹拜稽首，敢对扬天子休。用作宝鼎，永飨朋友。(《铭图》02433)

4. 康鼎：唯三月初吉甲戌，王在康宫。荣伯入右康。王命：死司王家。命汝幽衡、鋚勒。康拜稽首，敢对扬天子丕显休。用作朕文考釐伯宝尊鼎，子子孙孙其万年永宝用。奠丼。(《铭图》02440)

5. 微䜌鼎：唯王廿又三年九月，王在宗周。王令微䜌䌼司九陂。䜌作朕皇考釐彝尊鼎，䜌用享孝于朕皇考，用锡康勋鲁休、纯佑眉寿、永命灵终，其万年无疆，䜌子子孙永宝用享。(《铭图》02447)

6. 利鼎：唯王九月丁亥，王格于般宫，丼伯内右利。立中廷，北向。王呼作命内史册命利，曰：锡汝赤㡀市、銮旂，用事。利拜稽首，对扬天子丕显皇休，用作朕文考涟伯尊鼎，利其万年子孙永宝用。（《铭图》02452）

7. 南宫柳鼎：唯五月初吉甲寅，王在康庙，武公右南宫柳。即位中廷，北向。王呼作册尹册命柳：司六𠂤牧、场、大□，司羲夷场佃事。锡汝赤市、幽衡、銮勒。柳拜稽首，对扬天子休。用作朕烈考尊鼎，其万年子子孙孙永宝用。（《铭图》02463）

8. 师奎父鼎：唯六月既生霸庚寅，王格于大室，司马井伯右师奎父。王呼内史驹册命师奎父，锡缁市、冋衡、玄衣、䋛纯、戈琱胾、旂。用司乃父官、友。奎父拜稽首，对扬天子丕杯鲁休，用追孝于剌仲，用作尊鼎。用匄眉寿、黄耇、吉康。师奎父其万年，子子孙永宝用。（《铭图》02476）

9. 无𢨋鼎：唯九月既望甲戌，王格于周庙，赐于图室。司徒南仲右无𢨋，入门，立中廷。王呼史翏册命无𢨋曰：官司穆王正侧虎臣。锡汝玄衣、䋛纯、戈琱胾、厚柲、彤沙、銮勒、銮旂。无𢨋敢对扬天子丕显鲁休，用作尊鼎。用享于朕烈考，用匄眉寿万年，子孙永宝用。（《铭图》02478）

10. 趩鼎：唯十又九年四月既望辛卯，王在周康昭宫，格于大室，即位。宰讯右趩入门，立中廷，北向。史留受王命书，王呼内史赢册锡趩：玄衣、纯䋛、赤市、朱衡、銮旂、銮勒，用事。趩拜稽首，敢对扬天子丕显鲁休，用作朕皇考𠑇伯、郑姬宝鼎，其眉寿万年，子子孙孙永宝。（《铭图》02479）

11. 师晨鼎：唯三年三月初吉甲戌，王在周师录宫。旦，王格大室，即位。司马共右师晨，入门立中廷。王呼作册尹册命师晨：胥师俗司邑人，唯小臣、膳夫、守□、官、犬、众奠人，膳夫官、守、友。锡赤舄。晨拜稽首，敢对扬天子丕显休命，用作朕文祖辛公尊鼎，晨其［百］世子子孙孙其永宝用。（《铭图》02481）

12. 袁鼎：唯廿又八年五月既望庚寅，王在周康穆宫。旦，王格大室，即位。宰頵右袁入门，立中廷，北向。史䋛受王命书，王呼史减册锡袁：玄衣、黹纯、赤市、朱衡、銮旂、鋚勒、戈琱䔙、厚柲、肜沙。袁拜稽首，敢对扬天子丕显叚休命，用作朕皇考郑伯、姬尊鼎，袁其万年子孙永宝用。(《铭图》02482)

13. 善鼎：唯十又二月初吉，辰在丁亥，王在宗周，王格大师宫。王曰：善，昔先王既令汝佐胥㸣侯，今余唯肇申先王令，令汝佐胥㸣侯，监豳师戍。锡汝乃祖旂，用事。善敢拜稽首，对扬皇天子丕杯休，用作宗室宝尊。唯用绥福，唬前文人，秉德恭纯，余其用格我宗子与百生，余用匄纯鲁于万年，其永宝用之。(《铭图》02487)

14. 此鼎：唯十又七年十又二月既生霸乙卯，王在周康宫㽸宫。旦，王格大室，即位。司土毛叔右此，入门，立中廷。王呼史翏册命此曰：旅邑人、膳夫。锡汝玄衣、黹纯、赤市、朱衡、銮旂。此敢对扬天子丕显休命，用作朕皇考癸公尊鼎，用享孝于文神，用匄眉寿。此其万年无疆，畯臣天子灵终，子子孙孙永宝用。(《铭图》02484—86)

15. 善夫山鼎：唯卅又七年正月初吉庚戌，王在周，格图室。南宫呼入右善夫山，入门，立中廷，北向。王呼史桒册命山，王曰：山，命汝官司饮献人于㽙，用作宪司贮，毋敢不善。锡汝玄衣、黹纯、赤市、朱衡、銮旂。山拜稽首，受册，佩以出，反纳瑾璋。山敢对扬天子休令，用作朕皇考叔硕父尊鼎，用祈匄眉寿，绰绾永令灵终，子子孙孙永宝用。(《铭图》02490)

16. 师𩛥鼎：唯王八祀正月，辰在丁卯。王曰：师𩛥！汝克尽乃身，臣朕皇考穆穆王，用乃孔德逊纯，乃用心引正乃辟安德。唯余小子肇淑先王德，锡汝玄衮、黼纯、赤市、朱衡、銮旂、大师金膺、鋚勒。用型乃圣祖考，隣明黔辟前王，事余一人。𩛥拜稽首，休伯大师屌𩛥臣皇辟，天子亦弗忘公上父㰙德。𩛥蔑曆伯大师丕自作小子，夙夕尃由先祖烈德，用臣皇辟；伯亦克㱃由先祖蠆，孙子一㽙皇辟懿德，用保王身。𩛥敢鼇王，俾天子万年，㽙韚伯大师武，臣保天子，用厥烈祖介德。𩛥敢对王休。用绥。作公上父尊于

朕考虢季易父毁宗。(《铭图》02495)

17. 智鼎：唯王元年六月既望乙亥，王在周穆王大［室］，王若曰：智，令汝更乃祖考司卜事。锡汝赤⊖［市］、□，用事。王在还茓，丼叔锡智赤金鋆，智受休［命于］王。智用兹金作朕文考窬伯嚣牛鼎。智其［万年］用祀，子子孙孙其永宝……(《铭图》02515)

18. 大克鼎：克曰：穆穆朕文祖师华父，恖罋厥心，宇静于猷，淑哲厥德，肆克龏保厥辟龏王，谏辞王家，惠于万民，柔远能迩。肆克□于皇天，顼于上下，罣纯亡愍，锡赉无疆，永念于厥孙辟天子。天子明哲，景孝于神，经念厥圣保祖师华父，勔克王服，出入王命，多锡宝休，丕显天子。天子其万年无疆，保辥周邦，畯尹四方。王在宗周，旦，王格穆庙，即位。申季右膳夫克，入门，立中廷，北向。王呼尹氏册命膳夫克，王若曰：克，昔余既令汝出入朕命，今余唯申憙乃命，锡汝素市、参同、苇悤。锡汝田于埜，锡汝田于渒，锡汝丼宇𢦏，田于峻与厥臣妾，锡汝田于㝩，锡汝田于匽，锡汝田于陴原，锡汝田于寒山。锡汝史、小臣、灵龡鼓钟。锡汝丼、微、𢦏人毅。锡汝丼人奔于量。敬夙夜用事，勿废朕命。克拜稽首，敢对扬天子丕显鲁休。用作朕文祖师华父宝彝彝，克其万年无疆，子子孙孙永宝用。(《铭图》02513)

19. 师毛父簋：唯六月既生霸戊戌，旦，王格于大室。师毛父即位，丼伯右。内史册命，锡赤市。对扬王休，用作宝簋，其万年子子孙其永宝用。(《铭图》05212)

20. 郜盈簋：唯元年三月丙寅，王格于大室，康公右郜盈。锡哉衣、赤⊖市。曰：用嗣乃祖考事，作司土。盈敢对扬王休，用作宝簋，子子孙孙其永宝。(《铭图》05215)

21. 恒簋盖：王曰：恒，令汝更崇克司直鄙，锡汝銮旂，用事。夙夕勿废朕令。恒拜稽，敢对扬天子休，用作文考公叔宝簋。其万年世子子孙孙虞宝用。(《铭图》05218—19)

22. 𡚽簋：唯三月初吉庚午，王在华宫。王呼虢仲入右𡚽。王

锡㘡赤市、朱衡、銮旂。㘡拜稽首，对扬天子鲁命，用作宝簋。㘡其万年子子孙孙其永宝用。(《铭图》05227)

23. 卫簋：唯八月初吉丁亥，王格于康宫。荣伯右卫入，即位。王增命卫，锡赤市、銮勒。卫敢对扬天子丕显休，用作朕文祖考宝尊簋，卫其万年子子孙孙永宝用。(《铭图》05238—41)

24. 𨱵簋：唯王正月，辰在甲午，王曰：𨱵，命汝司成周里人眔诸侯、大亚，讯讼罚，取徵五锊。锡汝夷臣十家，用事。𨱵拜稽首，对扬王休命，用作宝簋，其子子孙孙宝用。(《铭图》05242)

25. 免簋：唯十又二月初吉，王在周。昧爽，王格于大庙。井叔右免，即令。王授作册尹书，俾册命免，曰：令汝胥周师司㠱，锡汝赤㠯市，用事。免对扬王休，用作尊簋，免其万年永宝用。(《铭图》05268)

26. 救簋盖：唯二月初吉，王在师司马宫大室，即位。井伯入右救，立中廷，北向。内史尹册锡救：玄衣、黹纯、旂四日。用大备于五邑守堰。拜稽首，敢对扬天子休，用作宝簋，其万年子子孙孙永宝用。(《铭图》05278)

27. 走簋：唯王十又二年三月既望庚寅，王在周，格大室，即位。司马井伯〔入〕右走。王呼作册尹〔册锡〕走，䵼胥益。锡汝赤〔市、朱衡〕、旂，用事。走敢拜稽首，对扬王休，用自作宝尊簋，走其眔厥子子孙孙万年永宝用。(《铭图》05329)

28. 楚簋：唯正月初吉丁亥，王格于康宫。仲佣父入右楚，立中廷。内史尹氏册命楚：赤㠯市、銮旂，取徵五锊，司𦰩鄙官、内师舟。楚敢拜手稽首，䵼扬天子丕显休，用作尊簋，其子子孙孙万年永宝用。(《铭图》05284—87)

29. 即簋：唯王三月初吉庚申，王在康宫，格大室。定伯入右即。王呼命汝：赤市、朱衡、玄衣、黹纯、銮旂。曰：司琱宫人、虢旅，用事。即敢对扬天子丕显休，用作朕文考幽叔宝簋。即其万年子子孙孙永宝用。(《铭图》05290)

30. 师察簋：唯五月初吉甲戌，王在莽。格于大室，即位中廷。丼叔入右师察，王呼尹氏册命师察，锡汝赤舃、銮勒，用胥弭伯。师察拜稽首，敢对扬天子休，用作朕文祖宝簋。弭叔其万年子子孙孙永宝用。(《铭图》05291—92)

31. 裁簋：唯正月乙巳，王格于大室。穆公入右裁，立中廷，北向。王曰：裁，令汝作司土，官司藉田。锡汝裁衣、赤⊖市、銮旂、楚走马，取徵五锊，用事。裁拜稽首，对扬王休，用作朕文考宝簋。其子子孙孙永用。(《铭图》05289)

32. 二十七年裘卫簋：唯廿又七年三月既生霸戊戌，王在周，格大室，即位。南伯入右裘卫，入门，立中廷，北向，王呼内史：锡卫载市、朱衡、銮。卫拜稽首，敢对扬天子丕显休。用作朕文祖考宝簋，卫其子子孙孙永宝用。(《铭图》05293)

33. 师藉簋：唯八月初吉戊寅，王格于大室。荣伯入右师藉，即位中廷。王呼内史尹氏册命师藉，锡汝玄衣、黹纯、素市、金衡、赤舃、戈琱䤩、彤沙、銮勒、銮旂五日，用事。弭伯用作尊簋，其万年子子孙孙永宝用。(《铭图》05294)

34. 害簋：唯四月初吉，王在犀宫。宰犀父右害立。王册命害曰：锡汝赉朱衡、玄衣、黹纯、旂、銮勒，锡戈琱䤩、彤沙。用更乃祖考事，官司尸仆、小射、底鱼。害稽首，对扬王休命，用作文考宝簋，其孙孙子子永宝用。(《铭图》05296—98)

35. 趞簋：唯三月，王在宗周。戊寅，王格于大庙，密叔右趞，即位。内史即命，王若曰：趞，命汝作豳𠂤冢司马，啻官仆、射、士，讯小大有粼，取徵五锊。锡汝赤市、幽亢、銮旂，用事。趞拜稽首，对扬王休，用作季姜尊彝，其子子孙孙万年宝用。(《铭图》05304)

36. 申簋盖：唯正月初吉丁卯，王在周康宫，格大室，即位。益公入右申，立中廷，王命尹册命申：更乃祖考胥大祝，官司丰人眔九戏祝。锡汝赤市、紫衡、銮旂，用事。申敢对扬天子休命，用作朕皇考孝孟尊簋，申其万年用，子子孙孙其永宝。(《铭图》05312)

37. 王臣簋：唯二年三月初吉庚寅，王格于大室。益公入右王臣，即位中廷，北向。呼内史㣇册命王臣：锡汝朱衡、贲袳、玄衣、黹纯、銮旂五日、戈画䪅、厚柲、彤沙，用事。王臣拜稽首，丕敢显天子对扬休。用作朕文考易仲尊簋，王臣其永宝用。(《铭图》05313)

38. 同簋：唯十又二月初吉丁丑，王在宗周，格于大庙。荣伯右同，立中廷，北向。王命同：左右虞大父司场、林、虞、牧，自淲东至于河，厥逆至于玄水。世孙孙子子左右虞大父，毋汝有闲。对扬天子厥休，用作朕文考惠仲尊宝簋。其万年子子孙孙永宝用。(《铭图》05323—24)

39. 望簋：唯王十又三年六月初吉戊戌，王在周康宫新宫。旦，王格大室，即位。宰倗父右望，入门，立中廷，北向。王呼史年册命望：死司毕王家。锡汝赤㦰市、銮，用事。望拜稽首，对扬天子丕显休，用作朕皇祖伯囗父宝簋，其万年子子孙孙永宝用。(《铭图》05319)

40. 元年师兑簋：唯元年五月初吉甲寅，王在周，格康庙，即位。同中右师兑，入门，立中廷。王呼内史尹册命师兑：胥师龢父司左右走马、五邑走马。锡汝乃祖巾、五衡、赤舄。兑拜稽首，敢对扬天子丕显鲁休，用作皇祖城公𪩘簋。师兑其万年子子孙孙永宝用。(《铭图》05324—25)

41. 豆闭簋：唯王二月既生霸，辰在戊寅，王格于师戏大室。井伯入右豆闭，王呼内史册命豆闭。王曰：闭，锡汝戠衣、㦰市、銮旂。用缵乃祖考事，司𥥍俞邦君、司马、弓矢。闭拜稽首，敢对扬天子丕显休命，用作朕文考釐叔宝簋，用锡畴寿，万年永宝用于宗室。(《铭图》05326)

42. 师俞簋：唯三年三月初吉甲戌，王在周师录宫。旦，王格大室，即位。司马共右师俞，入门，立中廷。王呼作册内史册命师俞：𦄂司㑒人。锡赤市、朱衡、旂。俞拜稽首，天子其万年眉寿黄耇，畯在位，俞其蔑曆，日锡鲁休。俞敢扬天子丕显休，用作宝，

其万年永保，臣天子。（《铭图》05330）

43．元年师旋簋：唯王元年四月既生霸，王在淢宫。甲寅，王格庙，即位。遟公入右师旋，即位中廷。王呼作册尹克册命师旋曰：备于大左，官司丰还左右师氏。锡汝赤市、冋衡、丽鞶，敬夙夕用事。旋拜稽首，敢对扬天子丕显鲁休命，用作朕文祖益仲尊簋，其万年子子孙孙永宝用。（《铭图》05331—34）

44．师瘨簋盖：唯二月初吉戊寅，王在周师司马宫，格大室，即位。司马井伯亲入右师瘨，入门，立中廷。王呼内史吴册命师瘨曰：先王既命汝，今余唯申先王命，命汝官司邑人、师氏。锡汝金勒。瘨拜稽首，敢对扬天子丕显休，用作朕文考外季尊簋。瘨其万年孙孙子子其永宝，用享于宗室。（《铭图》05338）

45．谏簋：唯五年三月初吉庚寅，王在周师录宫。旦，王格大室，即位，司马共右谏，入门，立中廷。王呼内史微册命谏，曰：先王既命汝𣪕司王宥，汝某不又闻，毋敢不善。今余唯或司命汝。锡汝鋚勒。谏拜稽首，敢对扬天子丕显休，用作朕文考惠伯尊簋。谏其万年子子孙孙永宝用。（《铭图》05336）

46．辅师嫠簋：唯王九月既生霸甲寅，王在周康宫。格大室，即位。荣伯入右辅师嫠，王呼作册尹册命嫠曰：更乃祖考司辅。载锡汝载市、素衡、銮旂。今余增乃命。锡汝玄衣、黹纯、赤市、朱衡、戈彤沙、珥蔽、旂五日，用事。嫠拜稽首，敢对扬王休命，用作宝尊簋。嫠其万年子子孙孙永宝，用事。（《铭图》05337）

47．伊簋：唯王廿又七年正月既望丁亥，王在周康宫。旦，王格穆大室，即位。申季入右伊，立中廷，北向。王呼命尹封册命伊：𣪕官司康宫王臣妾、百工，锡汝赤市、幽衡、銮旂，鋚勒，用事。伊拜手稽首，对扬天子休，伊用作朕丕显文祖皇考㷇叔宝齍彝，伊其万年无疆，子子孙孙永宝用享。（《铭图》05339）

48．师酉簋：唯王元年正月，王在吴，格吴大庙。公族鸿鳌入右师酉，立中廷。王呼史䚄册命师酉：嗣乃祖啻官邑人、虎臣、西门夷、𣊫夷、秦夷、京夷、𢦏狐夷、新。锡汝赤市、朱衡、中冋、鋚勒，敬夙夜勿废朕命。师酉拜稽首，对扬天子丕显休命，用作朕文考乙伯、究姬尊簋。酉其万年子子孙孙永宝用。(《铭图》05346—49)

49. 扬簋：唯王九月既生霸庚寅，王在周康宫。旦，格大室，即位。司徒单伯入右扬。王呼内史史㣅册命扬，王若曰：扬，作司工，官司量田佃，眔司㝿、眔司刍、眔司寇、眔司工司。锡汝赤⑤市、銮旂，讯讼，取徵五锊。扬拜手稽首，敢对扬天子丕显休，余用作朕烈考宪伯宝簋。子子孙孙其万年永宝用。(《铭图》05351—52)

50. 鄂簋：唯二年正月初吉，王在周昭宫。丁亥，王格于宣榭。毛伯入门，立中廷，右祝鄂。王呼内史册命鄂，王曰：鄂，昔先王既命汝作邑，𣪘五邑祝。今余唯申憙乃命，锡汝赤市、回綡衡、銮旂，用事。鄂拜稽首，敢对扬天子休命。鄂用作朕皇考龏伯尊簋，鄂其眉寿，万年无疆。子子孙孙永宝用享。(《铭图》05342—43)

51. 师𩽾簋：唯王元年九月既望丁亥，王在周康宫。旦，王格大室。司工㳄伯入右师𩽾，立中廷，北向。王呼内史遰册命师𩽾。王若曰：师𩽾，在先王既令汝作司土，官司汸閵，今余唯肈申乃命，锡汝赤市、朱衡、銮旂、鋚勒，用事。𩽾拜稽首，敢对扬天子丕显休，用作朕文考尹伯尊簋。师𩽾其万年子子孙孙永宝用。(《铭图》05364)

52. 师虎簋：唯元年六月既望甲戌，王在杜㝵，格于大室。井伯入右师虎，即立中廷，北向。王呼内史吴曰：册命虎。王若曰：虎，哉先王既命乃祖考事，啻官司左右戏繁荆，今余唯帅型先王命，命汝更乃祖考，啻官司左右戏繁荆，敬夙夜勿废朕令。锡汝赤舄，用事。虎敢拜稽首，对扬天子丕丕鲁休，用作朕烈考日庚尊簋，子子孙孙其永宝用。(《铭图》05371)

53. 三年师兑簋：唯三年二月初吉丁亥，王在周，格大庙，即位。眔伯右师兑，入门，立中廷。王呼内史尹册命师兑：余既令汝胥师龢父司左右走马，今余唯申憙乃命，令汝𤔲司走马。锡汝秬鬯一卣、金车、贲铰、朱虢、䨷靳、虎冟、纁里、右轭、画轉、画輯、金甬、马四匹、銮勒。师兑拜稽首,敢对扬天子丕显鲁休,用作朕皇考釐公䵼簋。师兑其万年子子孙孙永宝用。(《铭图》05374—75)

54．询簋:王若曰:询!丕显文武受命,则乃祖奠周邦。今余命汝啻官司邑人,先虎臣后庸,西门夷、秦夷、京夷、䍙夷、师笭、侧新、□华夷、弁身夷、匰人、成周走亚、戍、秦人、降人服夷。锡汝玄衣、黹纯、䞓市、冋衡、戈琱戟、厚柲、彤沙、鑾旂、銮勒,用事。询稽首,对扬天子休命,用作文祖乙伯、同姬尊簋。询万年子子孙永宝用。唯王十又七祀,王在射日宫。旦,王格,益公入右询。(《铭图》05378)

55．师䵍簋:师龢父殴䵍素巿,恐告于王。唯十又一年九月初吉丁亥,王在周,格于大室,即位。宰琱生入右师䵍。王呼尹氏册命师䵍。王若曰:师䵍,在昔先王小学,汝敏可使,既命汝更乃祖考司小辅。今余唯申憙乃命,命汝司乃祖旧官小辅眔鼓钟。锡汝素巿、金衡、赤舄、銮勒,用事。敬夙夜勿废朕命。师䵍拜手稽首,敢对扬天子休,用作朕皇考辅伯尊簋。䵍其万年子子孙孙永宝用。(《铭图》05381—82)

56．颂簋:唯三年五月既死霸甲戌,王在周康昭宫。旦,王格大室,即位。宰引右颂,入门,立中廷。尹氏受王命书,王呼史虢生册命颂。王曰:颂,命汝官司成周贮,监司新造贮,用宫御。锡汝玄衣、黹纯、赤巿、朱衡、鑾旂、銮勒,用事。颂拜稽首。受命册,佩以出,反纳瑾璋。颂敢对扬天子丕显鲁休,用作朕皇考恭叔、皇母恭姒宝尊簋。用追孝,祈匄康龢纯佑,通禄永令。颂其万年眉寿无疆,畯臣天子霝终,子子孙孙永宝用。(《铭图》05390—97)

57．蔡簋:唯元年既望丁亥,王在减宅。旦,王格庙,即位。宰智入右蔡,立中廷。王呼史微册命蔡。王若曰:蔡,昔先王既命汝作宰,司王家。今余唯申憙乃命,令汝眔智飘胥对各,从司王家外内,毋敢有不闻。司百工,出入姜氏命。厥又见又即令,厥非先告蔡，毋敢疾又入告。汝毋弗善效姜氏人，勿事敢又疾止从狱。锡汝玄袞衣、赤舄，敬夙夕勿废朕命。蔡拜手稽首，敢对扬天子丕显鲁休，用作宝尊簋，蔡其万年眉寿，子子孙永宝用。（《铭图》05398）

58. 师询簋：王若曰：师询！丕显文武膺受天命，亦则于汝乃圣祖考克辅右先王，作厥肱股。用夹绍厥辟，奠大命，盩龢于政。肆皇帝亡斁，临保我有周，雩四方民亡不康静。王曰：师询，哀哉！今日天疾畏降丧，首德不克妻，故亡承于先王。向汝彶纯恤周邦，绥立余小子，载乃事，唯王身厚稽。今余唯申熹乃命，命汝惠雍我邦小大猷，邦佑潢辟。敬明乃心，率以乃友捍御王身，欲汝弗以乃辟陷于艰。锡汝秬鬯一卣、圭瓒、夷狁三百人。询稽首，敢对扬天子休，用作朕烈祖乙伯、同益姬宝簋。询其万斯年子子孙孙永宝用，作州宫宝。唯元年二月既望庚寅，王格于大室，荣入右询。（《铭图》05402）

59. 牧簋：唯王七年十又三月既生霸甲寅，王在周，在师汙父宫，格大室，即位，公族绁入右牧，立中廷，王呼内史吴册命牧，王若曰：牧，昔先王既命汝作司土，今余唯或寏改，命汝辟百寮，有同事包乃多乱，不用先王作型，亦多虐庶民，厥讯庶右邻，不型不中，迺侯之作怨，今肸司服厥辠厥辜，王曰：牧，汝毋敢弗帅先王作明型用，雩乃讯庶右邻，毋敢不明不中不型，乃敷政事，毋敢不尹人不中不型，今余唯申熹乃命，锡汝秬鬯一卣、金车、莽較、画轒、朱虢、画靳、虎冟、熏里、旂、骍马四匹，取徵□锊，敬夙夕勿废朕命。牧拜稽首，敢对扬王丕显休，用作朕皇文考益伯宝尊簋。牧其万年寿考，子子孙孙永宝用。（《铭图》05403）

60. 四年瘌盨：唯四年二月既生霸戊戌，王在周师录宫，格大室，即位，司马共右瘌。王呼史敖册锡赦靳、虢巿、銮勒。敢对扬天子休，用作文考宝簋，瘌其万年子子孙孙其永宝。木羊册。（《铭图》05671—72）

61. 师克盨：王若曰：师克，丕显文武，膺受大命，匍有四方。则由唯乃先祖考有功于周邦，捍御王身，作爪牙。王曰：克，余唯经乃先祖考，克令臣先王。昔余既命汝，今余唯申就乃命，令汝更乃祖考䢼司左右虎臣。锡汝秬鬯一卣，赤市、五衡、赤舄、牙僰、驹车、贲较、朱虢、靳靳、虎冟、熏里、画轉、画轎、金甬、朱旂，马四匹、鋚勒，素戈。敬夙夕勿废朕命。克敢对扬天子丕显鲁休，用作旅盨。克其万年子子孙孙永宝用。（《铭图》05680—81）

62. 免簠：唯三月既生霸乙卯，王在周，命免作司土，司奠还蔷眔吴眔牧，锡戠衣、銮。对扬王休，用作旅盨彝，免其万年永宝用。（《铭图》05974）

63. 免尊：唯六月初吉，王在奠。丁亥，王格大室。井叔右免，王蔑免曆，令史懋锡免载市、同衡，作司工。对扬王休，用作尊彝，免其万年永宝用。（《铭图》11805）

64. 趩觯：唯三月初吉乙卯，王在周，格大室。咸井叔入右趩。王呼内史册命趩：更厥祖考服，锡趩戠衣、载市、同衡、旂。趩拜稽首，扬王休，对趩蔑曆，用作宝尊彝，世孙子毋敢坠永宝。唯王二祀。（《铭图》10659）

65. 十三年痶壶：唯十又三年九月初吉戊寅，王在成周司土淲宫，格大室，即位。屖父右痶，王呼作册尹册锡痶：画靳、牙僰、赤舄。痶拜稽首，对扬王休，痶其万年永宝。（《铭图》12436—37）

66. 召壶盖：唯正月初吉丁亥，王格于成宫。井公入右召。王呼尹氏册命召，曰：更乃祖考作冢司土于成周八自。锡汝秬鬯一卣、玄衮衣、赤市、幽衡、赤舄、鋚勒、銮旂，用事。召拜手稽首，敢对扬天子丕显鲁休命，用作朕文考釐公尊壶。召用匄万年眉寿、永令多福，子子孙孙其永宝用。（《铭图》12446）

67. 吴方彝盖：唯二月初吉丁亥，王在周成大室。旦，王格庙。宰朏右作册吴，入门，立中廷，北向。王呼史戊册命吴：司䣙眔叔金。锡秬鬯一卣、玄衮衣、赤舄、金车、䡼𣏔、朱虢靳、虎幂、熏里、萦较、画轉、金甬、马四匹、鉴勒。吴拜稽首，敢对扬王休，用作青尹宝尊彝，吴其世子孙永宝用。唯王二祀。（《铭图》13545）

68. 盠方彝：唯八月初吉，王格于周庙。穆公右盠立于中廷，北向。王册命尹：锡盠赤市、幽衡、鉴勒，曰：用司六𠂤王行三有司，司土、司马、司工。王命盠曰：𩁹司六𠂤𦳋八𠂤埶。盠拜稽首，敢对扬王休，用作朕文祖益公宝尊彝。盠曰：天子不遐不基万年保我万邦。盠敢拜稽首曰：烈烈朕身，更朕先宝事。（《铭图》13546—47）

69. 吕服余盘：唯正二月初吉甲寅，备仲入右吕服余。王曰：服余，令汝更乃祖考事，胥备仲司六𠂤服。锡汝赤市、幽衡、鉴勒、旂。吕服余敢对扬天丕显休命，用作宝盘盉，其子子孙孙永宝用。（《铭图》14530）

70. 走马休盘：唯廿年正月既望甲戌，王在周康宫。旦，王格大室，即位。益公右走马休，入门，立中廷，北向。王呼作册尹锡休：玄衣、黹纯、赤市、朱衡、戈琱戚、彤沙、厚柲、銮旂。休拜稽首，敢对扬天子丕显休命，用作朕文考日丁尊盘。休其万年，子子孙孙永宝。（《铭图》14534）

71. 静方鼎：唯七月甲子王在宗周，令师中𦳋静省南国，相埶位。八月初吉庚申至，告于成周，月既望丁丑，王在成周大室，命静曰：俾汝司在曾、噩𠂤。王曰：静，锡汝鬯、旂、市、采𩁹。曰：用事。静扬天子休，用作父丁宝尊彝。（《铭图》02461）

72. 殷簋：唯王二月既生霸丁丑，王在周新宫。王格大室，即位。士戌右殷，立中廷，北向。王呼内史音命殷：锡市、朱衡。王若曰：殷，令汝更乃祖考友司东鄙五邑。殷拜稽首，敢对扬天子休，用作宝簋，其万年宝用，孙孙子子其永宝。（《铭图》05305）

73. 宰兽簋：唯六年二月初吉甲戌，王在周师录宫。旦，王格大室，即位。司土荣伯右宰兽，入门，立中廷，北向。王呼内史尹仲册命宰兽曰：昔先王既命汝，今余唯或申熹乃命，䞦乃祖考事，鄩司康宫王家臣妾，奠庸外内，毋敢无闻知。锡汝赤市、幽亢、鋚勒，用事。兽拜稽首，敢对扬天子丕显鲁休命，用作朕剌祖幽仲、益姜宝金簋，兽其万年子子孙永宝用。(《铭图》05376)

74. 虎簋盖：唯卅年四月初吉甲戌，王在周新宫，格于大室。密叔入右虎，即位。王呼内史曰：册令虎。曰：䚋乃祖考事先王司虎臣，今命汝曰：更乃祖考胥师戏司走马、驭人眔五邑走马、驭人，汝毋敢不善于乃政。锡汝载市、幽衡、玄衣、臛纯、銮旂五日，用事。虎敢拜稽首，对扬天子丕杯鲁休。虎曰：丕显朕烈祖考粦明克事先王，肆天子弗望厥孙子，付厥尚官，天子其万年申兹命。虎用作文考日庚尊簋，子孙其永宝用，夙夕享于宗。(《铭图》05399)

75. 师道簋：唯二月初吉丁亥，王在康宫，格于大室。益公内右师道，即位中廷，王呼尹册命师道：锡汝䜌、朱衡、玄衣、黹纯、戈琱戟、厚柲、肜沙、旂五日、鋚。道拜稽首，对扬天子丕显休命，用作朕文考宝尊簋，余其万年宝，用享于朕文考辛公，用匄得屯和，恒命灵终。(《铭图》05328)

76. 士山盘：唯王十又六年九月既生霸甲申，王在周新宫，王格大室，即位。士山入门，立中廷，北向。王呼作册尹册命山，曰：于入荚侯，出征鬶荆方服眔大虘服、履服、六𪓐服。荚侯、鬶方、宾贝、金。山拜稽首，敢对扬天子子丕显休，用作文考釐仲宝尊盘盉，山其万年永用。(《铭图》14536)

77. 雔鼎：唯九月既生霸丁卯，王在周，格大室，伯哀父右雔。王命雔，锡同衡、僰𢂷。雔对扬王休，用作宝鼎。(《铭图》02367)

78. 畀鼎：唯八月□□□□□□戌，王格大室，縣伯入右畀，王锡畀□□□琱戟、旂五日，用□□□□□王家。畀拜稽首，扬王休。用作厥文祖大叔□□，孙孙子子其永宝。(《铭图》02437)

79. 古鼎：唯正月初吉庚寅，王在康宫，格于大室。荣伯入右古，即位。王呼内史尹册命古，王曰：古，命汝作服。锡汝金车、

旂、⌀市、幽衡。古敢对扬天子丕显休，用作朕考簋。古其万年子子孙永宝用。(《铭图》02453)

80．四十三年逨鼎：唯卌又三年六月既生霸丁亥，王在周康宫穆宫。旦，王格周庙，即位，司马寿右吴逨，入门，立中廷，北向，史淢授王命书。王呼尹氏册命逨，王若曰：逨，丕显文武膺受大命，敷有四方，则旧唯乃先圣祖考，夹绍先王，辥勤大命，奠周邦。肆余弗忘圣人孙子，昔余既命汝胥荣兑，䣛司四方虞、䔲，用宫御。今余唯经乃先祖考，又辥于周邦，申襃乃命，令汝官司历人，毋敢妄宁，虔夙夕惠雍我邦小大猷。雩乃专政事，毋敢不葊不型，雩乃讯庶人有辪，毋敢不中不型，毋豤豤䘏䘏，唯有宥纵，廼致鳏寡，用作余我一人怨，不肖唯死。王曰：逨，锡汝秬鬯一卣、玄衮衣、赤舄、驹车、桒较、朱虢、䡇新、虎䖑、熏里、画轉、画𫐄、金甬、马四匹、鋚勒，敬夙夕弗废朕命。逨拜稽首，受册，佩以出，反纳瑾圭。逨敢对天子丕显鲁休扬，用作朕皇考龏叔龢彝。皇考其严在上，翼在下，穆穆秉明德，嚻嚻彙彙，降余康虘纯佑，通禄永命，眉寿绰绾，畯臣天子。逨万年无疆，子子孙孙永宝用享。(《铭图》02503—12)

81．采𤠿簋：王曰：采𤠿，命汝作司土。锡汝哉衣、⌀市、銮旂，用事。采𤠿对天子休，用作姜女尊簋，其万年永宝用。(《铭图》05154—55)

82．㫚簋：唯四月初吉丙午，王命㫚，锡载市、冋衡、鋚旟，曰：用事，司奠駼马。叔朕父嘉㫚曆，用赤金一钧，用对扬王休。作宝簋，子子孙孙其永宝。(《铭图》05217)

83．召簋：唯四月初吉，王在周，格大室，即。井伯入右召。王呼内史册命召，曰：锡汝玄衣、黹纯、载市、幽衡、金䇝。曰：用事。召稽首，对扬王休，用作文考日癸尊簋。(《铭图》05230)

84．䭜簋：唯三月初吉甲寅，王格于大室，伯东宫入右䭜，即位中廷。王呼内史册命䭜：锡汝幽衡、鋚勒。䭜稽首，敢对扬王休，用作尊簋，其万年子子孙孙永宝用享。(《铭图》05243)

85. 吕簋：唯九月初吉丁亥，王格大室，册命吕。王若曰：吕，更乃考獻司奠师氏。锡汝玄衣、黹纯、载市、冋衡、戈琱胾、厚柲、彤沙、旂鉴，用事。吕对扬天子休，用作文考尊簋，万年宝用。（《铭图》05257）

86. 羚簋：唯正月初吉丁丑，昧爽，王在宗周，格大室。祭叔右羚，即位中廷。作册尹册命羚，锡銮。令邑于奠，讯讼，取徵五锊。羚对扬王休，用作朕文祖丰仲宝簋，世孙子其永宝用。（《铭图》05258）

87. 引簋：唯正月壬申，王格于恭大室。王若曰：引，余既命汝更乃祖獻司齐自，余唯申命汝。锡汝彤弓一，彤矢百，马四匹。敬乃御，勿败绩。引拜稽首，对扬王休。同陕，追俘吕兵，用作幽公宝簋，子子孙孙宝用。（《铭图》05299—300）

88. 虩簋：唯廿又八年正月既生霸丁卯，王在宗周，格大室，即位。毛伯入右虩，立中廷，北向。王命作册宪尹锡虩緅旂。用胥师教司佃人。虩拜手稽首，对扬天子休，用作朕文考龡父宝簋，孙子万年宝用。（《铭图》05295）

89. 七年师兑簋：唯七年五月初吉甲寅，王在康昭宫，格康庙，即位。毕叔右师兑，入门，立中廷。王呼内史尹册锡汝师兑皲膺，用事。师兑拜稽首，敢对扬天子丕显鲁休。余用自作宝齍簋，师兑其万年子子孙孙永宝用。（《铭图》05302）

90. 卫簋：唯八月既生霸庚寅，王格于康大室。卫曰：朕光尹中侃父右告卫于王，王锡卫佩，弋市，毂衡、金车、金□。曰：用事。卫拜稽首，对扬王休。卫用肇作朕文考甲公宝齍彝。其日夙夕用厥馨香享祀于厥百神，亡不则，焚芳馨香，则登于上下，用匄百福，万年欲兹百生，亡不逢鲁，孙孙子子其万年永宝用兹王休，其日引勿替，世毋望。（《铭图》05368—69）

91. 觐簋：唯廿又四年九月既望庚寅，王在周，格大室，即位。司工遝入右觐，立中廷，北向。王呼作册尹册申命觐曰：更乃祖服，作冢司马，汝乃谏讯有祟，取徵十锊。锡汝赤市、幽衡、金车、金勒、旂。汝乃敬夙夕勿废朕命，汝肇享。親拜稽首，敢对扬天子休，用作朕文祖幽伯宝簋。親其万年孙子其永宝用。(《铭图》05362)

92. 畯簋：唯十年正月初吉甲寅，王在周[般]大室。旦，王格庙，即位。鬲王、康公入门右畯立中廷，北向。王呼作册尹册命畯，曰：弋緇乃祖考□有□于先王，亦弗忘乃祖考登裹厥典封于服，今朕丕显考共王既命汝更乃祖考事，作司徒，今余唯申先王命汝黹司西朕司徒，訊讼。取徵武锊，敬勿废朕命。锡汝邑卣、赤市、幽衡、鋚勒。畯拜稽首，对扬天子休，用作朕烈考幽叔宝尊簋，用锡万年，子子孙孙其永宝。(《铭图》05386)

93. 狱簋：唯十又一月既望丁亥，王格于康大室。狱曰：朕光尹周师右告狱于王，王或锡狱佩，弋市，殺亢。曰：用事。狱拜稽首，对扬王休。用作朕文考甲公宝尊簋，其日夙夕用厥茜香享祀于厥百神，孙孙子子其万年永宝用兹王休，其日引勿替。(《铭图》05315—18)

94. 逨盘：逨曰：丕显朕皇高祖单公，桓桓克明慎厥德，夹绍文王、武王挞殷，膺受天鲁命，匍有四方，并宅厥勤疆土，用配上帝。雩朕皇高祖公叔，克逨匹成王，成受大命，方狄不享，用奠四国万邦。雩朕皇高祖新室仲，克幽明厥心，柔远能迩，会绍康王，方怀不廷。雩朕皇高祖惠仲盠父，盭龢于政，有成于猷，用会昭王、穆王，调政四方，撲伐楚荆。雩朕皇高祖零伯，隥明厥心，不坠□服，用辟恭王、懿王。雩朕皇亚祖懿仲，往谏谏，克辅保厥辟孝王、夷王，有成于周邦。雩朕皇考恭叔，穆穆趩趩，龢询于政，明齊于德，享辟剌王。逨肇纘朕皇祖考服，虔夙夕敬朕死事。肆天子多锡逨休。天子其万年无疆耆黄耇，保奠周邦，谏辥四方。王若曰：逨，丕显文武，膺受大命，匍有四方。则繇唯乃先圣祖考，夹绍先王，劳勤大令。今余唯经乃先圣祖考，申憂乃命，令汝胥荣兑，粦司四方虞、箵，用宫御。锡汝赤市、幽衡、鋚勒。逨敢对天子丕显鲁休扬，用作朕皇祖考宝尊盘，用追享孝于前文人。前文人严在上，翼

在下，戬戬臬臬，降迷鲁多福，眉寿绰绾，授余康虞纯祐通禄，永命灵终。迷畯臣天子，子子孙孙永宝用享。（《铭图》14543）

95．率鼎：唯王三月初吉，东宫右率，入门，立中廷，北向。王命率睗市、金车、旂。用司耄卓阳人。用作宝鼎，其子孙万年永宝用。（《铭图续》20222）

96．师大簋：唯正月既生霸，王格般［宫］，井伯入右师大，立中廷，北向，内史令师大曰：锡汝赤市、朱环、玄衣、黹纯。师大拜稽首，敢对扬天子休，令作宝簋，大其万年子孙永宝享。（《铭图续》20447）

97．左右簋：唯正月初吉丁亥，王格于穆宫，桓伯右左右，即位。王命左右曰：更乃祖考作冢司工于蔡。锡汝幽衡、銮勒、銮旂，用事。敢对扬王休命，用作宝簋，其万年子子孙孙永宝用享。（《铭图续》20449）

98．戚簋：唯王正月初吉庚寅，王在成周大室，单伯入右戚，微史册命戚，王曰：锡汝赤市、朱衡、銮勒。用司霍駛，用胥乃长。戚拜手稽首，对扬王休，用作朕文考宪伯宝簋，其子子孙孙永宝用享。（《铭图续》20450）

99．槐簋：唯正月初吉丁亥，王在宗周，格于大室，卿事入右槐。命作册尹册命槐曰：锡汝幽衡、銮勒。用死司王家。槐拜稽首，敢对扬天子丕显休，用作朕皇祖文考宝簋，用追孝百神，其子子孙孙永宝用。奠井槐。（《铭图续》20453）

100．衍簋：唯三月初吉戊寅，王在宗周，格于大室。荣伯入右衍，王命汝曰：死司王家。锡汝冋衣、赤舄、幽衡、銮勒。锡汝田于盍、于小水。衍稽首，敢对扬天子丕显休，用作朕文考奠井季宝簋，子子孙孙其万年永宝用，遣姞罜作……（《铭图续》20455）

101．𢕶簋：唯正月初吉，王在荟京。丁卯，王格于溼宫，穆王亲命𢕶曰：更乃祖考胥乃官，锡汝□□矢、金车、金𦎧。汝尚用宫事。𢕶拜稽首，受穆王休命，对扬穆王休命，用作朕文祖戊公宝肆彝，孙孙子子其万年宝用兹穆王休命。（《铭图续》20456）

参考文献

一 史料文献

范祥雍订补:《古本竹书纪年辑校订补》,上海古籍出版社2011年版。

方诗铭、王修龄:《古本竹书纪年辑证(修订本)》,上海古籍出版社2005年版。

(清)顾栋高辑,吴树平、李解民点校:《春秋大事表》,中华书局1993年版。

顾颉刚、刘起釪:《尚书校释译论》,中华书局2005年版。

(清)顾炎武撰,华东师范大学古籍研究所整理:《顾炎武全集》第1册,上海古籍出版社2011年版。

(清)顾炎武著,(清)黄汝成集释:《日知录集释》(上),上海古籍出版社2014年版。

(晋)郭璞注,王贻樑、陈建敏校释:《穆天子传汇校集释》,中华书局2019年版。

(汉)韩婴撰,许维遹校释:《韩诗外传集释》,中华书局1980年版。

《汉书》,中华书局1962年版。

《后汉书》,中华书局1965年版。

黄怀信、张懋镕、田旭东撰，黄怀信修订，李学勤审定：《逸周书汇校集注（修订本）》，上海古籍出版社 2007 年版。

《晋书》，中华书局 1974 年版。

（清）阮元校刻：《十三经注疏》，中华书局 1980 年影印版。

《三国志》，中华书局 1959 年版。

《史记》，中华书局 1959 年版。

（清）孙希旦撰，沈啸寰、王星贤点校：《礼记集解》，中华书局 1989 年版。

（清）孙诒让撰，王文锦、陈玉霞点校：《周礼正义》，中华书局 2013 年版。

（清）王先谦撰，吴格点校：《诗三家义集疏》，中华书局 1987 年版。

（汉）王逸撰，黄灵庚点校：《楚辞章句》，上海古籍出版社 2017 年版。

徐元诰撰，王树民、沈长云点校：《国语集解》，中华书局 2002 年版。

（汉）许慎撰，（清）段玉裁注：《说文解字注》，上海古籍出版社 1988 年版。

许维遹撰，梁运华整理：《吕氏春秋集释》，中华书局 2009 年版。

杨伯峻编著：《春秋左传注（修订本）》，中华书局 2016 年版。

袁珂校注：《山海经校注》，上海古籍出版社 1980 年版。

曾运乾：《尚书正读》，华东师范大学出版社 2011 年版。

周秉钧：《尚书易解》，岳麓书社 1984 年版。

（宋）朱熹集注：《诗集传》，上海古籍出版社 1980 年版。

［日］竹添光鸿：《左氏会笺》，巴蜀书社 2008 年影印版。

二　研究论著

［日］白川静：《甲骨金文学论集》，京都：朋友书店，1973

年版。

［日］白川静：《西周史略》，袁林译，三秦出版社1992年版。

白寿彝总主编：《中国通史》第3卷《上古时代》，上海人民出版社1994年版。

蔡运章：《甲骨金文与古史研究》，中州古籍出版社1993年版。

陈汉平：《西周册命制度研究》，学林出版社1986年版。

陈絜：《商周姓氏制度研究》，商务印书馆2007年版。

陈梦家：《殷虚卜辞综述》，中华书局1988年版。

陈梦家：《西周铜器断代》，中华书局2004年版。

陈槃：《春秋大事表列国爵姓及存灭表撰异（三订本）》，上海古籍出版社2009年版。

恩格斯：《家庭、私有制和国家的起源》，《马克思恩格斯文集》第4卷，人民出版社2009年版。

范文澜：《中国通史简编（修订本）》，人民出版社1964年版。

范文澜：《中国通史》，人民出版社1978年版。

傅斯年：《民族与古代中国史》，河北教育出版社2002年版。

宫长为、徐义华：《殷遗与殷鉴》，中国社会科学说出版社2011年版。

顾颉刚：《史林杂识初编》，中华书局1963年版。

郭沫若主编：《中国史稿》第1册，人民出版社1976年版。

郭沫若：《郭沫若全集·考古编》，科学出版社2002年版。

何景成：《西周王朝政府的行政组织与运行机制》，光明日报出版社2013年版。

何树环：《西周锡命铭文新研》，（台北）文津出版社2007年版。

何兹全：《中国古代社会》，河南人民出版社1991年版。

侯外庐、赵纪彬、杜国庠：《中国思想通史》第1卷，人民出版社1995年版。

胡厚宣：《甲骨学商史论丛初集（外一种）》，河北教育出版社 2002 年版。

胡厚宣等：《甲骨探史录》，生活·读书·新知三联书店 1982 年版。

黄然伟：《殷周史料论集》，三联书店（香港）股份有限公司 1995 年版。

李纯一：《中国上古出土乐器综论》，文物出版社 1996 年版。

李峰：《西周的灭亡——中国早期国家的地理和政治危机》，徐峰译，上海古籍出版社 2007 年版。

李学勤主编：《清华大学藏战国竹简》（二），中西书局 2011 年版。

李学勤：《新出青铜器研究》，人民美术出版社 2016 年版。

李亚农：《李亚农史论集》，上海人民出版社 1962 年版。

梁启超演讲，周传儒、姚名达、吴其昌笔记：《古书真伪及其年代》，中华书局 1955 年版。

林沄：《林沄学术文集》，中国大百科全书出版社 1998 年版。

刘启益：《西周纪年》，广东教育出版社 2002 年版。

刘源：《商周祭祖礼研究》，商务印书馆 2004 年版。

卢中阳：《商周指定服役制度研究》，（新北）花木兰文化出版社 2013 年版。

吕文郁：《周代的采邑制度（增订版）》，社会科学文献出版社 2006 年版。

罗琨：《商代史》卷 9《商代战争与军制》，中国社会科学出版社 2010 年版。

马承源主编：《商周青铜器铭文选》（三），文物出版社 1988 年版。

马承源主编：《中国青铜器》，上海古籍出版社 1988 年版。

彭裕商：《西周青铜器年代综合研究》，巴蜀书社 2003 年版。

齐思和：《齐思和自选集》，首都师范大学出版社 2010 年版。

钱穆：《国史大纲》，商务印书馆 1994 年版。

任伟：《西周封国考疑》，社会科学文献出版社 2004 年版。

陕西历史博物馆编：《周文化论集》，三秦出版社 1993 年版。

《商代史》课题组著，宋镇豪主笔：《商代史》卷 1《商代史论纲》，中国社会科学出版社 2011 年版。

石兴邦主编：《考古学研究》，三秦出版社 1993 年版。

斯维至：《斯维至史学文集》，陕西师范大学出版社 2009 年版。

唐兰：《西周青铜器铭文分代史征》，中华书局 1986 年版。

童书业：《春秋左传研究》，上海人民出版社 1980 年版。

童书业著，童教英校订：《春秋史（校订本）》，中华书局 2006 年版。

王国维：《观堂集林（附别集）》，中华书局 1959 年版。

王国维：《古史新证——王国维最后的讲义》，清华大学出版社 1994 年版。

王宇信、杨升南、聂玉海主编：《甲骨文精粹释译》，云南人民出版社 2004 年版。

王玉哲：《中华远古史》，上海人民出版社 2000 年版。

吴镇烽编：《金文人名汇编》，中华书局 1987 年版。

吴镇烽编著：《商周青铜器铭文暨图像集成》，上海古籍出版社 2012 年版。

吴镇烽编著：《商周青铜器铭文暨图像集成续编》，上海古籍出版社 2016 年版。

夏商周断代工程专家组编著：《夏商周断代工程 1996—2000 年阶段成果报告·简本》，世界图书出版公司 2000 年版。

徐中舒主编：《甲骨文字典》，四川辞书出版社 1989 年版。

许倬云：《西周史（增补二版）》，生活·读书·新知三联书店 2018 年版。

阎步克：《从爵本位到官本位——秦汉官僚品位结构研究》，生活·读书·新知三联书店 2009 年版。

杨宽：《西周史》，上海人民出版社 2003 年版。

杨树达：《杨树达文集》，上海古籍出版社 2013 年版。

［日］伊藤道治：《中国古代王朝的形成——以出土资料为主的殷周史研究》，江蓝生译，中华书局 2002 年版。

尹盛平：《西周史征》，陕西师范大学出版社 2004 年版。

尹盛平：《周文化考古研究论集》，文物出版社 2012 年版。

于豪亮：《于豪亮学术文存》，中华书局 1985 年版。

于省吾主编，姚孝遂按语编撰：《甲骨文字诂林》，中华书局 1996 年版。

张光裕：《雪斋学术论文集》，（台北）艺文印书馆 1989 年版。

张光裕、黄德宽主编：《古文字学论稿》，安徽大学出版社 2008 年版。

张光直：《中国青铜时代》，生活·读书·新知三联书店 2013 年版。

张广志：《西周史与西周文明》，上海科学技术文献出版社 2007 年版。

张亚初、刘雨：《西周金文官制研究》，中华书局 2004 年版。

赵世超：《周代国野制度研究》，陕西人民出版社 1991 年版。

赵世超：《瓦缶集》，人民出版社 2003 年版。

赵世超：《中西早期历史比较研究》，科学出版社 2016 年版。

周法高主编：《金文诂林》，香港中文大学出版社 1975 年版。

朱凤瀚：《古代中国青铜器》，南开大学出版社 1995 年版。

朱凤瀚：《商周家族形态研究（增订本）》，天津古籍出版社 2004 年版。

朱凤瀚主编：《新出金文与西周历史》，上海古籍出版社 2011 年版。

三　学术论文

白于蓝：《师永盂新释》，《考古与文物》2010 年第 5 期。

蔡运章、张应桥：《季姬方尊铭文及其重要价值》，《文物》2003 年第 9 期。

常金仓：《宣王料民与西周的人口统计》，《陕西师范大学学报》2010 年第 3 期。

晁福林：《论平王东迁》，《历史研究》1991 年第 6 期。

陈邦怀：《克镈简介》，《文物》1972 年第 6 期。

陈絜：《血族组织地缘化与地缘组织血族化——关于周代基层组织与基层社会的几点看法》，《社会科学战线》2009 年第 1 期。

陈絜、李晶：《夸季鼎、扬簋与西周法制、官制研究中的相关问题》，《南开学报》2007 年第 2 期。

董珊：《略论西周单氏家族窖藏青铜器铭文》，《中国历史文物》2003 年第 4 期。

董珊：《谈士山盘铭文的"服"字义》，《故宫博物院院刊》2004 年第 1 期。

杜勇：《〈诗经·六月〉与金文荦京的地理问题》，《中国史研究》2018 年第 3 期。

段绍嘉：《陕西蓝田县出土弭叔等彝器简介》，《文物》1960 年第 2 期。

方建军：《两周铜镈综论》，《东南文化》1994 年第 1 期。

顾颉刚：《"周公制礼"的传说和〈周官〉一书的出现》，《文史》第 6 辑，中华书局 1979 年版。

郭沫若：《盠器铭考释》，《考古学报》1957 年第 2 期。

郭沫若：《保卣铭释文》，《考古学报》1958 年第 1 期。

郭沫若：《辅师嫠簋考释》，《考古学报》1958 年第 2 期。

郭沫若：《弭叔簋与询簋考释》，《文物》1960 年第 2 期。

郭沫若：《长安县张家坡铜器群铭文汇释》，《考古学报》1962 年第 1 期。

韩巍：《周原强家西周铜器群世系问题辨析》，《中国历史文物》2007 年第 3 期。

韩巍：《册命铭文的变化与西周厉、宣铜器分界》，《文物》2009 年第 1 期。

韩巍：《西周金文中的"异人同名"现象及其对断代研究的影响》，《东南文化》2009 年第 6 期。

何景成：《论西周王朝政府的僚友组织》，《南开学报》2008 年第 6 期。

黑光、朱捷元：《陕西长安沣西出土的遹盂》，《考古》1977 年第 1 期。

黄爱梅：《士山盘铭补义》，《中国历史文物》2006 年第 6 期。

黄凤春：《从叶家山新出曾伯爵铭谈西周金文中的"西宫"和"东宫"问题》，《江汉考古》2016 年第 3 期。

黄明磊：《西周册命礼的右者并非"摈"或"傧"》，《宝鸡文理学院学报》2017 年第 4 期。

黄奇逸：《甲金文中王号生称与谥法问题的研究》，《中华文史论丛》1983 年第 1 期。

黄盛璋：《保卣铭的时代与史实》，《考古学报》1957 年第 3 期。

黄盛璋：《西周铜器中服饰赏赐与职官及册命制度关系》，《传统文化与现代化》1997 年第 1 期。

黄锡全：《士山盘铭文别议》，《中国历史文物》2003 年第 2 期。

蒋大沂：《保卣考释》，《中华文史论丛》1993 年第 5 期。

《考古与文物》编辑部：《虎簋盖铭座谈纪要》，《考古与文物》1997 年第 3 期。

李家浩：《先秦文字中的"县"》，《文史》第 28 辑，中华书局 1987 年版。

李零：《读杨家村出土的虞逨诸器》，《中国历史文物》2003 年第 3 期。

李学勤：《试论董家村青铜器群》，《文物》1976 年第 6 期。

李学勤：《西周中期青铜器的重要标尺——周原庄白、强家两处青铜器窖藏的综合研究》，《中国历史博物馆馆刊》1979 年。

李学勤：《青铜器与周原遗址》，《西北大学学报》1981 年第 2 期。

李学勤：《论多友鼎的时代及其意义》，《人文杂志》1981 年第 6 期。

李学勤：《大盂鼎新论》，《郑州大学学报》1985 年第 3 期。

李学勤：《论西周金文的六师、八师》，《华夏考古》1987 年第 2 期。

李学勤：《先秦人名的几个问题》，《历史研究》1991 年第 5 期。

李学勤：《吴虎鼎考释——夏商周断代工程考古学笔记》，《考古与文物》1998 年第 3 期。

李学勤：《四十三年佐鼎与牧簋》，《中国史研究》2003 年第 2 期。

李学勤：《季姬方尊研究》，《中国史研究》2003 年第 4 期。

李学勤：《眉县杨村新出青铜器研究》，《文物》2003 年第 6 期。

李学勤：《论覞簋的年代》，《中国历史文物》2006 年第 3 期。

李学勤：《文盨与周宣王中兴》，《文博》2008 年第 2 期。

李学勤等：《山东高青县陈庄西周遗址笔谈》，《考古》2011 年第 2 期。

李玉洁：《评周厉王革典》，《河南大学学报》1986 年第 1 期。

林沄：《商代兵制管窥》，《吉林大学社会科学学报》1990 年第 1 期。

刘启益：《静方鼎等三器是西周昭王十六年铜器》，《中国历史文物》2009 年第 4 期。

刘翔：《周宣王征南淮夷考》，《人文杂志》1983 年第 6 期。

刘雨：《金文莽京考》，《考古与文物》1982 年第 3 期。

卢连成：《周都淢郑考》，考古与文物编辑部编：《古文字论集》（2），1983年。

卢连成、罗英杰：《陕西武功县出土楚簋诸器》，《考古》1981年第2期。

罗祖基：《重新评价周厉王》，《学术月刊》1994年第1期。

马承源：《亢鼎铭文——西周早期用贝币交易玉器的记录》，《上海博物馆集刊》2000年。

彭裕商：《保卣新解》，《考古与文物》1988年第4期。

彭裕商：《西周金文中的"贾"》，《考古》2003年第2期。

彭裕商：《徐中舒："古史三重证"的提出者》，《中国社会科学报》2009年8月27日。

裘锡圭：《说"说☒☒白大师武"》，《考古》1978年第5期。

裘锡圭：《说殷墟卜辞的"奠"——试论商人处置附属者的一种方法》，《中研院历史语言研究所集刊》第64本第3分，1993年。

容庚：《弭叔簋及訇簋考释的商榷》，《文物》1960年第Z1期。

沈长云：《殷契"王作三师"解》，《史学集刊》1990年第4期。

沈长云：《关于中国早期国家的几个问题》，《史学月刊》2001年第2期。

盛冬铃：《西周铜器铭文中的人名及其对断代的意义》，《文史》第17辑，中华书局1983年版。

史志：《保尊》，《史学月刊》1986年第3期。

孙作云：《说函在西周时代为北方军事重镇——兼论军监》，《河南师大学报》1983年第1期。

唐嘉弘：《略论夏商周帝王的称号及国家政体》，《历史研究》1985年第4期。

唐兰：《西周铜器断代中的"康宫"问题》，《考古学报》1962

年第 1 期。

唐兰：《蔑曆新诂》，《文物》1979 年第 5 期。

王长丰：《〈静方鼎〉的时代、铭文书写者及其相关联的地理、历史》，《华夏考古》2006 年第 1 期。

王冠英：《觐簋考释》，《中国历史文物》2006 年第 3 期。

王翰章、陈良和、李保林：《虎簋盖铭简释》，《考古与文物》1997 年第 3 期。

王慎行：《吕服余盘铭考释及其相关问题》，《文物》1986 年第 4 期。

王世民：《西周春秋金文中的诸侯爵称》，《历史研究》1983 年第 3 期。

王玉哲：《殷商疆域史中的一个重要问题——"点"和"面"的概念》，《郑州大学学报》1982 年第 2 期。

王玉哲：《西周莽京地望的再探讨》，《历史研究》1994 年第 1 期。

王占奎：《关于静方鼎的几点看法》，《文物》1998 年第 5 期。

吴大炎、罗英杰：《武功县出土驹父盨盖》，《文物》1976 年第 5 期。

吴镇烽、雒忠如：《陕西省扶风县强家村出土的西周铜器》，《文物》1975 年第 8 期。

吴镇烽、王东海：《王臣簋的出土与相关铜器的时代》，《文物》1980 年第 5 期。

西安市文物管理处：《陕西长安新旺村、马王村出土的西周铜器》，《考古》1974 年第 1 期。

徐少华：《南阳新出"辅伯作兵戈"的年代和族属》，《考古》2009 年第 8 期。

徐中舒：《试论周代田制及其社会性质》，《四川大学学报》1955 年第 2 期。

徐中舒：《论西周是封建社会——兼论殷代社会性质》，《历史研究》1957 年第 5 期。

徐中舒：《禹鼎的年代及其相关问题》，《考古学报》1959 年第 3 期。

徐中舒：《巴蜀文化续论》，《四川大学学报》1960 年第 1 期。

徐中舒、唐嘉弘：《论殷周的外服制——关于中国奴隶制和封建制分期的问题》，《人文杂志》1982 年增刊《先秦史论文集》。

徐宗元：《金文中所见官名考》，《福建师范学院学报》1957 年第 2 期。

杨宝成、刘森淼：《商周方鼎初论》，《考古》1991 年第 6 期。

杨宽：《论西周金文中"六𠂤""八𠂤"和乡遂制度的关系》，《考古》1964 年第 8 期。

杨宽：《再论西周金文中"六𠂤"和"八𠂤"的性质》，《考古》1965 年第 10 期。

杨升南：《商代人牲身份的再考察》，《历史研究》1988 年第 1 期。

杨希枚：《〈左传〉"因生以赐姓"解与"无骇卒"故事的分析》，《中研院院刊》第 1 辑，1954 年。

应新等：《陕西省城固、宝鸡、蓝田出土和收集的青铜器》，《文物》1966 年第 1 期。

于凯：《西周金文中的"𠂤"和西周的军事功能区》，《史学集刊》2004 年第 3 期。

于省吾：《释"蔑曆"》，《东北人民大学人文科学学报》1956 年第 2 期。

于省吾：《读赵光贤先生"释蔑曆"》，《历史研究》1957 年第 4 期。

于省吾：《略论西周金文中的"六𠂤"和"八𠂤"及其屯田制》，《考古》1964 年第 3 期。

于省吾：《关于〈论西周金文中"六𠂤"、"八𠂤"和乡遂制度的关系〉一文的意见》，《考古》1965 年第 3 期。

张光裕：《新见智簋铭文对金文研究的意义》，《文物》2000年第6期。

张光裕：《读新见西周𬭚簋铭文札迻》，《古文字研究》第25辑，中华书局2004年版。

张光裕：《西周士白父盨铭所见史实试释》，《古文字与古代史》第1辑，台北中研院史语所2007年版。

张礼艳：《金文"莾京"的考古学考察》，《东北师大学报》2010年第5期。

张礼艳：《从墓葬材料看丰镐地区西周时期的人群构成》，《华夏考古》2015年第2期。

张利军：《保卣铭文与周王朝对内外服的统治策略》，《中国国家博物馆馆刊》2011年第10期。

张懋镕：《周人不用日名说》，《历史研究》1993年第5期。

张懋镕：《静方鼎小考》，《文物》1998年第5期。

张懋镕：《再论"周人不用日名说"》，《文博》2009年第3期。

张亚初：《两周铭文所见某生考》，《考古与文物》1983年第5期。

张应桥：《重评周厉王》，《郑州大学学报》2006年第2期。

张应桥、蔡运章：《奠登伯盨跋》，《文物》2009年第1期。

张永山：《𬭚簋作器者的年代》，《中国历史文物》2006年第3期。

张政烺：《卜辞裒田及其相关诸问题》，《考古学报》1973年第1期。

赵光贤：《释"蔑曆"》，《历史研究》1956年第1期。

赵光贤、彭林：《〈周礼〉的主题思想与成书年代》，《文献》1990年第2期。

赵世超：《巡守制度试探》，《历史研究》1995年第3期。

赵世超：《指定服役制度略述》，《陕西师范大学学报》1999

年第 3 期。

赵世超：《服与等级制度》，《陕西师范大学学报》2014 年第 2 期。

赵世超：《中国古代等级制度的起源与发展（上）》，《陕西师范大学学报》2016 年第 1 期。

赵世超：《中国古代等级制度的起源与发展（下）》，《陕西师范大学学报》2016 年第 5 期。

周书灿：《商代外服制探讨》，《河北大学学报》2003 年第 2 期。

周言：《也谈强家村西周青铜器群世系问题》，《考古与文物》2005 年第 4 期。

朱凤瀚：《琱生簋铭新探》，《中华文史论丛》1989 年第 1 期。

朱凤瀚：《士山盘铭文初释》，《中国历史文物》2002 年第 1 期。

朱凤瀚：《西周金文中的"取徵"与相关诸问题》，《古文字与古代史》第 1 辑，台北中研院史语所 2007 年版。

朱凤瀚：《论西周时期的"南国"》，《历史研究》2013 年第 4 期。

四　考古报告

宝鸡茹家庄西周墓发掘队：《陕西省宝鸡市茹家庄西周墓发掘简报》，《文物》1976 年第 4 期。

郭宝钧、林寿晋：《一九五二年秋季洛阳东郊发掘报告》，《考古学报》1955 年第 1 期。

河南省文物考古研究所、平顶山市文物管理局：《河南平顶山应国墓地八号墓发掘简报》，《华夏考古》2007 年第 1 期。

卢连成、胡智生：《宝鸡强国墓地》，文物出版社 1988 年版。

洛阳市文物工作队编著：《洛阳北窑西周墓》，文物出版社 1999 年版。

山东省考古研究所：《山东高青县陈庄西周遗存发掘简报》，《考古》2011 年第 2 期。

山东省文物考古研究所：《山东高青县陈庄西周遗址》，《考古》2010 年第 8 期。

陕西省博物馆主编:《扶风齐家村青铜器群》,文物出版社 1963 年版。

陕西省考古研究所等:《陕西眉县杨家村西周青铜器窖藏发掘简报》,《文物》2003 年第 6 期。

陕西省文管会、岐山县文化馆:《陕西省岐山县董家村西周铜器窖穴发掘简报》,《文物》1976 年第 5 期。

陕西周原考古队:《陕西扶风庄白一号西周青铜器窖藏发掘简报》,《文物》1978 年第 3 期。

陕西周原考古队:《陕西扶风县云塘、庄白二号西周铜器窖藏》,《文物》1978 年第 11 期。

五 学位论文

何景成:《商周青铜器族氏铭文研究》,博士学位论文,吉林大学,2005 年。

韩巍:《西周金文世族研究》,博士学位论文,北京大学,2007 年。

后 记

2020年春节因新冠疫情来袭，我被困于家中，趁此空闲便将博士论文改成了这本《西周册命制度新探》。3月返校时，恰好看到了中国历史研究院发布的学术出版资助项目公告，于是壮胆提交了申请。2021年初得到消息，我的书稿通过了专家审核，正式获得了中国历史研究院2020年度的出版资助。得知此消息，着实令我不胜欢喜。

读硕士期间，我比较喜欢《左传》及春秋史。读博后在导师赵世超先生的引导下，才将研究的重心放到了西周。而要研究西周史，读懂金文资料是必不可少的。于是我花了半年时间读完了郭沫若先生的《大系》、陈梦家先生的《断代》及唐兰先生的《史征》。在翻阅金文资料时，逐渐对西周王朝的册命礼产生了一些想法，于是以此为题开始了博士论文的写作。

我对西周册命制度的研究没有掌握多少新出土资料；指导思想也不算新颖，主要有两个。一是早期国家的相关理论。什么是早期国家呢？我觉得早期国家可以理解为一种不成熟的状态，它是人类在原始社会之后经历的第一种国家形态，同时也是一个由血缘在社会组织中占主导地位的国家形态向成熟的领土国家转型的过程。具体到中国而言，早期国家大致是指夏、商、西周时期。此时已经出现了以王室为代表的公共权力，但社会组织中的地域关系尚不成熟，无法取代血缘关系的影响。因此，我在叙述西周史的相关问题时常以"早期国家"为大的历史背景，并告诫自己切不可将当时的国家结构与制度描述得过于成熟与发达，要更多地考虑其原始、落后的一面。

第二个指导思想是徐中舒先生及我的导师赵世超先生所主张的指定服役制度理论。正因为商周时期的中国仍处于早期国家的发展阶段，当时的统治者不可能凭借占据生产资料的手段来实现他们对被统治阶层的剥削，所能凭借的只能是超经济的模式。具体的表现就是指定服役，即商周王室指定某族专门承担某些"事"。这种"事"门类庞杂，且一旦确定，需该族世代承袭。指定服役即是一种剥削制度，还可将各族族众固定到王朝的统治秩序之中。但是到了西周中期，随着王畿内各家族人口的增多，大量的小宗贵族被迫从大家族中分离出来，而脱离了原来的家族就等于同时脱离了原有的统治序列，于是周王室创立了册命制度将这些小宗贵族纳入到一种新的王朝统治秩序中。因此，西周中期推行册命可以视为对指定服役制度的一种补救措施。

本书既无新的资料，在指导思想上又无新的突破，唯一有价值的就是新的研究思路和方法。首先，立足于金文资料来分析册命的概念、划定册命金文的范畴；其次，对册命金文进行科学分类，从不同类型册命金文的差异中寻找历史真相；再次，结合西周中期社会主要矛盾的变迁分析册命制度产生的历史背景；最后，分析参与册命的右者和受命者的政治地位、相互关系等问题。在上述基础上，探讨册命制度在西周王朝中后期产生的影响。

由于我研究西周史的时间尚短，对金文资料的掌握还很浅薄，书中难免有武断之处，敬请学界前辈、同仁指正。

本书能够顺利出版，首先感谢中国历史研究院的慷慨资助。对我而言，这是一份弥足珍贵的荣誉。其次还要感谢社会科学文献出版社的宋荣欣、赵晨、郑彦宁及王超等同志的倾力相助。我看到中国历史研究院的出版资助通告时，由于疫情影响，学校封闭，提交申请所需的书稿无法及时打印出来，于是转而向宋荣欣同志求助。在她的帮助下，我才得以顺利完成了申请工作。特此致谢！

从我读博至今，每个星期都要陪导师散步，几年间赵师向我系统地讲述了他对先秦史的研究心得。先是讲各种制度的源流，然后讲思想文化的变迁，偶尔还讲一讲对各类古籍的读后感。正是在赵师的悉心教导之下，我才完成了这本书的写作。也希望通过这本书，向赵师交一份像样的、合格的毕业答卷。

黄明磊
2021 年 8 月 24 日

图书在版编目(CIP)数据

西周册命制度新探 / 黄明磊著 . -- 北京：社会科学文献出版社，2022.12
中国历史研究院学术出版资助项目
ISBN 978 - 7 - 5201 - 9975 - 9

Ⅰ.①西… Ⅱ.①黄… Ⅲ.①官制 - 研究 - 中国 - 西周时代 Ⅳ.①D691.42

中国版本图书馆 CIP 数据核字（2022）第 055986 号

中国历史研究院学术出版资助项目
西周册命制度新探

著　　者 / 黄明磊

出 版 人 / 王利民
责任编辑 / 赵　晨
文稿编辑 / 郑彦宁
责任印制 / 王京美

出　　版 / 社会科学文献出版社·历史学分社（010）59367256
　　　　　地址：北京市北三环中路甲 29 号院华龙大厦　邮编：100029
　　　　　网址：www.ssap.com.cn

发　　行 / 社会科学文献出版社（010）59367028
印　　装 / 北京盛通印刷股份有限公司

规　　格 / 开本：787mm × 1092mm　1/16
　　　　　印张：22.75　字数：315 千字
版　　次 / 2022 年 12 月第 1 版　2022 年 12 月第 1 次印刷
书　　号 / ISBN 978 - 7 - 5201 - 9975 - 9
定　　价 / 128.00 元

读者服务电话：4008918866

版权所有 翻印必究